JN087302

植物の漢字語源辞典

新装版

加納喜光【著】

東京堂出版

まえがき

本書は既刊の「動物の漢字語源辞典」(二〇〇七年、東京堂出版)の姉妹編で、植物を表す漢字の語源と字源について究明したものである。項目の立て方や記述の仕方は同書と同じであるが、凡例を最初に述べておく。

項目の立て方は植物を表す一字語(一字漢字)が基本で、ついで二字以上から成る語(連綿詞、複合語)も扱う。まず植物に関わりのある部首(木の部から黍の部まで)に従って項目を立てる。同じ部首では画数順に漢字を配列する。これらの項目は【 】で括る(例、【桃】6――木の部6画)。植物専用の二字から成る語彙(連綿詞)も【 】で括る(例、【茉莉】4――茉が艸の部5画)。次に植物関連の部首をもたない語は部外として後尾に掲出する。そのうち植物専用の漢字(一字語及び連綿詞)は部外1とし、【 】で括る(例、【漆】【躑躅】――画数をつけない)。ついで一字では植物を意味しないが、いくつかを結合させると植物を意味する語(複合語)は部外2とし、括弧で括らない(例、万年青)。配列は一字目の部首順。この複合語のうち、植物専用の一字漢字を含む場合は、例外としてその一字漢字の後に掲げる(例えば木瓜や馬酔木は【木】の項の後に出す)。各項目の下には代表的な音(片仮名)と訓(平仮名)をつけてある。なお国字や和製漢字表記(例えば馬酔木)には当然音がない。ただし音で読む和製漢字語(例えば万両)はこの限りでない。

次に記述の仕方について。まず［語源］の内容であるが、始めに漢語(古代中国語)の音を示す。その語が出現した(と考えられる)時代の読み方を出している。上古漢語は周・秦・漢の頃(*印は推定であることを示す)、中古漢語は隋・唐の頃、中世漢語は宋・元・明の頃であるが、出典によって掲げ方が異なる。［文献］の欄には主に最初の出典を載せたが、時代の幅をもたせて、六朝あたりまでの文献の場合は、上古漢語と中古漢語を挙げる。中古漢語を挙げた理由は日本との関わりがあるからである。中古漢語が六朝末期に日本に伝わったのが呉音となり、唐代に伝わったのが漢音となり、現在もこれらの音が日本で使用されている

（ただし呉音・漢音と一致しない場合もある。間違った読みは慣用音と呼ばれる）。次に出典が隋から五代あたりまでなら、中古漢語だけを挙げる。また、出典が宋から清朝初期までなら中世漢語（近世漢語とも）を挙げてある。これらの音は『学研漢和大字典［旧版］』の藤堂明保の学説に基づく。同書にないものは筆者が復元した。

音の次は意味の記述である。漢字（本当は漢語というべきで、ここでは便宜上の言い方）の意味を学名で示すのが本書の特徴の一つである。筆者は生物学が専門ではないが、詩経研究の一環として名物学（博物学、本草学）を手がけてきた。名物学とは名（博物語）がいかなる物（動植物）に当たるかを研究する分野で、中国では古い伝統がある。筆者はその成果と現代の内外の生物学的研究を結びつけて、動植物を表す漢字がどんな学名に当たるかの研究をしてきた。これは漢和辞典の編纂にも役立つ。日本の古辞書が意味を取り違え、それをひきずってきたのが従来の漢和辞典の特徴である。例を挙げると、和名抄が「桜」にサクラという訓を与えて以来、サクラが「桜」の意味だと考えられてきた。しかし正確な意味は *Prunus pseudocerasus*（シナミザクラ）なのである。ほかにも食い違いの例が多い。漢和辞典は訂正を求められている。正確な意味記述は中国の古典の理解にも欠かせない。本書は植物を表す漢字（及び漢字語）すべてに学名を施した。中国と日本で意味に違いがある場合ははっきり区別して記述している。なお学名の後の括弧に日本と中国の標準名を挙げてある（中国の標準名は見出し語と一致する場合は省いた）。

同定の作業の次は語源の問題である。漢語と日本語では語源の考え方が異なる。日本語だと語構成を分析して由来を尋ねる。例えばサクラはサク（咲く）にラ（接尾語）のついた語形と見ることができる。漢語は一音節語であり、「櫻」の場合は*·ĕngという語形が意味のある最終の単位であるため、意味論的にはこれ以上分析できない。古人は別の語を求めて、櫻を嬰と同源と見た。このように漢語では似た音と、似たイメージをもつ別の語と仲間である（つまり同源）という風に捉えるしかない。ある単語家族の一員として位置づけるのが漢語の語源の考え方である。語源について触れた古典には埤雅や本草綱目などがあり、本書ではできる限りそれらの語源説にも言及した。

［語源］の箇所ではほかに植物のシンボルについても触れている。筆者は詩経を専門の一つとするので、詩経関係の言及が比較的多い（例えば桃・梅・松・桑・葛など）。

次に［字源］の項を立てる。語源と字源の違いは何か。語源は聴覚記号（音、言葉）と関わり、字源は視覚記号（形、文字）と関わる。二つは厳密に区別しないといけない。この区別をあいまいにした「文字学」がまかり通っているのが日本の実情である。意味が形（文字、漢字）にあると思い込み、字形の解釈を意味と取り違えている。形は何とでも解釈できるので、この「文字学」は一般受けするが、方法的に間違っている。ではどう理解するのが正しいか。具体例で説明しよう。シナミザクラを古代漢語で*.ĕngといった。これは聴覚記号である。これを視覚記号に変換する。変換の方法には二通りある。一つは音（語の読み方）を写す。これはアルファベットや仮名のような表音文字であるが、古代中国人はこの方法を採らなかった。第二の方法、つまり意味を形に表すという表意文字の方法を中国人は採った。これが漢字である。言い換えると、言葉の意味のイメージを図形に表す――これが漢字の原理である。シナミザクラは丸い実（サクランボ）に特徴がある。このイメージを図形に表現する。右に述べたように古人は*.ĕngという語は瓔と同源と見た。つまり首に巻くネックレスの珠に見立てて、シナミザクラを*.ĕngと呼び、そして嬰に木偏を添えて「櫻」という図形（文字）が考案された。前半は語源の説明、後半は字源の説明である。音・意味（聴覚記号）→形（視覚記号）という発生順序に従って、語源→字源という過程で説明しないといけない。これを転倒させて、形（字源の問題）→意味（語源の問題）という順序にすると、飛んでもない語源説が発生する。植物語ではないが例を挙げると、「家」は「宀（屋根）」と「豕（ブタ）」を合わせた形→豚小屋の意味。この例でも明らかなように、形から意味を求めると、空中楼閣のような漢字世界が築き上げられる。

筆者の方法は漢字コアイメージ論である。簡単に言えば、漢語にはコアイメージがある、このイメージを図形に表したのが漢字である、ということだ。例えばウメを古代漢語で*muəgという。ウメは酸味があり妊婦に好まれる。ここから出産、生殖などと関わる観念が生まれる。「生み殖やす」というのが語のコアイメージと考えられる。意味のイメージを図形に表したのが「毎（音・イメージ記号）＋木（限定符号）」を合わせた「梅」である。「毎」でもって「生み殖やす」というイメージを示し（なぜ「毎」がこのイメージを表しうるかの説明も必要）、「木」でもってこのようなイメージをもつ存在を樹木の意味領域に限定させる。以上のように字源を説く。筆者のコアイメージ論は藤堂明保の単語家族論を踏まえ、それを記号学的に展開させたものである。藤堂は音韻の枠で二二三の単語家族を立て、漢字をそれらに所属させた（漢字語源辞典）。一つの家族は「形態基」と「基本義」をもつ。同じ家族に属する漢字（正確に言えば漢語）は似た音と似た意味をもつという考えである。筆者は基本義ではなく、コアイメージとして捉える。コアイメージは意味そのものではなく、意味の根底、深層にあるものである。コアイメージは具体的な物を通して表象される（例えば、梅のコアには毎、毎のコアには母があり、「母」という具体物に行きつく）。コアイメージがどんな図形で再現されたかに視点を置くと、漢字を別の原理で分類することも可能になる。これが筆者の考案した漢字イメージ分類である（詳しくは、漢字の成立ち辞典、全訳用例漢和辞典参照）。この分類法は五つの大枠（人間、身体、自然、文化、象徴符号）を立て、いくつかの下位区分を設けるだけである。例えば、梅は人間のイメージの中の女のイメージに所属させる。桜（櫻）は嬰↓賏と分析され、自然のイメージの中の貝のイメージに所属させる。このように漢字を分類すると、宇宙万般の物のイメージから漢字が発生したことがつかみとられ、漢字という記号は神秘的ではなく合理的にできていることが理解できるようになり、漢字の全体像への展望がすっきりと開ける。本書では漢字コアイメージ論によって植物漢字の語源・字源を詳しく説いた。

字源の理解の助けになるのが古代文字である。楷書では形が崩れていて、古代文字にさかのぼると構造がよくわかる場合がある。本書は主として甲・金・篆の三体を掲げている。ここで書体の歴史を簡単に触れる。

甲骨文字は殷代（BC13世紀前後）に出現した書体である。亀の甲や牛の骨にナイフで刻まれたため、細く直線的で、ごつごつした形が多い。金文は周代（BC11～BC3世紀）に青銅器に鋳込まれた書体で、太く丸みを帯びた形が多い。春秋戦国時代には古文、籀文などの書体も現れたが、現在わずかしか残っていない。ついで現れたのは秦代（BC3世紀）の篆文（篆書）である。曲線的で優雅な書体で、書くのは簡単ではない。そこで役人が使いこなせるように篆文を簡略化した書体が秦～漢の時に作られた。これが隷書である（本書では挙げていない）。その後、隷書を直線的にした楷書が生まれ現在に至っている。

次に［文献］ではまず最初の出典を掲げ、ついで適切な用例を挙げた。本草関係の引用が多いのは、植物語の登場が本草（薬物学のほかに博物学の性格もある）と密接に関わっているからである。また詩経の引用も多い。詩経は最古の経典の一つであり、しかも植物語が非常に多く登場する文献でもある。同定の難しいものもあるが、詩経研究の立場から検討して最も妥当と思われる同定を採用した。なお引用文献については巻末に簡単な解説を施した。

最後に、植物学および中国本草学が専門の久保輝幸氏（英国ニーダム研究所）に学名その他の校閲をお願いした。ここに記して感謝の意を表するものである。

二〇〇八年春

加納喜光

目次

瓜の部……153

禾の部……163

竹の部……169

米の部……173

艸の部……180

植物の漢字語源辞典

木の部（き・きへん）

【木】0　音ボク・モク　訓き

［語源］上古漢語は*muk、中古漢語は**muk**（→呉音モク、漢音ボク）である。木本類の植物の総称。語源について後漢の劉熙は、「木は冒なり。葉葉自ら覆冒するなり」（釈名・釈天）と述べ、冒（*mog）と同源と見ている。この語は「上から覆い被さる」というコアイメージをもち、帽子の帽とも同源である。枝や葉が覆い被さる姿に着目して*mukという。髪を洗うときは髪が頭からばさっと被さった状態になるので、沐浴の沐（髪を洗う）とも同源である。また「め」を古代漢語で*muk（目）というのは、まぶたが覆い被さる姿に着目した語で、*muk（木）と*muk（目）は音もイメージもよく似ている。木と樹の違いはコアイメージの違いにある。和語の「き」の語源は、大槻文彦によると、生きの「き」と同源で、生々繁茂する意に由来するという。もっとも古音は**kï**（木）と**ki**（生）の違いがあり、同源語としない意見もある。

［字源］枝と幹と根から成る「き」の全体像を略画的に抽象化した図形である。漢字の構成要素となるとき、樹木の意味領域に限定する符号に使われる。また、イメージ補助記号として、林（琳・淋・霖）、禁（襟・噤）、森、休、床、困（梱）などに使われる。

甲 　金 　篆

［文献］詩経・小雅・伐木「伐木丁丁（木を伐ること丁丁たり）」、論語・公冶長「朽木不可雕也（朽木は雕るべからざるなり）」

木瓜　音ボッ-カ・モッ-カ　訓（ぼけ）

［語源］上古漢語は*muk-kuăg、中古漢語は**muk-kuă**（→呉音モク-クヱ、漢音ボク-クワ）である。バラ科の落葉低木 *Chaenomeles speciosa*（ボケ）を意味する。中国の原産。高さは二〜三メートル。枝に刺がある。春に淡紅色の花が咲く。果実は楕円形で、長さが約四〜八センチ。黄色に熟し、芳香がある。語源は果実がウリに似ているところから、「木」と「瓜」を結んで複

合語とした。和名のボケは呉音と漢音の読みが混ざり合って変化したもので、ほとんど訓に近い。なお現代の中国では木瓜はカリンを指し（榠樝の項参照）、ボケのことは貼梗海棠（ちょうこうかいどう）という。

木瓜は古くから古典に出る植物である。詩経では投果（好きな相手に果物を投げ与える）のモチーフとして恋愛詩に登場する。李や桃（ともに子孫繁栄や愛情のシンボル）を与える前の段階として、相手の気持ちを探る媒介物としての意味合いが込められている。後世では男女が意思表示のためにプレゼントする象徴物となった。

【字源】「木」と「瓜」の各項参照。

【別名】楙（ぼう）・繡瓜・鉄脚梨

【文献】詩経・衛風・木瓜「投我以木瓜、報之以瓊琚（我に投ずるに木瓜を以す、之に報るるに瓊琚を以てす）」、爾雅・釈木「楙、木瓜」——郭璞注「木実如小瓜、酢而可食（木の実小瓜の如し。酢くして食ふべし）」、名医別録「木瓜実味酸温無毒、主治湿痹邪気、霍乱、大吐下、転筋不止（木瓜の実は、味は酸にして温、毒無し。主治は湿痹邪気・霍乱・大いに吐下す・転筋止まず）」

木香

訓 —　音 モッ-コウ

【語源】二つの意味がある。一つは上古漢語が*muk-hiang、中古漢語が**muk-hiang**（→呉音モク-カウ、漢音ボク-キヤウ）で、キク科トウヒレン属の多年草*Saussurea lappa*（モッコウ）を指す。インドの原産。茎は二メートルほど。根は円柱形で、芳香があり、漢方薬や香水に用いられる。語源は香気が蜜のようなので蜜香といい、これが訛って木香になったという（本草綱目）。

もう一つはバラ科バラ属のつる性常緑低木*Rosa banksiae*（モッコウバラ）を指す。中国の原産。高さは四メートルほど。初夏に白色ないし黄色の花が咲き、芳香がある。花から油が採れる。名の由来は前者と同様の趣旨であろう。

【字源】「木」については該項参照。「香」は「黍（キビ）+甘（あまい、うまい）」を合わせて、キビを煮たときのおいしそうな香りを暗示させる図形。***hiang**は亨・享・饗などと同源の語で、「（ある方向へ）スムーズに通っていく」というイメージがある。神に供え物をして人の意思を通わせることが享受の享、音がこちらからあちらへ通っていくのが音響の響、会食して互いに意思を通わせるのが饗宴の饗である。同様に、香気が一定の方向へ通ることが香の語源である。

㊟篆 〔香〕

【別名】 ①(モッコウ)蜜香・五木香・広木香・青木香・南木香 ②(モッコウバラ)木香花

【文献】 ①神農本草経「木香味辛温、主治邪気、辟毒疫温鬼、強志、主淋露、久服不夢寤魘寐(木香は、味は辛にして温。主治は邪気。毒疫温鬼を辟(さ)け、志を強くす。淋露を主(つかさど)る。久服すれば夢寤魘寐(ようび)せず)」 ②花鏡5(清・陳淏子)「木香一名錦棚児、藤蔓附木、葉比薔薇更細小而繁、四月初開花(木香は一名錦棚児。藤蔓して木に附く。葉は薔薇に比して更に細小にして繁し。四月の初め花を開く)」

木耳 ㊐音 モク-ジ ㊐訓 きくらげ

【語源】 上古漢語は*muk-niəg、中古漢語はmuk-niei(↓呉音モク-ニ、漢音ボク-ジ)である。キクラゲ科の担子菌類 *Auricularia auricula*(キクラゲ)を意味する。枯死した樹木に寄生するキノコで、形は人の耳と似ている。径は一〇センチほどで茶褐色を帯びる。人工栽培もされ、中華料理などの食材に使われる。語源は木に生え、形が耳に似るから木耳という。和名は味が乾燥したクラゲ(水母)に似ていることによる。

【字源】「耳」は人の「みみ」を描いた図形。

㊐甲 ㊐金 ㊐篆 〔耳〕

【別名】 木菌・木蛾・樹鶏・雲耳・黒木耳

【文献】 金匱要略「木耳赤色及仰生者勿食(木耳の赤色及び仰生する者は食する勿れ)」、斉民要術10「木耳煮而細切之、和之以薑橘可為菹、滑美(木耳は煮て之を細切し、之に和するに薑・橘を以てし、菹(しょ)と為すべし。滑美なり)」

木犀 ㊐音 モク-セイ ㊐訓 ——

【語源】 中世漢語はmu-siəiである。モクセイ科の常緑低木または小高木 *Osmanthus fragrans*(モクセイ)を意味する。中国の原産。高さは七メートルに達する。秋に花が咲く。果実は長楕円形で、熟すと紫黒色になる。

芳香があり、九里香の別名がある。また香料に用い、木犀香という。花の色が白い品種を銀桂（ギンモクセイ）、黄色のものを金桂（キンモクセイ）、赤いものを丹桂という。古くは桂がモクセイのことであったが、宋の文献に初めて木犀の名が登場する。語源は木目が犀の皮に似るからという。

[字源]「木」については該項参照。「犀」は「尾（イメージ記号）＋牛（限定符号）」を合わせて、獣のサイを意味する*serを表記した。尾に剛毛のある特徴に着目している。

金　篆　〔犀〕

[別名] 桂・九里香・七里香

[文献] 墨荘漫録８（宋・張邦基）「木犀花江浙多有之…湖南呼九里香、江東曰岩桂、浙人曰木犀、以木紋理如犀也（木犀花は江浙［江蘇・浙江］多く之れ有り。…湖南、九里香と呼び、江東、岩桂と曰ひ、浙人、木犀と曰ふ。木の紋理犀の如きを以てなり）」、欧陽修・秋香（欧陽修撰集６）「露裹木犀増馥郁（露は木犀を裹（うるお）しますます馥郁たり）」

木賊

音 モク-ゾク　訓 とくさ

[語源] 中古漢語は**muk-dzək**（→呉音モク-ゾク、漢音ボク-ソク）である。トクサ科の多年草*Equisetum hyemale*（トクサ）を意味する。高さは五〇センチあまり。茎は円筒形で、直立して硬く、節がついている。根茎は短く、土中で横に這う。茎の先端に筆に似た胞子穂ができる。語源は表面がざらざらして木や骨を磨くことができることから、木にとっての賊と称した名づけである。和名も同趣旨で、砥石の代わりになるので砥草（とくさ）と呼んだ。

[字源]「賊」の中の「十」は「刀」の変形。「貝（財貨）＋刀（かたな）＋戈（ほこ）」を合わせて、武器で物を害する様子を暗示させる図形である。人を殺したり、物をそこなうことを*dzəkといい、賊の視覚記号で表記する。

金 　篆　〔賊〕

[別名] 木賊草・銼草・擦草・節骨草

[文献] 本草拾遺（唐・陳蔵器）「皮上有沙、堪揩木如

木賊也（[鮫魚の］皮の上に沙有り。木を揩(かい)するに堪ふること木賊の如きなり）」、証類本草11「木賊味甘微苦、無毒、主目疾退翳膜（木賊、味は甘にして微苦、毒無し。目疾を主り、翳膜を退く）」

木通　㊐モク-ツウ　㊀あけび

[語源] 中古漢語は **muk-t'ung**（→呉音モク-ツウ、漢音ボク-トウ）である。アケビ科の落葉つる性木本 ***Akebia quinata***（アケビ）を意味する。高さは三メートルあまり。春、紫色の花が垂れ下がって咲く。果実は長い筒型で、両端が円みを帯びる。果肉は食用になる。語源は筩(とう)（つつ）や筒と同源で、「突き通る」というコアイメージに基づく。和名は果実が熟すると裂開することからアケ（開）ミ（実）の意から来ている。日本では通草も「あけび」と読むが、通草はウコギ科のカミヤツデのこと（通脱木の項参照）。円柱形の髄が通っているので、通草と呼ばれる。ただし中国医学（本草）では通草は木通の別名に使われることがある。

[字源]「用（*diung）」は「卜形の印＋筒型の印」を合わせて、とんとんと上から下に突き通す様子を暗示させる図形。「用（音・イメージ記号）＋P型の道具（イメージ補助記号）」を合わせた「甬(よう)（*diung）」は、道具でとんとんと突き通す様子を示す。「用」も「甬」も「突き通す」というコアイメージをもつ。痛（体を突き通すようにいたむ）は同源の語。「甬（音・イメージ記号）＋辵（限定符号）」を合わせて、道を突き抜けて通って行くことを表す。竹の節のように突き通って筒型になったものを筩（竹筒）、また筒型になった容器を桶(とう)（おけ）という。このイメージを利用して、長い筒型の果実をもつアケビを木通といった。「木」の字源については該項参照。

㊙甲　　㊎金　㊇篆　（用）

㊙甲　　㊎金　㊇篆　（甬）

㊙甲　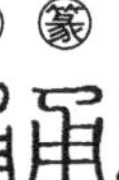　㊎金　㊇篆　（通）

[別名] 通草・丁父・丁翁・附支・万年藤・燕覆子

[文献] 外台秘要方8（唐・王燾）「広利方…木通十二分」、本草綱目18「茎有細細孔、両頭皆通、故名通草、即今所謂木通也（茎に細細孔有り。両頭皆通ず。故に通草と名づく。即ち今の所謂木通なり）」

寄生木 [音]キ-セイ-ボク [訓]やどりぎ

[語源] 漢語では寄生木はあまり使われず、単に寄生という。上古漢語は*kïar-sïĕng、中古漢語はkïĕ-sïʌng（↓呉音キ-シヤウ、漢音キ-セイ）である。ヤドリギ科の常緑低木の総称。特定の植物に寄生する植物で、種類が多い。寄生された植物は枯死することがある。中国で代表的なのは桑（そう）寄生と槲（こく）寄生で、前者は ***Loranthus parasiticus***（ホザキヤドリギ属の一種）に当てる。ツバキやブナなどに寄生する。後者は ***Viscum album* var. *coloratum***（ヤドリギ）に当てる。カシワ、ナシ、ニレなどに寄生する。語源は文字通り他のものに生（生命）を寄せて生きるから寄生という。和名も同様の趣旨である。古名はホヨ、ホヤといったが、語源ははっきりしない。この語は海の生物であるホヤ（海鞘）に残っている。根を石に付着させている姿をヤドリギに見立てたものである。

[字源] 「丁」は┐型に曲がることを示す符号で、甲骨文字で黄河のイメージを図形にする際に創造された。黄河は何度も直角に曲がる川である。「丁（イメージ記号）＋口（限定符号）」を合わせた「可（*k'ar）」は、口から息を屈曲させて出す様子、つまり声をかすらせてどなることを表し、呵（しかる）の原字。これも「┐型に曲がる」というコアイメージをもつ。「可（音・イメージ記号）＋大（イメージ補助記号）」を合わせた「奇（*giar）」は、大の字型に立つ人がバランスを崩して傾く情景を暗示させる。正常なものがバランスを欠いた状態が奇妙の奇（怪しい様子）である。「バランスを欠いて片寄る」というイメージは「斜めによりかかる」というイメージに展開する。「奇（音・イメージ記号）＋宀（限定符号）」を合わせて、まっすぐ行かないで他人の家に立ち寄ることを表す。

「生」は「屮（草）＋土」を合わせて、草が地上に芽を出す情景を暗示させる図形。「はえる」という意味から「いきる」「いのち」などの意味を派生する。寄と生を結んで、生命を他のものに寄せる、あるいは他のものによりかかって生きるという意味の二音節語（複合語）とする。

[甲] 

[金] 

[篆] 

〔河〕

[篆] 〔奇〕 [篆] 〔寄〕

[甲]  [金]  [篆] 〔生〕

[別名] 寄生樹・寄生草・寄屑・蔦・寓木・宛童・氷粉樹・蠹心宝

[文献] 漢書・東方朔伝「著樹為寄生（樹に著(ちゃく)するを寄生と為す）」、神農本草経「桑上寄生、味苦平、主治腰痛、小児背強、癰腫、安胎、充肌膚、堅髪歯、長鬚眉、其実明目、軽身、通神（桑上寄生は、味は苦にして平。主治は腰痛、小児背強、癰腫。胎を安んじ、肌膚を充たし、歯髪を堅くし、鬚眉を長ず。其の実は目を明らかにし、身を軽くし、神に通ぜしむ）」

交譲木　[音]コウ-ジョウ-ボク　[訓]ゆずりは

[語源] 古くは単に交譲といった。上古漢語は ***kŏg-niang***、中古漢語は ***kău-niang***（→呉音ケウ-ニヤウ、漢音カウ-ジヤウ）である。ユズリハ科の常緑高木 ***Daphniphyllum macropodum***（ユズリハ）を意味する。高さは一〇メートルに達する。葉の表は緑色だが、裏に白い霜がある。初夏に黄緑色の小花が咲く。旧葉が落ちないうちに新葉が出る。そこに新旧の譲り合う姿や、世代交代の姿を見てとって交譲の名がある。和名のユズリハ（譲葉）も同趣旨。めでたい木として、日本では正月の飾り物に用いられる。

古典では楠(なん)の別名とされている。この木は対生し、一方が枯れると他方は栄え、一年のうち同時に生じたり枯れたりすることはないので、交譲の名があるという。これはユズリハの生態が変形されて伝わったものか。詩経・秦風・終南の「条有り梅(ばい)有り」に対する毛伝に「梅は枏(なん)なり」とあり、この枏（楠と同じ）が交譲木であった可能性がある。

[字源] 「交」は人が足を交差させている図形。「二つがまじわる」というイメージから、「一方が他方に互い違いに入れ替わる」というイメージに展開する。「襄（***niang**）」は「柔らかい」というイメージがある（蘘荷の項参照）。「襄（音・イメージ記号）＋言（限定符号）」を合わせた譲は、物柔らかい態度で他人に場所などをゆずる様子を表す。「交＋譲＋木」の結合によって、一方が生えると他方が枯れて席を譲る木、あるいは、古い葉が新しい葉に席を譲って凋む木を暗示させた。

なお楪［ユズリハ］は葉の草冠を木偏に換えた半国字である。

甲　金　篆　〔交〕

篆　〔譲〕

【別名】 交譲・枏（ユズリハの異表記）楪

【文献】 左思・蜀都賦（文選4）「交譲所植（交譲植うる所）」――李善注「交譲木名也、両樹対生、一枯則一樹生、如是歳更終不倶生倶枯也（交譲は木の名なり。両樹対生す。一枯るれば則ち一樹生ず。是くの如くして、歳更まり終るまで倶に生じ倶に枯れざるなり）」、述異記（梁・任昉）「黄金山有楠樹、一年東辺栄、西辺枯、後年西辺栄、東辺枯、年年如此、張華云、交譲樹也（黄金山に楠樹有り。一年、東辺栄え、西辺枯る。後年、西辺栄え、東辺枯る。年年此の如し。張華云ふ、交譲樹なりと）」

接骨木　音 セッ-コツ-ボク　訓 にわとこ

【語源】 中古漢語は*tsiap-kuat-muk（→漢音セフ-コツ-ボク）である。スイカズラ科ニワトコ属の落葉低木 *Sambucus williamsi*（トウニワトコ）を意味する。高さは四～八メートル。春、白色ないし淡紅色の花が咲く。果実は球形で、秋に紅熟する。中国医学では葉と根を骨折や関節痛などのための貼り薬に用いる。語源は薬効に基づいた命名。和名のトウは唐（中国の意）。ニワトコは古名のミヤツコギ（造木）の訛りで、これはニハ（庭）ツ（「の」の意）ウコギ（五加木）が語源という（大槻文彦）。

【字源】 「辛」は刃物を描いた図形で、「鋭いものを突き刺す」というイメージがある（梓の項参照）。「妾（*ts'iap）」は「辛（イメージ記号）＋女（限定符号）」を合わせて、男の性器を突き刺される女、つまり交接の相手をする女（正夫人以外の女や愛人）を表す。ここに「（性器を差し込まれて）二つのものがつながる」というイメージがある。交接の接はまさにそのイメージである。椄（接ぎ木）は同源の語である。「妾（音・イメージ記号）＋手（限定符号）」を合わせて、「二つのものをくっつけてつなぐ」という動作を表す。

「冎（*kuăr）」は穴にはまりこむ骨を暗示する図形。古代中国人は関節は一方の骨の穴にもう一方の骨がはまっていると考えた。したがって「冎」は「くるくる回る」「自由に動く」というイメージを示す記号となる。「冎（音・イメージ記号）＋肉（限定符号）」を合わせた骨は、自由に動く関節を表した。滑（なめらかに動く→すべる）は同源である。「接＋骨＋木」を結合させて、折れた骨をつなぐ効能のある木を表した。

甲　金　篆〔冎〕　篆〔妾〕　篆〔接〕　篆〔骨〕

【別名】 続骨木・木蒴藋・蒴樹・戳樹

【文献】 新修本草「接骨木味甘苦平、無毒、主折傷、続筋骨、除風痒齲歯、可為浴湯（接骨木は、味は甘・苦にして平、毒無し。折傷を主る筋骨を続ぎ、風痒・齲歯を除く。浴湯と為すべし）」

泰山木　音 タイ-サン-ボク　訓 ―

【語源】 モクレン科モクレン属の常緑高木 ***Magnolia grandiflora***（タイサンボク、中国名荷花玉蘭）を意味する。高さは四〇メートルになる。葉は大きくて厚く、裏面に毛が密生する。夏、大型の白い花が咲き、芳香を放つ。北米の原産。明治時代に日本に入り、日本の園芸家が木の立派さを中国の泰山になぞらえて名づけたという。中国名の荷花はハス、玉蘭はハクモクレンのこと。洋木蘭、広木蘭ともいう。

【字源】 泰山は山東省にある山の名で、中国では古来聖山とされる。仰ぎ尊ぶべきものの象徴となり、泰斗（泰山北斗の略）という語が生まれた。「大（*dad）」は手足を広げて立つ人の姿を描いた図形で、「ゆったりと大きい」というイメージを示す。「大（音・イメージ記号）＋廾（両手）＋水（限定符号）」を合わせた泰は、たっぷりと水を使って洗い流す様子を暗示させる。淘汰の汰（洗い流す）と同源。「ゆったりと大きい」というコアイメージがあるので、「大きい、甚だ」（泰平）、「ゆったりと落ち着く」（安泰）などの意味を派生する。泰山は「大きい」の意味を用いた固有名詞で、太山とも書く。「太」は泰の古文「夳」が変わった字体。「山」は三つの峰のある「やま」を描いた図形（山茶の項参照）。

甲　金　篆〔大〕

古〔太〕 篆〔泰〕

【別名】（タイザンボクの異表記）大山木・大盞木

通脱木　音ツウダツボク　訓——

【語源】上古漢語は*t'ung-duat-muk、中古漢語はt'ung-duat-muk（→呉音ツウダチモク、漢音トウタツボク）である。ウコギ科の常緑低木 ***Tetrapanax papyrifer***（カミヤツデ）を意味する。高さは六メートルほど。葉は掌状をなして大きく、一メートルもある。冬、黄白色の花を開く。茎は円柱形で、中に白い髄があり、これを薬用とする。樹皮から紙を製する。中国南部に分布する。語源は茎が中空である特徴を捉えて、通（通る）と脱（抜け出る）を合わせた名づけとなっている。別名を通草といい、木通［アケビ］とよく混同される。和名は髄から紙を造り、葉がヤツデに似るので、カミヤツデ（紙八手）という。

【字源】爾雅の活莌（かつだつ）、山海経・中山経の寇脱（こうだつ）が最も古い言い方で、のち通脱木という名に変わった。「通」については木通の項参照。「兌（だ）（*duad）」は「八（左右に分ける符号）＋兄（「児」よりは大きな子）」を合わせて、子どもの衣服を脱がせる様子を暗示する図形。母が子どもの世話をする場面を設定したものと考えてよい。脱衣の脱（ぬぐ）に原初的イメージが残っている。具体的なものを捨象して、「周囲のものを剥ぎ取って、中身を抜き取る」という抽象的なメージを表すために「兌」を用いる。説（わからない言葉を抜き取ってわかりやすく述べる）、税（収入の一部を抜き取ったもの）、悦（心のしこりを抜き取って清々する）、蛻（セミの抜け殻）などは同源のグループ。「兌（音・イメージ記号）＋肉（限定符号）」を合わせて、外側のものを剥ぎ取って、中身を抜き出すことを暗示させた。「中身を抜き出す」というイメージがあるので、「通」（突き抜ける）と結合させて、茎の中が突き通っていて髄が抜け出る特徴をもつ木を通脱木と称する。

篆〔兌〕

篆〔脱〕
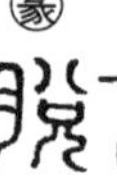

【別名】通草・通花・寇脱・離南・活莌・活脱・倚商

[文献] 南方草木状（晋・嵇含）「軽者若通脱木（軽き者は通脱木の若し）」、酉陽雑俎19（唐・段成式）「通脱木如蜱麻、生山側、花上粉主治悪瘡、心空、中有瓤、軽白可愛、女工取以飾物（通脱木は蜱麻の如し。山側に生ず。花上の粉は悪瘡を治するを主る。心は空。中に瓤有り。軽白愛すべし。女工取りて以て物を飾る）」

鉄刀木　㊅テットウボク　㊆たがやさん

[語源] マメ科カワラケツメイ属の常緑高木 *Cassia sianea*（タガヤサン）を意味する。高さは五〜一二メートル。葉は楕円形で、枝の両側に羽状に生じる。黄色の五弁花を咲かせる。莢に豆状の果実が生る。材質が堅くて重いので、船の舵や碇に用いた。インド、ビルマ（ミャンマー）、タイ方面が原産地。明代の文献に初めて登場し、鉄力木と鉄刀木の表記が見える。和名は大槻文彦によるとフィリピン語の **Tambulian**（緬甸(ビルマ)鉄木の意）の訛りだという。

[字源] 大槻文彦の説が正しいなら、鉄力木の由来が推定できる。中世漢語で鉄力は **t'ie-liəi**、別名の鉄稜は **t'ie-ləng** で、**tambulian** の前と後の部分を音写したと考えられる。力を刀と誤写した表記が日本に伝わったのであろう。ちなみに中国高等植物図鑑では鉄刀木だが、漢語大詞典では鉄力木となっている。

[別名] 鉄稜・石塩木

[文献] 物理小識9（明・方以智）「鉄力木重、海船作碇（鉄力木は重し。海船にて碇を作る）」

馬酔木　㊅——　㊆あせび・あしび

[語源] ツツジ科の常緑低木 *Pieris japonica*（アセビ）を意味する。高さは三メートルに達する。春、壺型の白い花が垂れ下がって開く。葉に毒がある。馬が葉を食べると足が麻痺するところから、アシシビ（足癈）→アシビ→アセビとなった。漢字表記の馬酔木も同趣旨による。この表記は中国の古典には見当たらないので、和製と考えられる。しかし現代中国では使用されている。

[字源] 「馬」はウマを描いた図形。「卒」は「衣」の下部に印をつけた図形で、印のついた衣を着た人、つまりそろいのユニホームを着た一団の人たち（従卒・兵卒）を暗示させる。小さいながらもまとまった集団

ということから、「小さくそろってまとまる」というイメージがあり、「小さい」「細かい」というイメージに展開する。「卒（音・イメージ記号）＋酉（限定符号）」を合わせて、酒を飲んで意識が小さくなる、つまり「酔う」ことを表した。アセビを表記するために「馬＋酔＋木」を結合させて、馬が葉を食べて麻酔したような状態になる木を寓意した。

甲　金　篆〔馬〕

金　篆〔卒〕　篆〔酔〕

白膠木　音 ―― 訓 ぬるで

【語源】 ウルシ科ウルシ属の落葉小高木 ***Rhus chinensis***（ヌルデ、中国名塩麩木）を意味する。高さは五〜一〇メートル。夏、円錐状の白く小さい五弁花を開く。果実の表面には毛があり、白い粉をかぶる。葉にフシムシが寄生し、虫こぶを作る（これを五倍子（ふし）という）。皮から白い液が採れ、それを器物に塗ったところから、ヌルデ（塗る出、または塗る手）という名がついた。漢字表記は白くぬるぬるした液ということで、白膠（白いにかわ）の木とした。これは和製漢語であって中国にはない。中国では古くは𣟛（び）といい、後に塩麩木（えんふぼく）といった。麩は小麦粉の意で、果実にかぶる白い粉が塩の代用になったことによる命名である。なお五倍子の倍は𣟛の訛り。

【字源】「白」はクヌギなどのドングリを描いた図形（柏の項参照）。殻斗を皁（くろ）というのに対し、中身の色を白（しろ）という。「翏（りゅう）」はヒバリが空をめざしてまっすぐ飛び上がる姿を示す図形（ヒバリを天鷚（てんりゅう）という）。羽がもつれあっているように見えるところから、「もつれる」というイメージを見出した。「翏（音・イメージ記号）＋肉（イメージ補助記号）」を合わせて、二つの物がもつれあうようにくっつく「にかわ」を暗示させた。「白＋膠＋木」を結合させて、白いにかわのような液が採れる木を寓意した。

金      

篆 〔翏〕

篆 〔膠〕

【別名】 塩麩木・塩麩子・塩梂子・塩梅子・木塩・天塩・𣟛・五倍子樹

【文献】 山海経・中山経「橐山、其木多樗、多𣟛木（橐

山、其の木は樗多く、構木多し)」――郭璞注「今蜀中有構木、七八月中吐穂、穂成如有塩粉著状、可以酢羹(今蜀中構木有り。七八月中穂を吐く。穂成りて塩粉の著く状有るが如し。以て酢羹とすべし)」

木槿→槿(117ページ)
木患子→無患子(398ページ)
木槵子→欒(150ページ)
木筆→辛夷(413ページ)
木天蓼→(300ページ)
木芙蓉→芙蓉(203ページ)
木棉→棉(85ページ)
木蘭→337ページ
木蓮→293ページ

【朮】1

㊅ジュツ　㊌おけら・うけら

[語源] 上古漢語は*duat、中古漢語はduĕt(→呉音ヂユチ、漢音チュツ)である。この語は本来モチアワを意味する(秫の項参照)。のち荒の代わりに用いられる。オケラの類であるが、中国医学(本草)では特に*Atractylodes macrocephala*(オオバナオケラ、中国名白朮)を指す。キク科オケラ属の多年草で、高さは三〇〜八〇センチ。根茎は太くて、こぶし状を呈する。葉は楕円形。秋に紫色の花が咲く。乾燥させた根茎を白朮(びゃくじゅつ)といい、生薬に用いる。その断面の皮が白いので、この名がついた。ほかに***A. chinensis***(蒼朮)などがある。オケラは邪気を祓う効能があるとされ、屠蘇散の原料にも入れられる。古来仙人の食べ物として有名である。和名の古語はウケラで、ウブ(生)ケ(毛)ラ(接尾語)が語源という(吉田金彦)。

[字源]「朮」は粘りけのあるモチアワ(秫)を描いた図形。「くっつく」「くっついて離れない」というイメージがある。「朮(音・イメージ記号)+艸(限定符号)」を合わせた荒は、根茎が粘液性を帯びるオケラを表した。

㊤〔朮〕　㊤〔荒〕

[別名] 山薊・天薊・山薑・山芥・山精・山連

[文献] 神農本草経「朮味苦温、主治風寒湿痹、死肌、痙、疸、止汗除熱消食、作煎餌、久服軽身、延年、不

飢（朮は、味は苦にして温。主治は風寒湿痹、死肌、痙、疸。汗を止め、熱を除き、食を消す。煎餌と作し、久服すれば身を軽くし、年を延ばし、飢ゑず）」、神仙伝8「服餌芝朮、従仙人（芝と朮を服餌し、仙人に従ふ）」

【朴】2 音ボク 訓ほお・えのき

[語源] 上古漢語は*p'ŭk、中古漢語はp'ɔk（→呉音ホク、漢音ハク）である。単独の朴の用法より前に厚朴の名称が古く、史記などに見える。これはモクレン科の落葉高木 *Magnolia officinalis*（モクレン属の一種）を意味する。高さは五〜一五メートル。樹皮は厚くて紫褐色。初夏に香りのよい白花をつける。中国医学（本草）では樹皮を生薬とする。後世、単独の朴はニレ科の落葉高木 *Celtis sinensis*（エノキ）に用いられる。樹皮を利用するので、朴の名が流用されたのであろう（エノキについては榎の項参照）。語源は「卜」の「急に割れる」というコアイメージによる命名。

日本では朴または厚朴を *Magnolia hypoleuca*（ホオノキ）に用いるが、本来は誤用である。日本特産の木で、高さは約三〇メートル。葉も花も大きい。建築や家具、また下駄の材料になる。語源は芽が蕾に含まれた状態で冬を越すところから、ホホム（含む）に由来するという。

[字源]「卜（*puk）」は、占いで、亀の甲羅に火箸を入れたときに現れる割れ目を象徴的に示す図形。「何かが急に起こる」とか、「ぽっくり割れる」というイメージを示す記号である。仆（急にばたっと倒れる）・赴（急に駆けつける）・訃（人の死亡を急いで知らせる）などは同源のグループ。「卜（音・イメージ記号）＋木（限定符号）」を合わせて、厚い皮を割って薬用にする木を暗示させた。

甲　金　篆〔卜〕

篆〔朴〕

[別名] ①（モクレンの一種）厚皮・重皮・赤朴・烈朴・逐折 ②（エノキの異表記）榎

[文献] ①史記・司馬相如伝「梈榛厚朴」、神農本草経「厚朴、味苦温、主治中風、傷寒、頭痛、寒熱、驚悸、気血痹、死肌、去三虫（厚朴は、味は苦にして温。主治は中風、傷寒、頭痛、寒熱、驚悸、気血痹、死肌、三虫を

去る)」

【杞】3 音キ 訓―

[語源] 上古漢語は*k'ɪəg、中古漢語はk'iei(→呉音コ、漢音キ)である。詩経で二つの意味に使われている。一つは、ヤナギ科ヤナギ属の落葉低木 *Salix purpurea*(コリヤナギ、中国名杞柳、別名紫柳・紅皮柳)。樹皮は黄緑色または紫色を帯びる。早春、葉よりも先に花が開く。枝は粘り強いので、籠などを編むのに使われる。また、土を固めたり、造林などに利用される。語源は己の「曲がったものが起き上がる」というイメージによる。和名のコリヤナギ(行李柳)は行李の材料になったことによる。ヤナギの語源については柳の項参照。もう一つは、ナス科のクコ(枸杞)である。これについては枸杞の項参照。

[字源]「己(*kɪəg)」は伏せたものが次第に起き上がり、はっきりした姿を現す様子を象徴的に示す符号で、「(曲がったものが)しゃんと起き上がる」というイメージがある。コリヤナギの枝は柔軟性があって自由に曲げられるが、反動的に起き上がろうとする力も働く。そんな性質を捉えて、「己(音・イメージ記号)+木(限定符号)」を合わせることによって、コリヤナギを意味する*k'ɪəgの視覚記号とした。

甲　金　篆　〔己〕

甲　金　篆　〔杞〕

[別名] ①(コリヤナギ)杞柳・柜柳・簸箕柳・沢柳 ②(クコ)枸杞

[文献] ①詩経・鄭風・将仲子「無折我樹杞(我が樹ゑし杞を折る無かれ)」、孟子・告子上「性猶杞柳也、義猶桮棬也、以人性為仁義、猶以杞柳為桮棬(性は猶杞柳のごときなり。義は猶桮棬(はいけん)のごときなり。人の性を以て仁義と為すは、猶杞柳を以て桮棬と為すがごとし)」 ②詩経・小雅・南山有台「南山有杞、北山有李(南山に杞有り、北山に李有り)」

【杏】3 音キョウ 訓あんず

[語源] 上古漢語は*ɦăng、中古漢語はɦʌng(→呉音ギヤウ、漢音カウ)である。バラ科サクラ属の落葉高木 ***Prunus armeniaca***(アンズ)を意味する。中国の原産。

高さは四~九メートル。葉は卵形に近い。春、五弁の淡紅色の花が咲く。初夏、果実は赤黄色に熟す。生食したり、ジャムなどに利用する。種子を杏仁といい、食用のほか薬用とする。百年以上の寿命を保つという。語源は珩(こう)(半円を組み合わせた円形の玉)と同源で、葉の形を捉えたという説(夏緯瑛)がある。和名のアンズは杏子の中世漢語(宋音・唐音)**hiang-tsï** が訛ったもの。アンズは古く中国から日本に伝わり、初めはカラモモ(唐桃)といった。

杏に関してこんな逸話がある。三国時代の董奉は病人の治療をしたが、銭を取らずに、重い患者には五株、軽い患者には一株の杏を植えさせたところ、それが森となり、杏の果実を自由に人に取らせた。また杏を売って穀物に替え、それで貧者の救恤をしたという(神仙伝10)。この故事から医家を意味する杏林という語が生まれた。

【字源】「口(イメージ記号)+木(限定符号)」を合わせて、食べておいしい果実の生る木を暗示させた。果実がおいしい木はアンズとは限らないが、これでもって ***ɦăng** の視覚記号とするのは言語(この場合は文字)の恣意性による。文字の造形法(語の意味を暗示させるための形の工夫)には必然性があるのが普通だが、恣意的な場合もある。

[甲]  [篆] 

【別名】甜梅

【文献】礼記・内則「桃李梅杏」、素問・蔵気法時論篇「肺色白、宜食苦、麦羊肉杏薤皆苦(肺の色は白。苦を食ふに宜し。麦・羊肉・杏・薤は皆苦なり)」、神農本草経「杏核仁味甘温、主治欬逆上気、雷鳴、喉痹、下気、産乳、金創、寒心、賁豚(杏核仁は、味は甘にして温。主治は欬逆上気、雷鳴、喉痹、下気、産乳、金創、寒心、賁豚)」

銀杏 [音]ギン-キョウ [訓]いちょう

【語源】中世漢語は **ian-hiang** である。イチョウ科の落葉高木 ***Ginkgo biloba***(イチョウ)を意味する。高さは四〇メートルに達する。葉は扇形。種子は秋に黄熟する。外側の種皮には臭気があるが、食用になる。古生代に出現した木で、中国で発見され、「生きた化石」

と称される。数千年前の古樹が中国に残存しているといわれるが、確かではない。語源は種子の形を杏になぞらえ、内側の種皮が灰白色を帯びるので銀を添えて呼んだもの。宋代にできた言葉で、それ以前は文杏と呼ばれた。中国医学（本草）では白果という。別名の鴨脚は葉の形がアヒルの足に似ることによる。また、長寿の木であり、公（祖父）が植えると孫が実を食せるということから、公孫樹の異名もある。和名のイチョウは鴨脚の中世漢語（宋音・唐音）**ia-kiau** の訛り、またイチョウの種子を指す「ぎんなん」は銀杏の中世漢語 **ien-hiəng** の訛りである。

[字源]「艮（*kən）」は「目＋匕（ナイフの形）」を合わせて、目に施術をする場面を設定した図形。「いつまでも痕を残す」というイメージを示す記号となる（茛の項参照）。眼（頭蓋骨に残る穴に入れる「めだま」）・限（ここまでという印をつける→かぎる）・痕（傷をつけて残った「あと」）・恨（いつまでも傷となって残る気持ち→うらみ）などは同源のグループ。「艮（音・イメージ記号）＋金（限定符号）」を合わせた銀は、はめこんで印や模様を残す金属（象嵌などに使われる白色の金属）を表した。杏の字源については前項参照。

篆〔艮〕　篆〔銀〕

[別名] 文杏・鴨脚・公孫樹・白果・白眼・霊眼・平仲・仏指甲

[文献] 宋史・陳塤伝「鑰指槃中銀杏使属対（鑰[人名]、槃中の銀杏を指して属対せしむ）」、東京夢華録2「炒銀杏栗子（銀杏と栗子を炒る）」

巴旦杏

音 ハ-タン-キョウ　訓 —

[語源] 中世漢語は **pa-tan-hiəng** である。バラ科の落葉高木 *Amygdalus communis*（アーモンド、別名ヘントウ）を意味する。高さは約八メートル。葉は披針形。四月ごろ淡紅色ないし白色の花が咲く。果実は楕円形で裂けやすい。味が苦いものと甘いものがある。西アジアの原産で、唐代にペルシア語方面から中国に伝わった。語源はペルシア語 **bādām** に由来する。最初は偏桃と呼ばれた（のちに扁桃と書く）。果実が桃に似、形が偏（かたよる）だからという（酉陽雑俎18）。和名は英語の **almond** をそのまま取る。

【字源】外来語のbādāmを巴旦で表記する。成分や効用がアンズと似ているので、接尾語として「杏」を添えた。

【別名】八旦杏・八担杏・八丹杏・巴欖・婆淡樹・波淡樹・偏桃・扁桃・匾桃・忽鹿麻

【文献】本草綱目29「巴旦杏出回回旧地、今関西諸土亦有、樹如杏而葉差小、実亦尖小而肉薄（巴旦杏は回回の旧地に出づ。今関西の諸土亦た有り。樹は杏の如くして葉はやや小なり。実も亦た尖小にして肉薄し）」

【杉】3 ㊥サン ㊟すぎ

【語源】上古漢語は*sə̌m、中古漢語はṣʌm（→呉音セム、漢音サム）である。スギ科の常緑高木*Cunninghamia lanceolata*（コウヨウザン）を意味する。高さは三〇メートルあまりに達する。葉は披針形で、枝の両側に並ぶ。果実は卵形で、種子には羽がついている。生長が速く、材質は加工しやすいため、造船や橋梁に利用される。中国南部の原産。語源は「入り交じる」のイメージをもつ三・参などと同源。和名は広葉杉と書き、比較的（日本のスギよりも）葉が広いことに因む。日本では日本特産のスギ科の常緑高木*Cryptomeria japonica*（スギ）を指す。高さは五〇メートルに達し、樹冠は円錐形をなす。樹皮は赤褐色。葉は鎌状の針形。きわめて長寿の木で、屋久杉などが有名。建築・家具などさまざまな用途がある。「すぎ」の語源は「直ぐ」のスにキ（木）のついたもので、幹が直立する姿を捉えた命名である。

【字源】*sə̌mという語は三（*sam）・参（*sam）・森（*siəm）などと同系で、「たくさんのものが入り交じる」というイメージがある。つまり針葉がたくさん枝から出ている姿を捉えている。これを視覚記号化するために「彡（さん）（*sə̌m）」を利用する。「彡」は髪や須（鬚）に含まれており、まばらに生えている髪の毛の図形である。ここに「たくさんのものが入り交じる」というイメージがあるが、「細く細かいものがすきまを開けて並ぶ」というイメージにも展開する。「彡（音・イメージ記号）＋木（限定符号）」を合わせて、細く細かい葉がたくさん並んで出ている木を暗示させた。

古字は「檆（さん）」であった。「占（*tiam）」は「卜（うらない）＋口（場所）」を合わせて、占いによって場所を占有する様子を暗示する図形。「じっと一所に定着する」というイメージがある。「占（音・イメージ記号）＋炎（限定符号）」を合わせた「煔（さん）（*sǎm）」は、じっと立って動かずに燃える「ほのお」を暗示させる。「煔（音・イメージ記号）＋木（限定符号）」を合わせた檆は、樹冠が炎のように△型の姿を呈する木を暗示させた。

甲　篆　〔彡〕

篆〔煔〕　篆〔檆〕

[別名] 沙木・參木・檠木・柀（スギの異表記）椙

[文献] 後漢書・五行志「李娥年六十余物故、以其家杉木槥斂瘞於城外（李娥、年六十余にして物故す。其の家の杉木の槥（ひつぎ）を以て城外に斂瘞す）」、名医別録「杉材、微温無毒、主治漆瘡（杉材は、微温にして毒無し。漆瘡を治するを主る）」

【杜】 3　音ト　訓―

[語源] 上古漢語は*dag、中古漢語はdo（→呉音ヅ、漢音ト）である。バラ科ナシ属の落葉高木 ***Pyrus betulaefolia***（マンシュウマメナシ、中国名杜梨）を意味する。高さは四～一〇メートル。樹皮は灰褐色で、葉の周辺に鋸歯がある。春、白色の花を開く。果実は褐色。杜と棠は同じとされるが、説文解字では雄（棠）と雌（杜）で区別し、本草綱目では実の甘くて食えるものを棠（甘棠、白棠）、渋くて食えないものを杜（赤棠）と区別し、「杜は渋なり、棠は糖なり」と語源を説く（棠の項参照）。和名のマンシュウ（満州）は中国北方を指し、マメナシ（豆梨）は果実が小さな梨に似ることによる。

[字源] 「土（*t'ag）」は盛り上げた「つち」を描いた図形。「中身が詰まって盛り上がる」というイメージがある。腹の中に詰まったものが盛り上がるように出てきて口から吐き出すことを吐という。このイメージの展開を利用して、「土（音・イメージ記号）＋木（限定符号）」を合わせた杜でもって、渋くて吐き出したくなる果実の生る木を暗示させた。

甲  金  篆 〔土〕

甲   金  篆  〔杜〕

[別名] 棠梨・海棠梨・甘棠・白棠・杜梨・野梨・山梨

[文献] 詩経・唐風・有杕之杜「有杕之杜、生于道左（杕(てい)たる杜有り、道の左に生ず）」、爾雅・釈木「杜、甘棠」――鄭樵注「北人謂之杜梨、南謂之棠梨（北人之を杜梨と謂ひ、南之を棠梨と謂ふ）」

杜鵑　㊥トーケン　㊞――

[語源] 中古漢語は do-kuen（↓漢音トーケン）である。もともと鳥の名で、ホトトギスを意味するが、木の名に転用したもの。ツツジ科ツツジ属の常緑低木 ***Rhododendron simsii***（シナヤマツツジ）を指す。高さは約三メートル。よく分枝し、枝に褐色の堅い毛がある。葉は楕円形。春先、淡紅色の花を開く。果実は卵円形で、堅い毛に覆われる。ホトトギスが鳴くころに花が咲くので杜鵑、また杜鵑花の名がついた。和名はシナ（支那、中国）のヤマツツジ（山躑躅）の意。ヤマツツジはツツジ属の一種である。また、ツツジはツツジ科ツツジ属（***Rhododendron*** 属）の総称で、ヤマツツジのほかサツキやレンゲツツジ、ミツバツツジなどを含む。「つつじ」の語源は花冠がほぼ筒型を呈するので、筒咲き↓ツツジになったという。漢字表記の躑躅は羊躑躅の後半だけを切り取ったもので、日本の表記である（躑躅の項参照）。

[字源] 古代中国ではホトトギスの鳴き声をT音やK音をもつ擬音語で表した。その表記の一つが杜鵑である（拙著・動物の漢字語源辞典、二八一ページ）。

[別名] 紅躑躅・山躑躅・山石榴・山帰来・映山紅・艶山紅・満山紅・迎山紅・玉枝・仙客

[文献] 李白・宣城見杜鵑花（全唐詩184）「蜀国曾聞子規鳥、宣城還見杜鵑花（蜀国かつて聞く子規鳥、宣城また見る杜鵑花）」、広群芳譜39「湧幢小品、杜鵑花以二三月杜鵑鳴時開（湧幢小品に［云ふ］、杜鵑花は二三月杜鵑鳴く時を以て開くと）」

杜衡　㊥トーコウ　㊞かんあおい

[語源] 中国と日本では意味が異なる。中国では上古漢語が *dag-fiăng、中古漢語が do-fiaŋ（↓呉音ヅーギヤウ、漢音トーカウ）で、ウマノスズクサ科の多年草 ***Asarum forbesii***（フタバアオイ属の一種）を意味する。葉はアオイと似、茎の端から一〜二枚生じる。根茎からは多数のひげ根が集まり出る。林や草むらの陰湿な場所に生

える。根茎は辛くて芳香があり、生薬に用いる。語源は推測だが、杜は土、衡は横の意で、根茎が横に走ることによる。古典によく登場する植物だが、次項の杜若としばしば混同される。

日本ではウマノスズクサ科の多年草 ***Heterotropa nipponica***（カンアオイ）を指す。フタバアオイとよく似ているから誤用されたのであろう。根茎は横に這い、二〜三枚の葉を出す。暗紫色の花を開く。語源は常緑で寒さにも耐えるので寒葵の名がついた。アオイの語源については葵の項参照。

[字源]「行（*ɦăng）」は十字路を描いた図形で、「まっすぐ進み行く」という意味を表すために考案された（荇の項参照）。単に「まっすぐ」というイメージを示す記号ともなる。「衡」の中央は角と大（両手両足を広げて立つ人の形）から成る。「行（音・イメージ記号）＋角（イメージ補助記号）＋大（イメージ補助記号）」を合わせた衡は、牛の両角にまっすぐに渡した横木（牛が人を傷つけないために縛りつけるもの）を表した。左右にバランスを取って計る「はかり」（度量衡の衡）、左右のバランス（平衡の衡）、さらに横の意味（合従連衡の衡）にも展開する。杜（土の代わり）と衡を結合させて、根茎が土中を横に這う植物を表した。

（金）　（篆）〔行〕　（篆）〔衡〕

[別名]（フタバアオイの一種）土鹵・土杏・土細辛・杜葵・杜蘅・楚蘅・杜衡葵・衡薇香・馬蹄辛

[文献]楚辞・離騒「雑杜衡与芳芷（杜衡と芳芷とを雑ふ）」、山海経・西山経「有草焉、其状如葵、其臭如蘼蕪、名曰杜衡、可以走馬、食之已癭（草有り。其の状は葵の如し。其の臭は蘼蕪の如し。名を杜衡と曰ふ。以て馬を走らすべし。之を食へば癭を已す）」、名医別録「杜衡味辛温無毒、主治風寒欬逆、香人衣体（杜衡は、味は辛にして温、毒無し。風寒・欬逆を治するを主る。人の衣体を香しくす）」

杜若　（音）トージャク　（訓）かきつばた

[語源]中国と日本では意味が異なる。中国では上古漢語が ***dag-niak**、中古漢語が **do-niak**（→呉音ヅ-ニャク、漢音ト-ジャク）で、ショウガ科の ***Alpinia*** 属（ハナミョウガ属）の植物を意味する。牧野富太郎や北村四郎は

A. chinensis [=***A. intermedia***]（アオノクマタケラン、中国名華山薑）に同定している。***A. japonica***（ハナミョウガ、中国名山薑）とよく似ている。茎は細長く、根茎は匍匐する。花は白色で、紅色の小さな斑がある。山や谷間の湿った場所に生える。古典では杜衡としばしば混同される。語源は根茎が横に這うところから杜衡の杜を取り、花が可憐なところから女性的なイメージをもつ「若」を添えたものであろう。

日本ではアヤメ科アヤメ属の多年草***Iris laevigata***（カキツバタ）を指す。水辺に生え、紫色の花が咲く。花の汁を染料に用いたので、カキ（掻き、または、書き）ツケ（付け）ハナ（花）が語源という。カキツバタを燕子花とも書くが、漢語の燕子花は牧野富太郎によるとカキツバタではなくオオヒエンソウ（大飛燕草）のことだという。

[字源]「若（*niak）」の甲骨文字は女性が髪を梳かしている姿を描いた図形。女性の体や髪のイメージを抽象化して、「柔らかい」というイメージを示す記号である。弱（*nick）や女（*niag）もコアイメージは共通である。杜（杜衡と似た植物の意）と若（女性的なイメージ）を結合させることによって、杜衡（フタバアオイの一種）のように根茎が横に這い、可憐な花を咲かせる植物を暗示させた。

㊙甲　㊙篆　〔若〕

[別名] ①（アオノクマタケラン）若芝・杜蓮・白蓮・白芩・杜草・良薑・廉薑　②（カキツバタの異表記）燕子花

[文献] ①楚辞・九歌・湘君「采芳洲兮杜若（芳洲に杜若を采る）」、韓非子・内儲説下「長為貴卿、被王衣、含杜若、握玉環、以聴於朝（長じて貴卿と為り、王衣を被（き）、杜若を含み、玉環を握り、以て朝に聴く）」、神農本草経「杜若、味辛微温、主治胸脇下逆気、温中、風入脳中、頭腫痛、多涕涙出。久服益精、明目、軽身（杜若は、味は辛にして微温。主治は胸脇逆気を下す・中を温む・風脳中に入る・頭腫れて痛む・涕涙出づること多し。久服すれば精を益し、目を明らかにし、身を軽くす）」

杜松　㊥音 トーショウ　㊥訓 ねず

[語源] 上古漢語は***dag-giung**、中古漢語は**do-ziong**

（→呉音ヅーシュ、漢音トーショウ）である。ヒノキ科ネズミサシ属の常緑小高木 ***Juniperus rigida***（ネズ）を意味する。高さは三〜一〇メートル。葉は針状で、先が鋭く尖り、触ると痛い。樹皮は灰褐色で、老いると剥げる。花は黄色で、楕円形（雄花）または球形（雌花）。果実は球形で褐色を帯び、表面に白い粉をかぶる。日当たりのよい山地やせた土地に生える。果実はジン（蒸留酒の一種）の香りづけに用いられる。語源は果実が杜（マンシュウマメナシ）に似（その果実は球形で褐色、白い斑点がある）、針葉が松に似ることに由来する。和名の「ねず」はネズミサシの略称で、葉を鼠の穴に置くと、葉に刺されて鼠が出なくなるからという。

【字源】「杜」の項および「松」の項参照。

【別名】 崩松・刺柏

【文献】 管子・地員「其木宜蚖蓄与杜松（其の木は蚖蓄と杜松に宜し）」、福建通志10「杜松葉似杉而小、尖勁如刺、木似松而有文（杜松は、葉は杉に似て小、尖勁なること刺の如し。木は松に似て文有り）」

【李】3　㊅リ　㊇すもも

【語源】 上古漢語は*ləg、中古漢語はliei（→呉音・漢音リ）である。バラ科サクラ属の落葉小高木 ***Prunus salicina***（スモモ）を意味する。中国の原産。高さは三〜一〇メートル。葉は楕円形で、先が尖る。春に白色の花が咲く。果実は円く、赤紫色に熟する。語源は理（筋目）と同源で、果実に筋目（割れ目）があることによる命名であろう。詩経では子孫繁栄の象徴として恋愛や結婚の歌のモチーフとなる。和名の「すもも」は酸桃で、果実に酸味があることに因む。

【字源】「子」はよちよち歩きのこどもを描いた図形（柑子の項参照）。「小さいものが生まれて殖える」というイメージがある。「子（イメージ記号）＋木（限定符号）」を合わせて、子が生まれるように、どんどん小さな果実が生る木を暗示させた。図形は語源を反映していない。

㊎ 　㊐

【別名】 嘉慶子

【文献】 詩経・王風・丘中有麻「丘中有李（丘の中に李有り）」、孟子・滕文公下「井上有李、螬食実者過半矣

(井上に李有り。螬の実を食ふ者半ばを過ぐ)」、古楽府・君子行(文選27)「瓜田不納履、李下不正冠(瓜田に履を納れず、李下に冠を正さず)」、名医別録「李核仁味甘苦平無毒、主僵仆躋、瘀血、骨痛(李核仁は、味は甘・苦にして平、毒無し。僵仆躋、瘀血、骨痛を主る)」

郁李 音イクーリ 訓——

[語源] 上古漢語は*·ɪuək-liəɡ、中古漢語は·ɪuk-lei(→呉音・漢音イクーリ)である。バラ科の落葉低木 ***Cerasus japonica*** [=***Prunus japonica***](ニワウメ)を意味する。中国の原産。高さは一〜一・五メートル。五月、葉より前に花が咲く。花は五弁で淡紅色ないし白色。葉は長卵形で、先端が尖る。六月、球形の暗紅色の果実が生る。中国医学で核を郁李仁といい、生薬に用いられる。ニワウメの変種で八重咲きのものをニワザクラという(棣の項参照)。語源について李時珍は、花と実が馥郁と香るから郁李の名を得たという(本草綱目36)。

[字源]「有(*ɦɪuəɡ)」は「又(て)+肉」を合わせて、腕の中に肉を囲い持つ様子を暗示する図形。「一定の枠の中に囲い込む」というイメージがある。「有(音・イメージ記号)+邑(イメージ補助記号)」を合わせた郁は、邑(村や町)が区画に囲まれているように、ある部分だけ区切られてはっきり目立つ様子を暗示させる。物事が目を引くほど盛んなありさまを郁郁といい、香気が特に引き立つありさまを馥郁という。李に郁を冠して、香りがよく、果実が李(スモモ)に似た植物を表した。詩経の鬱、山海経の栯(ゆう)が古い語である。鬱(*·ɪuət)には「香気がこもる」というイメージがあり、これを言い換えたのが郁や栯と考えられる(鬱の項参照)。

(金) (篆)〔有〕 (篆)〔郁〕

[別名] 鬱・鬱李・栯李・薁李・蘡李・燕薁・雀李・爵李・車下李・山李・寿李・雀梅・爵梅・英梅・白棣

[文献] 神農本草経「郁核味酸平、主治大腹水腫、面目四肢浮腫、利小便水道、根主治歯齗腫、齲歯、堅歯(郁核[=郁李仁]は、味は酸にして平。主治は大腹水腫、面目四肢浮腫、小便水道を利す。根の主治は歯齗腫、齲歯、歯を堅くす)」、宋史・銭乙伝「煮郁李、酒飲之使酔、即愈(郁李を煮、酒もて之に飲まし酔はしむれば、即ち愈

ゆ)」

【果蠃】 4 音 カーラ 訓 ―

[語源] 上古漢語は*kuar-luar、中古漢語はkua-lua(↓呉音・漢音クワーラ)である。ウリ科カラスウリ属の*Trichosanthes kirilowii*(チョウセンカラスウリ、中国名栝楼)を意味する。つる性の多年草で、巻きひげで他物に絡む。夏、白色の花が咲く。果実は卵円形で、熟すと橙黄色になる。種子は扁平で多く、熟すときは黄褐色。肥厚した根茎を薬用とする。日本では日本産の*T. kirilowii* var. *japonica*(キカラスウリ)に当てる。果実は黄色で、種子は淡い黒褐色。チョウセンカラスウリやキカラスウリの根から採った粉末を天花(天瓜)粉といい、湿疹などに用いる。*kuar-luarは畳韻の二音節語で、語源は果実の形状に着目して、「丸くころころしている」というイメージを持つ蜾蠃(ジガバチ)、蝸螺(カタツムリ)、壺盧(ヒョウタン)などと同源である。和名のカラスウリ(烏瓜)については王瓜の項参照。キカラスウリ(黄烏瓜)は果実が黄色なのでキ(黄)を冠する。

[字源]「果」は木の上に実が生る姿を描いた図形。「すべすべして丸い」というイメージがある。「蠃」の「果」を除いた部分「𣎆(*luar)」は能(熊の原字)と似た形で、ある種の肉の多い獣を描いた図形。あるいは「驘」(騾馬の騾の本字)と同じともされる。「ころころと丸みを帯びている」というイメージがあり、裸体の裸や螺(巻貝)と同源の語である。果実がころころと丸いチョウセンカラスウリを古代漢語で*kuar-luarという二音節語で呼び、これを表記するために、「果」と、「𣎆(音・イメージ記号)+果(限定符号)」を合わせた「蠃」とを結合させて、「果蠃」を考案した。別名の栝楼(kuat-lau)、瓜蔞(kuă-lau)もK-L-という二音節語を表記している。

甲 

金 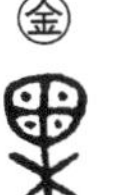

篆  〔果〕

篆   〔𣎆〕

[別名] 栝楼・瓜蔞・地楼・天瓜・黄瓜・柿瓜・杜瓜・薬瓜・王白・王菩・沢巨・沢冶・沢姑・天円子

[文献] 詩経・豳風・東山「果蠃之実、亦施于宇(果蠃の実、また宇に施る)」、神農本草経「栝楼味苦寒、主治

消渇、身熱煩満、大熱、補虚、安中、続絶傷（栝楼は、味は苦にして寒。主治は消渇、身熱煩満、大熱。虚を補ひ、中を安んじ、絶傷を続ぐ）」

【杼】4 音ジョ 訓とち

[語源] 上古漢語は*diag、中古漢語はdʒio（→呉音ジョ、漢音ショ）である。ブナ科のクヌギを意味する（櫟の項参照）。語源はドングリを機織りの道具である杼（ひ）に見立てたもの。日本では「とち」と読むが本来は誤用である（橡・栃の項参照）。

[字源]「予（*diag）」は機織りで、横糸を通す舟形の道具を描いた図形。縦糸の間を行ったり来たりして横糸を引き出していく。このイメージによって、物をこちらからあちらへ移して相手に渡すこと、つまり「あたえる」ことを*diagといい、予と書く。「空間的（また時間的）な幅やゆとりができる」というイメージを示す記号となり、猶予の予（＝豫。間延びさせてぐずぐずする）、予定の予（＝豫。時間のゆとりをとって→あらかじめ）、預言の預（前もって）、野（里から横に延び出た空間→原野）、序（東西に延び出た脇屋）などは同源である。「予（音・イメージ記号）＋木（限定符号）」を合わせて、機織りの「ひ」を表す。さらに同じ図形でもって、舟形の「ひ」と似たドングリの生る木を表すのに用いる。芧（じょ）も同じ。

甲　篆〔予〕　篆〔杼〕

[別名] ①（クヌギ）櫟・橡・栩　②（トチの異表記）橡・栃

[文献] ①荘子・山木「衣裘褐、食杼栗（裘褐を衣（き）、杼栗［ドングリ］を食す）」、山海経・中山経「景山、其上多金玉、其木多杼檀（景山、其の上金玉多く、其の木は杼・檀多し）」

【松】4 音ショウ 訓まつ

[語源] 上古漢語は*giung、中古漢語は**ziong**（→呉音ジュ、漢音ショウ）である。マツ科マツ属（*Pinus*属）の常緑高木を意味するが、中国と日本では種類が違う。中国では主に***P. tabulaeformis***（ユショウ、中国名油松）を指す。高さは一五～二五メートル。樹皮は灰褐色で、鱗状の裂け目がある。針葉は二本ずつ出る。球果（ま

つかさ）は長さが五～八センチで、突起がある。種子は油の汁を含む。ほかに馬尾松（*P. massoniana*、タイワンアカマツ）、雲南松（*P. yunnanensis*）、華山松（*P. armandii*、タカネゴヨウ）、落葉松（*Larix leptolepis*、カラマツ）などがある。中国医学（本草）では葉、根、幹、松脂を生薬に用いる。語源は公の「左右に開いてすけすけに見える」のイメージを取る。葉と葉の間がすきまが開いてすけすけに見える特徴を捉えた命名である。

松は漢詩文では永遠性の象徴、高い節操の象徴としてしばしば登場する。説話では松脂を食べて長寿を得た仙人の話がある。また異名の一つに五大夫がある。地方を巡歴した秦の始皇帝が風雨に遭い、松の下で雨宿りしたので、その木に五大夫の位を授けた故事による。

日本ではアカマツ（赤松）、クロマツ（黒松）、ゴヨウマツ（五葉松）などを指す。建築材のほか、庭園樹、盆栽など、さまざまの用途がある。永遠性の象徴は日中で共通である。正月門松を立てる風習もこの象徴性と関係がある。「まつ」の語源については、葉が股になって生じるからマタ→マツになったという説や、永く常磐（常緑）や寿命を保つ意のモツに由来するという説などがある。

［字源］「厶（し）」は囲い込む様子を示す象徴的符号。自分のものだと囲い込むのが私（わたくし、プライベート）である。それに対し、「公（*kung）」は「厶」に「八（左右に分ける符号）」を合わせて、囲い込んだものを開いて見せる様子を暗示する。自分のもとに隠さないでみんなの前にあけすけに見せる（公開する）ことが公（おおやけ）である。「公」には「あけすけに見せる」というイメージから、「すけすけに透いて見える」というイメージに展開する。「公（音・イメージ記号）＋木（限定符号）」を合わせた松は、針葉が間を置いて生え、すけすけになって見える木を暗示させた。針葉樹はすべてそんな特徴を備えているが、特にマツの名とするのは、こちらの成立が早く、ほかの木の名は別の造形法に従ったため、マツに優先権が与えられたからである。骨粗鬆症の鬆（すけすけに「す」が入る）は松とコアイメージを共通にもつ。

㊙甲 
㊎金 

篆 
〔公〕

金 松　篆 松　〔松〕

【別名】 五大夫・大夫樹・木公・十八公・木仙・木中仙・木長官・貞木・君子樹・高友・寿鬣・蒼髯叟・蒼官・蒼竜・枯竜

【文献】 詩経・小雅・斯干「如松茂矣（松の茂るが如し）」、論語・郷党「歳寒、然後知松柏之後彫也（歳寒くして、然る後に松柏の彫むに後るるを知るなり）」、神農本草経「松脂味苦温、主治癰疽、悪瘡、頭瘍、白禿、疥瘙、風気、安五蔵、除熱、久服軽身、不老、延年（松脂は、味は苦にして温。主治は癰疽、悪瘡、頭瘍、白禿、疥瘙、風気。五蔵を安んじ、熱を除く。久服すれば身を軽くし、老いず、年を延ばす）」

枏→楠 （95ページ）

【枇杷】 4 　音 ビーワ　訓 —

【語源】 上古漢語は*bier-băg、中古漢語はbii-bă（→呉音ビーベ、漢音ヒーハ）である。バラ科の常緑小高木*Eriobotrya japonica*（ビワ）を意味する。中国の原産。高さは三〜八メートル。葉は長楕円形で、厚くて光沢がある。花は淡黄色で芳香がある。果実は初夏に黄色に熟し、食用になる。語源は葉の形が楽器の琵琶に似ていることによる。琵琶は漢代にシルクロードを通って中国に伝わった楽器である。それ以前にはビワに名がなかったようである。

【字源】 イラン語でbarbatという楽器が西域から伝わった際、批把（風俗通）、枇杷（釈名）と音写された。釈名では「手を推して前む（すすむ）を枇と曰ひ、手を引きて却くるを杷と曰ふ」とあるが、少し誤解がある。ただし批は「両手で撃つ」という意味があり、把は爬と同義で、「ひっかく」という意味があるので、音意両訳の可能性はある。

「比（*pier）」は二人が並ぶ図形で、「並ぶ」というイメージがある。「比（音・イメージ記号）+手（限定符号）」を合わせた批は、両手を並べて打ち合わせる様子を暗示させる。「巴（*păg）」はある種の爬虫類を描いた図形で、「平らに這う」というイメージがある。「巴（音・イメージ記号）+手（限定符号）」を合わせた把は、手のひらを物の表面に押し当ててひっかく様子を暗示させる。barbatを表記するために、音写すると同時に、楽器の弾き方を近似的に織り込んだ批・把の二字を選んだ。手偏の批把から材料を示す木偏に換えて枇杷とし、また楽器の意味領域に限定する「玨（=琴）」に換えて琵琶ができ、木の名には枇杷、楽器の名には琵琶と書き分けるようになった。

[別名] 金丸・金珠・黄金丸・臘児・臘兄・炎果・百顆黄

[文献] 史記・司馬相如伝「枇杷橪柿」、左思・蜀都賦（文選4）「其園則林檎枇杷（其の園は則ち林檎・枇杷）」、名医別録「枇杷葉味苦平無毒、主卒啘不止、下気（枇杷の葉は、味は苦にして平、毒無し。卒啘止まず、気を下すを主る）」

枌→楡 （99ページ）

【柑】5 [音]カン [訓]—

[語源] 上古漢語は*kam、中古漢語はkam（→呉音・漢音カム）である。ミカン科*Citrus*属（ミカン属）の総称で、多くの種類がある。狭義では*C. reticulata*（マンダリンの類、ポンカン）を指す。常緑小高木または低木で、春から夏にかけて白い花が咲く。果実は橙黄色で、生食される（椪柑の項参照）。このミカンが古代の日本に伝わってウンシュウミカン（温州蜜柑）となった。語源は甘と同源で、果実が甘いことから名づけられた。

　橘も*Citrus*属（ミカン属）を表すが、区別が難しい。李時珍によれば、柑は橘より刺が少ない。柑の皮は橘と比べて黄色で、やや厚い。味は柑の方が甘い。橘は日持ちがいいが、柑は腐りやすい。以上が両者の違いだが、混用されるという（本草綱目30）。現代における区別の目安は、果実の直径が五センチ以上で、皮が橙黄色で厚く、端に嘴があるものが柑、五センチ以下で、皮が赤色ないし橙黄色で薄く、端に嘴がないものが橘であるという（辞海―生物分冊）。

[字源]「甘（*kam）」は「口」の中に点を入れた図形で、

味わう様子を暗示している。「うまい」「あまい」ことを*kamといい、この視覚記号で表記する。古くはミカン類のことも甘といったが、のちに「甘（音・イメージ記号）＋木（限定符号）」を合わせて柑を作り、区別するようになった。

(甲)　(金)　(篆)　〔甘〕

[別名]（ミカン類）木奴・甘子・柑子・黄甘・玉果・霜柑・霜包・瑞金奴・瑞聖奴（ポンカン）椪柑

[文献] 史記・司馬相如伝「黄甘［＝柑］橙榛」、水経注37「呉丹陽太守李衡植柑其上、臨死勅其子曰、吾州里有木奴千頭、不責衣食、歳絹千疋（呉の丹陽太守李衡、柑を其の上に植ゑ、死に臨みて其の子に勅（ちょく）して曰く、吾が州里に木奴千頭有り、衣食を責めざれ、歳ごとに絹千疋なりと）」

柑子　(音)カン-シ　(訓)（こうじ）

[語源] 中古漢語はkam-tsï（↓漢音カム-シ）である。中国では柑子は柑の別名、またはミカン類の果実の意味であるが、日本ではミカン科ミカン属の常緑低木*Citrus leiocarpa*（コウジ）を指す。花は白色。果実は黄色またはオレンジ色で、香気があるが酸味が強い。日本で古くから栽培された。語源は古代日本でミカンのことをカムジ（甘子、柑子）ともいい、これがカウジ↓コウジとなった。

　なおコウジはカラタチバナ（唐橘）の別名でもある。これはヤブコウジ科の常緑低木で、コウジミカンともカラタチとも別。

[字源]「柑」については前項参照。「子」はよちよち歩きの子どもを描いた図形。「小さい」というコアイメージがあり、小さいもの、かわいいものなどに添える接尾語に用いられる。

(甲)　(金)　(篆)　〔子〕

[文献] 大唐新語13（唐・劉粛）「益州毎歳進柑子、皆以紙裹之（益州毎歳柑子［ミカン類、またはポンカン］を進め、皆紙を以て之を裹（つつ）む）」

金柑　(音)キン-カン　(訓)——

[語源] 中古漢語はkɪəm-kam（↓漢音キム-カム）であ

る。ミカン科の常緑低木 ***Fortunella*** 属（キンカン属）の総称。中国の原産。年に三回花が開き、実が生る。花は白色。果皮は甘いが、果肉は酸っぱい。語源は熟すと金色を呈することによる。

[字源]「今（*kıəm）」は「亼（かぶせる符号）＋一（ある物）」を合わせて、上からかぶせて物を取り押さえる様子を暗示する図形（枔の項参照）。「上からかぶせて、中に閉じこめる」というイメージを示す。含（口の中にふくむ）・吟（含み声でうなる）・衾（体にかぶせる布団）・禽（網をかぶせて捕らえる鳥獣）などは同源のグループ。「今（音・イメージ記号）＋ハ（点々とした粒）＋土（イメージ補助記号）」を合わせた金は、土の中に粒（つまり砂金）が点々と閉じこめられている情景を暗示させる。これによって黄金、また一般に金属を表した。柑については前項参照。

[金] 　[篆] 　〔金〕

[別名] 金橘・盧橘・山橘・夏橘・羅浮

[文献] 新唐書・地理志「眉州…麩・金柑・石蜜」、本草綱目30「此橘生時青盧色、黄熟則如金、故有金橘盧橘之名（此の橘は生ずる時は青盧色、黄熟すれば則ち金の如し。故に金橘・盧橘の名有り）」

桶柑　[音]タン-カン　[訓]—

[語源] ミカン科ミカン属の ***Citrus tankan***（タンカン）を意味する。果実は円形ないし楕円形で、皮は深い橙黄色。ポンカンと似、果汁が多くて甘いが、皮はむきにくい。蜜桶柑とも称され、蜜を入れる桶（筒型の器）のように甘い糖分を含むことに因む命名であろう。桶は北京語で **tong** だが、閩南語で **tang** と読む。バナナ（香蕉）のように甘くておいしいので蕉柑（中国ではこれが標準名）ともいい、また、一月ごろ穫れるので年柑の別名がある。台湾が主な産地。日本では沖縄・奄美で栽培される。

[字源]「甬（*d̥iung）」は木通の項で述べたように、「突き通す」というコアイメージがあり、「筒型を呈する」というイメージに展開する。「甬（音・イメージ記号）＋木（限定符号）」を合わせて、筒型になった木製の器（おけ）を暗示した。筩（とう）（竹の節のように突き通って筒型になったもの、つまり竹筒）は同源の語である。

㊥篆 〔桶〕

【別名】 蜜桶柑・蜜筩柑・蜜桶・蕉柑・年柑・漳柑・暹羅蜜橘

仏手柑 音 ブッシュカン 訓 ——

【語源】 近世漢語は**fu-ʃɪəu-kam**である。ミカン科ミカン属の常緑小高木または低木*Citrus medica* var. *sarcodactylis*（ブシュカン、中国名仏手、別名仏手柑）を意味する。枸櫞（くえん）の変種である。高さは三〜四メートル。葉は長楕円形で大きい。果肉はないが、果皮に芳香がある。語源は果実が非常に変わった形をしていて、上部が裂けて指のように見えることに由来する。中国では仏と福の音の類似から、幸福の象徴となり、吉祥図などに描かれる。

【字源】 「弗（*pɪuət）」は「弓（つる状のもの）＋八（左右に分ける符号）」を合わせて、左右に払いのける様子を暗示する象徴的符号である。「左右に分ける」というイメージがあり、拂（=払。はらう）や費（財貨を使って分散させる→ついやす）は同源のグループ。「弗（音・イメージ記号）＋人（イメージ補助記号）」を合わせた佛（=仏）は、姿が分散してぼんやりと見える様子を表す。仿仏は髣髴・彷彿と同じで、ぼんやりと見えるありさまを意味する。漢代に仏教が伝来したとき、梵語の**buddha**を音写するために仏を利用して仏陀と書いた。「手」は五本の指と手首の全体を描いた図形。果実を仏の手に喩えて、仏＋手＋柑で表記した。

金　篆〔弗〕　篆〔佛〕

金　篆〔手〕

【別名】 仏手・香櫞・香欒・飛穰・五指柑・蜜羅柑・福寿柑

【文献】 本草綱目30「木似朱欒而葉尖長、枝間有刺、植之近水乃生、其状如人手、有指、俗呼為仏手柑（木は朱欒に似て、葉は尖りて長し。枝間に刺有り。之を植ゑて水に近づくれば乃ち生ず。其の状は人の手の如く指有り、俗に呼びて仏手柑と為す）」

椪柑 音 ポンカン 訓 ——

【語源】 ミカン科ミカン属の*Citrus reticulata* cv. *Ponkan*

（ポンカン）を意味する。高さは三〜五メートル。枝は細く、葉は小さい。果実は扁球形で、皮はむきやすい。果汁は多くて甘い。インド東北部の原産で、唐代に中国に伝わったという。近世、インドの地名**Poona**を椪で音写して椪柑といった。それ以前の名は乳柑（本草拾遺）、あるいは蘆柑（広群芳譜）であった可能性がある。蜜柑もポンカンの別名であった。十八世紀、台湾に伝わり、果柄部が突出した姿から凸柑（とつかん）と称された。

[字源] ぶつかる意味の言葉に掽または碰があり、**peng**と読む。これを利用し、**Poona**の音写字として偏を木偏に換えて椪を創作した。別名の凸柑の凸は、凹（へこむ）と対をなし、上部が突き出ている様子を暗示させる図形である。凸は突と同源の語。

[別名] 凸柑・乳柑・蘆柑・蜜柑・蜜橘・橘子・寛皮柑・寛皮橘・潮州柑

蜜柑　㊥ミツ－カン　㊞（みかん）

[語源] 中世漢語は**miai-kam**である。中国の文献で蜜柑の用例はきわめて少ないが、蜜橘と同じく、ポンカンの別名だったようである（椪柑の項参照）。蜜のように味が甘いところから名を得た。

日本ではミカン（特にウンシュウミカン）をミツカン（蜜柑）といった。蜜の味に喩えたものであろう。ミツカンが訛ってミカンとなった。これは中国の蜜柑とは別に考案された名と考えられる。のち広く***Citrus***属（ミカン属）の総称となった。ウンシュウミカン、キシュウミカン、イヨカン、ナツミカン、ハッサク、ユズなどがある。

[字源]「必（*piet）」は「弋（二股の棒の形）＋八（挟む符号）」を合わせて、棒の両側をぴったり締めつける様子を暗示する図形。「中のものをすきまなく締めつけて閉じこめる」というイメージがある。秘（中が閉ざされて見えない）・密（びっしり締めつけられてすきまがない）などは同源のグループ。「必（音・イメージ記号）＋宀（イメージ補助記号）」を合わせた「宓（びつ）（*miet）」は、覆いですきまなく被せる様子を暗示させる。これにも「必」と同じコアイメージがある。「宓（音・イメージ記号）＋虫（限定符号）」を合わせて、蜂が巣の中にびっしりと閉じこめた物質（はちみつ）を暗示させた。「柑」については該項参照。

(金) (篆) 〔必〕

(篆) 〔宓〕 (篆) 〔蜜〕

[別名]（ポンカン）椪柑（ミカン）柑

[文献] 康斎集（明・呉与弼）「蜜柑二顆逢時雨、金橘盈枝更可人（蜜柑二顆時雨に逢ふ、金橘枝に盈ち更に人に可(よろ)し）」

【枳】5 (音)キ・シ (訓)からたち

[語源] 上古漢語は*kieg、中古漢語はkiĕ（→呉音・漢音キ）である。ミカン科の落葉小高木または低木 ***Poncirus trifoliata***（カラタチ）を意味する。中国の原産。高さは五〜七メートル。枝に刺がある。初夏、葉が出る前に白い花を咲かせる。果実は円形で小さい。熟すと黄色になり芳香がある。酸味があって食べられない。中国医学（本草）では果実の核を取り去って陰干ししたものを枳殻(きこく)といい、生薬に用いる。

枳は鳳凰や鸞（ともに想像上の瑞鳥）の棲まない木と考えられ、邪悪の象徴とされた。「江南の橘、江北に移されて枳と為る」という諺は、環境によって物の性質が変化することをいう。語源は只の「小さい」というイメージを取る。橘に似るが果実が比較的小さいことによる。和名は唐（中国の意）から渡来した橘ということで、カラタチバナ→カラタチとなった。

[字源]「只(し)（*tieg）」は「口＋八（両方に分かれる符号）」を合わせて、息が分かれ出る様子を暗示させる図形。「（分散して）小さくなる」「短い」というイメージを示す記号になる。「只（音・イメージ記号）＋木（限定符号）」を合わせて、比較的小さい果実の生る木を暗示させた。別名は枸橘。「句」は「かぎ型に曲がる」というイメージがあり、枸は刺のある植物につける語である（枸櫞・枸杞の項参照）。

(篆) 〔只〕 (篆) 〔枳〕

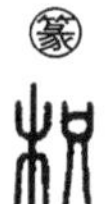

[別名] 枳殻・枸橘・臭橘・枸棘子・野橙子・鉄籬笆

[文献] 周礼・考工記「橘踰淮而北為枳…此地気然也（橘、淮を踰えて北すれば枳と為る。…此れ地気の然るなり）」、後漢書・仇覧伝「枳棘非鸞鳳所棲（枳棘は鸞鳳の棲む所に非ず）」、素問・五蔵生成篇「黄如枳実者死

（黄なること枳実の如き者は死す）」」、神農本草経「枳実味苦寒、主治大風在皮膚中如麻豆苦痒、除寒熱熱結、止痢、長肌肉、利五蔵、益気、軽身（枳実は、味は苦にして寒。主治は大風皮膚の中に在りて麻豆の如く苦痒す。寒熱熱結を除き、痢を止め、肌肉を長じ、五蔵を利し、気を益し、身を軽くす）」

【枸】 5 音ク 訓―

［語源］ 上古漢語は*kug、中古漢語はkəu（→呉音ク、漢音コウ）である。クロウメモドキ科の落葉高木*Hovenia dulcis*（ケンポナシ、中国名北枳）を意味する。高さは一〇メートルに達する。葉は大きい。たくさん分かれた枝は曲がりくねり、膨れて関節状を呈する。その先端に球形の果実が生り、中に三室があり、毎室一粒ずつの種子が入っている。秋、膨れた花序と果実は一緒に落ち、甘くて食べられる。語源は句の「かぎ型に曲がる」というイメージに基づく。また椇とも書かれる。具は「とりそろえる」というイメージがあり、果実に種子がそろっている姿に着目している。また枳を冠して枳椇と称される。只は「分かれる」というイメージがあり、分枝の多い姿を捉えている。曲がった枝が鶏のけづめに似るので、鶏距子の異名がある。和名のケンポナシのケンポはテンポの訛りで、花序の柄を天棒（手棒）になぞらえ、梨を添えたことばという。和製漢字表記は玄圃梨。玄圃（げんぽ）は仙人が住むという崑崙山にある庭園だが、めでたそうな名を当てただけである。

［字源］ 「句（*kug）」は「かぎ型の印二つ＋口」を合わせて、小さく区切る様子を暗示する図形。「小さく区切る」「かぎ型に小さく曲げる」などのイメージを示す記号になる。狗（小さいイヌ）・駒（小さいウマ）・鉤（かぎ）などは同源のグループ。「句（音・イメージ記号）＋木（限定符号）」を合わせた枸は、枝がくねくねと曲がった木を暗示させた。また「具」は「鼎（かなえ）＋廾（両手）」を合わせて、日用の器を取りそろえる情景を設定した図形で、「（必要なものが）そろう」というイメージを示す。「具（音・イメージ記号）＋木（限定符号）」を合わせた椇は、種子がそろって入っている果実の生る木を暗示させた。枳は前項の枳［カラタチ］とは無関係であろう。「只（*tieg）」は「口＋八（両側

に分かれる符号）」を合わせて、息が分かれ出る様子を暗示する図形。「分散する」というイメージがある。「只（音・イメージ記号）＋木（限定符号）」を合わせた枳は、枝がたくさん分かれ出る木を暗示させた。

甲　金　篆（句）

篆（枸）

甲　金　篆（具）

【別名】椇・枳椇・枳枸・鶏距子・金鉤子・拐棗・梨棗樹・木蜜・木餳・木実・木石・木珊瑚・白石木子

【文献】詩経・小雅・南山有台「南山有枸（南山に枸有り）」、礼記・曲礼下「婦人之摯、椇・榛・脯・脩・棗・栗」、古今注「枳椇子一名樹蜜、一名木餳、実形拳曲、核在実外、味甜美如餳蜜（枳椇子は一名樹蜜、一名木餳。実の形拳曲し、核は実の外に在り。味甜美なること餳［＝糖］蜜の如し）」

枸櫞

音 クーエン　訓 ——

【語源】上古漢語は*kug-diuan、中古漢語はkəu-yiuɛn（→呉音クーエン、漢音コウーエン）である。ミカン科ミカン属の常緑小高木 *Citrus medica*（シトロン、中国名香櫞）を意味する。高さは二メートルほど。枝に硬い刺がある。果実は長楕円形で大きく、先端に突起がある。皮は厚くて芳香がある。果肉は汁が少なく、味が苦い。語は櫞が本体で、縁の「ずっしりと重く垂れる」のイメージによる命名であろう。枸は句の「かぎ型」のイメージを取り、刺の姿を捉えている。和名のシトロンはフランス語 citron に基づく。もとはマルブシュカン（丸仏手柑）といった。

【字源】「彖（たん）（*t'uan）」は「彑（動物の頭）＋豕（ブタ）」を合わせて、ブタの頭を強調することによって、「ずっしりと重く垂れ下がる」というイメージを示す記号。椽（てん）（棟から軒に垂れた材木、「たるき」）・篆（てん）（太い線が垂れた書体）は同源である。「彖（音・イメージ記号）＋糸（限定符号）」を合わせた縁（*diuan）は、衣服のへりに垂れ下がる縁飾りを暗示させる。ここにも「ずっしりと垂れ下がる」というコアがある。「縁（音・イメージ記号）＋木（限定符号）」を合わせて、大きな果実が垂れ下がる木を暗示させた。「句（*kug）」は前項で述べた通り「かぎ型に曲がる」というイメージがあり、刺の状を「かぎ」のイメージで捉えて、「句（音・イメージ記号）＋木（限定符号）」を合わせた枸を冠して、枸櫞という二音節語とした。

篆 〔象〕　篆 〔縁〕

【別名】 香櫞・鉤縁子

【文献】 斉民要術10「異物志曰、枸櫞似橘、大如飯筥（異物志に曰く、枸櫞は橘に似、大なること飯筥の如し）」、嶺表録異（唐・劉恂）「枸櫞子形如瓜、皮似橙而金色、故人重之、愛其香気（枸櫞は、子の形は瓜の如く、皮は橙に似て金色。故に人之を重んじ、其の香気を愛す）」

枸杞　音 クコ　訓 ―

【語源】 上古漢語は*kug-k'iəg、中古漢語は kəu-k'iei（→呉音クコ、漢音コウキ）である。ナス科の落葉小高木 *Lycium chinense*（クコ）を意味する。高さは一メートルあまり。茎は叢生し、多くの細長い枝が出る。小枝は刺になる。夏から秋にかけて卵円形の果実が生り、熟すと赤くなる。多数の種子が含まれる。中国医学では種子を枸杞子、根を地骨皮といい、生薬とする。古来、不老長寿薬として有名で、却老、仙人杖などの異名がある。詩経では杞の一音節でクコを表している。語源は枝の姿を捉えて己の「立ち上がる」のイメージを用いた。のちそれに句の「かぎ型」のイメージを添えて二音節語とした。道教ではクコは千年たつと根の形が狗のようになるから枸というと見なしたが語源俗解である。

【字源】 「己（*kiəg）」は伏せたものが次第に起き上がり、はっきりした姿を現す様子を象徴的に示す符号で、「起き上がる」というイメージがある（杞の項参照）。「己（音・イメージ記号）＋木（限定符号）」を合わせて、茎から枝が立ち上がるように生え出る木を暗示させた。枸については該項で説明したが、「句（*kug）」は「かぎ型の印二つ＋口」を合わせて、かぎ型の印で区切る様子を示す図形で、「かぎ型」のイメージがある。「句（音・イメージ記号）＋木（限定符号）」を合わせた枸は、刺のある植物に冠する語に用いられる。

【別名】 杞・枸檵・枸忌・苦杞・枸棘・却老・仙人杖・天精・地仙・地骨・地輔・地節・地筋・羊乳

【文献】 詩経・小雅・四月「隰有杞桋（隰（さわ）に杞・桋有

り)」、神農本草経「枸杞味苦寒、主治五内邪気、熱中、消渇、周痹、久服堅筋骨、軽身、耐老（枸杞は、味は苦にして寒。主治は五内の邪気、熱中、消渇、周痹。久服すれば筋骨を堅くし、身を軽くし、老に耐ふ）」、本草綱目36「枸杞二樹名、此物棘如枸之刺、茎如杞之条、故兼名之（枸・杞は二樹の名。此の物、棘、枸の刺の如く、茎、杞の条の如し。故に兼ねて之に名づく）」

【柞】5 音サク 訓ははそ

[語源] 上古漢語は*dzak、中古漢語は**dzak**（→呉音ザク、漢音サク）である。この語には二つの意味がある。一つは単独の用法で、詩経に多く出る。ブナ科コナラ属の落葉高木 ***Quercus acutissima***（クヌギ、中国名麻櫟）を意味する。櫟・橡・杼などと同じ（櫟の項参照）。*dzakの語源は樹皮が深く縦に裂ける特徴からの命名であろう。中国医学（本草）では***Q. mongolica***（モンゴリナラ、別名モウコガシワ、中国名蒙古櫟）に当て、樹皮と葉を生薬に用いる。和訓の「ははそ」はクヌギやナラの総称である。語源は「葉葉添ひ」の略だという（大槻文彦）。

もう一つは柞木の語形で、***Xylosma congestum***（クスドイゲ）を意味する。イイギリ科の常緑小高木で、高さは三〜一〇メートル。枝に鋭い刺が多い。夏、淡黄色の花が咲く。果実は球形で黒色。中国医学で樹皮と根を黄疸などの治療薬とする。和名は刺をハリネズミに見立てる。ハリネズミの古名をクサフ（草生）といい、それにイゲ（刺の意）を添えた「クサフのイゲ」が訛ったものという（前川文夫）。

[字源]「乍（*dăg）」は刃物で切れ目を入れる様子を暗示する図形。「切れ目を入れる」というイメージがある。作（素材に切れ目を入れる→つくる）は同源。「乍（音・イメージ記号）＋木（限定符号）」を合わせて、樹皮が切れ目を入れたように裂ける木を暗示させた。また、切れ目を入れるとぎざぎざになるので、ぎざぎざの形、つまり「∧型を呈する」というイメージにも展開する。クスドイゲは∧型の鋭い刺が突き出るので、柞を利用して命名された。別名に鑿の語があるのは大工道具の鑿になぞらえている。

甲  金  篆   〔乍〕

篆〔柞〕

【別名】 ①（クヌギ）櫟・橡・杼　②（クスドイゲ）鑿子木・鑿頭木・刺鑿

【文献】 ①詩経・小雅・采菽「維柞之枝、其葉蓬蓬（維れ柞の枝、其の葉蓬蓬たり）」　②証類本草14「柞木皮味苦平、無毒、治黄疸病（柞木の皮は、味は苦にして平、毒無し。黄疸病を治す）」

【柿】5　音シ　訓かき

【語源】 上古漢語は*dzïer、中古漢語はdʒïei（→呉音ジ、漢音シ）である。カキノキ科の落葉高木 ***Diospyros kaki***（カキ）を意味する。中国の原産。高さは一四メートルに達する。葉は卵形で柔毛がある。初夏、黄白色の花が咲く。果実は赤黄色で食用になる。甘柿と渋柿があり、後者には椑柿（ひし）という種類がある。その果実を粉砕して水に漬け、上澄みを採ったものを柿漆（ししつ）（柿渋の意）といい、生薬などに用いた。語源は用途による命名で、沛（せい）（上澄みを取って漉す）と同源。和名は果実の色からアカキ（赤木）の意味に由来するという（大槻文彦）。

【字源】「市」は市場の市とも肺の旁とも違う。「姉」の旁と同じである。「屮」は草の芽の形。それに「八（両側に開く符号）」を合わせたのが「朩（はい）」で、草の芽が分かれ出る様子を示す図形。それに「一」の符号をつけたのが姉・柿の旁の「市」であるが、肺の旁と区別して「𣎵（し）（*tsier）」と書くことが多い。これは草の芽が伸びきってストップする様子を暗示する図形で、「これ以上は行けないいちばん上まで出る」というイメージを示す記号である。いちばん年上の女きょうだいを姉（＝姊）という。液体を漉して澄んだ部分が上に出ることを沛という。後者の語源を利用して、渋を採る植物を「𣎵（音・イメージ記号）＋木（限定符号）」を合わせた杮（＝柿）によって表記した。［補説］「こけら」と読む杮（音はハイ）と同形の衝突をしているが、この場合の旁は「朩」と同じでハイと読む。「左右に分かれ出る」というイメージがあり、鉋で木を削るとき分かれ出るのが「こけら」である。

篆〔𣎵〕　篆〔柿〕

【別名】 丹果・朱果・赤実果・凌霜侯・鎮頭迦

【文献】礼記・内則「棗栗榛柿」、司馬相如・上林賦（文選8）「枇杷橪柿」、名医別録「柿味甘寒無毒、主通鼻耳気、腸澼不足（柿は、味は甘にして寒、無毒し。鼻耳の気を通じ、腸澼不足を主る）」

【柘】5 音シャ 訓はりぐわ

【語源】上古漢語は*ti̯ăg、中古漢語はtʃi̯ă（→呉音・漢音シャ）である。クワ科の落葉小高木*Cudrania tricuspidata*（ハリグワ）を意味する。中国の原産。高さは八メートルに達する。枝に硬い刺がある。六月に赤黄色の花が咲く。果実は赤く熟し食べられる。赤黄色の染料を採る。また蚕の飼料になる。語源は集合果の特徴を捉え、石の「中身が詰まる」というイメージに基づく。和名は針桑で、鋭い刺にちなむ。

【字源】「石（*dhiak）」は「厂（がけ）＋口（石ころ）」を合わせた図形。石は鉱物が詰まって一つのまとまった形をなしているので、「中身が詰まる」というイメージを示す記号となる。嫉妬の妬（勘気が詰まる→ねたむ）、碩学の碩（知識がいっぱい詰まる）などは同源の語。「石（音・イメージ記号）＋木（限定符号）」を合わせて、果実がいっぱい詰まって全体が一つの果実になった木を暗示させた。集合果をもつ木はほかにもあるが、ハリグワの特徴が他に優先して命名された。

甲 金 篆〔石〕 篆〔柘〕

【別名】柘桑・柘子・柘刺・奴柘・黄桑・灰桑樹・文章樹・野梅子

【文献】詩経・大雅・皇矣「攘之剔之、其檿其柘（之を攘ひ之を剔るは、其の檿［ヤマグワ］其の柘）」、礼記・月令「是月也、命野虞毋伐桑柘（是の月や、野虞に命じ桑柘を伐ることなからしむ）」、斉民要術5「柘子熟時、多収（柘の子熟する時、収多し）」

柘榴→榴（115ページ）

【柊】5 音シュウ 訓ひいらぎ

【語源】日本では、モクセイ科モクセイ属の常緑小高木*Osmanthus heterophyllus*（ヒイラギ）を指す。高さは三メートルほど。若木では葉に鋭い鋸歯があるが、老樹では鋸歯がない。白色の花が咲く。材質は堅く、裂きにくいので、器具や楽器などの材料に用いられる。昔、節分の行事で、鰯の頭をヒイラギに掛けて門口に飾る風習があった。ヒイラギが魔除けとされたのは、鋭い鋸歯があるため、これで侵入を防ぐという意味から来ているのであろう。古語でひりひりして痛むことを「疼（ひびら）く」といった。ヒヒラギの語源は疼木の意である。

[字源] 中国の古典では、柊は柊楑（しゅうき）（椎の意）という語に使われ、木の名に使われた形跡はない。もっとも竜龕手鑑などには木の名とあるが、用例のない全くマイナーな字である。したがって日本でヒイラギに使う柊は日本人の創作字と考えられる（国字に近い半国字のカテゴリーに入る）。すなわち「疼く」の疼の疒（やまいだれ）を木偏に換えて柊とした。なお現代中国では柊樹をヒイラギの意味で使っている。したがって柊は里帰り漢字のパターンになる。

[文献] 広雅・釈器「柊楑…椎也」

【柾】5　㊚—　㊙まさき

[語源] ニシキギ科ニシキギ属の常緑低木 ***Euonymus japonicus***（マサキ、中国名冬青衛矛）を指す。高さは二メートルほど。海岸地帯に自生し、また、庭木にされる。葉は深い緑色で、鋸歯がある。六月に淡緑色の花が咲く。秋に果実は裂けて、赤色の種子が現れる。語源は真青木（まさおき）に由来するという。

[字源] 真っ青のマサに「正」の字を当て、木偏を添えたもの。正木とも書く。国字である。ただし竜龕手鑑に柩の俗字として柾が登録されている。中国では奇字だが、一応存在していたらしいから、半国字とする。

【柰】5　㊚ダイ・ナ　㊙—

[語源] 上古漢語は*nad、中古漢語は**nai**（→呉音ナイ、漢音ダイ）である。バラ科リンゴ属の落葉小高木 ***Malus prunifolia***（イヌリンゴ、中国名楸子、別名海棠果）を意味する。中国の原産。高さは一〇メートルに達する。葉は楕円形で、鋭い鋸歯がある。蕾は赤色だが、開くと白色になる。果実は円形で黄色。生食できる品種もあるという。柰と似た中国原産のリンゴにはほかにワリンゴがある（檎の項参照）。柰と林檎は同じものとする説もあるが、本草綱目は一類二種とする。語源は木

の性質が強く寒さに耐えるところから、耐と同源か。和名は果実が小さいことからイヌ（犬）を冠している。

[字源]「示」は祭壇の図形。供え物を載せる台である。この木は台木によく使われるので、「示（イメージ記号）＋木（限定符号）」を合わせた柰でもって表記した。ただしこの視覚記号に語源は反映されていない。「奈」は俗字で、助辞に使われる（「いかん」と読む）。

篆

[別名] 海紅・秋子

[文献] 司馬相如・上林賦（文選8）「亭柰厚朴」、左思・蜀都賦（文選4）「朱桜春熟、素柰夏成（朱桜春に熟し、素柰夏に成る）」、名医別録「柰味苦寒、多食令人臚脹、病人尤甚（柰は、味は苦にして寒。多食すれば人をして臚脹せしめ、病人尤も甚だし）」

【柏】5 音ハク 訓かしわ

[語源] 中国と日本で意味が異なる。中国では上古漢語が*păk、中古漢語がpak（→呉音ヒャク、漢音ハク）で、ヒノキ科の常緑高木 *Platycladus orientalis*（コノテガシワ、中国名側柏）を意味する。高さは五～一〇メートル。葉はヒノキに似、表裏の区別はなく、鱗片状を呈する。秋、青白色の果実が生り、いくつかの突起がある。種子の核を柏子仁といい、生薬に用いる。語源は枝が扁平なところから、「薄い」というイメージをもつ語群に属する。和名の語源は枝が子供の手のひらのように見えるところから、児手柏（このてがしわ）という名がついた。

日本では、ブナ科コナラ属の落葉高木 *Quercus dentata*（カシワ、中国名槲樹）を指す。高さは二五メートルに達する。樹皮に深い溝がある。枝に毛が密生する。葉は広い。花はひも状に垂れ下がる。果実はドングリの形、それを包む殻斗は杯型で大きい。カシワの語源は葉で食べ物を包んだり盛ったりしたので、カシ（炊ぐ）＋ハ（葉）に由来するという。

古代中国では柏は鬼（邪悪な存在）を退治する効果があると信じられ、墓場に植えた。また正月に柏の葉を浸した酒を飲む風習があった。めでたい象徴ともなり、吉祥図では百と音を通わせ、柏の図は「百事大吉」を意味する。また漢詩文では柏は松とともに永遠性の象徴として使われる。日本人は柏を誤ってカシワと読んだ。カシワは落葉樹だから永遠性の象徴としてふさわしくない。漢詩文を読む際には動植物の名を正しく同定することが作品鑑賞上欠かせない。柏はその一例に過ぎない。

【字源】「白（*bǎk）」はクヌギなどのドングリを描いた図形。殻斗を描いた図形が「皁（そう）」で、「白」はこれに含まれている。古代中国で殻斗は黒の染料を採るのに用いられた。したがって「皁」には「黒い」という意味がある。一方、「白」はドングリ（殻斗を除いた部分）と対応している。中身の淡い色のイメージから（あるいは、ドングリを漂白して食べたことから）、「皁」（黒色）とペアをなす形で、しろ色に「白」の図形を用いたと考えられる。また淡いというイメージから、「薄い」という感覚的なイメージ、また「厚みがない」という空間的イメージが生まれ、これが「薄くて平ら」というイメージ、さらに「（薄くて）くっつく」というイメージに展開する。拍（薄いものを打ち合わせる）・泊（船が浅い所にくっつく→とまる）・箔（薄く平らな「すだれ」）などは同源のグループ。また、碧（ほの白く光る宝石）・魄（白骨に宿る「たましい」）・粕（白い酒かす）・帛（白絹）などは「しろ色」のイメージが共通する。

コノテガシワの枝の特徴を捉えて、コノテガシワを「白（音・イメージ記号）＋木（限定符号）」を合わせた視覚記号で表記した。あるいはストレートに、白色を帯びた果実の生る木と解することもできる。コノテガシワの果実は青白いし、種子（柏子仁）は乳白色ないし黄白色を呈する。

甲　金　篆　〔白〕

甲　篆　〔柏〕

【別名】①（コノテガシワ）側柏・扁柏　②（カシワ）槲

【文献】①詩経・小雅・天保「如松柏之茂（松柏の茂るが如し）」、論語・郷党「歳寒、然後知松柏之後彫也（歳寒くして、然る後に松柏の彫むに後るるを知るなり）」、神農本草経「柏実味甘平、主治驚悸、安五蔵、益気、除風湿痹、久服令人潤沢美色、耳目聡明、不飢、不老、軽身、延年（柏実は、味は甘にして平。主治は驚悸。五蔵を安んじ、気を益し、風湿痹を除く。久服すれば人をして潤沢美色、耳目聡明ならしめ、飢ゑず、老いず、身を軽くし、年を延ばす）」

【栂】 5 音 ―― 訓 つが

[語源] マツ科の常緑高木 ***Tsuga sieboldii***（ツガ、別名トガ）を指す。高さは三〇メートルあまり。樹冠は円錐形をなす。樹皮は縦に裂ける。四月に黄色い花が咲く。果実は垂れ下がり、熟すと褐色になる。長短の葉が二列に並んで出るので、番（つが）うのツガが語源という。

[字源] 大槻文彦によると、母木（おものき）の合字。ツガを建物の柱や鴨居などに利用するので、母屋の母に木偏をつけたものであろう。国字である。近年発見された中国の出土文献に梅の異体字として使われているという。そうすると半国字になる。

枹→楢（101ページ）

【柚】 5 音 ユ・ユウ 訓 ゆず

[語源] 中国と日本では意味が異なる。中国では上古漢語が*diog、中古漢語が**yiəu**（→呉音ユ、漢音イウ）で、ミカン科ミカン属の常緑高木 ***Citrus maxima***［＝*C. grandis*］（ブンタン、別名ザボン）を意味する。高さは八メートルに達する。柔らかい刺がある。葉は大きく、先端は円形、または、凹みがある。初夏、白い花が咲く。果実は柑橘類の中で最も大きい。皮は厚く、肉は黄色を帯び、甘酸っぱく、苦みがある。アジア南部の原産で、寒さに弱い。語源について李時珍は「柚の色は油然、其の状は卣（ゆう）（酒壺の一種）の如し、故に名づく」といい、また、別名の朱欒は団欒（まるい）の意に取るという（本草綱目）。和名のブンタンは中国南部で使われる文旦から来ており、文橙の訛りという。ザボンはポルトガル語 **Zamboa** に由来する。なお日本ではザボンの漢字表記を朱欒とする。

日本ではミカン科ミカン属の常緑低木 ***Citrus junos***（ユズ、中国名香橙）を指す。高さは三メートルほど。刺が多い。果実は小さく、いぼ状の突起がある。酸味が強く、芳香があり、調味料に用いられる。中国の原産で、寒さには強い。柚をユズに同定したのは江戸時代の貝原益軒や小野蘭山であるが、読み違いである。ユズの語源は柚子を唐音風に読んだものであろう（杏子に倣う）。

[字源] 詩経や爾雅に出る条（*dög）、山海経や列子に

出る櫾（*diog）が古語である。説文解字は繇の異体字を由としているが、由の方がむしろ古い字で、油・抽・宙・軸・笛・迪・蚰・鼬などの構成要素になっている。「由（*diog）」は口の付いた壺を描いた図形で、「通り抜ける」「抜け出る」というイメージがある。するすると滑らかで通りのよい液体を油という。この語源を利用して、果皮の表面が滑らかで、果肉に油腺が密生して汁の多い果実である木（つまりブンタン）を「由（音・イメージ記号）＋木（限定符号）」を合わせた柚で表記した。あるいは李時珍がいうように、壺のように大きな果実が生る木と解することもできる。

㊥〔由〕　㊥〔柚〕

【別名】①（ブンタン・ザボン）朱欒・香欒・文旦・壺柑・胡柑・雷柚・臭柚・臭橙・抛　②（ユズ）香橙

【文献】①書経・禹貢「厥包橘柚錫貢（それ橘・柚を包みて貢を錫ふ）」、韓非子・外儲説左下「夫樹橘柚者食之則甘、嗅之則香（それ橘・柚を樹つる者は、之を食へば則ち甘く、之を嗅げば則ち香し）」、呂氏春秋・本味「果之美者…江浦之橘、雲夢之柚（果の美なる者は…江浦の橘、雲夢の柚）」

【栃】5

㊥ ――
㊦ とち・とちのき

【語源】トチノキ科の落葉高木 *Aesculus turbibata*（トチノキ）を指す。高さは三〇メートルに達する。葉は複葉で、七枚の小葉から成る。花序は直立し、白色の花が咲く。秋、果実は三つに裂けて、クリと似た種子を出す。種子は食用になる。トチの語源は朝鮮語の **totol**（ドングリの意）に由来するという（吉田金彦）。橡・杼・栩をトチと読むのはいずれも誤用である。なお漢名とされる七葉樹は *A. chinensis*（シナトチノキ）を指す。

【字源】吉田によると、トチは朝鮮語由来だが、ドングリのような実がたくさん生るので、ト（十、つまり多数の意）チ（千、これも多数の意）という語源意識が形成され、トチになったという。そうすると、「十」と「千」をかけると「万」になるから、「木＋万」の杤が創作されたと考えられる。のちに栃に変わったが、その理由ははっきりしない。杤・栃はともに国字である。

【別名】（トチの異表記）橡・杼・栩

【柳】5 音リュウ 訓やなぎ

[語源] 上古漢語は*liog、中古漢語はlɪəu（→呉音ル、漢音リウ）である。ヤナギ科ヤナギ属の落葉高木 ***Salix babylonica***（シダレヤナギ）を意味する。水辺に生え、高さは一八メートルに達する。長い枝が垂れ下がる。葉は先端が尖る。早春、葉より先に花が開く。種子に白い糸状の綿毛があり、これを柳絮という。柳絮は漢詩では晩春から初夏にかけての風物として常用されるモチーフとなっている。語源は流・溜などと同源で、「するするとすべる」というイメージに基づいた命名である。和名シダレヤナギのシダレはしだり（垂り）の転で、下垂り→シダレになったという。漢字表記は枝垂柳だが、枝は当て字らしい。シダレヤナギは中国の原産で、物とともにヤナギという語も伝わったようである。ヤナギは大野晋によれば、別種のヤナギである楊の中国語音yangにiを添えてyangi→ヤナギとなり、ヤナ木と意識された語という。

柳は女性的なイメージがあり、柳眉は美人の眉、柳腰は美人のウェストである。また、中国の遊里には柳が植えられたので、色町のことを花柳という。また漢詩で、送別の際に柳の枝を折って旅人に贈る風俗が出てくる。これを折楊柳といった。柳は留と音が通じるので、旅人を引き留めたいという気持ちを寓している。晋の陶淵明は柳を愛し、五柳先生伝を書いたので、陶柳などの異名が生まれた。

[字源] 「卯(ぼう)（*mog）」は「丣」とも書く。古くは*mliogという複子音をもつ語だったと考えられる。貿ではlが落ちて*mogとなり、柳・留ではmが落ちて*liogとなった。「丣」は「戸」を背中合わせにして、門を開ける情景を暗示させる図形。視点の置き所によって、「両側に押し開ける」というイメージもあり、「するすると滑って止まる」というイメージもある。倉を開けて商品を取引することが貿易の貿、ある場所でストップすることが逗留の留である。「するすると滑って止まる」というイメージの前半に焦点を置くと、流（筋をなしてスムーズにながれる）・劉（刀で切り殺す）・瀏（水がスムーズに流れるさま）・溜（雨垂れがするりと流れ落ちる）と共通のイメージをもつ。これがシダレヤナギを表す視覚記号に利用される。枝が上から下に筋を

なして流れるような姿を呈する特徴を捉えて、「するすると滑る」というイメージを表しうる「卯（＝丣）」を用いて、「卯（音・イメージ記号）＋木（限定符号）」を合わせて柳とした。

甲　金　篆　〔卯〕

甲　金　篆　〔柳〕

〔別名〕 垂柳・小柳・水柳・吊柳・綫柳・青糸柳・陶柳・陶令株・武昌柳

〔文献〕 詩経・小雅・菀柳「有菀者柳（菀たる柳有り）」、神農本草経「柳華味苦寒、主治風水、黄疸、面熱黒（柳の華は、味は苦にして寒。主治は風水、黄疸、面熱黒）」、陶潜・五柳先生伝（陶淵明集5）「宅辺有五柳樹、因以為号焉（宅辺に五柳樹有り、因りて以て号と為す）」

【桜】 6　音 オウ　訓 さくら

〔語源〕 中国と日本では意味が異なる。中国では上古漢語が*·ĕng、中古漢語が·ɛng（→呉音ヤウ、漢音アウ）で、バラ科サクラ属の落葉小高木 ***Prunus pseudocerasus***（シロハナミザクラ、別名シナミザクラ、中国名桜桃）を意味する。中国の原産で、高さは三～八メートル。春に白い花を開く。果実は小さな球形で、夏に赤く熟する。味は甘酸っぱい。日本でいうサクランボは ***P. avium***（セイヨウミザクラ）、またその果実である。語源については、果実が瓔珠（首飾りの玉）と似ているからという説（本草綱目）、鸎（＝鶯。コウライウグイス）が好むからという説（後漢の高誘）などがある。

日本ではバラ科サクラ属（***Prunus*** 属）の中のサクラ亜属の総称である。ヤマザクラ、オオヤマザクラ、オオシマザクラ、ヒガンザクラ、エドヒガン、ソメイヨシノなど多くの種類がある。古来日本人に愛好され、観賞される。中国にもヤマザクラはあるが、観賞された形跡はない。漢詩で詠われる「櫻」はサクラではなく、ミザクラ（サクランボ）である。日本でサクラを「櫻」と書いたのは誤用であろう。しかし現在の中国ではサクラを桜花といっている。「さくら」の語源はサク（咲く）に接尾語のラがついたものという。

〔字源〕 櫻が旧字体。「賏（*·iĕng）」は「貝＋貝」を合わせて、貝を連ねたネックレスを暗示する図形。「賏（音・イメージ記号）＋女（イメージ補助記号）」を合わせた「嬰（*·ĕng）」は、女性が首に巻くネックレスを表す。また、「物の回りにまといつく」というイメージから、生まれたばかりで母親にまといつく赤ん坊（嬰児）の意味を派生する。ところで女性の唇をサクランボに喩えた桜唇ということばがある。サクランボは赤くて小さい果実である。逆にサクランボを赤ちゃんの唇に見立てた可能性がある（日本語の桜ん坊も赤ん坊になぞらえている）。こうして「嬰（音・イメージ記号）＋木（限定符号）」を合わせた櫻でもって、赤ちゃんの唇に似た果実の生る木を暗示させたわけである。ちなみに陸佃は王安石の字説を引いて、「桜は実を主とす。幺穉［＝幼稚］柔沢なること嬰の如き者」といっている（埤雅14）。もっともネックレスの玉に見立てたという説も字源の上では成り立つ。

(篆)〔賏〕　(篆)〔嬰〕　(篆)〔櫻〕

[別名]（シナミザクラ）桜桃・含桃・鸎桃・鶯桃・桜珠・朱桜・朱果・荊桃・麦英・石蜜

[文献] 張衡・南都賦（文選4）「若其園圃…乃有桜梅山柿侯桃梨栗（其の園圃の若きは…乃ち桜・梅・山柿・侯桃・梨・栗有り）」、沈約・早発定山一首（文選27）「野棠開未落、山桜発欲然（野棠開きて未だ落ちず、山桜発きて然えんと欲す）」

桜桃

(音) オウ-トウ　(訓) ゆすらうめ

[語源] 中国と日本では意味が異なる。中国では上古漢語が*·ĕng-dog、中古漢語が·ɛng-dau（→呉音ヤウ-ダウ、漢音アウ-タウ）で、前項の桜（シナミザクラ）と同じである。古くは含桃ともいい、鳥がこの実を含むことによるという。この場合の桃は果樹の代名詞のようなものである。日本で桜桃を音で読む場合は *Prunus avium*（セイヨウミザクラ）を指す。

訓読みの場合はバラ科サクラ属の落葉低木 *Prunus tomentosa*（ユスラウメ、中国名毛桜桃）を指す。中国の原産で、高さは三メートルほど。葉には柔毛が密生する。春に白色ないし淡紅色の五弁花が開く。果実は球形で、六月ごろ赤く熟する。和名は花が風に揺れるので、揺すら梅の意だという。ユスラは朝鮮語由来という説もある。漢名は山桜桃（山嬰桃）とされるが、現代では毛桜桃という。

[字源]「桜」と「桃」の字源については各項参照。

[別名]①（シナミザクラ）桜　②（ユスラウメ）嬰桃・山嬰桃・山桜桃・英桃・英豆・梅桃・朱桃

[文献]①史記・司馬相如伝「桜桃蒲陶」、名医別録「桜桃味甘、主調中、益脾気、令人好顔色、美志（桜桃は、味は甘。中を調し、脾気を益すを主る。人をして顔色を好からしめ、志を美ならしむ）」　②広群芳譜56「山桜桃、一名朱桃、一名英豆、一名李桃、樹如朱桜、但葉尖長不団、子小而尖、生青、熟黄赤、亦不光沢、而味悪不堪食（山桜桃は、一名朱桃、一名英豆、一名李桃。樹は朱桜の如し。ただ葉尖りて長く団ならず。子は小にして尖る。生じて青く、熟して黄赤なり。また光沢あらず、而して味悪く食ふに堪へず）」

栝楼→果贏（27ページ）

栩→櫟（146ページ）

【桂】6　[音]ケイ　[訓]かつら

[語源]　中国と日本で意味が異なる。中国では上古漢語が*kueg、中古漢語がkuei（→呉音クワイ、漢音クヱイ）で、二通りの意味がある。一つはモクセイ科の*Osmanthus fragrans*（モクセイ）である。これは後に木犀と称される（木犀の項参照）。月の中に桂樹が生えており、月に謫された仙人が罰としてこの木を切らされるが、切るたびに再生するという伝説があり、桂は月の象徴となる。また科挙に合格した晋の郤詵（げきしん）の故事から、及第の象徴、さらに子孫の昇官や吉祥の象徴となり、吉祥図で用いられる。語源は披針形で先端が尖る葉の特徴を捉えて、圭の「∧型」のイメージで名づけられた。

　二つ目の意味はクスノキ科クスノキ属の常緑高木*Cinnamomum cassia*（カシア、別名トンキンニッケイ）である。高さは一二〜一七メートル。中国南部に自生する。夏に白い花が咲く。果実は球形で紫紅色。樹皮は灰褐色で、揮発油を含み、香気がある。傷寒論など古代の中国医学書に登場し、皮と枝を薬用とする。語源は先端の尖る葉の特徴がモクセイと似ているから、桂を利用したのであろう。別名の梫（しん）はカシアの性質が辛烈で他の木を侵害することによる命名とされる（埤雅）。

　日本ではカツラ科の落葉高木*Cercidiphyllum*

japonicum（カツラ、中国名連香樹）を指す。日本特産の木で、高さは二五メートルに達する。春、葉より先に紅色の花が咲く。果実は円柱形。語源は樹皮に香気があるところから、カ（香）ヅ（出）ラ（接尾語）の意だという（大槻文彦）。古代日本人は香木である桂（モクセイ）を間違えてカツラと読んだ。この間違いから月とカツラの結びつきが生じ、桂男（月の仙人）などが文学上のモチーフとなった。

[字源]「圭」は「土＋土」を合わせて、土を盛り上げる様子を暗示させる図形。古代、礼器として使われた先端の尖った玉を ***kueg** といい、この視覚記号で表記する。「圭」は「先端が∧型に尖る」というイメージがある。「圭（音・イメージ記号）＋木（限定符号）」を合わせて、葉の先端が∧型に尖った木を暗示した。こんな特徴をもつ木はモクセイと限らないが、モクセイに優先権を与えたに過ぎない。一般にA（意味）という木の特徴の一つを捉えてa（ことば）といい、a´（文字）と表記すると、他の木はこれから排除される。しかし桂の場合、カシアは排除されなかった。つまり同じ語形、同じ図形に二つの意味が同居する。ただし衝突を避けるため、優先権のあるはずのモクセイには、木犀という別の名がついた。カシアは薬用の木としてあまりにも有名になったからであろう。

[金] 　[篆] 〔圭〕　[篆] 〔桂〕

[別名] ①（モクセイ）木犀・月樹・仙客・仙友・花仙・広寒仙・蟾枝・圭木・玉桂・青桂・岩桂・岩客・金犀・金雪・金粟・七里香・九里香・詵枝　②（カシア）肉桂・牡桂・梫　③（カツラの異表記）楓

[文献] ①楚辞・大招「茝蘭桂樹鬱彌路只（茝蘭・桂樹鬱として路に彌つ）」　②山海経・南山経「招揺之山…多桂（招揺の山…桂多し）」、神農本草経「牡桂味辛温、主治上気欬逆、結気、喉痹、吐吸、利関節、補中、益気、久服通神、軽身、不老（牡桂は、味は辛にして温。主治は上気欬逆、結気、喉痹、吐吸。関節を利し、中を補ひ、気を益す。久服すれば神に通じ、身を軽くし、老いず）」

月桂　[音]ゲッ-ケイ　[訓]—

[語源] 中古漢語は **ngıuat-kuei**（→漢音グヱツ-クヱイ）である。唐代の本草に初めて記載された植物で、伝説

的色彩が強い。新唐書・五行志に「垂拱四年三月、桂子を台州に雨(ふ)らす」とか、宋之問の霊隠寺の詩（全唐詩53）に「桂子月中より落ち、天香雲外に飄る」の句などがあるように、月の中の桂［モクセイ］の種子が杭州の霊隠寺に落ち、それを僧が植えたものが月桂だと伝えられる。現代中国ではこれを *Laurus nobilis*（ゲッケイジュ）に当てている。クスノキ科の常緑小高木で、高さは一〇～一二メートル。葉は披針形で、香気がある。春に黄色い四弁の小花が咲く。果実は楕円形で暗紫色。果皮に芳香がある。右の伝説は地中海原産のゲッケイジュが中国に渡来したことを物語るものではなかろうか。

ゲッケイジュは古代ギリシアでアポロンの競技の優勝者に与える冠とした。**crown of laurel** を月桂冠と訳したのは落合直文である（言泉）。月桂樹については大槻文彦が「英華字典には桂樹と訳してあるに、多くは月桂樹と記す。霊樹と云ふよりして、ツキノカツラに充てて記すなるか」と言っている（大言海）。ロブシャイドの英華字典には桂樹のほかに月桂もある。これから見ると、月桂をローレル（ローリエ）としたのは英華字典が最初のようである。ただし月桂樹の表記は日本生まれと推測される。

［字源］「月」は三日月を描いた図形。「桂」については前項参照。

㊙甲　㊎金　篆　〔月〕

［別名］（ゲッケイジュ）月桂樹

［文献］本草拾遺（唐・陳蔵器）「月桂子…今江東諸処、毎至四五月後晦、多於衢路間得之、大如狸豆、破之辛香、古老相伝云、是月中下也（月桂子は…今江東の諸処、四五月の後晦に至る毎に、多く衢路の間に於いて之を得。大きさ狸豆の如く、之を破れば辛香あり。古老相伝へて云ふ、是れ月中より下るなりと）」、酉陽雑俎・続集9（唐・段成式）「月桂葉如桂、花浅黄色、四弁青蘂、花盛発、如柿葉蔕稜、出蒋山（月桂は、葉は桂の如く、花は浅黄色にして、四弁、青き蘂なり。花盛んに発き、柿の葉・蔕・稜の如し。蒋山に出づ）」

肉桂　音 ニッーケイ　訓 —

［語源］中古漢語は **niuk-kuei**（→呉音ニクークワイ、漢音

ジクークヱイ）である。薬用としての桂（カシア、別名トンキンニッケイ）を皮（脂肉）の厚薄で区別し、それが厚いものを肉桂と称したという。肉桂は桂の別名ともされる（桂の項参照）。ただし日本では *Cinnamomum sieboldii* をニッケイ（肉桂）と称する。クスノキ科クスノキ属の常緑高木で、高さは一〇～一五メートル。芳香のある樹皮をシナモンと呼び、桂（カシア）の代用にしたり、香味料などに用いる。

【字源】「肉」は二本の筋の入った動物の肉の切り身を描いた図形。*niok は女・柔・乳などと同系の語で「柔らかい」というコアイメージがある。「桂」については該項参照。

甲 篆  〔肉〕

【別名】（カシア）桂・牡桂

【文献】千金要方21「治面皰方…薺苨肉桂各二両（面皰〔にきび〕を治する方…薺苨〔せいでい〕［ソバナ］・肉桂各二両）」、本草綱目34「肉多而半巻、中必皺起、其味辛美、一名肉桂、亦名桂枝（肉多くして半ば巻き、中必ず皺起し、其の味辛美なるものを、一に肉桂と名づく。また桂枝と名づく）」

【桔梗】6 音ケッ-コウ 訓（ききょう）

【語源】上古漢語は*ket-kăng、中古漢語は ket-kʌng（→呉音ケチ-キヤウ、漢音ケツ-カウ）である。キキョウ科の多年草 *Platycodon grandiflorum*（キキョウ）を意味する。茎は三〇～九〇センチで、直立する。根は太い円柱形。花冠は鐘形で、気球のように膨らみ、秋に青紫色の花を開く。山地に自生し、古くから薬用にされた。屠蘇の原料にもなる。日本では秋の七草の一つである。語源は根や花冠の形状を吉の「いっぱい詰まる」のイメージで、茎の特徴を更の「ぴんと張って硬い」のイメージで捉え、組み合わせて双声の二音節語としたもの。和名は ket-kʌng をキチカウと読み（キチは間違った慣用音）、これがキキョウに訛った。

【字源】「吉（*kiet）」は「士（蓋の形）＋口（器の形）」を合わせて、器の中に物を詰め込む様子を暗示させる図形。「中にいっぱい詰まる」というイメージを示す記号になる。「丙」は両側にぴんと張る様子を象徴的に示す符号。「丙（イメージ記号）＋攴（限定符号）」を合わせた「更（*kăng）」は、弛みや凸凹がないようにぴんと張る様子を暗示させる図形である。これによって「(弛んだものを)立て直して、もう一度新しくする」(「あらためる」、また、「さらに」)という意味が実現されるが、根柢には「ぴんと張ってたるみがない」というコアイメージがある。「吉(音・イメージ記号)+木(限定符号)」と「更(音・イメージ記号)+木(限定符号)」を結び合わせて、根や花冠が中に物が詰まったように膨らみ、茎がたるみなくぴんとまっすぐ張った植物を暗示させた。

ちなみに「はねつるべ」(水を汲み上げる天秤形の道具)を古代漢語で桔槔(けっこう)(*ket-kɔg)という。これも水を入れる腹の膨れた器と、まっすぐ伸びた棒からできており、キキョウの形体と似ている。桔梗と桔槔は同源と見てよい。

甲　金　篆　〔吉〕

篆　〔桔〕

甲　金　篆　〔更〕

篆　〔梗〕

[別名] 梗草・白薬・犁如・利如・盧如・房図・符蔰

[文献] 戦国策・斉3「今求柴胡桔梗於沮沢、則累世不得一焉(今柴胡・桔梗を沮沢に求むれば、則ち累世一を得ず)」、山海経・西山経「有草焉、其葉如蕙、其本如桔梗(草有り。其の葉は蕙の如く、其の本は桔梗の如し)」、神農本草経「桔梗味辛微温、主治胸脇痛如刀刺、腹満、腸鳴幽幽、驚恐悸気(桔梗は、味は辛にして微温。主治は胸脇痛み刀刺の如き・腹満・腸鳴ること幽幽たる・驚恐悸気)」

【栬】6

音 —

訓 もみじ

[語源] カエデ類の植物の総称。特にカエデ科カエデ属のタカオモミジ(***Acer palmatum***、中国名鶏爪槭)を指すこともある。タカオモミジは別名をイロハカエデといい、七つに裂ける葉がイロハニホヘトと数えられることにちなんだ命名である。

モミジは普通は紅葉、または黄葉と書く。本来は木の葉が紅葉(黄葉)することをモミヅといい、その連用形がモミヂである。語源は紅色を染める際に手で揉み出すことに由来する。

【字源】「木」と「色」を合わせて、葉の色が変わる木、つまりモミジを表記した国字。中国にも栬（音はセイ）が存在した。しかし用例のない奇字なので、栬は半国字のカテゴリーに入れる。

「色」は「卩」（かがんだ人）を上下に重ねて、二人がセックスをする場面を設定する図形である。セックスを意味する*siäkをこれによって表記する。好色、色情の色が本来の意味。セックスからカラー（いろ）へと意味が展開するのは顔の表情（外に現れる様子）が両者を媒介するからであろう。

篆 〔色〕

【別名】（モミジの異表記）紅葉・黄葉・椛

【文献】類篇「栬、祖芮切、小栿」

【栴檀】6 音 センーダン 訓 —

【語源】中国と日本では意味が異なる。中国では上古漢語が*tian-dan、中古漢語がtʃiɛn-dan（→呉音センーダン、漢音センータン）で、ビャクダン科の常緑小高木*Santalum album*（ビャクダン、中国名檀香）を意味する。インド・東南アジアに自生する半寄生植物。高さは六〜九メートル。芯材は黄みを帯びて芳香があり、仏像などの材料になる。また香料に用い、それを檀香という。樹皮が白いところから別名を白檀ともいう。「栴檀は双葉より芳し」という諺の栴檀はこの木である。語源は梵語の**candana**の音写である。

日本ではセンダン科の落葉高木*Melia azedarach*（センダン）を指す。古名はオウチで、漢名は楝であるが、栴檀（ビャクダン）と間違えてオウチをセンダンと呼ぶようになったという（センダンについては楝の項参照）。栴檀にからんで中国と日本で次のような意味のずれがある。

〈中国〉	〈日本〉
栴檀	ビャクダン（白檀）
楝	センダン（栴檀）

【字源】梵語**candana**を栴檀那と音写し、那を略して栴檀、木偏で統一して栴檀となった。

【別名】旃檀・白檀・檀香・白檀香・真檀

【文献】世説新語・文学「白旃檀非不馥、焉能逆風（白旃檀は馥ならざるに非ざるも、いづくんぞ能く風に逆らはんや)」、大唐西域記2「毎有溲溺、必事澡濯、身塗諸香、所謂栴檀鬱金也（溲溺有る毎に、必ず澡濯を事とし、身に諸香を塗る。所謂栴檀・鬱金なり）」

【桑】 6 音ソウ 訓くわ

[語源] 上古漢語は*nang、中古漢語は**sang**（→呉音・漢音サウ）である。クワ科クワ属の落葉高木または低木 ***Morus alba***（マグワ、別名トウグワ）を意味する。中国原産のクワで、高さは三〜七メートル。樹皮は灰褐色。葉は卵形で、先端が尖る。春、黄緑色の花が咲く。初夏、紫色または黒色の集合果を結ぶ。これを桑椹（そうじん）といい、薬用にする。語源は上古音の声母（語頭子音）がNに近く、女（*niag）や若（*niak）などと同源で、「しなやか」というイメージをもつ語群に属する語という（藤堂明保、漢字語源辞典）。和名の「くわ（くは）」は蚕が食う葉の意味で、コ（蚕）ハ（葉）に由来するという（大槻文彦）。

クワは蚕の飼料になり、養蚕が古くから行われた。これは女性の労働であったので、クワと女性の関係が神話や説話などで語られている。詩経では桑摘みが恋愛詩の場を造形するモチーフとされる。桑畑は一種の聖地で、季節祭や遊戯（歌垣などの恋愛ゲーム）が行われたらしい。「桑中の喜び」という言葉は詩経に典拠があり、恋の遊びを意味する。ここからクワは性、エロス、生命力、豊饒多産などの象徴となる。中国神話では太陽は東方にある扶桑から出る。扶桑は太陽が死（夜）の世界から生（昼）の世界に復活する場所である。女性が蚕に変身する説話（下記文献参照）では「桑は喪なり」と語源を説くが、喪（死）を裏返せば生であり、死から生へ復活するモチーフが流れている。生の原理の根柢には女性原理がある。

[字源]「叒（じゃく）（*niak）」は若の原字で、女性がひざまずいて髪を梳かす姿を描いた図形（杜若の項参照）。叒に女性のイメージがこめられており、「しなやか」「柔らかい」というイメージを示す記号となる。「叒（音・イメージ記号）+木（限定符号）」を合わせて、蚕が食べる柔らかい葉をもつ木を暗示させた。あるいは、クワの木を体の柔らかい女性に見立てたと解することもできる。甲骨文字の「桑」はクワを描いた象形文字だが、クワに対する観念が形成されてから、叒（＝若）を取り入

れた視覚記号が考案されたと考えられる。

㊎  ㊥篆  〔叒〕

㊙甲  ㊥篆 〔桑〕

[別名] 家桑・荊条

[文献] 詩経・鄘風・桑中「期我乎桑中（我と桑中に期す）」、神農本草経「桑根白皮味甘寒、主治傷中五労六極、羸痩、崩中脈絶、補虚、益気（桑根白皮は、味は甘にして寒。主治は傷中五労六極、羸痩、崩中、脈絶。虚を補ひ、気を益す）」、捜神記14「女及馬皮尽化為蚕、而績於樹上、其繭綸理厚大異於常蚕、隣婦取而養之、其収数倍、因名其樹曰桑、桑者喪也（女及び馬皮尽く化して蚕と為りて樹上に績む。其の繭は綸理厚大、常蚕に異なる。隣婦取りて之を養へば、其の収数倍す。因りて其の樹に名づけて桑と曰ふ。桑なる者は喪なり）」

【桃】 6 ㊅トウ ㊋もも

[語源] 上古漢語は*dog、中古漢語はdau（→呉音ダウ、漢音タウ）である。バラ科サクラ属の落葉小高木 ***Prunus persica***（モモ）を意味する。中国の原産。高さは八メートルに達する。葉は楕円形で先が尖る。春、葉が生じる前にピンクの五弁花を開く。初夏、球形に近い果実が生る。果実には深い溝があり、短い柔毛が密生する。果肉は白色または黄色で、汁が多く、美味である。語源は割れたような溝の形状を捉えて、兆の「二つに分かれる」のイメージにより命名された。和名の語源については、マミ（真実）→モモになったという説、実が多いのでモモ（百）に由来するという説、女性性器に似ているからモモ（股）と同源とする説などがある。

モモは詩経ではエロス、豊饒多産の象徴として恋愛詩（婚姻詩を含む）のモチーフに使われる。果実が女性性器に似ていることに由来し、生の原理が根柢にある。これがモモの実を食べて不老長寿を得るユートピア（桃源郷）の思想、邪悪なもの（死や魔物）を退ける桃符などを飾る風習に発展する。日本にも影響を与え、古事記の説話（黄泉の国に死んだイザナミを訪ねたイザナギが鬼に追われ、モモを投げつけて逃げる）や、桃太郎の説話、桃の節供の風習などが形成された。

[字源] 「兆（*dɔg）」は亀の甲を焼いて占いをするとき、甲の表面に現れたひび割れを描いた図形。「左右

に割れる」「両側に分かれる・離れる」というイメージを示し、逃（その場から離れていく→にげる）、跳（地面から上に離れる→はねる）、眺（視野を左右に広げる→ながめる）などは同源のグループ。「兆（音・イメージ記号）＋木（限定符号）」を合わせて、左右に割れたような溝のある果実の生る木を暗示させた。

[古]  [篆] 〔兆〕 [篆] 〔桃〕

[別名] 毛桃・紅桃・白桃・仙木・仙果・瓊実・黍雪

[文献] 詩経・周南・桃夭「桃之夭夭、灼灼其華（桃の夭夭たる、灼灼たり其の華）」、神農本草経「桃華殺疰悪鬼、令人好顔色（桃の華は疰（しゅ）・悪鬼を殺し、人をして顔色を好からしむ）」、風俗通（太平御覧967）「昔黄帝書称、上古之時、兄弟二人曰荼与鬱、住度朔山上、桃樹下簡百鬼、鬼棢、援以葦索、執以食虎、于是県官以臘除夕飾桃人、垂葦索、画虎于門、効前事也（昔、黄帝書に称す、上古の時、兄弟二人を荼と鬱と曰ふ。度朔山上に住み、桃樹の下百鬼を簡（みだ）す。鬼棢せば、援（と）るに葦索を以てし、執へて以て虎に食はしむ。是（ここ）に于（お）いて県官臘（十二月）の除夕を以て桃人を飾り、葦索を垂れ、虎を門に画く。前事に効（なら）ふなり）」

夾竹桃 [音]キョウチクトウ [訓]——

[語源] 中世漢語は **kia-tʃiu-t'au** である。キョウチクトウ科の常緑低木 ***Nerium oleander***（キョウチクトウ）を意味する。インドの原産。高さは二〜五メートル。葉は細長く、先が尖る。夏、桃色の五弁花を開き、香気を放つ。葉と花には毒がある。観賞用に栽培される。語源は葉が狭くて竹に似、花が桃に似るから、夾（＝狭）と竹と桃を結び、呼び名とした。ただし唐代には梵語を音写した倶那衛などが用いられ、夾竹桃の名称は宋代に生まれた。

[字源]「夾（*kăp）」は大の字に立つ人が両脇に小さな人を抱えている情景を示す図形。「両側から挟む」というイメージを示す記号となる。両側から挟むと、中の間隔は狭ばまるから、「狭い」というイメージにも展開する。「竹」と「桃」については各項参照。一説では、夾は「兼ねる」という意味で、竹と桃との二つの形を兼ねた木という意味合いから、夾竹桃と名づけられたという（夏緯瑛）。

〔夾〕

[別名] 倶那衛・倶那異・拘那夷・拘拏児・拘那花・桃柳・柳葉桃・白羊桃・地開桃

[文献] 宣和画譜14（宋、撰者不詳）「夾竹桃花図二」、群芳譜（明・王象晋）「夾竹桃花五弁長筒、弁微尖、淡紅嬌艶類桃花、葉狭長類竹、故名夾竹桃（夾竹桃は、花は五弁にして長筒、弁は微かに尖る。淡紅嬌艶なるは桃花に類し、葉の狭長なるは竹に類す。故に夾竹桃と名づく）」

胡桃 ㊥コートウ ㊙くるみ

[語源] 上古漢語は*ɦag-dog、中古漢語はɦo-dau（↓呉音ゴーダウ、漢音コータウ）である。クルミ科クルミ属の落葉高木 ***Juglans regia***（ペルシアグルミ）を意味する。ペルシア（古代イラン）の原産。高さは三〇～三五メートル。初夏、つばなに似た花穂が垂れ下がる。果実は球形に近く、表面にしわがある。殻は堅いが割りやすい。日本ではオニグルミ（***J. sieboldiana***）が普通。葉に毛が密生する。果実は堅く割りにくい。語源は桃（果樹の代表）にペルシア方面を指す胡を冠したもの。和名のクルミの語源は、中国を意味する呉（くれ）に実を添えて、クレミ→クルミになったという。

　ペルシアグルミが中国に渡来したのは伝説では漢代とされる。漢の張騫が西域に派遣されたとき種子を持ち帰ったという（博物志）。漢の上林苑に植えられた果樹の一つに胡桃があった（西京雑記1）。また後漢には胡桃宮という名の宮殿があった（後漢書・南匈奴伝）。下って唐代に初めて薬用として登場する。

[字源]「古（*kag）」は紐でぶら下げた頭蓋骨を描いた図形で、「ひからびて固い」というイメージのほか、「垂れ下がる」というイメージも表しうる（主にk音の語では前者のイメージ、ɦ音の語では後者のイメージになる）。「胡（*ɦag）」は「古（音・イメージ記号）＋肉（限定符号）」を合わせて、垂れ下がって喉に覆い被さる顎の肉を表した。また、顎に被さるひげ（あごひげ）の意味を派生する。ペルシア人はあごひげを蓄える習慣があるので、古代中国ではペルシア人を胡といった。また広く中央アジア方面の民族を胡といい、西域から（あるいは単に外国から）伝わった物事に添える語とし

て使われるようになった。「桃」については該項参照。

甲　金　篆〔古〕　篆〔胡〕

[**別名**] 羌桃・核桃・万歳子・播羅師

[**文献**] 広志（芸文類聚87）「陳倉胡桃皮薄多肌、陰平胡桃大而皮脆、急捉則砕（陳倉の胡桃は皮薄く肌多し。陰平の胡桃は大にして皮脆し。急に捉ふれば則ち砕く）」、王羲之・十七帖（漢魏六朝百三家集58）「得足下旃罽胡桃薬二種（足下より旃罽・胡桃・薬二種を得たり）」、千金要方79「胡桃味甘冷無毒、不可多食、動痰飲、令人悪心吐水吐食（胡桃は、味は甘にして冷、毒無し。多食すべからず。痰飲を動かし、人をして悪心して水を吐き食を吐かしむ）」

獼猴桃→萇楚（263ページ）

扁桃→巴旦杏（19ページ）

【桐】6　音トウ　訓きり

[**語源**] 上古漢語は*dung、中古漢語はdung（→呉音ヅウ、漢音トウ）である。ゴマノハグサ科キリ属の落葉高木 ***Paulownia fortunei***（ココノエギリ、別名シナギリ、中国名白花泡桐）を意味する。中国の原産。高さは一五メートルに達する。葉は卵形で、柔毛が密生する。春、葉より先に白い花が咲く。果実は楕円形で、種子が多い。成長が速く、材質が軟らかいので、家具や楽器などの材料になる。日本では ***P. tomentosa***（キリ、中国名毛泡桐）が普通で、これは中国にも産する。語源は材質が軟らかく加工しやすい特徴を捉えて、同の「突き通す」のイメージによる命名である。和名の「きり」も同趣旨で、伐りの意味から来ているという。

　中国では語呂合わせによりめでたい木とされる。「同」と同音なので、鵲（かささぎ）（めでたい鳥で、喜鵲（きじゃく）とも呼ばれる）と組になり、「同喜」（喜びを共にする）の意を寓し、吉祥図で用いられる。

[**字源**]「同（*dung）」は「冃（筒型）＋口（あな）」を合わせて、上下のそろった筒型の穴を暗示させる図形。「そろっている」というイメージのほかに、「筒型」、また「突き通る」というイメージにも展開する。同一の同（一様にそろっている）、筒（つつ）、洞（突き通った

穴)、胴（筒型に通る大腸→胴体）などは同系のグループ。「同（音・イメージ記号）＋木（限定符号）」を合わせて、材質が軽くて軟らかく、突き通しやすい木を暗示させた。銅（軟らかくて突き通しやすい金属）ともイメージが似ている。

甲 金 篆 〔同〕

金 篆 〔桐〕

【別名】 白桐・黄桐・花桐・白花桐

【文献】 詩経・鄘風・定之方中「椅桐梓漆、爰伐琴瑟（椅と桐と梓と漆、ここに琴瑟に伐らしめん）」、礼記・月令「季春之月…桐初華（季春の月…桐初めて華さく）」、孟子・告子上「拱把之桐梓、人苟欲生之、皆知所以養之者（拱把の桐・梓は、人苟しくも之を生ぜんと欲すれば、皆之を養ふ所以の者を知る）」

【梅】 6 ㊥バイ ㊦うめ

【語源】 上古漢語は*muəg、中古漢語はmuəi（→呉音メ・マイ、漢音バイ）である。バラ科サクラ属の落葉高木 ***Prunus mume***（ウメ）を意味する。中国の原産。高さは一〇メートルに達する。葉は卵形で鋸歯がある。葉より先に香気のある白い花が咲く。果実はほぼ球形で、未熟では青いが、熟すと黄色になる。味は酸っぱい。未熟の果実を烏梅といい、食用また薬用とする。語源は酸味のある果実を妊婦が好んで食べることから、毎の「生み殖やす」というイメージを用いて名づけられた。他の果樹にさきがけて花を開くので、花魁の別名がある。和名のウメは中古漢語のmuəiを平安時代にmme（むめ）と発音したことから来ている（大野晋）。ウメは奈良時代以前に日本に渡来した。［補説］ウメは烏梅（呉音はウ-メ）の音読みに由来するという説もある。烏梅は未熟のウメの果実を乾燥させた生薬の名である。しかし植物のウメより漢方薬が先に渡来したとは考えにくい。

梅は詩経の恋愛詩（婚姻詩を含む）では豊饒多産の象徴として用いられる。恋愛―結婚―生殖が一連の過程として捉えられ、梅がこれを媒介する。また、梅は冬から春にかけて寒気に耐えて咲くので、高潔な品格の象徴とされ、松・竹とともに歳寒の三友と称される。

【字源】「母（*muəg）」は「女」に点々をつけて、乳房のある女を強調した図形で、「はは」を表すとともに、「子を生み殖やす」というイメージを示す。「中」は艸の半分で、草の芽を示す図形。「母（音・イメージ記号）＋中（限定符号）」を合わせた「毎（*muəg）」は、母が子を生むように草の芽がどんどん生える様子を暗示させる。「次々に増える」というイメージがあり、毎日・毎回の毎が実現される意味である。この「毎」を用いてウメを意味することばが発生した。果実に酸味があり妊婦が好んで食べるので、出産に効果があると期待された。ここに「どんどん生み殖やす」というイメージが込められている。かくて「毎（音・イメージ記号）＋木（限定符号）」を合わせた梅の視覚記号が成立する。

なお「楳」は異体字で、「某」がその古字である。「甘（口に実を含む形）＋木」を合わせてウメを表す。妊婦がウメの実を口に含む情景を描いたと考えてよい。媒酌の媒（男女の縁を結ぶ人）、禖（子授けの神）、腜（みごもる）などは、出産のシンボルであるウメ（某・楳・梅）と関係がある。

㊙甲 金 篆 〔母〕

甲 金 篆 〔毎〕

篆 〔梅〕

金 篆 〔某〕 篆 〔楳〕

【別名】木母・甘木・花魁・百花魁・状元花・第一香・一枝春・君子春・寄春君・君子香・国香・清客・清友・玉肌・玉妃・玉奴・雪肌・雪友・香雪

【文献】詩経・摽有梅「摽有梅、其実七兮、求我庶士、迨其吉兮（摽つに梅有り、其の実は七つ、我を求むる庶士よ、其の吉に迨べ）」、神農本草経「梅実味酸平、主下気、除熱煩満、安心、肢体痛、偏枯不仁、死肌、去青黒志、悪疾（梅の実は、味は酸にして平。気を下す・熱煩満を除く・心を安んず・肢体痛む・偏枯不仁・死肌・青黒志を去る・悪疾を主る）」

黄梅

音 オウ-バイ　訓 ——

【語源】中世漢語は huang-mai で、中国では蠟梅の別名である（次項参照）。日本ではモクセイ科ソケイ属の *Jasminum nudiflorum*（オウバイ、中国名迎春花）を指す。中国原産の落葉小低木で、高さは二メートルほど。枝は緑色で角がある。江戸時代に渡来し、花が黄色で梅に似るところから、黄梅と呼ばれた。中国では迎春花という。春に葉より先にあでやかな花が咲くことによる。［補説］黄梅は古典では黄色に熟した梅の実の意味で使われ、「つゆ」を黄梅雨ともいう。杜甫の「梅雨」の詩に「四月黄梅熟す」の句がある。

［字源］「黄（*ɦuang）」は矢を描いた図形であるが、ただの矢ではない。「廿」は革・堇などの上部や、度・席・庶などの内部に含まれ、獣の頭を示す。「黄」の下部は「寅」にも含まれ、矢の形である。したがって「黄」は獣の脂肪を燃やして飛ばす火矢と考えられる。この矢が発散する光の色を表象するために、この図形が考案され、「きいろ」を意味する*ɦuangを代替する視覚記号とした。「梅」については前項参照。

㊙甲 ㊙金 ㊙篆 〔黄〕

［文献］広群芳譜41「蠟梅原名黄梅」

蠟梅　㊅ロウ-バイ　㊇——

［語源］中世漢語はla-maiである。ロウバイ科の落葉低木 *Chimonanthus praecox*（ロウバイ）を意味する。高さは二〜四メートル。茎は多く分枝し、皮は灰白色。葉は卵形で先端が尖る。冬の末に葉より先に花を開く。花は黄色で香気がある。初めは花の色と香気の特徴を捉えて黄梅と称されたが、宋の蘇軾らが蠟梅と呼び、これが定着した。語源は花が蜜蠟の色に似ることによる。旧暦十二月に花が咲くことから、臘梅とも書かれる。原産地は中国で、江戸時代に日本に渡来した。

［字源］「巤（りょう）（*liap）」は「巛（髪の形）＋囟（頭の形）＋鼠の略体」を合わせて、獣の頭の毛を暗示する図形。鬣（たてがみ）の原字で、「たくさん集まる」というイメージを示す記号となる。「巤（音・イメージ記号）＋虫（限定符号）」を合わせて、蜜蜂が巣（房）の中にたくさん集める物質を表した。獵（＝猟。獣を狩り集める）や臘（ろう）（犠牲を集めて行う祭り）は同じ語源である。また、臘は十二月の祭の名で、十二月の異名に使われる。

金  篆  〔巤〕

［別名］黄梅・黄梅花・臘梅・臘花・刺梅・花仙・玉奴・寒客・久客・奇友・冷金・艶魄

[文献] 蘇軾・蠟梅一首贈趙景貺（坡門酬唱集12）「天工点酥作梅花、此有蠟梅禅老家（天工酥を点じて梅花を作り、此に蠟梅有り禅老家）」、梅譜（宋・范成大）「蠟梅本非梅類、以其与梅同時、香又相近、色酷似蜜脾故、名蠟梅（蠟梅はもと梅の類に非ず。其の梅と時を同じくし、香又相近く、色蜜脾［ミツバチの房］に酷似するを以ての故に、蠟梅と名づく）」

楊梅→103ページ

【栗】 6　㊌リツ　㊋くり

[語源] 上古漢語は*liet、中古漢語はliĕt（→呉音リチ、漢音リツ）である。ブナ科クリ属の落葉高木 ***Castanea mollissima***（チュウゴクグリ）を意味する。中国の原産。高さは一五〜二〇メートル。樹皮は暗灰色。葉は長楕円形で先端が尖る。初夏に開花し、雄花はつばなの状をなす。果実は球形で刺が多い。食用になり、日本では天津甘栗の商品名で知られる。日本では *C. crenata*（クリ、別名ニホングリ）に栗の字を用いる。縄文遺跡から出土するほど食糧としての歴史が古い。語源はいがいがの鋭い特徴を捉えて*lietといい、「ぴりっと刺激する」というイメージをもつ語群に属する。和名の「くり」は古語で黒という意味があり、暗いのクラ、黒いのクロと同源で、樹皮が黒みがかっていることに由来するという。

古代中国では礼物に象徴的意味がこめられ、栗は嫁が舅に対する贈り物で、慄（恐れおののく）の意を寓した。また、吉祥図では栗子（クリの果実）の図は立子と語呂合わせになり、子宝を授けるというめでたい象徴となる。

[字源]「卤」はいがのある果実を描いた形。「卤（イメージ記号）＋木（限定符号）」を合わせて、いがのあるクリの木を暗示させた。甲骨文字は全体が象形文字である。この図形に語源は反映されていないが、*lietは「肌を刺激する」というイメージをもち、戦慄の慄（恐怖で刺激されて震える）や凓（寒気で震える）などは同源のグループである。

㊙ 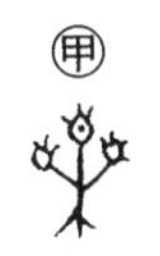　㊟ 

[別名] 瑰栗・板栗・霜栗・篤迦・河東飯

［文献］ 詩経・秦風・車鄰「阪有漆、隰有栗（阪に漆有り、隰に栗有り）」、春秋左氏伝・荘公24「女贄不過榛栗棗脩、以告虔也（女の贄［持参する礼物］は榛・栗・棗・脩に過ぎず、以て虔を告ぐるなり）」、名医別録「栗味鹹温無毒、主益気、厚腸胃、補腎気、令人耐飢（栗は、味は鹹にして温、毒無し。気を益し、腸胃を厚くし、腎気を補ふを主る。人をして飢ゑに耐へしむ）」

【梧】 7 音ゴ 訓あおぎり

［語源］ 上古漢語は*ngag、中古漢語はngo（→呉音グ、漢音ゴ）である。アオギリ科の落葉高木*Firmiana simplex*（アオギリ、中国名梧桐）を意味する。中国の原産。幹はまっすぐに伸び、高さは一五メートルに達する。樹皮は緑色。夏、黄緑色の花が咲く。果実は袋果で、熟する前に五つに裂け、それぞれ舟の形を呈する。成長が速く、材質は軟らかくて軽い。家具や楽器などの材料になる。語源は五と同源で、裂けた果実の形状を捉えた命名。また、材質や用途が桐と似ているので、梧桐の二音節語で呼ぶ。また、桐を白桐というのに対し、樹皮の色から青桐の別名も生まれた。和名はこれの訓読みであろう。

梧桐は鳳凰の棲む木とされ、神聖、高潔のイメージがある。もともと梧桐と鳳凰に必然の関係はないが、詩経・大雅に両者が平行して詠まれた詩行があるので、吉祥シンボルである鳳凰と結びつけて発生した思想である。また「一葉落ちて天下の秋を知る」という諺の一葉はアオギリの葉のことである。アオギリは葉の数で月の正閏、立秋の期日がわかる木で、立秋になると葉がまず一枚落ちる。これによって全国の秋の到来を知るという（群芳譜）。

［字源］「五（*ngag）」は上下二線の間に×の符号を入れた図形で、「交わる」というイメージを示す。これを数詞の5に用いるのは、指折り数える際、←の方向に進んだ後、→の方向に引き返すちょうど交点が5に当たるからである。「五（音・イメージ記号）＋口（限定符号）」を合わせた「吾（*ngag）」は、→の方向にやってくる人に対して、←の方向に向かい合う人、つまり他者と交わる「われ」（一人称代名詞）を表す。語（互いにことばを交える）や面晤の晤（相手と向き合う）には「交わる」のイメージが生きている。「吾」は「五」

のイメージが根柢にあるため、表層的な「五つ」のイメージも表しうる。かくて萼が五つに分かれるという特徴のあるアオギリを「吾（音・イメージ記号）＋木（限定符号）」を合わせた視覚記号によって表記する。

(甲)　(金)　(篆)〔五〕

(金)　(篆)〔吾〕　(篆)〔梧〕

[別名] 梧桐・青桐・青梧・蒼桐・焦桐・霜桐・琴材・鳳条・青玉・青皮樹・白鉄樹・櫬

[文献] 詩経・大雅・巻阿「鳳皇鳴矣、于彼高岡、梧桐生矣、于彼朝陽（鳳皇鳴けり、彼の高岡に、梧桐生ず、彼の朝陽に）」、荘子・秋水「南方有鳥、其名鵷鶵…非梧桐不止、非練実不食、非醴泉不飲（南方に鳥有り。其の名は鵷鶵（えんすう）〔鳳凰の類〕…梧桐に非ざれば止らず、練実に非ざれば食はず、醴泉に非ざれば飲まず）」、爾雅・釈木「櫬、梧」――郭璞注「今梧桐」

【梓】7 (音)シ (訓)あずさ

[語源] 中国と日本では意味が異なる。中国では上古漢語が*tsiəg、中古漢語がtsiei（→呉音・漢音シ）で、ノウゼンカズラ科の落葉高木*Catalpa ovata*（キササゲ）を意味する。中国の原産。高さは一〇メートルに達する。葉は卵形で先が尖る。初夏に淡黄色の花が咲く。果実は莢の形をして垂れ下がる。材質は軽くて軟らかく、家具、楽器などの材料になる。昔は印刷の版木に利用され、本を出版することを上梓という。語源は宰（料理する）と縁がある。和名は果実がササゲ（大角豆）に似るところから、木のササゲの意である。ササゲについては豇の項参照。

キササゲは良材で、用途が広く、工匠の技術が発揮されたので、匠のシンボルとなる。また、心中した男女の墓から二本のキササゲが生えて合体したという説話があり（捜神記）、愛情のシンボルとなる。キササゲは棺材にも用いられた。墓にも植えられ、郷里の象徴となる。

日本では古来アズサに当てるが、アズサの正体はカバノキ科カバノキ属の落葉高木*Betula grossa*（ミズメ、別名ヨグソミネバリ）とされている。材質が堅く、古代では弓を製した。語源は葉が厚いので、アツフサ（厚房）↓アヅサになったという。

【字源】「辛（*sien）」は刃物を描いた図形で、「切る」というイメージがある。「辛（音・イメージ記号）＋木（限定符号）」を合わせて、切りやすくて、いろいろな用途に加工できる木を暗示させた。肉などの素材を切って料理することを宰（*tsəg）という。梓と宰は音とイメージが近い。梓の異体字を榟と書く。

甲　金　篆〔辛〕　篆〔梓〕　篆〔榟〕

【別名】（キササゲ）木王・子楸・角楸・花楸・仏樹（キササゲの異表記）木豇豆・木大角豆

【文献】詩経・小雅・小弁「維桑与梓、必恭敬止（維れ桑と梓、必ず恭敬す）」、孟子・滕文公下「梓匠輪輿、其志将以求食也（梓匠輪輿は、其の志将に以て食を求めんとするなり）」、史記・伍子胥伝「必樹吾墓上以梓、令可以為器（必ず吾が墓の上に樹うるに梓を以てし、以て器と為すべからしめよ）」、神農本草経「梓白皮味苦寒、主熱、去三虫（梓の白皮は、味は苦にして寒。熱を主り、三虫を去る）」

【梔】7　音シ　訓くちなし

【語源】上古漢語は*tieg、中古漢語はtʃıě（→呉音・漢音シ）である。アカネ科の常緑低木 *Gardenia jasminoides*（クチナシ、中国名梔子）を意味する。中国の原産。高さは二メートルほど。初夏、香りのよい白い花を開く。果実は倒卵形で、縦の稜がある。材質は堅く、家具などを製する。果実からは黄色の染料を採る。語源は果実の形を卮（酒器の一種）に見立て、もとは卮子と称した。和名は果実が熟しても裂けないところから、口無しの意という。一説では、果実にくちばしのような稜があり、また熟した種子は梨に似るので、くちばし付きの梨↓クチナシになったという（前川文夫）。

【字源】「卮（*tieg）」は左側に立つ人、右側にひざまずく人を配した図形。人を接待する場面を設定し、二人の間に酒のやりとりを暗示させる。きわめて舌足らずな図形であるが、宴会で酒をつぐ徳利状の杯を*tiegといい、この図形で表記した。クチナシは果実が徳利状なので卮に見立てて卮または卮子といい、のち木偏を添えて梔の字ができた。卮は巵の異体字。

[篆] 〔卮〕 [篆] 〔梔〕

[別名] 卮子・梔子・山梔子・支子・枝子・支子樹・鮮支・木丹・黄花樹・林蘭・越桃・禅客・禅友・占婆花・占博迦・旃簸迦・詹波花・詹匐・薝蔔・瞻博迦・瞻博迦花

[文献] 史記・貨殖伝「若千畝卮茜、千畦薑韭、此其人皆与千戸侯等（千畝の卮・茜、千畦の薑・韭の若(ごと)きは、此れ其の人皆千戸侯と等し）」、斉民要術5「種紅花藍花梔子（紅花・藍花・梔子を種う）」

桼→漆（366ページ）

【梣】7 [音]シン [訓]とねりこ

[語源] 上古漢語は*dzïəm、中古漢語はdẓïəm（→呉音ジム、漢音シム）である。モクセイ科トネリコ属の落葉高木 *Fraxinus chinensis*（シナトネリコ、中国名白蠟樹）を意味する。高さは一五メートルほど。葉は楕円形。夏、円錐花序が垂れ下がり、花をつける。果実は細長い披針形で先が尖る。成長が速い。材質は堅く、家具などを製する。語源は果実の特徴を捉えて、岑(しん)の「頂上が尖る」のイメージによる命名。この木で白蠟虫（イボタロウムシ）を飼い、白蠟を採るので、白蠟樹の別名がある。和名は昔写経の際に皮を膠と一緒に練ったので、トモネリ（共練り）コ（濃）→トネリコになったという。中国医学（本草）では***F. rhynchophylla***（チョウセントネリコ、中国名大葉白蠟樹）の皮を秦皮と称し、薬用とする。

[字源]「今（*kïəm）」は「亼（被せる符号）+一（ある物）」を合わせて、上から被せて取り押さえる様子を暗示する図形。「上から被せる」というイメージがある（金柑の項参照）。「今（音・イメージ記号）+山（限定符号）」を合わせた「岑(しん)（*dzïəm）」は、雲に覆い被さるほど高い山、「みね」を暗示させる。みねは「高くて頂上が尖る」というイメージがあるので、「岑（音・イメージ記号）+木（限定符号）」を合わせて、細長く先の尖った果実の生る木を暗示させた。ちなみに李時珍は「其の木小にして岑のごとく高し、故に以て名と為す」といい、「高い」のイメージで捉えている（本草綱目35）。

甲 金 篆〔今〕

篆〔岑〕 篆〔梣〕

【別名】 梣・秦皮・白蠟樹・苦櫪樹・苦樹・樊鶏木・秦木・石檀

【文献】 淮南子・俶真訓「夫梣木色青翳（それ梣木は色青翳なり）」――高誘注「梣木苦歴木名也、生於山、剥取其皮、以水浸之、正青、用洗眼、癒人目中膚翳（梣木は苦歴木の名なり。山に生ず。剥ぎて其の皮を取り、水を以て之を浸せば、正に青し。用て（もっ）眼を洗へば、人の目中の膚翳を癒す）」、斉民要術9「梣江南樊鶏木皮也、其皮入水緑色、解膠（梣は江南の樊鶏木の皮なり。其の皮、水に入れば緑色、膠を解く）」

【梛】 7 音ナ 訓なぎ

【語源】 日本で *Decussocarpus nagi*（ナギ、中国名竹柏）を指す。マキ科の常緑高木で、高さが三〇メートルに達する。葉は楕円状の披針形で、厚くて切れにくい。色は艶のある濃緑色。語源は葉の形が水草のナギ（水葱）に似ているからという。日本では古くから霊樹として信仰され、また、凪と同音であるため、航海の安全や夫婦円満の象徴に用いられた。漢名は竹柏という。本草綱目によると、柏の葉に松の身をもつのが檜、松の葉に柏の身をもつのが樅、竹の葉に柏の身をもつのが竹柏だという。

【字源】 中国にも梛の字が存在するが、用例のない奇字である。日本ではそれと関係がなく、ナギのナに那を当て、木偏を添えた和製の疑似漢字と考えられる。半国字である。

【別名】 竹柏

【文献】 類篇「梛、木名」

【梶】 7 音ビ 訓かじ・かじのき

【語源】 カジはカジノキの古名である。船の舵の用材になったので、木の名もカジ（カヂ）と呼ばれた。舵は梶とも書かれたので、木の名の漢字表記に梶が用いられた。カジノキについては楮の項参照。

【字源】 漢字の「梶」には船の舵の意味も、木の名のカジノキの意味もない。これらは日本的用法である。「尾

（*muər）」は「尸（しり）＋毛（け）」を合わせて、動物のしっぽを暗示させる図形。「（しっぽの毛のように）細くて見えにくい」というイメージを示す記号になる。「尾（音・イメージ記号）＋木（限定符号）」を合わせて、木のてっぺんの細く小さな枝の先、つまり「こずえ」を暗示した。日本では「尾」をストレートに用いて、「尾＋木」でもって、船尾につける木の意味合いを作り出し、船の舵を意味する「かじ」の漢字表記とした。半国字と考えてもよい。

甲　篆　〔尾〕

[別名]（カジノキの異表記）楮・構・穀

梻→樒（127ページ）

【梨】

7　音リ　訓なし

[語源] 上古漢語は***lier**、中古漢語は**lii**（→呉音・漢音リ）である。バラ科の***Pyrus*** 属（ナシ属）の総称。落葉高木で、葉は卵形で広い。春に白い花が咲く。果実はほぼ球形。食用のため古代から栽培された。中国の北部には ***P. ussuriensis***（チュウゴクナシ、中国名秋子梨）や ***P. bretschneideri***（シロナシ、中国名白梨）が分布する。日本では ***P. pyrifolia***（ナシ、ニホンナシ、中国名沙梨）が普通だが、中国の南部にもある。語源について李時珍は「梨は利なり。其の性下行流利なり」といい、また「梨種殊に多し、并せて皆冷利、多食すれば人を損す」という陶弘景のことばを引く。食べ過ぎると腹下ししやすいからと解したようである。この場合の利は下痢の痢と同源である。快果という別名も腹下ししやすいことから来ている。しかし多汁で果肉が軟らかいところから、歯がよく通って食べやすいという解釈も成り立つ。利の「スムーズに通る」のイメージを用いて命名されたと考えられる。和名は果実の中身が白いことから、ナカシロ（中白）→ナシになったという。ナシが無シと同音であるのを忌む心理から、古くからアリノミ（有りの実）の異名がある。

[字源]「利（*lied）」は利と㓞の二形がある。前者は「禾（いね）＋刀（刃物）」を合わせて、稲刈りで農具の刃物がよく切れる様子を暗示する図形。後者は「禾（いね）＋刀（刃物）＋点々の印」を合わせて、耕作の際農具の

刃物が土を鋤き返す様子を暗示する図形。犂(り)（＝犁。すき）に原初的イメージが残っている。いずれも「スムーズに通る」というイメージを示す記号となる。鋭利、便利、利用などの利には「すらすらと通って滞りがない」というコアイメージがある。下痢の痢（食べた物がさっと下る）、怜悧の悧（頭が切れる）も同源である。「利（音・イメージ記号）＋木（限定符号）」を合わせて、歯でよく切れて食べやすい果実の生る木を暗示させた。棃は梨の異体字。

甲　篆（利）　篆（棃）

【別名】快果・果宗・百果宗・円果・玉乳・蜜父・青田実・玄圃実

【文献】管子・地員「其陰則生之楂梨（其の陰は則ち之(こ)の楂・梨を生ず）」、荘子・天運「譬三皇五帝之礼義法度、其猶柤梨橘柚邪、其味相反而皆可於口（三皇五帝の礼義法度を譬ふれば、其れ猶柤・梨・橘・柚のごときか、其の味相反して皆口に可(よろ)し）」、名医別録「梨味苦寒、多食令人寒中、主治金創、乳婦尤不可食（梨は、味は苦にして寒。多食すれば人をして寒中せしむ。金創を治するを主る。乳婦は尤も食ふべからず）」

花梨　音カーリ　訓（かりん）

【語源】正しくは花櫚または櫚木という（櫚の項参照）。中国南部に産するマメ科ベニマメノキ属の植物 *Ormosia henryi*（カリン、中国名花櫚木）を指す。江戸時代に日本に伝わり、俗称の花梨を間違ってカリンと読んだらしい。その後日本では榠樝をカリンといい、花梨とも表記するが、誤用である（榠樝の項参照）。

【字源】「花」と「梨」の各項参照。

【別名】櫚木・花櫚・花櫚木・花梨木

【文献】物理小識9（明・方以智）「櫚木後訛為花梨（櫚木は後に訛して花梨と為す）」

【椏】8　音ア　訓みつまた（三椏）

【語源】日本でミツマタに使う字である。三椏はジンチョウゲ科の落葉低木 *Edgeworthia chrysantha*（ミツマタ、中国名結香、別名黄瑞香）を指す。高さは一～二メートル。枝は三つに分かれる。葉は楕円形で、枝先に叢生する。花は黄色で香気がある。観賞用に栽培される。

また和紙の原料になる。中国の原産で、室町時代に渡来した。語源は三つの股（叉）の意。

【字源】 竜龕手鑑に「椏、木也」とあるが、木の名に用いた形跡はない。広韻に「江東、樹枝を言ひて椏枝と為す」とあり、分かれた枝という意味が普通の使い方である。朝鮮人参について「三椏五葉」といった例があるが、根が三つに分岐することであろう。「亞（*·ăg）」は地面を掘り下げて、その上に建物を載せる基礎の図形で、「上から下に押し下げる」「押さえつけられてくぼむ」というイメージを示す（亜麻の項参照）。「亞（音・イメージ記号）＋木（限定符号）」を合わせて、Y型にへこんだ木の枝を暗示させる。Y型の二股、またそんな形をした髪型（あげまき）を丫（あ）というが、これと同系の語である。

【別名】（ミツマタの異表記）三叉・三股

【椅】 8　㊟イ　㊞いいぎり

【語源】 上古漢語は*·iar、中古漢語は·iĕ（→呉音・漢音イ）である。イイギリ科の落葉高木 *Idesia polycarpa*（イイギリ、中国名山桐子）を意味する。高さは一五メートルに達する。樹皮は灰白色。葉はハート形で広い。秋に果実が赤く熟し、枝の端から多数垂れ下がる。成長が速く、街路樹などに利用する。語源は果実の垂れ下がる姿を捉えて、奇の「┐型に曲がる」のイメージを取る。和名のイイギリ（飯桐）は葉でご飯を包んだことによる。

【字源】「奇（*giar）」は寄生木の項でも述べたように、大の字型に立つ人がバランスを崩して傾く情景を暗示させる図形である。正常のものがバランスを欠いた状態が奇妙の奇（怪しい様子）である。「バランスを欠いて片寄る」というイメージのコアには「┐型に曲がる」というイメージがある。「奇（音・イメージ記号）＋木（限定符号）」を合わせて、まっすぐな枝が果実をぶら下げて曲がる姿を呈する木を暗示させる。そのような木はイイギリとは限らないが、イイギリの特徴の一つを捉えると、そのような名（*·iar）と字（椅）となる。ちなみに椅子の椅は倚と同源で、背を倚りかからせる（凭れる）木製の座具の意味で、イイギリとは関係がない。

篆〔奇〕　篆〔椅〕

[別名] 山桐・山梧桐

[文献] 詩経・鄘風・定之方中「樹之榛栗、椅桐梓漆（之に樹(う)うるは榛と栗と、椅と桐と梓と漆）」、宋玉・高唐賦（文選19）「双椅垂房、糾枝還会（双椅房を垂れ、糾枝また会す）」

椛→栬 （55ページ）

【棘】 8 音キョク 訓いばら・とげ

[語源] 上古漢語は*kɪək、中古漢語はkɪək（→呉音コク、漢音キョク）である。クロウメモドキ科ナツメ属の落葉小高木 *Ziziphus jujuba* var. *spinosus*（サネブトナツメ、中国名酸棗）を意味する。ナツメ（棗）の野生の種で、中国の原産。高さは一～三メートル。枝に針状のとげと、かぎ型のとげがある。初夏、黄緑色の花が咲く。果実は球形で赤く熟し、酸味が強い。種子を酸棗仁といい、薬用とする。語源はとげが鋭く張り出ているという姿をこの木と特徴と捉えたもので、革・極・核などと同源で、「ぴんと張る」というイメージをもつ語群に属する（藤堂明保・漢字語源辞典）。和名は果実の核が比較的大きいことから、核太棗(さねぶと)の意。棘はとげのある小木の総称としても用いられ、「いばら」はこの場合の訓読みである。

痩せ地や墓場などに生え、しかも鋭いとげがあり、実は酸っぱくて食えない特徴から、悪木のイメージが強く、枳［カラタチ］とともに鳳凰の棲まない木とされる。一方、古代の法廷では九本の棘を左右に植え、卿大夫や五等爵の裁判官の位置を定めた。それは内側（果実）が赤く、外側（枝）に刺があるところから、赤心があり、外部から侵されないことの象徴にしたといわれる。しかし語源が改革の革や、弾劾の劾、戒勅の戒などと関係があるので、罪人が緊張して身を引き締めるようにさせる意を寓したものであろう。

[字源]「朿(し)」はぎざぎざとしたとげの図形。刺（とげ、さす）はこの記号から成る。「朿」を横に並べたのが「棘」である（縦に重ねると棗、すなわちナツメ）。これによって刺のある木を暗示させた。ただし語源は反映されていない。

甲　金　篆　〔朿〕

(金)　(篆)　〔棘〕

【別名】酸棗・山棗・野棗・樲

【文献】詩経・陳風・墓門「墓門有棘、斧以斯之（墓門棘有り、斧以て之を斯く）」、周礼・秋官「朝士掌建邦外朝之法、左九棘、孤卿大夫位焉、群士佐其後、右九棘、公侯伯子男位焉、群吏在其後（朝士は邦の外朝の法を建つるを掌る。九棘を左にし、孤卿・大夫位し、群士其の後に佐たり。九棘を右にし、公侯伯子男位し、群吏其の後に在り）」

【棕】8　(音)シュ・ソウ　(訓)―

【語源】もとは単独で棕（＝椶）、後に棕櫚の二音節語となる。上古漢語は*tsung-lag、中古漢語はtsung-lo（→呉音スーロ、漢音ソウーリョ）である。ヤシ科シュロ属の常緑高木 *Trachycarpus wagnerianus*（トウジュロ）を意味する。中国原産のシュロ。幹は円柱形で直立し、高さは一五メートルに達する。葉は頂上に扇形に広がり、垂れ下がらない。葉鞘が脱落した後、幹に環の形をなす節が残る。日本では *T. excelsa*（ワジュロ）に当てる。葉が垂れ下がる。繊維（棕櫚毛）で縄などを製する。語源は縦・宗などと同源で、「縦に細長く通る」というイメージを用い、直立する幹に着目して命名された。棕に櫚を加えて二音節語にしたのが棕櫚である。古くはシュロのことを栟櫚ともいったので、この櫚を取って棕と組み合わせたもの。和名は棕櫚の音読みの訛りである。

【字源】椶が本字である。「㚇（*tsung）」は「兇（恐ろしいもの）＋夂（あし）」を合わせて、恐ろしいものに直面して、足が棒のように突っ立つ情景を暗示させる図形。具体物は捨象して、ただ「縦に細長く通る」という抽象的イメージを示す記号とする。鬉（たてがみ）にはこのイメージがはっきり生きている。「㚇（音・イメージ記号）＋木（限定符号）」を合わせて、幹が直立する木を暗示させた。

後に形の難しい「㚇」を「宗」に変えた。「宗（*tsong）」は「宀（いえ）＋示（祭壇）」を合わせて、家の中で祭りをする情景を設定した図形。先祖を祭る中心の家（本家）を*tsongといい、この視覚記号で表記する。*tsongには「縦に通る本筋」というイメージがあり、「縦に細長く通る」というイメージに展開する。崇（山が縦に長い→高い）はこのイメージを用いている。鬉（たてがみ）は鬃とも書かれる。また鯼［ズナガウオ］は鯮とも書かれる。

次に栟櫚について。「并（*pieng）」は「从（二人）＋二（並べる符号）」を合わせて、二つのものを並べる様子を暗示する図形。「並べて一緒にする」というイメージから、「並んで重なる」というイメージにもなる。また「呂（*lıag）」は背骨の図形で、これも「並び連なる」というイメージを示す記号である（櫚の項参照）。「呂（音・イメージ記号）＋門（限定符号）」を合わせた「閭（りょ）（*lıag）」は、人家の並んだ村の門を表し、やはり「並び連ねる」というイメージを示す記号となる。「并（音・イメージ記号）＋木（限定符号）」と「閭（音・イメージ記号）＋木（限定符号）」を組み合わせた栟櫚は、幹に繊維が環の形をなして並び重なる木を暗示させている。

甲　金　篆〔并〕　篆〔栟〕

篆〔鬉〕　篆〔椶〕

甲　金　篆〔宗〕

［別名］ 椶樹・棕樹・栟櫚・并閭・比閭・鬣葵・王彗

［文献］ 山海経・西山経「石脆之山、其木多椶枏（石脆の山、其の木椶・枏多し）」――郭璞注「椶樹高三丈許、無枝条、葉大而円枝生梢頭、実皮相裹上行、一皮者為一節、可以為縄、一名栟櫚（椶樹は高さ三丈ばかり。枝条無し。葉は大にして円枝梢頭に生ず。実皮相裹（つつ）みて上行し、一皮なる者一節と為る。以て縄を為るべし。一名栟櫚）」、張衡・西京賦（文選2）「木則樅栝椶枏（木は則ち樅・栝・椶・枏）」

【椒】 8　音 ショウ　訓 はじかみ

［語源］ 上古漢語は*tsiog、中古漢語はtsiɛu（→呉音・漢音セウ）である。ミカン科の常緑低木 ***Zanthoxylum*** 属（サンショウ属）の総称。中国では ***Z. bungeanum***（トウザンショウ、中国名花椒）が普通。中国の原産で、山地に自生する。高さは三～六メートル。茎と枝には上向きの刺がある。夏、小さな花が咲く。果実は赤色を帯

び、いぼ状の突起がある。黒く光沢のある種子は椒目と称され、生薬や調味料に用いる。味は辛く、香気がある。語源は小さな種子の特徴を捉えて、叔の「小さい」のイメージによる命名。日本では日本で自生する***Z. piperitum***（サンショウ）を指す。古名はハジカミ。語源は果実が熟すと裂けて種子が現れるところから、はじけみ（罅裂子）が訛ったものという（大槻文彦）。今のサンショウ（山椒）は由来不明。中国の古典では山椒は植物名ではなく山頂の意味に使われている。わずかに普済方に「山椒皮」の語が見える。この山椒は野生の椒といった意味であろう。

　サンショウは小粒の種子の多い姿から多子の象徴になる。詩経では恋愛―結婚―生殖のつながりを媒介にして恋愛詩のモチーフに使われる。また漢代には皇后の宮殿の壁にサンショウの種子を塗り込め、皇后の住まいを椒房と称した。これも豊饒多産の意味合いを寓する。性から生へ、さらに長寿へとシンボルは転化し、元日にサンショウを浸した椒酒を飲む風習が生まれた。

[字源] もとは茮と書き、のち木偏にかえて椒となった。「尗（*thiok）」は蔓を出した豆を描いた図形で、「小さい」というイメージを示す記号になる。「尗（音・イメージ記号）＋又（限定符号）」を合わせた「叔（*thiok）」は、豆を拾う場面を設定する図形だが、これも「小さい」というイメージを示し、淑（細っそりとして姿がよい→しとやか）、寂（物音が小さくひっそりしている→さびしい）などは同源のグループ。「叔（音・イメージ記号）＋木（限定符号）」を合わせて、小粒の種子が生る木を暗示させた。

(篆) 尗〔尗〕　(篆) 茮〔茮〕

[別名] 秦椒・蜀椒・巴椒・川椒・漢椒・南椒・花椒・大椒・陸抜・椴・蓎椒・金丸使者

[文献] 詩経・唐風・椒聊「椒聊之実、蕃衍盈升（椒聊[聊は接尾語]の実、蕃衍して升に盈つ）」、山海経・中山経「琴鼓之山、其木多穀柞椒柘（琴鼓の山、其の木穀・柞・椒・柘多し）」、神農本草経「秦椒味辛温、主治風邪気、温中、除寒痹、堅歯、長髪、明目、久服好顔色、耐老、増年、通神（秦椒は、味は辛にして温。主治は風邪気。中を温め、寒痹を除き、歯を堅くし、髪を長じ、目を明らかにす。久服すれば顔色を好くし、老に耐へ、年を

増し、神に通ず）」

胡椒 音コーショウ 訓──

[語源] 上古漢語は*ɦag-tsiog、中古漢語はɦo-tsiɛu（↓呉音ゴ-セウ、漢音コ-セウ）である。コショウ科の植物 ***Piper nigrum***（コショウ）を意味する。インド原産の常緑つる性木本で、高さは五メートルほど。膨れた節が多い。葉は楕円形。夏に穂の形の花序が垂れ下がり、小さな花が咲く。果実は球形で、赤黄色に熟し、小さな種子を含む。種子は黒く、味が辛くて香気が強い。語源は種子の効用の似ている椒［サンショウ］に、外国から渡来したことを示す胡を冠したもの。

[字源]「胡」については胡桃の項参照。「椒」については前項参照。

[別名] 浮椒・玉椒・昧履支

[文献] 後漢書・西域伝「西与大秦通、有大秦珍物、又有諸香石蜜胡椒薑黒塩（西のかた大秦［ローマ帝国］と通じ、大秦の珍物有り。又諸香・石蜜・胡椒・薑・黒塩有り）」、新修本草「胡椒味辛大温無毒、主下気、温中、去痰、除臓腑中風冷、生西戎（胡椒は、味は辛にして大温、毒無し。気を下し、中を温め、痰を去るを主る。臓腑中の風冷を除く。西戎に生ず）」

【椎】8 音スイ・ツイ 訓しい

[語源] 普通は物をたたく道具の「つち」、または椎骨の意味だが、わずかに木の名とする文献もある。しかし用例のない字である。日本ではブナ科の常緑高木 ***Castanopsis cuspidata***（シイ）を指す。高さは二五メートルに達する。葉は楕円形で、先が長く伸びて尖る。初夏に黄白色の花穂が出る。果実は先の尖った卵形で、食用になる。語源については、強制する意のシフ（強・誣）の名詞形で、昔刑具に用いられたことに由来するという説（吉田金彦）がある。

[字源] 大槻文彦は「字は、実の尖り、錐に似たれば成れる。会意なり」という（大言海）。すなわち「木＋錐の略体」を合わせて、「椎」の字を創作した。「つち」の椎と衝突したので、半国字である。なお現代の中国でもシイ属の名称に椎を用いている。したがって椎は里帰り漢字のパターンである。

「隹（すい）」は「鳥」（尾の長いとり）に対して尾の短いと

りを描いた図形で、丸みを帯びてずんぐりと下ぶくれしている姿から、「ずっしりと重みがかかる」というイメージを示す記号となる。錐（すい）は「隹（音・イメージ記号）＋金（限定符号）」を合わせて、重みをかけて揉んで穴を開ける道具の「きり」を表した。同様に、重みをかけて打つ木の「つち」を椎という。

甲　金　篆（隹）

篆（椎）

[文献] 類篇「椎、朱惟切、木名、似栗而小（椎は朱惟切［スイの音］、木の名、栗に似て小なり）」

【棗】 8　音ソウ　訓なつめ

[語源] 上古漢語は*tsog、中古漢語は**tsau**（→呉音・漢音サウ）である。クロウメモドキ科の落葉高木***Ziziphus jujuba***（ナツメ）を意味する。中国の原産。高さは一〇メートルに達する。枝に刺が対を成して生じる。初夏、黄緑色の小花をつける。果実は長円形で、若いときは黄色、熟すと紫紅色になる。古代から栽培され、品種が多い。果実の大きい***Z. jujuba.*** var. ***inermis***（中国名無刺棗）を大棗と称し、食用のほか薬用にする。語源は枝に刺があり、爪のように先が尖り、人の肌を引っ掻いてかすり傷をつけることから、爪・掻と同源の語で呼ばれたという（藤堂明保、漢字の話Ⅱ）。和名は初夏に芽を出すので夏芽の意という。

　ナツメは仙人の食べ物とされ、長寿の象徴となる。また、古代、新婦が舅姑への贈物として持参した。それは音が早と通じ、早く起きて舅姑に仕えることを寓意したもの。また、吉祥図では棗（早と音通）と栗（立と音通）を組み合わせて、早く子宝を設けるという願いをこめる。

[字源] 「朿（し）」は棘の項でも述べた通り、木のとげを描いた図形。「朿」を縦に二つ重ねて、ナツメを意味する*tsogを表記した。ただし図形に語源は反映されていない。

金　篆

[別名] 木蜜・紅皺・百益紅・羊角・鶏心

[文献] 詩経・豳風・七月「八月剥棗（八月棗を剥ぐ）」、

礼記・曲礼下「婦人之摯、椇榛脯脩棗栗（婦人の摯は、椇・榛・脯・脩・棗・栗）」、史記・孝武本紀「臣嘗游海上、見安期生食巨棗大如瓜（臣嘗て海上に游び、安期生［仙人の名］巨棗の大なること瓜の如きを食ふを見る）」、神農本草経「大棗味甘平、主治心腹邪気、安中、養脾、助十二経、平胃気、通九竅、補少気少津、身中不足、大驚、四肢重、和百薬、久服軽身、長年（大棗は、味は甘にして平。主治は心腹邪気。中を安んじ、脾を養ひ、十二経を助け、胃気を平らにし、九竅を通じ、少気少津を補ふ。身中不足、大驚、四肢重し。百薬に和す。久服すれば身を軽くし、年を長くす）」

【棣】8 音テイ 訓——

［語源］棣は常棣、唐棣、棣棠の三つの名を構成するが、単独では常棣と同じに用いられる。上古漢語は*dhiang-der、中古漢語は ʒiang-dei（→呉音ジヤウ-ダイ、漢音シヤウ-テイ）である。同定が難しい植物だが、江戸時代の本草学者岡元鳳に従えば、バラ科サクラ属の落葉低木 *Prunus japonica* var. *multiplex*（ニワザクラ、中国名重弁郁李）を指すようである。単弁のニワウメ（𧄍、郁李）の変種で、複弁（八重咲き）の花を開く。花は淡紅色で美しいので観賞用に植えられる。また、萼が堅牢で、花が落ちても枝に残っているという（植物名実図考）。語源は隶の「次々に並ぶ」のイメージを取る。また「久しい」の意味をもつ「常」を冠して常棣と呼ぶ。和名はニワウメの近縁種である *Prunus glandulosa*（ニワザクラ）を流用したものであろう。これも八重咲きである。語源は丹葉桜（にはざくら）の意という。

詩経では多くの花弁を包む堅牢な萼をもつニワザクラを譬喩に利用し、兄弟のしっかりした結びつきというモチーフとする。

［字源］「隶（たい）（*dag）」は「尾の略体＋又（て）」を合わせて、しっぽ（後ろ）に手が届く様子を暗示する図形。逮捕の逮（追いつく）にこのイメージが現れている。「AがBに及ぶ」というイメージから、AがBと並ぶ、さらにA—B—C—という具合に次々と並ぶというイメージに展開しうる。及（およぶ）のイメージが級（次々と並ぶクラス）に展開するのと似ている。「隶（音・イメージ記号）＋木（限定符号）」を合わせて、次々に並ぶ花弁のある木を暗示させた。また萼がいつまでも残る

特徴から、常を添えて常棣の二音節語となった。「尚（*dhiang）」は「向（空気抜きの窓）＋八（分かれる符号）」を合わせて、空気が窓から分かれ出る情景を設定した図形で、「高く上がる」というイメージを示す記号となる。「尚（音・イメージ記号）＋巾（限定符号）」を合わせて、丈の長いスカートを表す。裳（裾の長いスカート）と同義だが、空間的に長い↓時間的に長い（つまり久しい）というイメージに展開したのが恒常の常である。

金　篆〔隶〕　篆〔棣〕

金　篆〔尚〕　篆〔常〕

【別名】 常棣・白棣

【文献】 詩経・秦風・晨風「山有苞棣（山に苞棣有り）」、詩経・小雅・常棣「常棣之華、鄂不韡韡（常棣の華、鄂不［萼の意］韡韡たり）」

棣棠　音 テイ-トウ　訓 やまぶき

【語源】 中世漢語は **tiei-t'ang** である。バラ科の落葉低木 *Kerria japonica*（ヤマブキ、中国名棣棠花）を意味する。高さは一・五〜二メートル。茎は根もとから叢生する。葉は鋸歯があり、先端が尖る。春、黄色い花が小枝の先に咲く。宋の頃に現れる植物名で、**tiei-t'ang** は双声の二音節語である。和名は山吹で、山に生え、枝が細くて風にも揺れることによる。

【字源】「棣」については前項、「棠」については該項参照。**tiei-t'ang** を表記するために棣を用いたのは、葉が微風でも揺れるところが唐棣［ヤマナラシ］に似ているからであろう。

【別名】 棣棠花（ヤマブキの異表記）款冬

【文献】 東京夢華録7「是月季春、万花爛漫、牡丹芍薬棣棠木香種種、上市売花（是の月季春、万花爛漫たり。牡丹・芍薬・棣棠・木香種種、市に上りて花を売る）」

唐棣　音 トウ-テイ　訓 はねず

【語源】 上古漢語は ***dang-der**、中古漢語は **dang-dei**（↓呉音ダウ-ダイ、漢音タウ-テイ）である。ヤナギ科ヤマナラシ属の落葉低木 ***Populus davidiana***（チョウセンヤマナラシ、中国名山楊）を意味する。幹は細長くまっすぐ伸び、高さが二五メートルに達する。春、葉より先に円柱形の花穂が垂れ下がり、紅色の花が多数つく。葉は円形に近く、微風にも揺らいで鳴るので、高飛・独揺の異名がある。*dang-der は双声の二音節語である。和名のヤマナラシ（山鳴）は山に生える木で、葉が風に揺れ、こすれるように鳴ることによる。

詩経に初めて出る植物で、同定に問題がある。現在の中国ではバラ科の ***Amelanchier sinica***（ザイフリボク属の一種）に当てる。爾雅などでは唐棣を栘（扶栘、栘楊）と同じとし、古今注に「栘楊は円葉弱蔕、微風に大いに揺る。一名高飛、一名独揺」と記す。日本では風に揺れる花穂の姿を采配に見立て、ザイフリボク（采振木）という名がついた。ヤマナラシと似た点があるが、筆者は牧野富太郎が ***Populus sieboldi***（ヤマナラシ）に同定したのに従いたい。

なお古代の日本では唐棣また唐棣花を「はねず」と読んだ。「はねず」とは今のニワウメ（郁李）、または その変種のニワザクラかといわれる。常棣［ニワザクラ］と唐棣を混乱したものであろう。

［字源］ *dang-der という二音節語に唐棣の二字を当てるが、これらの字を選んだのには音声以外の理由がありそうである。「庚」は「干（固い心棒）＋（両手）」を合わせて、脱穀に用いる固い木の棒を持つ情景を設定した図形で、「固くぴんと張る」というイメージを示す。「庚（イメージ記号）＋口（限定符号）」を合わせた「唐」は、口を大きく張って物を言う様子を暗示させる。荒唐無稽の唐（大げさに言う）が本来の使い方だが、ここから「張り広げる」というイメージに展開する。「棣」は前項で述べたように「隶」がコアをなし、「（追いつくようにして）次々に並ぶ」というイメージがある。広がって円くなったような葉の特徴と、花穂に一つ一つ切れたようにきちんと小花が並ぶ特徴を捉えて、唐と棣を組み合わせて*dang-der を表記した。

甲　金　篆　〔庚〕

甲　金　篆　〔唐〕

［別名］ 栘楊・扶栘・夫栘・栘柳・蒲栘・独揺・高飛

［文献］ 詩経・召南・何彼襛矣「何彼襛矣、唐棣之華（何ぞ彼の襛（しげ）れるは、唐棣の華）」

【棠】 8　音 トウ　訓 ——

[語源] 上古漢語は*dang、中古漢語は**dang**（→呉音ダウ、漢音タウ）である。この語については、杜と同じだが、棠は雄、杜は雌であるという説（説文解字）、白いものが棠、赤いものが杜であるという説（爾雅）、実の甘いものが棠、渋いものが杜であるという説（本草綱目）などがあった。郭璞は棠をバラ科ナシ属の*Pyrus phaeocarpa*（中国名褐梨）に当て、陸璣や李時珍のいう「赤棠」と同じとする（山海経注証、504ページ）。これは*P. betulaefolia*（マンシュウマメナシ、中国名杜梨）と最も近似する種で、高さは五～八メートル。種子は倒卵形で扁平、赤褐色。ただし杜梨と同じく食用にはならないそうである。古代人が杜は渋くて食えないが、棠は甘くて食えるとした根拠はよくわからない。郭璞の説に従えば次のようになる。

	〈学名〉	〈漢名〉	〈和名〉
杜（白棠）	*Pyrus betulaefolia*	杜梨	マンシュウマメナシ
棠（赤棠）	*Pyrus phaeocarpa*	棠梨	ホーリー（褐梨）

[字源] 李時珍は糖（*dang）と同源と見た。「甘い」というイメージを表すために、近似音の「尚（*dhiang）」を利用し、「尚（音記号）＋木（限定符号）」を合わせて「棠」とした。

㊕棠

[別名] 棠杜梨

[文献] 詩経・召南・甘棠「蔽芾甘棠、勿翦勿伐、召伯所茇（蔽芾（へいはい）たる甘棠、翦（き）る勿れ伐る勿れ、召伯の茇（やど）りし所）」、毛詩草木鳥獣虫魚疏（三国呉・陸璣）「甘棠今棠梨、赤棠也、与白棠同耳、但子有赤白美悪、子白色為白棠、甘棠也、少酢、清新、赤棠子渋而酢無味。俗語云、渋如杜是也（甘棠は今の棠梨、赤棠なり。白棠と同じきのみ。ただ子赤白美悪有り。子の白色なるを白棠と為す、甘棠なり。少しく酢く、清新なり。赤棠は子渋くして酢く、味無し。俗語に云ふ、渋きこと杜の如しとは是れなり）」

海棠

㊊カイドウ　㊋――

[語源] 中古漢語は**hai-dang**（→呉音カイ-ダウ、漢音カイ-タウ）である。バラ科リンゴ属の落葉小高木*Malus spectabilis*（ホンカイドウ）を意味する。高さは八メー

トルに達する。葉は楕円形で先が尖る。春、五弁の花を開き、紅色から淡紅色に変わる。果実は球形の梨果で、黄緑色。ホンカイドウは唐代に初めて録された植物で、語源は海外（新羅国）から伝わり、棠の類とされたからという（夏緯瑛）。葉の形、樹皮の色、果実の形が前項の棠と似ている。

【字源】「毎（*muəg）」は梅の項で述べた通り、母が子を生むように草の芽がどんどん生える様子を暗示させる図形。子が母胎から現れ、草が地下から出ることは、無から有が出てくる、あるいは暗い世界から明るい世界に現れるというイメージがある。そこから「毎」は「暗い」「見えない→無い」というイメージを示す記号にも展開する。晦（暗い）、悔（心が暗くなる→くいる）、誨（道理に暗いものに教える）、侮（わざと見ないようにする→ないがしろにする）などは同源のグループ。「海（音・イメージ記号）＋水（限定符号）」を合わせて、深くて暗い色をした「うみ」、あるいは遠くて暗い世界の果ての水域である「うみ」を表した。海から遠かった中原地帯の人々の言語感覚では「海は晦なり」と捉えていた。「棠」については前項参照。

㊥篆 〔海〕

【別名】蜀紅・蜀客・川紅・名友・富貴花・花中神仙

【文献】王建・宮詞一百首（全唐詩302）「海棠花下打流鶯（海棠花下流鶯を打つ）」

秋海棠

㊥音 シュウ-カイ-ドウ　㊥訓 ―

【語源】中世漢語は**tsʻiəu-hai-tʻaŋ**である。シュウカイドウ科の多年草*Begonia grandis*（シュウカイドウ）を意味する。茎は直立し、六〇センチほど。葉は卵形で、先が尖る。花は淡紅色。球形の根茎を薬用とする。語源は花期が秋で、花の色が海棠に似ることによる。中国の原産で、江戸初期に日本に渡来したという。

【字源】「秋」については楸の項、海棠については前項参照。

【別名】八月春・断腸花・断腸草

【文献】群芳譜「秋海棠一名八月春、草本、花色粉紅…旧伝有女子懐人不至、涙洒地遂生此花、色如美婦面、甚媚、名断腸花（秋海棠は一名八月春。草本なり。花の色は粉紅なり。…旧伝に、女子有り、人を懐へど至らず。

涙地に洒ぎて遂に此の花を生ず。色美婦の面の如く、甚だ媚なり。断腸花と名づく)」

棠梨→杜(21ページ)

棣棠→81ページ

【椨】8　㊥――　㊞たぶのき

[語源]　クスノキ科の常緑高木 ***Machilus thunbergii***（タブノキ、中国名紅楠）を指す。高さは二〇メートルに達する。樹皮は灰褐色。春、黄緑色の小花が咲く。材は建築や家具などに、樹皮は黄褐色の染料に用いられる。語源について、タブは朝鮮語の **ton-bai**（丸木船の意）の訛りで、この木を材料にしたからという説がある(図説花と樹の大事典)。

[字源]　タブのブを「府」で音写し、木偏を添えた国字である。

【棉】8　㊥メン　㊞わた

[語源]　上古漢語は ***mian**、中古漢語は **miɛn**（→呉音メン、漢音ベン）である。二つの意味がある。一つはキワタ科の落葉高木 ***Bombax malabaricum***（キワタ、中国名木棉）を指す。高さは三〇メートルに達する。幹と枝に刺がある。葉は長楕円形。葉よりも先に紅色の花を開く。花は五弁で大きい。果実は細長い。種子に生える長い毛を綿として利用する。語源は連緜の緜と同源で、「細く長く続く」というイメージを取る。左思・呉都賦では緜の字がキワタ（木棉）の意味で使われている。キワタは中国南部に分布する。

もう一つはアオイ科の草本または木本 ***Gossypium*** 属（ワタ属）の総称。***G. arboreum***（キダチワタ、中国名樹棉）、***G. herbaceum***（シロバナワタ、中国名草棉）などがある。熱帯地方の原産。若い枝には毛がある。葉は掌状をなす。白色や黄色の花が咲く。種子には長い繊維が密生する。繊維を綿にし、また種子から油を採る。和名の「わた」は腸（はらわた）のワタと同源という。果実の内部に繊維が含まれる姿を腹の中の腸に喩える。

[字源]　キワタの棉の字が古く現れ、最初は緜と書かれた。「帛」は「白（しろ）+巾（ぬの）」を合わせて、白い絹布を表す。「帛（絹布）+系（つなぐ）」を合わせたのが緜で、生糸をつないで絹布を作る情景を暗示させ

る図形である。これによって、細く長く続くことを意味する*mianを表記する。連緜の緜がこれである。細長い繊維をもつキワタも*mianといい、同じ視覚記号を用いた。のち緜は綿の字体に変わったが、唐の頃、衣料などの原料になる綿と区別するために、木の名には糸偏を木偏に換えた棉の字が創作された。その後、インド方面からアオイ科のワタ属の植物が伝わったとき、キワタとの類似性から同じ名、同じ字を使うこととなった。

(篆) 〔緜〕

[別名] ①(キワタ)木棉・木緜樹・古貝・吉貝・劫貝・瓊枝・班枝花・攀枝花・英雄樹・婆羅綿 ②(ワタ)古終藤

[文献] ①左思・呉都賦(文選4)「緜杌栬櫨」——劉淵林注「木緜樹高大、其実如酒杯、皮薄、中有如糸緜者、色正白、破一実得数斤、広州日南交趾合浦皆有之(木緜樹は高大なり。其の実は酒杯の如し。皮は薄く、中に糸緜の如き者有り。色は正白。一実を破れば数斤を得たり。広州・日南・交趾・合浦皆之れ有り)」 ②花鏡6「棉花一名吉貝、葉如槿、秋開黄花、似秋葵而小(棉花は一名吉貝。葉は槿の如し。秋に黄花を開く。秋葵に似て小なり)」

梾→椋 (86ページ)

【椋】8

音 リョウ
訓 むく

[語源] 中国と日本では意味が異なる。中国では上古漢語が***liang**、中古漢語が**liang**(→呉音ラウ、漢音リヤウ)で、ミズキ科ミズキ属の落葉高木 *Cornus macrophylla*(クマノミズキ、中国名椋子木)を意味する。高さは一五メートルに達する。樹皮は赤褐色で、稜がある。葉は卵形で先が尖る。初夏、黄白色の花が咲く。樹皮を丁榔皮といい、骨折などの薬に用いる。語源は涼と同源で、枝葉が陰をなして涼めるので、涼木といった。また人を木陰に呼び寄せるので梾の異名がある。和名クマノミズキ(熊野水木)のミズキは枝を折ると汁が出ることに由来する。

日本ではニレ科の落葉高木 *Aphananthe aspera*(ムクノキ、中国名糙葉樹)を指す。高さは三〇メートルに達する。樹皮は灰褐色で、老いると剥げ落ちる。葉の表面はざらざらして物を磨くことができる。果実は黒色に熟し食用になる。語源は樹皮が剥がれることからムク（剥く）の名がついたという。

［字源］「京（*kliăng）」は高い丘の上に楼閣の建つ姿を描いた図形。「高く大きい」というイメージのほかに「明るい」というイメージがあり、さらに「風通しがよい」というイメージにも展開する。「涼」は後者のイメージを用い、「京（音・イメージ記号）＋水（限定符号）」を合わせて、風通しがよく水が冷たい様子を暗示させる。クマノミズキはその下で涼が取れるということから涼木といい、後にさんずいを木偏に換えて椋の字ができた。

別名の棶も同趣旨による。「來」はムギの象形文字（麦の項参照）。神がもたらしためでたい植物という古代観念があり、「もたらす（来たらす）」という動詞に來を用いる。その木の下に人を来たらす（呼び寄せる）ということから、クマノミズキの別名を即来といい、「來」に木偏をつけて棶となった。来禽（林檎の古名）の来と発想が似ている。

和名抄は椋をムクと読んだ。これは中国側の文献に、涼を取る木とか、種子が黒いなどという記述があることから読み違えたものであろう。

甲［京の甲骨文字］　金［京の金文］　篆［京の篆文］〔京〕　篆［椋の篆文］〔椋〕

［別名］①（クマノミズキ）涼木・即来・棶・松楊・冬青果　②（ムクノキの異表記）樸樹

［文献］①爾雅・釈木「椋、即来」――郭璞注「今椋、材中車輞（今の椋、材は車輞に中つ）」、新修本草「椋子木」――注「葉似柿、両葉相当、子細円如牛李子、生青、熟黒、其木堅重、煮汁赤色（葉は柿に似、両葉相当たる。子は細円なること牛李子の如し。生じては青、熟しては黒。其の木は堅く重し。汁を煮れば赤色なり）」

【楷】9　音カイ　訓――

［語源］上古漢語は*kĕr、中古漢語はkʌi（→呉音ケ、漢音カイ）である。ウルシ科の落葉高木 *Pistacia chinensis*（カイノキ、中国名黄連木）を意味する。高さは二五メートルに達する。樹皮は細かくひび割れする。冬芽は

赤く、特有の香りがある。春に小花が咲き、秋に紅葉する。果実はほぼ球形で、熟すと赤くなる。心材は黄色。生長は遅いが、堅くて緻密なので、建築や家具の材料になる。また若い葉を茶の代用とする。語源は皆の「そろう」というイメージを取る。一〇～一四枚の羽状の小葉が形よく並ぶ姿を捉えた命名である。和名は漢字の楷をそのまま用いて楷の木という。トネリバハゼノキ、ナンバンハゼ、ランシンボク（爛心木）などの別名もある。

　説文解字に孔子の墓に植えられた木とあるくらい、きわめて古くから孔子と縁が深く、そこから学問のシンボルとなっている。また木の性質が直なので、杖を製し、それによって暴を戒めたといわれ、剛直のシンボルとなる。

[字源]「比」は二人が並ぶ姿を描いた図形。「白」は「自」の変形で、何らかの行為を示すための限定符号である。「比（イメージ記号）＋白（限定符号）」を合わせた「皆（*kĕr）」は、「並びそろう」というイメージを示す。偕（みんなそろって、ともに）、階（並びそろった段々）、諧（そろい調う）などは同源のグループ。葉の特徴を捉えて、「皆（音・イメージ記号）＋木（限定符号）」を合わせた楷が生まれた。

[金]  [篆]  〔皆〕 [篆]  〔楷〕

[別名] 楷木・楷樹・黄華・黄連木・涼茶樹

[文献] 説文解字6「楷、楷木也、孔子冢蓋樹之者（楷は楷木なり。孔子冢に蓋ひて之を樹うる者なり）」、広群芳譜80「淮南草木譜、楷木生孔子塚上、其幹枝疎而不屈、以質得其直也（淮南草木譜に、楷木は孔子塚の上に生ず。其の幹枝疎にして屈せず、質其の直を得たるを以てなり）」

【楸】9 [音]シュウ [訓]きささげ・ひさぎ

[語源] 上古漢語は*ts'ïog、中古漢語はts'ïəu（→呉音シュ、漢音シウ）である。ノウゼンカズラ科キササゲ属の落葉高木 *Catalpa bungei*（トウキササゲ）を意味する。幹は直立し、一五メートルに達する。葉は三角状の卵形。夏、枝の先に白い花をつける。果実は細長い。種子の両端に糸状の毛がある。生長が速く、材質は緻密なので、家具や碁盤などに利用する。語源は葉が秋に早く脱落するので*ts'ïog（秋）の名がついたという（埤

雅）。和名のトウは唐（中国の意）。キササゲについては梓の項参照。和訓の「ひさぎ」はアカメガシワ（赤芽柏）の古名という。トウダイグサ科の落葉高木 ***Mallotus japonicus***（中国名野梧桐）である。新葉が鮮紅色なのでこの名がついた。

古代中国では、立秋の日に楸の葉を売り、男女がそれを頭に載せるという風習があった。一種の邪気祓いであろう。楸の葉には瘡を治す効能があるとされた。

[字源]「秋（*tsʻiog）」は「禾（いね）＋火」を合わせて、稲のわらを火で乾かす様子を暗示させる図形。この情景は「あき」の風物の一こまを捉えて考案されたものだろうが、言葉のもつイメージは別にある。乾くと物は縮まるので、縮・粛（ちぢまる）と同源の語で、粛殺のイメージで季節の「あき」を捉えたのである。秋の季節を早く感じさせる植物は梧桐であるが（梧の項参照）、トウキササゲも同様と見なされて、「秋（音・イメージ記号）＋木（限定符号）」を合わせた楸ができた。なお山海経・中山経に出る橚（しゅう）は楸の別名で、粛殺の粛に従う字になっている。

日本では「ひさぎ」を楸と書いた。アカメガシワは秋に美しく黄葉するので「秋」に木偏を添えた字を創作したものであろう。この場合は半国字である。

㊞籀　㊞篆〔秋〕　㊞篆〔楸〕

[別名] ①（トウキササゲ）榎・檟・橚・金糸楸・梓桐　②（キササゲの異表記）木豇豆

[文献] ①荘子・人間世「宋有荊氏者、宜楸柏桑（宋に荊氏なる者有り。楸・柏・桑に宜し）」、斉民要術5「術曰、西方種楸九根、延年百病除（術に曰く、西方に楸九根を種うれば、年を延ばし百病除かる）」

【椹】9　㊞ジン　㊞さわら

[語源] 中国と日本では意味が異なる。中国では上古漢語が*diəm、中古漢語が dʒɪəm（→呉音ジム、漢音シム）で、桑の果実を意味する。詩経・衛風・氓に「ああ鳩よ、桑葚［クワの実］を食ふ無かれ」という詩句があり、葚はのちに椹とも書かれる。クワの異名を桑椹樹という。

日本ではヒノキ科ヒノキ属の常緑高木 ***Chamaecyparis pisifera***（サワラ、中国名日本花柏）を指す。日本の特産。

幹はまっすぐで、高さは三〇メートルほどになる。ヒノキ（檜）に似るが香気がなく、材質も劣る。観賞用などに植えられる。語源は材質が軟らかいところから、さはらか（軽鬆）に由来し、サハラ木→サハラになったという（大槻文彦）。

【字源】「甘」は物を口に含む図形で、「うまい、あまい」という意味。「匹」は「匸（垂れた布の形）＋儿（二筋垂れる符号）」を合わせて、二端の反物の意味。ここから、対をなすもの、男女のカップルという意味を派生する。「甘＋匹」を合わせて、味覚と性欲（要するに大きな欲望の代表）に深く入る様子を暗示させる図形が「甚（*dhiam）」である。古代中国では熟した桑の実を鳥が食べると酔うと考えたので、「深入りする」というイメージをもつ「甚」を用いて、「甚（音・イメージ記号）＋艸または木（限定符号）」を合わせて、熟すと味が深く入って鳥を酔わせるクワの果実を表した。なお「甚」は程度が深いというイメージから「はなはだ」という副詞に用いる。

　日本ではサワラはヒノキに似て軟らかい木とされて、サワラを弱檜と書いたが、のちに甚だヒノキに似るという意味を寓して「甚」に木偏を添えた椹を創作した。これは半国字である。

[金]  [篆]  〔甚〕

【別名】（サワラの異表記）弱檜

【文献】後漢書・献帝紀「九月桑復生椹、人得以食（九月桑また椹［クワの実］を生ず。人得て以て食す）」

【楚】 9 [音]ソ [訓]──

【語源】上古漢語は***ts'ïag**、中古漢語は**ts'ïo**（→呉音ショ、漢音ソ）である。クマツヅラ科ハマゴウ属の落葉低木または小高木 ***Vitex negundo* var. *cannabifolia***（ニンジンボク、中国名牡荊）を意味する。中国の原産。高さは五メートルに達する。枝は四角形で堅い。細い毛が密生する。葉は周辺にぎざぎざがある。夏に淡い紫色の花が咲く。果実は黒色。古代ではこの木を鞭に利用した。また薪にしたので、語源も用途にちなむ。すなわち楚の「すきまを隔てて分かれて並ぶ」のイメージを取る。疎（すきまを開けて離れる）・礎（分かれて並ぶ建物の土台）などと同源である。和名は葉がニンジンに似るのでニンジンボク（人参木）と呼ぶ。

【字源】「疋（しょ）（*siag）」はくるぶしから下の足の図形で、「足」とほとんど同じだが、語のもつコアイメージが違う。すなわち対をなすというところに着眼した語で、「一本一本分かれている」「すきまを開けて並ぶ」というイメージである。婿は嫁と並ぶ「むこ」で、このイメージが根柢にある。また、一本一本すきまを開けて並ぶ束のように、物がいくつか分かれて離れているありさまを疎（まばら）という。このイメージを用いて、一本一本分けかれて並ぶ薪になる木（ニンジンボク）を「疋（音・イメージ記号）＋林（木を二つ並べた形）」を合わせた楚という視覚記号で表象した。

古　篆　〔疋〕

甲　金　篆　〔楚〕

【別名】荊・牡荊

【文献】詩経・周南・漢広「翹翹錯薪、言刈其楚（翹翹たる錯薪、ここに其の楚を刈る）」、呂氏春秋・名類「師之所処、必生棘楚（師の処る所、必ず棘楚を生ず）」

【楤】9　音ソウ　訓たら

【語源】中古漢語は**sung**（→呉音ス、漢音ソウ）である。ウコギ科タラノキ属の落葉小高木 ***Aralia chinensis***（シナタラノキ、中国名楤木）を意味する。高さは八メートルに達する。茎は直立し、鋭い刺がある。花は白色。果実は球形で黒く熟す。語源は花序に長い軸が通るところから、悤の「通る」のイメージを取る。また枝がなく刺が多いことから、鵲不踏の異名がある。和名のシナ（支那）は中国の旧称の一つ。タラは梵語のタラ（多羅）、あるいは朝鮮語のトウルに由来するという説がある。

【字源】「匆（そう）」の本字は「囪」である。「囪（*ts'ung）」は連子窓を描いた図形。空気が通り抜けるから、「スムーズに通す」「通り抜ける」というイメージを示す記号となる（葱の項参照）。「囪（音・イメージ記号）＋心（限定符号）」を合わせた「悤（*ts'ung）」は、心がせわしなく通り抜ける感じを表す。これも「囪」と同じコアイメージをもつ。「悤（音・イメージ記号）＋木（限定符号）」を合わせて、花序の軸が長く通る木を暗示させた。

［別名］ 樬木・鵲不踏・鳥不宿・虎陽刺・猫児刺

［文献］ 本草拾遺（唐・陳蔵器）「樬根一作楤、味辛平小毒、主水癊、取根白皮煮汁服之…生以南山谷、高丈許、直上無枝、茎上有刺、山人折取頭茹食之、亦治冷気、一名吻頭（樬根、一に楤に作る。味は辛にして平、小毒あり。水癊を主る。根の白皮を取り汁を煮て之を服す。…以南の山谷に生ず。高さは丈ばかり。直上して枝無し。茎の上に刺有り。山人頭を折り取りて、茹して之を食ふ。また冷気を治す。一名吻頭）」

【椴】 9 ㊥ダン ㊞とど

［語源］ 日本と中国では意味が異なる。中国では上古漢語が*duan、中古漢語がduan（→呉音ダン、漢音タン）で、シナノキ科シナノキ属の落葉高木 *Tilia tuan* を意味する。また樹皮の灰白色のものを白椴といい、*T. miqueliana*（ボダイジュ、中国名南京椴）を指す。いずれも高さは一五メートルに達する。山の陰湿な所に生える。枝や樹皮の繊維を麻袋や紙の製造に利用する。語源は用途にちなんで、鍛（たんたんとたたく）と同源であろう。和名のボダイジュ（菩提樹）は釈迦と縁のある菩提樹［インドボダイジュ］とは別である。

日本では「とど」と読み、トドマツ（椴松）に用いる。マツ科モミ属の常緑高木 ***Abies sachalinensis***（トドマツ）である。幹は直立し、高さは三五メートルほど。樹冠は円錐形をなす。樹皮は灰白色。トドはアイヌ語 totorop の訛りかという（大槻文彦）。

［字源］ 椴は杙（地中に打ち込む「くい」）という意味もあり、この場合の語源は「椴は段なり」と説かれる（広雅疏証）。木の名も同様であろう。「段（*duan）」の左側は崖や斜面に区切り目のついた図形である。これをイメージ記号とし、限定符号の「殳」を添えたのが「段」。椎でたたいて階段を造る情景を暗示させる図形で、「とんとんと上からたたく」というイメージを示す記号となる。金属に限定したのが鍛錬の鍛（金属をたたいてきたえる）である。「段（音・イメージ記号）＋木（限定符号）」を合わせて、繊維をたたいてきたえて紙などを造る用途となる木を暗示させた。

㊎

㊕
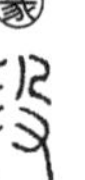

〔段〕

[別名]（ボダイジュ）杝・白椵・菩提樹

[文献] 爾雅・釈木「椵、杝」――郭璞注「白椵也、樹似白楊（白椵なり。樹は白楊に似たり）」

【楮】9 ㊥チョ ㊙かじ・こうぞ

[語源] 上古漢語は*t̂iag、中古漢語はt̂io（→呉音・漢音チョ）である。クワ科コウゾ属の落葉高木*Broussonetia papyrifera*（カジノキ）を意味する。高さは一六メートルに達する。茎に乳液が含まれる。また枝や葉には柔毛が密生する。初夏、淡緑色の小花が咲く。果実は熟すと赤くなり、へら状に外に現れる。果実を楮実といい、生薬に用いる。樹皮は紙の原料になる。語源は集合果の特徴を捉えて、者の「たくさん集まる」のイメージを取る。別名の穀は木の中の白い汁が乳のようだから穀（乳の意がある）と同源という（本草綱目）。和名の語源については梶の項参照。

日本ではカジノキとよく似た*B. kajinoki*（コウゾ、中国名小構樹）に楮の字を用いている。これも紙の原料になる。コウゾの語源はカミソ（紙麻）が転じたものという。布の原料にもなったので、麻の名がついているのであろう。

中国でも日本でもカジノキとコウゾは混同されたらしい。カジノキを表す漢字は楮のほかに穀と構があるが、いずれかにコウゾが含まれる可能性はある。一説によると、楮はカジノキの雄、穀はカジノキの雌で、二つを合わせた名称が構だという（郭郛、山海経注証）。

[字源]「者（*t̂iăg）」はこんろの上で薪を燃やす図形で、「多くのものを一つの所に集める」というコアイメージがある。煮（熱を集中させる→にる）、諸（多くの、もろもろ）、都（多くの人が集まる所→みやこ）、儲（物を多く集めて蓄える）などは同源のグループ。「者（音・イメージ記号）＋木（限定符号）」を合わせて、多くの果実が集まって一つの球果をなす木を暗示させた。集合果をもつ木はカジノキに限らないが、カジノキの特徴の一つを捉えて、命名され、意味のイメージが図形化されて楮となったのである。あるいは「煮」と同源なので、樹皮を煮て紙や布を造る木と、用途説で解してもよい。

詩経では穀が使われている。「㱿（*k'ŭk）」はひもでぶら下げた貝殻をたたく情景を暗示する図形で、「堅い殻」というイメージがある。稲や麦などの堅い殻を被った「もみ」を穀（*kuk）という。穀は食糧となる穀物の意味から、「生きる」「乳を与えて育てる」「乳」という意味を派生する。乳汁を含むカジノキの特徴を捉えて、「穀の略体（音・イメージ記号）＋木（限定符号）」を合わせた穀ができた。*kuk（穀）の音が転じて*kugとなったのが構である。［補説］「穀」は木偏、「穀」は禾偏の字であるが、間違われやすい。

㊎ 𣎵 ㊍ 𣎵〔者〕 ㊍ 𣓴〔楮〕 ㊍ 穀〔穀〕

［別名］（カジノキ）穀・構・楮桑・桑穀・楮桃

［文献］詩経・小雅・黄鳥「黄鳥黄鳥、無集于穀（黄鳥よ黄鳥よ、穀に集まる無かれ）」、山海経・西山経「鳥山、其上多桑、其下多楮（鳥山、其の上桑多く、其の下楮多し）」、名医別録「楮実味甘寒無毒、主治陰痿水腫、益気、充肌膚、明目、久服不飢、不老、軽身（楮実は、味は甘にして寒、毒無し。主治は陰痿水腫。気を益し、肌膚を充たし、目を明らかにす。久服すれば飢ゑず、老いず、身を軽くす）」

【椿】 9 ㊥チン ㊦つばき

［語源］中国と日本では意味が異なる。中国では上古漢語が*t'ıuən、中古漢語がt'ıuĕn（→呉音・漢音チュン）で、センダン科の落葉高木 *Toona sinensis*（チャンチン、中国名香椿）を意味する。中国の原産。高さは一六メートルに達する。樹皮は赤褐色で、皺があり剥げ落ちる。春、白い小花をつける。果実は長楕円形。若葉は香気があり、食べられる。語源は屯の「多くの物を貯える」のイメージを取る。また、春先に芽を出すところから春とも同源である。和名のチャンチンは香椿の近世中国語音 hiang-tʃ'uən の訛り。

日本ではツバキ科の常緑高木 *Camellia japonica*（ツバキ、中国名山茶）を指す。高さは一八メートルになる。葉は長楕円形で鋸歯がある。冬から春にかけて、紅色などの花を咲かせる。語源は葉に光沢があるところから艶葉木の意味という（大槻文彦）。

中国の椿は荘子の寓言世界で八千年の長寿を保つ木というイメージが作られてから、多寿の象徴となる。日本のツバキは古くから歌や説話に登場し、霊力のある木とされた。聖樹信仰は日中で共通するものがある。

【字源】 杶が本字。「屯（*duən）」は根がずっしりと地下に貯えられ、芽が地上に出かかる姿を描いた図形。「多くの物を貯え集める」というイメージがある。チャンチンは種子をたくさん貯えた果実が熟すと裂けて種子を出すので、「屯（音・イメージ記号）＋木（限定符号）」を合わせた杶でもって、チャンチンを表象した。のち「屯」を「春」に替えた。チャンチンは春先の芽が食用にされたので、春の風物とされたからである。「春（*t'iuən）」は「屯（音・イメージ記号）＋艸（イメージ補助記号）＋日（限定符号）」を合わせた図形で、地下に貯えられた草木が活動を開始する季節を暗示させる。荘子の文脈から「春秋に富む」の春（歳月）という語源意識も生まれ、長寿の木という解釈もある。山海経などでは「櫄」が使われている。これは杶の異体字である。「熏」は「屮（くさ）＋黒（煙突の中で煤ができる形）」を合わせて、火を焚いて草をくすべる情景を設定する図形。「香気がたちこめる」というイメージがある。「熏（イメージ記号）＋木（限定符号）」を合わせて、葉に香気のある木を暗示させた。

ツバキも春の風物なので、春に木偏をつけて椿と書く。ただしこれは日本人の創作で、半国字である。

金　篆〔屯〕　篆〔杶〕

篆〔春〕

金　篆〔熏〕　篆〔櫄〕

【別名】 ①（チャンチン）香椿・香樹・紅椿・霊椿・猪椿・椿芽樹・春菜樹　②（ツバキ）山茶・海石榴

【文献】 ①書経・禹貢「杶榦栝柏」、山海経・中山経「成侯之山、其上多櫄木（成侯の山、其の上櫄木多し）」、荘子・逍遥遊「上古有大椿者、以八千歳為春、八千歳為秋（上古に大椿なる者有り。八千歳を以て春と為し、八千歳を秋と為す）」、新修本草「椿木葉、味苦有毒、主洗瘡疥風疽、水煮葉汁用之（椿木の葉は、味は苦にして毒有り。瘡疥・風疽を洗ふを主る。水もて葉の汁を煮て之を用ゐる）」

【楠】 9　音 ナン　訓 くすのき

【語源】 中国と日本では意味が異なる。中国では上古漢語が*nəm、中古漢語がnəm（→呉音ナム、漢音ダム）で、クスノキ科タイワンイヌグス属の常緑高木*Phoebe nanmu*（ナンムー、中国名楠木）を意味する（中国高等植物図鑑1）。幹は直上し、高さは三〇メートルに達する。枝は細長い。緑色の小花が咲く。果実は球形で黒色。材質がよく、建築・家具などに用いられる。語源は材質が細緻で柔靭な良材なので、冄（＝冉）の「柔らかい」のイメージを取る（夏緯瑛）。楠木はまっすぐ聳えて枝葉が覆い被さるが、葉は互いに妨げないといわれ、交譲木（ユズリハとは別）の異名がある。和名のナンムーは楠木の中国語読み。

日本ではクスノキ科の常緑高木*Cinnamomum camphora*（クスノキ）を指す。漢名は樟である。和名抄などの古辞書が楠に「くすのき」の訓を与えたのが定着した。クスノキの語源などについては樟の項参照。

[字源]「枏」が本字で「柟」はその異体字。「冄（ぜん）（*niam）」はほおひげが両端に垂れた姿を描いた図形で、髯（ぜん）の原字である。「柔らかい」というイメージを示す記号となる。「冄（音・イメージ記号）＋木（限定符号）」を合わせて、材質が粘り強い木を表した。のち南方に生える木であるところから「冄」を「南」に替えて「楠」と書く。「南（*nəm）」は「屮（くさ）＋冂（小屋）＋羊（差し込むことを示す符号）」を合わせて、植物を育てる温室を暗示させる図形。これによって暖かい方角、つまり「みなみ」を意味する*nəmを表記する。

日本の古辞書が楠をクスノキとしたのは中国側の文献の読み違いか、あるいは、クスノキが比較的南の暖かい土地に生えるので、南に木偏をつけて創作したかのいずれかであろう。後者の場合は半国字である。

金　篆〔冄〕　篆〔枏〕

甲　金　篆〔南〕

[別名]①（ナンムー）楠木・楠樹・楨楠・雅楠・赤梗・譲木・交譲木・交譲樹　②（クスノキ）樟

[文献]①山海経・南山経「虖勺之山、其上多梓枏（虖勺の山、其の上梓・枏多し）」、戦国策・宋「荊有長松文梓楩楠豫樟（荊に長松・文梓・楩・楠・豫樟有り）」、名医別録「楠材、微温、主治霍乱吐下不止（楠材は、微

温なり。霍乱吐下して止まざるを治するを主る）」、群芳譜「柟生南方、故又作楠、黔蜀諸山尤多、其樹童童若幢蓋、枝葉森秀不相碍若相避然、又名交譲木（柟は南方に生ず。故に又楠に作る。黔蜀諸山尤も多し。其の樹童童として幢蓋の若し。枝葉森秀にして相碍げざること相避くるが若く然り。又交譲木と名づく）」

【楓】9 ㊅フウ ㊆かえで・かつら

[語源] 中国と日本では意味が異なる。中国では上古漢語が*pluəm、中古漢語が**pıuŋ**（→呉音フ・フウ、漢音ホウ）で、マンサク科の落葉高木 ***Liquidambar formosana***（フウ、中国名楓香）を意味する。中国の原産。高さは四〇メートルに達する。樹皮は褐色。葉は三裂し、細かい鋸歯がある。春に開花する。果実は球形で、刺に覆われる。中国医学（本草）では果実を路路通と称し、生薬とする。語源は枝が弱く風で揺らぐ（一説では、鳴る）から風の名を得たという（本草綱目など）。江戸時代に日本に渡来した。本来の和名はなく、楓の音読みを用いている。

中国神話では蚩尤が棄てた足かせが楓に変化したとされ、楓は蚩尤を始祖とする苗族の聖樹となっている。また、年月を経ると木に瘤ができ、暴風雨や雷に遇うと大きくなり、人の形になる。これを楓人といい、風神が宿るという。風や雷に敏感に反応するので、楓は宮中に植えられた。

日本ではカエデ類の総称に楓を用いる。「楓は秋に紅葉する」などと記す中国の文献を読み違えた結果と思われる。カエデの語源などについては槭の項参照。また古事記や万葉集では楓をカツラと読ませている。和名抄は桂をメカツラ、楓をオカツラと区別する。カツラについては桂の項参照。

[字源] 風を上古漢語で*pluəmといい、甲骨文字では大鳥の姿で表象している。これは鳳凰の鳳（*bluəm）と同形で、風は大鳥が起こすという信仰があったらしい。*pluəmは風の音を写した擬音語に由来する。この図形に含まれる「凡（*bıăm）」は船の帆の形である。帆は風を孕むものというイメージがあり、また凡（*bıăm）は*pluəmを近似的に再現させる音記号でもある。のち字体は「凡（音・イメージ記号）＋虫（イメージ補助記号）」を合わせた「風」に変わった。古代で

は、風は生物を発生させるという観念があったので、生物一般を意味する虫に替えたのである。「風（音・イメージ記号）＋木（限定符号）」を合わせて、葉が風で揺らぐ（あるいは、鳴る）という特徴のある木を表した。別名を欇欇といい、風で葉の鳴る擬音語に由来する。欇は囁（ささやく）とも近い。

甲 　篆〔風〕　篆〔楓〕

【別名】①（フウ）欇欇・掑掑・楓木・楓樹・楓香・楓香樹・香楓・楓宸・紅楓・丹楓・丹木・霊楓・鶏楓樹　②（カエデ）槭　③（カツラの異表記）桂

【文献】①山海経・大荒南経「有木生山上、名曰楓木、楓木蚩尤所棄其桎梏、是為楓木（木有り、山上に生ず。名を楓木と曰ふ。楓木は蚩尤の棄つる所の其の桎梏、是を楓木と為す）」、南方草木状「五嶺之間多楓木、歳久則生瘤癭、一夕遇暴雷驟雨、其樹贅暗長三五尺、謂之楓人（五嶺の間楓木多し。歳久しければ則ち瘤癭を生ず。一夕暴雷驟雨に遇へば、其の樹贅して暗に長ずること三五尺。之を楓人と謂ふ）」、新修本草「楓香脂一名白膠香、味辛苦平無毒、主癮疹風痒、浮腫、歯痛（楓香脂は一名白膠香。味は辛・苦にして平、毒無し。癮疹風痒、浮腫、歯痛を主る）」

【椰】9　音ヤ　訓—

【語源】上古漢語は*diăg、中古漢語はyiă（→呉音・漢音ヤ）である。ヤシ科の常緑高木 *Cocos nucifera*（ココヤシ）を意味する。高さは三〇メートルに達する。幹は直立し、枝はなく、頂上に葉がつく。花序は二メートルと長い。果実は楕円形できわめて堅い。白い胚乳は飲料になる。旧世界の熱帯地方が原産地で、中国では紀元前二世紀の文献に登場する。そのときの語は胥余、胥邪、胥耶であった。これは*siag-diagという畳韻の二音節語で、語源は不明。外来語を写した可能性もある。のちに楈枒という表記になり、後の部分の枒が独立し、また梛、椰とも書かれるようになった。後者の表記には人の君長の意をもつ爺と同源という意識が生じた。和名は英語の**coconut**のココとヤシ（椰子）の組み合わせである。

【字源】枒→梛→椰になったと考えられる。李時珍は「南人其の君長を称して爺と為す、則ち椰の名は蓋し爺の義に取るなり」（本草綱目31）と語源を説く。「耶」はもともと「邪」と同じである。「牙（*ngăg）」は二つのものが互いにかみ合う様子を暗示する図形で、「ちぐはぐに食い違う」というイメージがある。正道と食い違うことが邪であり、耶は食い違う事態を問いただす助詞に使われる。ただし「爺」にはこのイメージは取られず、ただ父を意味する tie ということばを「耶（音記号）＋父（限定符号）」の組み合わせで表記したのみである。したがって「椰」は語源的には右のコアイメージとは無関係である。

(金)　(篆)〔牙〕　(篆)〔枒〕

【別名】 椰子・椰樹・胥余・胥邪・胥耶・楈枒・無葉・倚驕・越王頭

【文献】 史記・司馬相如伝「留落胥余」、張衡・南都賦（文選4）「楈枒栟櫚」、張協・七命（文選35）「剖椰子之殻（椰子の殻を剖く）」、南方草木状「椰樹…有漿、飲之得酔、俗謂之越王頭。云、昔林邑王与越王有故怨、遣侠客刺得其首、懸之於樹、俄化為椰子、林邑王憤之、命剖以為飲器、南人至今効之、当刺時、越王大酔、故其漿猶如酒云（椰樹は…漿有りて、之を飲めば酔ふを得たり。俗に之を越王頭と謂ふ。云ふ、昔、林邑王、越王と故怨有り。侠客を遣はして刺して其の首を得、之を樹に懸けしむ。俄かに化して椰子と為る。林邑王之を憤り、命じて剖きて以て飲器を為（つく）らしむ。南人今に至るまで之に効ふ。刺す時に当たりて、越王大いに酔ふ。故に其の漿、猶酒の如しと云ふ）」

【楡】 9　(音)ユ　(訓)にれ

【語源】 上古漢語は*dioğ、中古漢語は yiu（→呉音・漢音ユ）である。ニレ科ニレ属の落葉高木 *Ulmus pumila*（ノニレ）を意味する。高さは二五メートルに達する。樹皮は褐色で、縦に裂けた溝がある。枝は細く灰白色。葉に白い毛がある。早春、葉より先に開花する。翼果は倒卵形。語源は兪の「中身を除いてよそに移す」というイメージを取る。ニレの皮を剥いで粘液物質を採り、それを薬にしたことによる命名である。別名は枌。幹に深い割れ目があるので、分の「二つに分かれる」のイメージを取った。和名の「にれ」は皮を剥ぐと汁がぬるぬるするから、脂滑（やにぬ）れ↓ヤニレ↓ニレとなったという（牧野富太郎）。

ニレの種子は安眠の効能があるから、楡は愉に通ずるという語源説もあった。また、果実は小さな銅銭に似るので、楡銭、楡莢銭、青銭、沈郎銭などと呼ばれる。楡銭は余銭（銭がたっぷりあること）と音が通じるので、人家の門前には楡が植えられた。

[字源]「俞（*diug）」は「舟（ふね）＋亼（道具）＋巜（削りくず）」を合わせて、木を刳り抜いて丸木舟を造る場面を設定した図形。「中身を抜き取ってよそに移す」というイメージを示す記号となる。輸（物を移し運ぶ）、愉（心のしこりを抜き取って晴れ晴れする）、癒（病根を取り除く→いやす）などは同源のグループ。「俞（音・イメージ記号）＋木（限定符号）」を合わせて、皮を剥いで汁を抜き取る木を暗示させた。

次に別名の枌について。「八（*puăt）」は左右に分けることを象徴的に示す図形。「八（音・イメージ記号）＋刀（限定符号）」を合わせた「分（*puən）」は、二つに切り分けることを表す。「分（音・イメージ記号）＋木（限定符号）」を合わせて、樹皮が二つに裂けて割れ目のできる木を暗示させた。

㊎ [金文] ㊎ [金文]

㊯ [篆文]〔俞〕 ㊯ [篆文]〔分〕

㊯ [篆文]〔楡〕 ㊯ [篆文]〔枌〕

[別名] 枌・白枌・白楡・枌楡・銭楡・楡銭樹・家楡・零楡

[文献] 詩経・唐風・山有枢「山有枢、隰有楡（山に枢有り、隰（さわ）に楡有り）」、詩経・陳風・東門之枌「東門之枌、宛丘之栩（東門の枌、宛丘の栩）」、神農本草経「楡皮味甘平、主治大小便不通、利水道、除邪気、久服軽身、不飢、其実尤良（楡の皮は、味は甘にして平。主治は大小便不通。水道を利し、邪気を除く。久服すれば身を軽くし、飢ゑず。其の実尤も良し）」

地楡 ㊥チ－ユ ㊞——

[語源] 上古漢語は*dieg-diog、中古漢語はdii-yiu（→呉音ヂ－ユ、漢音チ－ユ）である。バラ科の多年草*Sanguisorba officinalis*（ワレモコウ）を意味する。山地に自生する。高さは一～二メートル。茎は太くて棱がある。根茎は横に這い、肥厚して錘形ないし円柱形を

なす。夏から秋にかけて暗紅色の花が咲く。果実には四つの縦の稜がある。中国医学（本草）では根茎を止血などの生薬に用いる。語源については本草経集注（梁・陶弘景）に、「葉楡に似て長し。初生地に布く」とあり、夏緯瑛は葉が楡に似、生え始めのとき地面に近いから、地の楡の意味だという。和名は吾木香、吾亦紅などと書かれる。和の木香→ワレモコウになったという説（大槻文彦）もあるが、むしろ、つぼみの形がモコウ（帽額あるいは木瓜と書く）という紋に似ているから割れ木瓜（ワレモコウ）になったとする説（前川文夫）がよさそうである。

[字源]「也（*d̥iăg）」はヘビを描いた図形で、「它」の異体字である。ヘビを蛇とも虵とも書く。ヘビのイメージを捉えて、「也」は「くねくねと曲がりくねる」というイメージを示す記号となる。「也（音・イメージ記号）＋土（限定符号）」を合わせて、丘や山脈がうねうねと続く大地を暗示させた。「楡」については前項参照。

[金]  [篆] 〔也〕 [篆] 〔地〕

[別名] 玉札・玉豉・玉泉・酸赭・紅繍球・黄瓜香・無名印（ワレモコウの異表記）吾木香・我木香・我毛香

[文献] 神農本草経「地楡味苦微寒、主治婦人乳痓痛、七傷、帯下十二病、止痛、除悪肉、止汗、治金瘡（地楡は、味は苦にして微寒。主治は婦人の乳痓痛、七傷、帯下十二病。痛みを止め、悪肉を除き、汗を止め、金瘡を治す）」、抱朴子・仙薬「玉可以烏米酒及地楡酒化之為水（玉は烏米酒及び地楡酒を以て之を化して水と為すべし）」

【楢】 9 [音]ユウ [訓]なら

[語源] 上古漢語は*d̥iog、中古漢語は**yiəu**（→呉音ユ、漢音イウ）である。二つの意味がある。一つは、説文解字では柔らかい木で、車輪に用いるとあり、周礼では火種を取る木とする。郭郛は山海経の楢を ***Ulmus davidiana* var. *japonica***（ハルニレ、中国名黒楡）に同定している（山海経注証）。高さが三〇メートルに達するニレ科ニレ属の落葉高木である。樹皮は灰褐色で、縦の割れ目がある。五月ごろ開花する。車両、家具、農具などに利用される。語源は酉の「引き締まる」のイメージを取ったものであろう。

もう一つは、ブナ科のナラ類、特に ***Quercus serrata***

(コナラ、中国名枹櫟)を指す。高さは一五メートルほど。幹は直立し、縦のひび割れがある。堅果は楕円形で、三分の一は殻斗で包まれる。ナラの語源はドングリが「生る(成る)」ことに由来するという(吉田金彦)。漢名の枹の語源は包の「周囲を丸く取り巻く」のイメージを取る。これもドングリの特徴を捉えたものである。

[字源] 「酋(*dziog)」は「八(分かれ出る符号)+酉(酒つぼ)」を合わせて、酒つぼから酒の香りが分かれ出る様子、つまり酒造りの情景を設定した図形である。酒を造る杜氏を*dziogといい、「酋」の視覚記号で表記する。酒を搾る行為には「搾って引き締める」というイメージがあり、これが単に「引き締める」というイメージになる。「酋(音・イメージ記号)+木(限定符号)」を合わせて、材質が締まって粘り強い木を暗示した。説文解字では「柔木」とあるが、山海経の郭璞注では「剛木」となっている。

次に枹について。「包(*pŏg)」は胎児が子宮の膜で囲まれた姿を描いた図形(匏の項参照)。「周囲から中のものを丸く取り巻く」というイメージを示す記号である。「包(音・イメージ記号)+木(限定符号)」を合わせて、皿状に丸く殻斗で取り巻いた果実の生る木を暗示させた。ちなみに叢生する木なので苞(枝葉が包まれたようにこんもり茂る)と同源と見る説もある。

篆 〔酋〕 篆  〔楢〕

篆 〔包〕 篆  〔枹〕

[別名] ①(ハルニレ)黒楡 ②(コナラ)枹・枹樹・青岡樹 (ナラの異表記)柞・枹

[文献] ①山海経・中山経「岷山…其木多楢杻(岷山…其の木、楢・杻多し)」 ②本草綱目30「槲有二種、一種叢生小者名枹、見爾雅。一種高者名大葉櫟(槲[カシワ]に二種有り、一種叢生し小なる者を枹と名づく。爾雅に見ゆ。一種高き者を大葉櫟と名づく)」

【楊】9 音 ヨウ 訓 やなぎ

[語源] 上古漢語は*diang、中古漢語はyiang(→呉音・漢音ヤウ)である。ヤナギ科の落葉高木で、葉は広い。花は尾の状をなし、葉より先に開く。種子は小さくて

多く、綿毛を飛ばす。生長が速く、材質は粘り強い。ヤナギを総称して楊柳というが、細かく分けると***Populus***属（ヤマナラシ属）を楊、***Salix***属（ヤナギ属）を柳という。楊は中国で約二五種類あるが、古代では普通は白楊、または青楊を指す。白楊には***P. alba***（ウラジロハコヤナギ、中国名銀白楊）や***P. tomentosa***（オオバヤマナラシ、中国名毛白楊）などがある。前者は葉の裏が銀白色、後者は樹皮が灰白色。青楊は***P. simonii***（中国名小葉楊）に当てられる。樹皮は灰緑色。楊の語源について、李時珍は「枝硬くして揚起す、故にこれを楊と謂ふ」と述べ、揚と同源と見ている。「やなぎ」の語源については柳、「やまならし」については唐棣の項参照。

詩経では楊柳は春の風物として登場する。また楊で造った舟（楊舟）はコノテガシワで造った舟（柏舟）とともに、困難な中で失わない女性の固い操の譬喩に用いられている。漢詩では人生の悲哀、無情の象徴となっているが、これは白楊が墓地に植えられたからである。もともと生命力の旺盛な木なので、永遠の生を願って墓地に植えたものであろう。

[字源]「昜（*diang）」は「日+丂（上に上がることを示す符号）+彡（光の形）」を合わせて、太陽が大空高くのぼる情景を暗示する図形。「高く上がる」「長く伸びる」というイメージを示す記号になる。揚（あがる）や腸（長く伸びた臓器）はこのイメージに基づいた語。「昜（音・イメージ記号）+木（限定符号）」を合わせて、枝葉が垂れ下がる柳（シダレヤナギ）に対して、枝葉が上向きにあがるヤナギ（ハコヤナギの類）を表した。

甲　金　篆　〔昜〕

金　篆　〔楊〕

[文献] 詩経・陳風・東門之楊「東門之楊、其葉牂牂（東門の楊、其の葉牂牂（そうそう）たり）」、詩経・小雅・菁菁者莪「汎汎楊舟、載沈載浮（汎汎たる楊舟、載（すなわ）ち沈み載ち浮かぶ）」、易経・大過「枯楊生稊（枯楊稊（ひこばえ）を生ず）」、新修本草「白楊樹皮味苦無毒、主毒風、脚気腫、四肢緩弱不随（白楊樹の皮は、味は苦にして無毒し。毒風、脚気腫、四肢緩弱不随を主る）」

楊梅

㊥音 ヨウ-バイ
㊥訓 やまもも

[語源] 上古漢語は*diang-muəg、中古漢語はyiang-muəi（→呉音ヤウ-マイ、漢音ヤウ-バイ）である。ヤマモモ科の常緑高木*Myrica rubra*（ヤマモモ）を意味する。中国の原産。高さは二〇メートルに達する。樹皮は灰色。春に開花する。果実は球形で、突起がある。夏、紅色または紫紅色に熟し、味は甘酸っぱく、生食される。語源について李時珍は、「其の形水楊の子に似て、味梅に似る、故に名づく」という（本草綱目30）。前川文夫によると、もともとモモがヤマモモ（山桃）のことで、中国から桃が伝わると、桃をケモモ（毛桃）と言って区別した。やがてモモの語は桃の専用となり、楊梅には山を冠してヤマモモと呼ぶようになったという（日本人と植物、岩波新書）。

[字源] 「楊」「梅」の各項参照。

[別名] 杌子・火実・朱丸・珠紅・驪珠・日精・君家果・聖生梅・白蔕梅

[文献] 史記・司馬相如伝「樗棗楊梅」、南方草木状「楊梅、其子如弾丸、正赤、五月中熟、熟時似梅、其味甜酸（楊梅は、其の子は弾丸の如く、正赤なり。五月中に熟す。熟する時梅に似、其の味は甜酸なり）」

【楝】

9 ㊥レン ㊙おうち

[語源] 上古漢語は*lan、中古漢語はlen（→呉音・漢音レン）である。センダン科の落葉高木*Melia azedarach*（センダン）を意味する。高さは二〇メートルに達する。樹皮は暗褐色。春、淡紫色の花が咲く。果実は球形で、黄色に熟する。生長が速く、材質は堅い。種子を楝実、苦楝子、金鈴子などといい、有毒だが、薬用とする。語源は邪気を払う効能があると信じられたことから、柬の「良いものと悪いものを選り分ける」のイメージによって命名された。和名の古語はオウチ（アフチ）であるが、センダン（梅檀）に変わった。実の付き方が数珠に似るので千珠の意という（図説花と樹の大事典）。漢字表記の梅檀は、当て字である（梅檀の項参照）。

古代中国では鳳凰が楝の実を食べ、獬豸（かいち）（罪の有無を見分けるという想像上の動物）がその葉を食べるとされ、高潔な木のイメージがある。また蛟竜がこの木を恐れるといわれ、辟邪の象徴となる。端午の節句で粽を楝の葉で包んで、川に投げ入れ、屈原（入水した戦国時代の詩人・政治家）を祭る風習があった。

[字源]「柬（*kăn）」は「束（束ねた木）＋八（二に分ける符号）」を合わせて、良いものと悪いものを選り分ける様子を暗示する図形。練（不純物を選り分けて除き、良いものに仕上げる）、煉（薬物などを良いものにする）、揀（えらぶ）などは同源のグループ。「柬（音・イメージ記号）＋木（限定符号）」を合わせて、邪悪なものを選り分けて除いてくれる木を暗示させた。

㊎　㊧篆〔柬〕　篆〔楝〕

[別名] 苦楝・翠樹・紫花樹（オウチの異表記）樗

[文献] 淮南子・時則訓「七月官庫、其樹楝（七月の官庫、其の樹は楝）」——高誘注「楝実鳳凰所食也（楝実は鳳凰の食ふ所なり）」、本草経集注（神農本草経「楝実」）「処処有、世人五月五日皆取花葉佩帯之、云辟悪（処処に有り。世人五月五日に皆花葉を取りて之を佩帯す。悪を辟くと云ふ」

【榲桲】10　㊀オツ-ボツ　訓まるめろ

[語源] 上古漢語は*·uət-buət、中古漢語は·uət-buət（→呉音オチ-ボチ、漢音オツ-ホツ）である。バラ科の落葉小高木 *Cydonia oblonga*（マルメロ）を意味する。高さは二・五~八メートル。葉には柔毛が密生する。晩春から初夏にかけて白色または淡紅色の花が咲く。果実は黄色で芳香がある。カリン（榠樝）やリンゴに似るが、毛が多い。語源について李時珍は「性温にして気馞なり、故に名づく」という（本草綱目30）。西アジアの原産で、中国へは唐代までには伝わっていた。日本へは中国から江戸の寛永期に入ったという。和名はポルトガル語 marmelo に由来する。

[字源] *·uət-buət は畳韻の二音節語で、外来語の可能性もあるが不明。香気の強い特徴から、「昷」と「孛」のイメージを組み合わせて*·uət-buət を表記したと考えられる。「囚」は人を檻で囲う図形だが、中に入れ込むというイメージだけを取る。「囚（イメージ記号）＋皿（限定符号）」を合わせた「昷（*·uən）」は、皿の中に熱気がこもっている様子を暗示する図形。温（熱気がこもってあたたかい）は同源の語である。「𣎵（*p'uăd）」は「屮（草）＋八（両側に分かれる符号）」を合わせて、草の芽が両側に分かれ出る様子を暗示する図形で、「勢いよくぱっと出る」というイメージがあ

る。「朩（音・イメージ記号）＋子（イメージ補助記号）」を合わせた「孛（*buət）」は、元気な子どものように勢いよく出る様子を暗示する。勃興の勃（むくっと起き出る）は同源の語である。「盈（音・イメージ記号）＋木（限定符号）」と「孛（音・イメージ記号）＋木（限定符号）」を結合させた榲桲でもって、*·uət-buət を表記するとともに、果実に香気がこもり、ぱっと発散する木を暗示させた。

篆 〔盈〕　篆 〔孛〕

【文献】 述異記（南朝梁・任昉）「江淮南人至北見榲桲、以為樝子（江淮南の人北に至りて榲桲を見、以て樝子と為す）」、竜龕手鑑「榲桲似樝（榲桲は樝に似る）」

【樺】 10

音 カ
訓 かば・かんば

【語源】 中古漢語は ɦuă（→呉音グヱ、漢音クワ）である。カバノキ科カバノキ属の落葉高木 ***Betula platyphylla***（シラカバの一種、中国名白樺）、また var. ***japonica***（シラカバ、中国名華北白樺）を意味する。後者は日本で普通だが、中国北部にも分布する。高さは一五〜二〇メートル。樹皮は白色で、剥げやすい。葉よりも先に花が咲く。果実は細長く垂れ下がる。樹皮を生薬に用いる。語源は白色が目立つ木なので、華（はなやかに目立つ）と同源の語で呼んだものであろう。李時珍は、絵師がこの木で紙を燻して古画のように見せかけるので㰎といい、俗に樺と書いたというが、ほかに証拠がない。和名カバの古語はカニハであった。カハネバ（皮粘）→カニハ→カンバ→カバとなったという。

　古代中国では樺の皮を弓に巻き、またそれで屋根を葺いた。また油を採って燃やすと香気があり、樺燭と称した。これは邪鬼を除ける効能があると信じられた。

【字源】 「華」の字源については該項参照。「はな」の意味から「はなやか」の意味を派生し、「はなやかに目立つ」というイメージを表しうる。樹皮の白が目立つ木ということから、「華（音・イメージ記号）＋木（限定符号）」を合わせた樺の視覚記号が考案された。

【別名】 白樺・樺木・樺樹・樺皮樹

【文献】 陳書・蕭摩訶伝「胡著絳衣、樺皮装弓（胡は絳衣を著け、樺皮もて弓に装ふ）」、証類本草14「樺木皮、味苦辛無毒、主諸黄疸、煮汁飲之、良堪為燭者、木似山桃、取脂焼辟鬼（樺木の皮は、味は苦にして辛、毒無し。諸の黄疸を主る。汁を煮て之を飲む。良く燭と為すに堪ふる者なり。木は山桃に似る。脂を取りて焼けば鬼を辟く）」

【榎】10 音カ 訓えのき

［語源］ 中国と日本では意味が異なる。中国では上古漢語が*kăg、中古漢語がkă（→呉音ケ、漢音カ）で、楸（トウキササゲ）の別名である（楸の項参照）。李時珍は語源について「楸の葉は大にして早く脱す、故にこれを楸と謂ふ。榎の葉は小にして早く秀づ、故にこれを榎と謂ふ」（本草綱目35）と述べ、楸は秋、榎は夏と関係のあることばとするようである。おそらく夏に枝葉が覆って緑陰を作ることに因んだ命名であろう。トウキササゲは街路樹や緑化樹として利用されている。古代では刑具の材に用い、学校で生徒を懲らしめるむちを榎楚（=夏楚・檟楚）といった。

トウキササゲは木に対するイメージの捉え方や用途の違いで、違った名がつけられたらしい。葉のイメージと秋との関係から楸、枝葉のイメージと夏との関係、またむちを作る用途から榎、棺桶の材にすることから檟という名で呼ばれた。

日本ではニレ科の落葉高木 *Celtis sinensis*（エノキ、中国名朴）を指す。高さは二五メートルに達する。早春、新枝に開花する。果実は球形で、赤褐色に熟し、食べられる。昔、一里塚に植えられた。夏に枝葉がよく茂り、その木陰の下で休んだところから、枝の木が語源という。

［字源］ 「夏（*ɦăg）」は衣冠を被った大きな人を描いた図形。古代中国で背の低い夷とは違って、大きくて立派な人種（すなわち中国人の自称）を*ɦăgといい、この図形で表記した。「大きく被さる」というコアイメージがあるので、樹木が大きく生長し枝葉が鬱蒼と被さるような情景を呈する季節（すなわち「なつ」）も、同じ語で名づけ、同じ字で表記する。「夏（音・イメージ記号）+木（限定符号）」を合わせて、夏に枝葉が茂り、木陰をなす木を暗示させた。これをキササゲだけに優先的に用いたのである。

日本人はエノキの漢字表記として「夏」に木偏を添えた榎を作った。偶然にも中国人と同じ発想をしたが、中身が違った。「榎」は半国字である。

㊎　(篆)　〔夏〕

[**別名**] ①(トウキササゲ) 楸・檟 ②(エノキ) 朴

[**文献**] ①爾雅・釈木「槐小葉曰榎（槐の小葉なるを榎と曰ふ）」——郭璞注「槐当為楸、楸細葉者為榎（槐は当に楸と為すべし。楸の細葉なる者を榎と為す）」、三国志・魏志・孫礼伝「老者不可加以榎楚（老者は加ふるに榎楚を以てすべからず）」

【槐】10 (音)カイ (訓)えんじゅ

[**語源**] 上古漢語は*ɦuər、中古漢語はɦuai（→呉音ヱ、漢音クワイ）である。マメ科の落葉高木 ***Sophora japonica***（エンジュ）を意味する。中国の原産。高さは二五メートルに達する。樹皮は灰色で、縦に裂け、臭気がある。初夏、淡黄色の花が咲く。果実は円柱形。種子の間がくびれて念珠の形を呈する。生長が速く、材質は堅い。果実を槐角（槐実）、つぼみを槐米（槐花）といい、生薬に用いる。花から黄色の染料を取る。語源については「槐は懐なり」という説（漢の高誘や鄭玄）がある。昔、朝廷の庭に三本の槐を植え、裁判の際に、最高位である三公の座る定位置とした。遠くの人を懐いて来させるという意味合いをこめたという。後世、槐は高位高官の象徴となり、子弟の出世を願って庭に槐を植える風習が生まれた。和名のエンジュは古語のヱニスの訛りで、これは槐子の呉音ヱスの訛りという（大槻文彦）。

　槐は中国医学では邪気を除き、神仙術では髪を黒くし長生きさせる効能があるとされた。また懐（懐妊する）と音が通じるので、種子を食べると子宝に恵まれるという吉祥植物となった。

[**字源**] 槐は懐と同源で、櫰とも書かれる。「眔」は目から点々と涙が落ちる様子を示す図形。「褱（かい）（*ɦuə̆r）」は「眔＋衣」を合わせて、衣の中に涙を隠す情景を暗示する図形。これによって、「ふところに包み隠す」というイメージを示す。心の中に思いを抱くことが懐であるが、胎児を腹の中に抱く（懐妊）という意味を派生する。エンジュは莢の中に種子が入って、何連か数珠のように連なっているので、子を懐妊する姿に見立てて、「褱（音・イメージ記号）＋木（限定符号）」を合わせた櫰の視覚記号が考案された。のち「褱」を「鬼」

に替えて槐となった。「鬼（*kuər）」は近似的に*fuərを再現させる音記号だが、イメージも少し絡んでいる。「鬼」は頭の大きな亡霊を描いた図形で、「丸くて大きい」というイメージを示す記号となる。塊（丸い土のかたまり）、魁（長い柄に丸い頭のついた柄杓）、傀儡の傀（丸い頭の人形）は同源のグループである。エンジュの種子は球形ではないが、豆と似ているので、丸い塊のようなものと見て、「鬼（音・イメージ記号）」＋木（限定符号）」を合わせた槐が作られた。

甲　金　篆（罘）
金　篆（褱）　篆（懷）
甲　金　篆（鬼）
篆（槐）

【別名】豆槐・白槐・鬼木・玉樹・繡腹郎・錦心氏

【文献】周礼・秋官・朝士「面三槐、三公位焉（三槐に面し、三公位す）」――鄭玄注「槐之言懐也、懐来人於此、欲与之謀（槐の言は懐なり。人を此に懐け来らし、之と謀らんと欲するなり）」、山海経・西山経「有木焉、其状如棠而員葉赤実、実大如木瓜、名曰櫰木、食之多力（木有り。其の状は棠の如くして員葉、赤実。実は大なること木瓜の如し。名を櫰木と曰ふ。之を食へば力多し）」、神農本草経「槐実味苦寒、主治五内邪気熱、止涎唾、補絶傷、治五痔、火瘡、婦人乳瘕、子蔵急痛（槐の実は、味は苦にして寒。主治は五内の邪気熱。涎唾を止め、絶傷を補ふ。五痔、火瘡、婦人乳瘕、子蔵急痛を治す）」

構→楮（93ページ）
穀→楮（93ページ）

【榨】

10　音 サ　訓 ――

【語源】榨菜（現代中国語でzha-cai）はアブラナ科アブラナ属の中国野菜 *Brassica juncea var. tumida*（ザーサイ）を意味する。芥菜（セイヨウカラシナ）の変種で、葉柄にこぶ状の突起があり、茎が膨れる。この茎を塩に漬けて汁を搾り出し、乾燥させて食用にする。搾るという工程から、榨菜という語が生まれた。

【字源】「乍（*dzăg）」は刃物で切れ目を入れる様子を描いた図形（作の項参照）。手を加えて急な動作を起こすというイメージがあり（発作の作にこのコアが生きている）、「急な、たちまち」というのが「乍」の実現された意味である。ここから「（時間的、空間的に）間隔が狭い」というイメージにも展開する。「乍（音・イメージ記号）＋穴（イメージ補助記号）」を合わせた「窄（*tsăk）」は、締めつけて穴の間隔を狭くする様子を暗示する。「窄（音・イメージ記号）＋木（限定符号）」を合わせて、締めつけて液体（油や酒）を搾り出す器具、「しめぎ（搾木）」を表した。これが本来の意味だが、液体を搾り出すという動詞にも使われたので、近代になって、芥菜の変種の名に転用された。

［別名］ 羊角菜

［文献］ 竜龕手鑑「榨、打油具」

【榛】

10 音 シン
訓 はしばみ・はり

［語源］ 上古漢語は*tsïen、中古漢語はtṣɛn（→呉音・漢音シン）である。カバノキ科の落葉低木 ***Corylus heterophylla***（ハシバミ）を意味する。高さは一～七メートル。葉は広く、周辺に鋸歯があり、先が尖る。春に黄褐色（雄花）、または紅色（雌花）の花を開く。果実は球形に近く、栗に似て食用になる。語源は叢生のイメージを取ったものであろう。榛は木が叢生するという意味があった。和名の語源はハシワミ（葉皺）の意に由来するという。葉の縁がぎざぎざなので、これを皺に見立てたものであろう。

古代の中国では、女性が男性に会いに行くとき、ハシバミの果実を携えた。ささやかなプレゼントでもって敬虔の気持ちを伝えたといわれる。それは榛が臻（いたる）と同音であるため、「あなたの元に来ました」という意味合いがこめられたのである。

日本では榛を「はり」とも読み、***Alnus japonica***（ハンノキ）を指す。カバノキ科の落葉高木で、高さは一五メートルに達する。幹は直立し、樹皮は割れる。葉より先に開花し、円柱状の花穂が垂れ下がる。果実は松かさ状で、染料を取るのに用いる。古語はハリ。今名のハンノキ（榛の木）はハリの木が転じたもの。ハリの語源は張りで、伐採した後にひこばえの芽が張り出るからという説（大槻文彦）や、ハル（墾）の名詞形で、開墾地に植えられたからという説（吉田金彦）がある。

【字源】「秦（*dzien）」は「午（杵の形）＋廾（両手）＋禾（いね）」を合わせて、杵を上下に動かして穀物を搗く情景を暗示する図形。*dzien は疾・晋・進・迅などと同源で、「速く進む」というコアイメージをもつ語群の一員である（藤堂明保、漢字語源辞典）。「秦」は「其の葉蓁蓁たり」（詩経・周南・桃夭）の蓁（どんどん生長するさま）や臻（どんどん進み至る）などのコアイメージを構成する。「秦（音・イメージ記号）＋木（限定符号）」を合わせて、生長が速くどんどん叢生する木を表した。これをハシバミの表記に使うようになったのは、一つはこの木が叢生するとされたこと、もう一つは秦（陝西省に起こった古代国家の名）にハシバミが多かったので、秦の木という語源意識が生まれたこと、以上二つの理由が重なったためと考えられる。

甲 

金 

篆 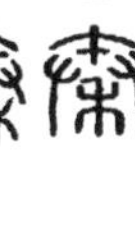〔秦〕

篆〔榛〕

【別名】①（ハシバミ）亲（しん）

【文献】①詩経・曹風・鳲鳩「鳲鳩在桑、其子在榛（鳲鳩桑に在り、其の子は榛に在り）」、春秋左氏伝・荘公24「女贄不過榛栗棗脩、以告虔也（女の贄は榛・栗・棗・脩に過ぎず、以て虔を告ぐるなり）」、山海経・西山経「上申之山…下多榛楛（上申の山…下に榛・楛多し）」、本草綱目30「礼記鄭玄注曰、関中甚多此果、関中秦地也、榛之従秦、蓋取此意（礼記鄭玄注に曰く、関中甚だ此の果多しと。関中は秦地なり。榛の秦に従ふは、蓋し此の意に取る）」

【榊】 10

音 ——
訓 さかき

【語源】ツバキ科の常緑小高木 *Cleyera japonica*（サカキ）を指す。高さは一～二メートルに達する。葉は厚くて光沢がある。花は白色から黄色に変わる。果実は球形で、黒色に熟す。神事の際、玉串に用いられる木で、神社の境内などに植えられる。語源は境木（さかき）で、神の鎮まる区域に植える木の意という。

【字源】神事の供え物とされたところから、「神」と「木」を合わせて榊が創作された。国字である。

「申（*thien）」は光が長くのびる稲妻を描いた図形で、「長くのびる」というイメージを示す記号となる。

言葉を連ねて述べる（日本語では「もうす」）という行為もこのイメージがコアにあるので、同じ記号素（*thien）、同じ視覚記号（申）で表記する。伸（のびる、のばす）、紳士の紳（長い帯）、呻吟の呻（声をのばしてうなる）などは同源のグループである。一方「いなずま」という具体的なイメージを生かして「神」と「電」が生まれた。稲妻は雷を伴い、雷神として空想化されたので、自然界の「かみ」を「神」と書き、稲妻を「電」と書いたのである。

甲　金　篆　（申）

金　篆　（神）

【別名】（サカキの異表記）賢木

【槙】10 音テン 訓まき

【語源】日本でマキ科の常緑高木 *Podocarpus macrophyllus*（マキ、イヌマキ、中国名羅漢松）を指す。幹はまっすぐで、二〇メートルに達する。樹皮は灰白色で、剥げ落ちる。五月に黄白色の花をつける。花托は紫赤色に熟し、その上に緑色の種子がつき、人形の形に見える。語源は真木（優れた木の意）で、古くは杉のことであった。杉よりは劣るのでイヌマキの名が生じ、単にマキとも呼ばれるようになった。

槙（正字は槇）は本来テンと読む字で、説文解字では木頂、つまり「こずえ」の意としている。中国で木の名に用いる例はほとんどない。

【字源】「眞（*tien）」は「匕（スプーン）＋鼎（かなえ）」を合わせて、料理をいっぱい容器に詰め込む場面を設定した図形。「中身がいっぱい詰まる」というイメージがある。中身があることが真実の真で、中身がないことを意味する虚に対する（「うそ」を嘘と書くのはこの理由による）。充塡の塡（いっぱい詰める）、文鎮の鎮（金属が詰まった重し）は真と同源の語。またイメージが展開して、顚（中身の詰まった頭→いただき）、巓（山のいただき）となる。「眞（音・イメージ記号）＋木（限定符号）」を合わせて、木のいただきを表した。

日本人は真木を組み立てて「槙」を創作した。これは中国の槇と同形衝突したので、半国字である。また「眞」の音を取って槙をシン（疑似音）と読むことがある。柏槙はビャクシンと読み、イブキの別名。ただしビャクシンは柏子の訛りという説もある（檜の項参照）。

㊎　㊕〔眞〕　㊕〔槇〕

【別名】 土杉・羅漢松・羅漢杉・長青（マキの異表記）真木・柀

【文献】 説文解字6「槇、木頂也」

【榧】

10　㊅ヒ　㊂かや

【語源】 上古漢語は*pıuər、中古漢語はpıuəi（→呉音・漢音ヒ）である。イチイ科カヤ属の常緑高木 *Torreya grandis*（シナガヤ、中国名榧樹）を意味する。高さは二五メートルに達する。樹皮は灰褐色。葉はだんだん細くなって先端が急に尖る。葉は二列に羽状に並ぶ。晩春に開花し、翌年の秋に種子が熟する。果実を榧実、榧子といい、薬用、また食用とする。語源は葉の特徴を捉えて、非・匪の「二つ並ぶ」のイメージによって命名された。シナガヤは中国のカヤで、日本のカヤ（*T. nucifera*）とは別種だが、よく似ている。和名「かや」の古語はカヘであった。実が落ちると代わりの実があるからカヘという名がついたという説がある。

【字源】 「非（*pıuər）」は鳥の羽が反対向きに並んでいる姿を描いた図形。「両側（左右反対向き）に分かれる」というイメージと、「二つ並ぶ」というイメージを示しうる。排除の排は前者のイメージ、排列の排は後者のイメージがコアにある。「非（音・イメージ記号）＋匚（限定符号）」を合わせた「匪（*pıuər）」は、左右に開く扉のついた箱を表し、篚の原字である。「匪」も「二つ並ぶ」というコアイメージをもつ。カヤは二列に次々と並ぶ葉に特徴があるので、「匪（音・イメージ記号）＋木（限定符号）」を合わせた榧の視覚記号によって表象された。

㊎　㊕〔非〕　㊕〔匪〕

【別名】 香榧・木榧・玉榧・野杉

【文献】 名医別録「榧実味甘、主治五痔、去三虫、蠱毒、鬼疰（榧実は、味は甘なり。主治は五痔、三虫を去ること、蠱毒、鬼疰）」、物類相感志「榧子与甘蔗同食、其査自軟如紙一般（榧子は甘蔗と同に食へば、其の査〔＝滓〕自ら軟きこと紙の如く一般なり）」

榠樝→（122ページ）

【榕】 10 ㊇ヨウ ㊈がじゅまる・あこう

[語源] 上古漢語は*g̊iung、中古漢語は**yiong**（→呉音ユウ、漢音ヨウ）である。クワ科イチジク属の常緑大高木 ***Ficus microcarpa***（ガジュマル、中国名榕樹、別名細葉榕）を意味する。高さは二〇〜二五メートル。幹は太く、たくさんの枝が出て横に広がり、樹冠は傘の状を呈する。枝から気根が垂れて土に入る。中国南部、沖縄・南西諸島に分布する。語源は樹陰に多くの人を憩わせるので、容（中に入れる）の名がついたという。また榕とも書き、材質が悪く大工に利用されないので、凡庸の庸と同系とされる。和名のガジュマルは沖縄地方の方言。

日本では榕をアコウとも読む。アコウ（***F. superba* var. *japonica***、中国名筆管榕）はガジュマルとよく似ているが、葉が大きい。中国では赤榕、雀榕と呼ぶ。和名のアコウは薩摩の方言という（大槻文彦）。

[字源]「谷（*kuk）」は「八（両側に分かれる印）＋八＋口（あな）」を合わせて、水が分かれ出てくる大きな穴を暗示させる図形。現実の意味は「たに」であるが、「（空所に）ゆったりと受け入れる」というコアイメージがある。浴（風呂などに体を入れて洗う）、欲（乏しい心を満たしたいと思う気持ち）、裕（広くゆとりがある）などは同源のグループ。「谷（音・イメージ記号）＋宀（イメージ補助記号）」を合わせた「容（*g̊iung）」は、家という空所にゆったりと受け入れることを暗示させる。「容（音・イメージ記号）＋木（限定符号）」を合わせて、枝の下に多くの人を受け入れる木、あるいは、枝がゆったりと広がる特徴のある木を暗示させた。芙蓉の蓉（ゆったりと大きく開くハスの花）とも同源である。

㊙甲 ㊙金 ㊙篆〔谷〕 ㊙篆〔容〕

[別名]（ガジュマル）榕樹・榕木・倒生木・倒生樹・不死樹（アコウ）雀榕・赤榕

[文献] 南方草木状「榕樹、南海桂林多植之、葉如木麻、実如冬青、樹幹拳曲…其蔭十畝、故人以為息焉（榕樹は、南海・桂林多く之を植う。葉は木麻の如く、実は冬青

の如し。樹幹拳曲す…其の蔭十畝、故に人以て息ひを為す)」、福建通志10「槦字亦作榕、海物異名記云、材擁腫不中縄墨、故謂之槦、或曰、其蔭覆寛広、故謂之榕(槦は字また榕に作る。海物異名記に云ふ、材は擁腫にして縄墨に中(あた)らず。故に之を槦と謂ふ。或いは曰く、其の蔭覆すること寛広なり。故に之を榕と謂ふ)」

【榴】10 ㊥リュウ ㊔ざくろ(石榴)

[語源] もとの語形は安石榴、略して石榴となった。安石榴の上古漢語は***·an-dhiak-liog**、中古漢語は **·an-ʒiɛk-lɪəu**(→呉音アン-ジャク-ル、漢音アン-セキ-リウ)である。ザクロ科の落葉小高木 ***Punica granatum***(ザクロ)を意味する。樹皮は青灰色。枝に刺がある。夏、橙紅色の花が咲く。果実は球形で、熟すと黄色または赤色になり、裂開して多くの種子が現れる。西アジアの原産で、紀元前二世紀、漢の張騫が西域方面に使者として派遣されたとき持ち帰ったといわれる。語源は伝播の経路を示す安息[=安石]国(イラン語で **Arsak**)と、ザクロを意味するソグド語 **anārka**(または、ウイグル語の **anār**)が結合したものであろうという(ラウファー、また史有為)。和名は石榴の呉音ジャクルがザクロに訛ったものである。

ザクロの果実は種子がいっぱい詰まっているので、多子(多くの子宝に恵まれること)の象徴として吉祥図などで描かれる。子を食う鬼子母神に仏がザクロを与えて改悛させたという仏教説話も、豊饒多産のシンボルが根柢にある。

[字源] 中央アジア方面の言葉の音写に由来する。安息(**Arsak**)はイラン方面にあった国の名である。これの異表記である安石に、ペルシア語 **anār** の一部だけを音写した榴を加えて、安石榴とした。榴はこの表記のために新作された漢字だが、音写だけでなく、イメージも絡んでいると思われる。本草綱目に「榴は瘤なり。丹実垂垂として贅瘤の如きなり」とあり、果実の姿を瘤に見立てる。「卯(=丣。***mliog**)」は反対向きになった戸を描いた図形で、「両側に開ける」というイメージのほかに、「するすると滑って止まる」というイメージを示す記号となる(柳の項参照)。「卯(音・イメージ記号)+田(イメージ補助記号)」を合わせた「留(***liog**)」は、水が田に流れていって止まる様子を暗示

させる。溜（水がたまる）は同源。また、固まって動かないしこりや腫れ物を瘤という。この語源を利用し、「留（音・イメージ記号）＋木（限定符号）」を合わせて、中に種子がつまって瘤状になった果実の生る木を暗示させた。［補説］日本では同じ偏に整形して柘榴とも書く。これは日本流の表記である。

(金)　(篆)　〔留〕

［別名］安石榴・石榴・安息榴・丹若・若榴・楉石榴・珠榴・榭榴・海榴・榴錦・榴火・金罌・金桜・金龐・天漿・塗林・火焼花・三戸酒・錦香嚢（ザクロの異表記）柘榴

［文献］淮南子・時則訓・高誘注「木堇…其葉与安石榴相似（木堇［＝槿］は…其の葉は安石榴と相似たり）」、左思・蜀都賦（文選4）「石榴競裂、甘至自零、芬芳酷烈（石榴競ひて裂け、甘さ至りて自ら零ち、芬芳酷烈なり）」、名医別録「安石榴味酸甘、損人、不可多食、其酸実殻、主治下痢、止漏精（安石榴は、味は酸にして甘。人を損す。多食すべからず。其の酸き実の殻は、下痢を治め、漏精を止むるを主る）」、初学記28「博物志曰、張騫使西域還得安石榴胡桃蒲桃（博物志に曰く、張騫西域に使ひして還り、安石榴・胡桃・蒲桃を得たり）」

海石榴→山茶（235ページ）

【槻】11　(音)キ　(訓)つき

［語源］中国と日本では意味が異なる。中国では樊槻という語形で現れ、上古漢語が*buăn-kiueg、中古漢語が**buan-kiuĕ**（→呉音ボン-キ、漢音ハン-キ）である。この語は名医別録の秦皮の注（陶弘景・本草経集注）に初出（ただし草冠に規に作り、字書に見えない）。秦皮とは梣［シナトネリコ］の皮の生薬名である。トネリコの皮を水に漬けると緑色になり、これを墨に混ぜると色が落ちないといわれ、書道家に愛好され、樊鶏木と称された（鶏は槻の訛り）。語源は花柱が棍棒状で、二つに裂けている特徴を捉えて、「反り返る」のイメージをもつ樊と、コンパスの意味のある規を利用して名づけたもの。

日本では「つき」と読む。ツキはケヤキ（欅）の古名である。語源については、弓の材料になるので、ツヨキ（強木）→ツキになったという説（大槻文彦）や、神が降ってくる神聖な木とされたところからツク（憑く）の転とする説（大野晋）などがある。

[字源]「楙（はん）（*buăn）」は二つの「木」の間に「×」の符号を二つ入れた形。木をからめて生け垣を作る情景を暗示させる図形である。これで「（木を反り返らせて造った）生け垣」の意味を表せるが、さらに、左右の手が反対向きに反り返った形（向かい合った両手を表す「廾」の反対向きの形）を添えたのが「樊」である。反（反り返る）と同源で、「反対向きに反り返る」というイメージがあり、登攀の攀（手を反らせてよじ登る）にコアが残っている。次に古代漢語でコンパスを*kiuegといい、規で表記する。異体字に「䂓」がある通り、「夫」は「矢」の変形と考えられる。「矢（まっすぐな棒）+見（姿を現す）」を合わせて、まっすぐな棒を∧型に回して図形を出現させる様子を暗示させる。「樊」と、「規（音・イメージ記号）+木（限定符号）を合わせた「槻」を結んで、二本の花柱がコンパスのように∧の形に反り返って裂ける特徴をもつトネリコを表した。

日本でツキ（ケヤキ）を槻と書くのは、樹冠が扇形になるので、規（コンパス）に木偏を添えたものであろう。してみると半国字といえる。「欅」の造字の発想と似ている。

[金] 

[篆] 〔楙〕

[篆] 〔樊〕

[篆] 〔規〕

[別名] ①（トネリコ）梣・秦皮・樊槻木・樊鶏木　②（ツキ・ケヤキ）欅

[文献] ①斉民要術9「梣江南樊鶏木皮也、其皮入水緑色、解膠、又益墨色（梣は江南の樊鶏木の皮なり。其の皮水に入れば緑色、膠を解き、又墨色を益す）」、文房四譜5（宋・蘇易簡）「秦皮、陶隠居云、俗謂之樊槻皮、以水漬和墨書、色不脱、故造墨方多用之（秦皮は、陶隠居云ふ、俗に之を樊槻皮と謂ふ。水を以て漬けて墨書に和すれば、色脱せず。故に造墨方多く之を用ゐる）」

【槿】11 [音]キン [訓]むくげ

[語源] 上古漢語は*kıən、中古漢語はkıən（→呉音コン、漢音キン）である。アオイ科フヨウ属の落葉低木 *Hibiscus syriacus*（ムクゲ、中国名木槿）を意味する。

中国の原産。高さは三〜六メートル。樹皮は灰褐色。五弁の花が葉の付け根に順次に咲き、一日でしおれる。色は淡紅色、白色、紫色など変化に富む。生け垣などに植えられる。語源は花の咲いている時間が短いので、菫の「わずか」のイメージを取る。和名のムクゲは漢名の木槿の転とする説（牧野富太郎）と、朝鮮語の無窮花（ムグンファ）に由来するという説（湯浅浩史）がある。木槿の呉音モクｰコン（muk-kɪən）よりは木槿花の呉音モクｰコンｰクヱ（muk-kɪən-huă）から来ている可能性が高い。朝鮮語説は古代音が不明なので何ともいえないが、朝鮮語自体木槿花に由来するかもしれない。

古くは舜といった。これは詩経に出ており、その花を女性の美しい容貌に喩える。舜は瞬時の瞬と同源。ムクゲは朝に咲き夕べに凋むとされ、朝開暮落花の異名がある。短命や、はかない栄華の象徴となり、「槿花一日の栄」などの成語がある。

【字源】 まず舜について。「舛」は舞の下部と同じで、ステップを踏む足。足の動作にかかわる限定符号に使われる。上部は「冂（わく）＋炎（ほのお）」を合わせて、炉の中で炎がゆらゆら燃える様子。「舜（*thiuən）」はひっきりなしに足を動かす様子を暗示させる図形で「すばやく動く」というイメージを示す記号になる。これを利用して、花の命が早い植物、つまりムクゲを表した。草冠をつけて蕣とも書く。次に「槿」について。「菫」は「少ない、小さい、わずか」というイメージを示す記号である（菫の項参照）。「菫（音・イメージ記号）＋木（限定符号）」を合わせて、花の命がわずかな木を暗示させた。舜と槿の命名の発想は似ている。

篆〔舜〕　篆〔蕣〕

【別名】 蕣・舜・木槿・朝槿・露槿・赤槿・花奴・面花・洽容・愛老・麗木・時客・荘客・朝生・朝華・日及・日給・王蒸・藩籬草・裏梅花・瘧子花・朝開暮落花

【文献】 詩経・鄭風・有女同車「顔如舜華（顔は舜華の如し）」——毛伝「舜、木槿也」、礼記・月令「仲夏之月…半夏生、木菫栄（仲夏の月…半夏生じ、木菫［＝木槿］栄く）」、博物志・薬物「槿花朝生夕死（槿花は朝に生まれ夕べに死す）」、南斉書・祥瑞志「句陽県之穀山槿樹連理、異根双挺、共杪為一（句陽県の穀山、槿樹連理す。根を異にして双挺し、杪を共にして一と為る)」

【樫】11 音 ―　訓 かし

[語源] ブナ科コナラ属の中の常緑高木、カシ類の総称。アカガシ、イチイガシ、シラカシ、アラカシ、ウラジロガシなどが含まれる。果実はドングリで、古くから食用にされた。また材質が堅く強いので、船や車両などに利用される。語源は堅木の異名がある通り、カタ(堅)に接尾語のシがついて、カタシ→カシになったという(吉田金彦)。一説ではイカシ(厳し)→カシになった。

[字源] 中国では明代の文献にわずかに見える字だが、木の名ではない。木の名の樫は日本で創作された半国字である。「臣(*ghien)」は大きな目玉を描いた図形。見張った目玉を横から見た図形でもって、主人の前でかしこまる家来を換喩的に表象している。「かたくこわばる」というのがコアイメージで、「臣(音・イメージ記号)+又(限定符号)」を合わせた「臤(けん)(*k'ien)」は、体を固く緊張させることを表す。ここにも「かたくこわばる」というイメージは共通である。「臤(音・イメージ記号)+土(限定符号)」を合わせた「堅(*ken)」は、土がこわばってかたいことを表す。これを利用して、日本ではカシを表記するために「堅」に木偏を添えた字を作った。

甲 　金 　篆 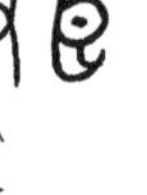　〔臣〕

金 　篆 　〔臤〕　篆  　〔堅〕

[別名] (カシの異表記) 橿・櫧・檮

【槲】11 音 コク　訓 かしわ

[語源] 上古漢語は*ɦuk、中古漢語はɦuk(→呉音ゴク、漢音コク)である。ブナ科コナラ属の落葉高木 *Quercus dentata* (カシワ)を意味する。日本ではカシワを柏と書くが、誤用であって、正しい漢字は槲である。果実はドングリ状で、それを包む殻斗は杯型で大きい。語源はこれを斛(こく)(ます)に見立てた命名であろう。和名の語源については柏の項参照。

[字源] 「角(*kŭk)」は獣の「つの」を描いた図形。「外が固くて、中がうつろ」というイメージがある。「斗」は柄杓を描いた図形。「角(音・イメージ記号)+斗(限

定符号)」を合わせた「斛(*ɦuk)」は、物を入れて量る「ます」を表した。昔の単位で十斗または五斗が入ったという、かなり大型の量器である。ドングリを入れる大きな殻斗を斛に見立てて、カシワを*ɦukといい、「斛(音・イメージ記号)+木(限定符号)」を合わせた槲で表記した。

甲　金　篆　〔角〕

金　篆　〔斛〕

[別名] 槲樕・樸樕・槲櫟・大葉櫟・櫟橿子・金鶏樹

(カシワの異表記) 柏・檞

[文献] 爾雅・釈木「樕樸、心」――郭璞注「槲樕別名」、北斉書・斛律金伝「高山不推自崩、槲樹不扶自竪(高山は推さずして自ら崩れ、槲樹は扶けずして自ら竪つ)」、新修本草「槲若味甘苦平無毒、主痔、止血、療血痢、止渇、取脈灸用之。皮味苦、水煎濃汁、除蠱及瘻、俗用甚効(槲若[カシワの葉]は、味は甘・苦にして平、毒無し。痔を主る。血を止め、血痢を療し、渇を止む。脈灸に取りて之を用ゐる。皮は、味は苦。水もて濃汁に煎じ、蠱及び瘻を除く。俗用して甚だ効あり)」

【樝】 11

音 サ　訓 しどみ

[語源] 上古漢語は*tsăg、中古漢語はtṣă(→呉音シャ、漢音サ)である。バラ科ボケ属の落葉低木 *Chaenomeles cathayensis*(マボケ、中国名毛葉木瓜)を意味する。高さは三メートルほど。枝は紫褐色で、刺が多い。冬芽は三角卵形で、先端が尖る。春、葉より先に紫紅色の花を開く。果実は卵円形で、先端に突起がある。黄色を帯び、味は酸っぱく、芳香がある。語源は刺や冬芽の形状から且(ぎざぎざに重なる)と同源。和名はマ(真)ボケ(木瓜)という。ボケは木瓜の音読みの訛りである。

日本では *C. japonica*(クサボケ)に当てる。古名はシドミ。高さは三〇センチほど。春に朱色の花をつけ、秋に開く。

[字源] 「柤」が古い表記で、荘子や山海経に出る。「且(*tsʼiăg)」は段々と上に重なる様子を示す象徴的符号で、「重なる」というイメージがある。物が重なるとでこぼこになるので、「ちぐはぐ」「じぐざぐ」「∧型を呈する」というイメージに展開する。阻(でこぼこ

で険しい)、粗(でこぼこして粗い、ざらざらしている)、齟齬の齟(ちぐはぐで食い違うさま)などは同源のグループ。「且(音・イメージ記号)+木(限定符号)」を合わせて、∧型の刺がでこぼこに出ている木を暗示させた。のち「且」を「虘(さ)」に代えて樝と書く。虘は「且(音・イメージ記号)+虍(限定符号)」を合わせて、幾筋も重なるように並ぶ虎の紋様を表すが、「重なる」と「じぐざぐ」「ぎざぎざ」のイメージは連合する。「虘(音・イメージ記号)+木(限定符号)」を合わせて、刺や冬芽が∧型にぎざぎざに出る木を暗示させた。

㊙甲 ㊙金 ㊙篆 〔且〕

㊙甲 ㊙金 ㊙篆 〔虘〕

㊙篆 〔樝〕

【別名】(マボケ)樝子・和円子・狭葉木瓜

【文献】管子・地員「其陰則生之楂棃(其の陰は則ち之(こ)の楂[=樝]・棃[=梨]を生ず)」、史記・司馬相如伝「樝梸[=梨]梬栗」、本草経集注(名医別録「木瓜実」)「又樝子渋、断利。礼云、樝梨曰欑之、鄭公不識樝、乃云是梨之不臧者、然則古亦以樝為果(又樝子は渋にして、利[=痢]を断つ。礼に云ふ、樝梨には之を欑すと曰ふ。鄭公樝を識らず、乃ち云ふ、是れ梨の臧(よ)からざる者なりと。然らば則ち古へまた樝を以て果と為す)」

山樝

㊙訓㊙音 サン-サ(さんざし)

【語源】中世漢語は san-tsa である。バラ科サンザシ属の落葉高木 *Crataegus pinnatifida*(オオサンザシ、中国名山樝)を意味する。高さは六メートルに達する。枝に刺があるものとないものがある。葉には柔毛がある。花は白色。果実は球形で、秋に深紅色に熟し、甘酸っぱくて食べられる。中国医学(本草)では *C. cuneata*(サンザシ、中国名野山樝)にも当てる。高さは一・五メートルほどの低木で、枝に刺がある。果実はやや小さく、熟すと紅色や黄色になる。いずれも中国が原産地である。語源は刺のある姿が樝(マボケ)と似ているので、山を冠して名とした。和名は山樝子(サンザシの果実の意)を音読みにしたもの。

【字源】「山」については山茶の項、「樝」については前項参照。山樝は山楂とも書かれる。「査(*dzăg)」は「且

（音・イメージ記号）＋木（限定符号）」を合わせて、材木をじぐざぐに重ねるようにして並べて造った「いかだ」を表し、楂（いかだ）の原字である。「じぐざく」「ちぐはぐ」「でこぼこ」というイメージがあるので、櫨の代用となりうる。

【別名】 山櫨・山櫨子・山楂子・山査子・鼠櫨・猴櫨・茅櫨・朹・朹子・羊梂・棠梂子・繫梅・赤爪実・赤棗実・山裏紅・山裏果

【文献】 爾雅注疏9（宋・邢昺）「本草補遺、朹子山櫨一物也（本草補遺に［云ふ］、朹子と山櫨は一物なりと）」、世医得効方11（元・危亦林）「山楂子、根三寸」

榠櫨 ㊚メイ-サ ㊙かりん

【語源】 上古漢語は*meng-tsăg、中古漢語はmeng-tṣă（→呉音ミヤウ-シヤ、漢音メイ-サ）である。バラ科ボケ属の落葉低木または高木 ***Chaenomeles sinensis***（カリン、中国名木瓜）を意味する。高さは一〇メートルほど。樹皮は暗緑色で、剥げ落ちる。春、淡紅色の花が咲く。果実は長楕円形で、長さは一〇～一五センチと大きい。秋に黄色に熟し、芳香がある。中国では果実を咳止めや利尿に用いた。語源について李時珍は、南の呉越の地に多いので蛮櫨（蛮は南方を漠然と指す）といい、これが訛って榠櫨となったという。しかし果実が櫨（マボケ）と似ているが、樹皮などの色が櫨よりも暗い感じなので、櫨に冥のイメージ語を冠したものであろう。和名のカリンは花櫚の俗称である花梨を間違って「かりん」と読み、これを借用した（櫚の項参照）。

カリンとボケの名に次のようなずれがある。

〈古代中国〉	〈現代中国〉	〈日本〉
榠櫨	木瓜	カリン
木瓜	貼梗海棠	ボケ

【字源】 「冖（べき）（*mek）」は覆いを被せる様子を示す図形。「六」は陸の右側に含まれ、土の盛り上がったおか（陸）を描いた図形。「冖（音・イメージ記号）＋六（イメージ補助記号）＋日（限定符号）」を合わせた「冥（*meng）」は、日が沈み、闇に覆われる様子を暗示する。これによって「暗い」という意味を表す。「冥（音・イメージ記号）＋木（限定符号）」を合わせた榠と、櫨とを結んで二音節語に仕立て、樹皮などの色が櫨よりも暗い感じの木、カリンを表した。

篆〔冥〕

【別名】蛮樝・木梨・樝梨・瘙樝

【文献】本草経集注（名医別録「木瓜実」）「又有榠樝、大而黄、可進酒去痰（又榠樝有り。大にして黄なり。酒を進め痰を去るべし）」、本草綱目30「木梨生於呉越、故鄭樵通志謂之蛮樝、云俗呼為木梨、則榠樝蓋蛮樝之訛也（木梨は呉越に生ず。故に鄭樵の通志に之を蛮樝と謂ふ。俗に呼びて木梨と為すと云ふ。則ち榠樝は蓋し蛮樝の訛なり）」

【槭】 11 音シュク 訓かえで

【語源】上古漢語は*tsiok、中古漢語は tsiuk（→呉音スク、漢音シュク）である。カエデ科カエデ属（*Acer* 属）の総称。落葉高木で、秋に紅葉する。中国には百余種を産する。代表的な ***Acer palmatum***（イロハカエデ、中国名鶏爪槭）は高さが一五メートルに達する。葉は掌状で五～七裂する。中国東部に分布し、観賞用に栽培もされる。語源は一般にカエデの葉が細かく分裂するところから、戚の「小さい、細かい」というイメージを取る。和名のカエデの語源は葉がカエルの足に似ているところから、カエルデ（蛙手）といい、これがカエデに訛った。イロハカエデの語源は葉をイロハニホヘトと七つも数えられるからという。

日本ではカエデに楓を当てるが、古人の読み違いである。楓はマンサク科のフウという木である（楓の項参照）。誤解の始まりは古典に「楓は紅葉する」とあることや、全唐詩（下記の文献参照）に「槭樹は楓に類す」とあることなどを見た王朝人が勘違いしたせいである。

【字源】「尗（しゅく）（*thiok）」は蔓を出した豆を描いた図形で、「小さい」というイメージを示す（菽の項参照）。このイメージは「細い」「細かい」というイメージにもつながる。「尗（音・イメージ記号）＋戉（限定符号）」を合わせた「戚（*ts'ök）」は、舞いをするとき手に持つ小さな鉞を表す。また、細い縁でつながる人間関係（親戚や姻戚）も戚という。これにも「小さい」「細い」というイメージがある。また、顰蹙（ひんしゅく）の蹙（細かく小さなしわを寄せる）は同源。「戚（音・イメージ記号）＋木（限定符号）」を合わせて、手の指のように細かく分かれている葉をもつ木を暗示させた。

金　篆〔戚〕　篆〔槭〕

【別名】（カエデの異表記）楓

【文献】 説文解字6「槭、槭木、可作大車輮（槭は槭木、大車の輮と作すべし）」、蕭穎士・江有楓序（全唐詩154）「二室之間有槭樹焉、与江南楓形胥類、憩於其下而作是詩（二室の間に槭樹有り。江南の楓と形あひ類す。其の下に憩ひて是の詩を作る）」

【樟】11　音ショウ　訓くすのき

【語源】 上古漢語は*tiang、中古漢語は**tʃiang**（→呉音・漢音シヤウ）である。クスノキ科の常緑高木***Cinnamomum camphora***（クスノキ）を意味する。高さは二〇～三〇メートル。樹皮は褐色を帯びる。枝や葉に芳香がある。春から初夏にかけて緑白色の花が咲く。果実は球形で、紫黒色に熟する。樟脳を製し、また、皮や果実を生薬とする。長江以南に分布する。語源は木目が美しいことから章（あや）と同源。和名は香りが優れていることから、奇しのクスが語源で、クス（奇）の木の意。

また古典にしばしば出る予樟［＝豫樟］はクスノキ科の常緑低木***Lindera umbellata***（クロモジ、中国名大葉釣樟）に当てられる。高さは一～二メートル。樟の小なるものとされ、樹皮に黒斑があるので別名を烏樟という。和名のクロモジは黒斑を文字に見立てたもの。香料を採り、また、楊枝の材料とする。

【字源】「章（*tiang）」は「辛」（刃物の形）の中間に「曰」（印や模様の符号）を入れた図形で、刃物で鮮やかな模様をつける様子を暗示させる。これによって「はっきりと模様を現し出す」というイメージを示す記号とする。「章（音・イメージ記号）＋木（限定符号）」を合わせて、美しい木目がはっきりと現れる木（クスノキ）、あるいは、幹に黒い斑の模様がはっきりと現れる木（クロモジ）を表した。

金　篆〔章〕

【別名】 ①（クスノキ）香樟・樟公・樟脳樹　②（クロモジ）烏樟・釣樟・枕木・棆

【文献】 ①後漢書・礼儀志「諸侯王公主貴人皆樟棺（諸侯王・公主・貴人は皆樟の棺）」　酉陽雑俎18「樟木江東人多取為船、船有蛟竜闘者（樟木は、江東の人多く取り

て船を為る。船に蛟竜の闘ふ者有り)」②山海経・中山経「玉山…其木多豫樟楢杻(玉山…其の木は豫樟・楢・杻多し)」、三国志・魏志・倭人伝「其山有丹、其木有柟杼豫樟(其の山に丹有り。其の木に柟・杼・豫樟有り)」、名医別録「釣樟根皮、主金創、止血(釣樟の根と皮は、金創を主り、血を止む)」

【樅】11 [音]ショウ [訓]もみ

[語源] 中国と日本では意味が異なる。中国では上古漢語が*tsʻiung、中古漢語が tsʻioŋ(→呉音シュ、漢音ショウ)で、ヒノキ科ビャクシン属の常緑高木 *Sabina chinensis*(イブキ、中国名円柏)を意味する。葉は鱗状のものと、針状のものとの二型がある。古代では、針状の葉をもつものを樅といい、両方を兼ねるものを檜といった。語源は従の「縦に細長い」のイメージを取る。イブキについては檜の項参照。

日本ではマツ科の常緑高木 *Abies firma*(モミ、中国名日本冷杉)を指す。日本の特産。幹はまっすぐ伸びて、高さが四〇メートルになる。葉は線形。秋に松かさに似た球果が生る。ヨーロッパモミはクルスマスツリーに利用される。古名はモムノキで、鱗状の樹皮を揉むと剥がれることに由来するという。

[字源]「从(*dziuŋ)」は左向きの人を二つ並べて、前の人の後ろに別の人が従う情景を暗示する図形。これに限定符号の「辵」をつけたのが「從」である。「したがう」ことを古代漢語で*dziuŋといい、「從」で表記する。また「たて」を*tsʻiungといい、同じ記号を用いる(後に糸偏を添えて「縱(=縦)」と書く)。その理由は、前の人に後の人が従うと縦の列や線になるから、似た聴覚記号を用い、同源意識から同じ視覚記号を用いるのである。「たて」のイメージから、「細く長い線になる」というイメージに展開する。「從(音・イメージ記号)+木(限定符号)」を合わせて、細長い針のような葉をもつ木を暗示させた。古代中国ではイブキに二種類の葉があることが知られており、爾雅に「樅は松葉柏身、檜は柏葉松身」とある。

日本では和名抄などが樅をモミと読んだが、中国の文献の読み違いであろう。あるいは「従」に「たて」の意味があるから、直立する大木であるモミを表記するために樅を創作したとも考えられる。その場合は樅は半国字である。

〔从〕 甲 金 篆

〔從〕 甲 金 篆

〔樅〕 篆

[別名]（イブキ）檜

[文献] 爾雅・釈木「樅、松葉柏身」——郭璞注「今大廟梁材用此木、尸子所謂松柏之鼠不知堂密之有美樅（今大廟の梁材に此の木を用ゐる。尸子の所謂松柏の鼠、堂密の美樅有るを知らず）」、張衡・西京賦（文選２）「其木則樅栝椶柟（其の木は則ち樅・栝・椶・柟）」

【樗】 11 音チョ 訓おうち

[語源] 上古漢語は***t'iag**、中古漢語は**t'io**（→呉音・漢音チョ）である。ニガキ科の落葉高木*Ailanthus altissima*（シンジュ、中国名臭椿）を意味する。中国の原産。高さは二〇メートルに達する。樹皮は灰色。葉に臭気がある。夏、緑白色の小花をつける。果実は長楕円形。根の皮を樗白皮といい、生薬に用いる。葉が脱落して虎の目のような痕が残るので、虎目、鬼目の異名がある。和名のシンジュ（神樹）は英名のtree of heavenの直訳。別名はニワウルシ（庭漆）という。

荘子に、大木であるが、幹に節瘤があり、枝が曲がっているので大工に一顧もされないため、長寿を全うする木とあり、無用の象徴となる。

日本では樗をオウチ（センダンの古名）と読むが、誤用である。楝の項参照。

[字源]「雩（う）」という珍しい記号を用いている。雨を求める祭を意味する語だが、木の名に利用されたのはイメージと関係があるようである。「亏（***ɦuag**）」は「一＋丂（つかえて曲がる印）」を合わせて、息が一線につかえて曲がる様子を暗示する図形（芋の項参照）。ストレートに声が出るのではなく、喉もとで声を屈曲させ、ワーとか、ウーとかすれたうなり声を出すことである。吁（アーという嘆息の声）、於乎［＝嗚呼］（アーという感嘆の声）、呼（よぶ）などは同源の語。節をつけた声で天の神に雨を祈る行為が「亏（音・イメージ記号）＋雨（限定符号）」を合わせた「雩（***ɦuag**）」によって表象された。木の名に「雩」を利用するのは、かすれた

ような呼び声のイメージを用いたと考えられる。言葉にならないうなり声→実質・中身がない→うつろであるというイメージの連合がある。シンジュは詩経に初めて出る木だが、薪にしかならない悪木とされる。つまり実質が乏しく利用価値のない木である。このような思考過程を経て、「雩（イメージ記号）＋木（限定符号）」を合わせた樗が生まれた。ちなみに雩の代わりに虖と書く字体もあり、虖（トラのうなり声）は呼と同源である。

㊙甲　㊎金　㊞篆〔雩〕

㊞篆〔樗〕

【別名】①（シンジュ）臭椿・虎目・虎眼樹・鬼目・大眼桐・山椿　②（オウチ）楝

【文献】①詩経・豳風・七月「采荼薪樗（荼を采り樗を薪にす）」、荘子・逍遥遊「吾有大樹、人謂之樗、其大本擁腫而不中縄墨、其小枝巻曲而不中規矩、立之塗、匠者不顧（吾に大樹有り、人之を樗と謂ふ。其の大本擁腫にして縄墨に中（あた）らず。其の小枝巻曲して規矩に中らず。之を塗に立つるも、匠者顧みず）」

【榓】11　音 ミツ　訓 しきみ

【語源】上古漢語は*miĕt、中古漢語は*miĕt（→呉音ミチ・ミツ、漢音ビツ）である。中国では香木の名で、木蜜（蜜香の別名）と同じとされる。蜜香は***Aquilaria***属（ジンコウ属）の一種という。日本ではシキミ科の常緑小高木***Illicium anisatum***（シキミ）を指す。高さは二〜三メートル。全体に芳香があるが、毒もある。花は淡黄色。果実は熟すと裂けて種子が現れる。果実は甘いが、特に毒性が強い。仏事に使われ、墓場などに植える。シキミの語源は果実に毒があるので、悪しき実→シキミになったという。一説では、種子を含んだ十数個の心皮が放射状に並ぶ果実の形から、敷き実の意味とする（前川文夫）。

【字源】榓・樒・櫁は異体字。中国では六朝時代に登場するが、用例が乏しく、シキミとは断定できない。シキミを意味する榓は日本人の創作字と思われる。蜜のような味や香りがあるところから蜜に木偏を添えて「榓」を作り、のちに「樒」となった。また、仏事に用いるので「佛」に木偏を添えた「梻」が創作された。樒は半国字、梻は国字である。
「宓(びつ)(*miet)」は蜜柑の項で述べた通り、「中のものを外側からぴったり閉じこめる」というコアイメージがある。「宓(音・イメージ記号)＋虫(限定符号)」を合わせた「蜜(*miet)」は、蜂が巣の中にびっしり閉じこめた物質を表す。また、「宓(音・イメージ記号)＋山(限定符号)」を合わせた「密(*mĭĕt)」は、山が木に覆われて中がびっしり閉ざされた様子を暗示させる。虫や山との関係を捨象して、「中にびっしりと閉じこめる」という抽象的なイメージだけを取り、香気を内部に閉じこめた木を樒といったのである。これが中国の造形の意匠だが、蜜のような具体的なものから発想するのが日本流の造字法である。なお「佛」の字源については仏手柑の項参照。

[金]  [篆]  〔密〕

[別名] ①(ジンコウの一種)木蜜　②(シキミの異表記)梻

[文献] ①竜龕手鑑「樒・櫁、木蜜、香樹名」

【橄欖】12 [音]カン-ラン [訓]—

[語源] 上古漢語は*kam-glam、中古漢語はkam-lam(↓呉音・漢音カム-ラム)である。カンラン科の常緑高木 *Canarium album*(カンラン)を意味する。高さは一〇メートル以上になる。樹皮は淡灰色。春から夏にかけて白い花をつける。果実は卵形で緑色だが、熟すと淡黄色になる。味は苦いが、甘みを含み、食用になる。また、薬用とする。中国南部に分布する。語源はマレー語かまたは南アジア系の言語に由来するという(史有為、外来詞)。日本ではオリーブと読むことがあるが、誤用である。

この木の果実を口にすると、初めは苦いが、段々と甘さを感じるので、友人に忠告するときにプレゼントするという。別名を忠果、諫果といい、忠言や苦言の象徴とされる。

[字源] k(a)lam または k(a)riam と推定される外来語の語形をkam-lamという畳韻の二音節語に仕立て、敢と覧で音写して木偏を添えたもの。柯欖、格覧、感擥なども音写された。

【別名】青果・青子・忠果・諫果・凍果・霜果・橄棪・甘欖・白欖・黄欖

【文献】南方草木状「橄欖樹、身聳、枝皆高数丈、其子深秋方熟、味雖苦渋、咀之芬馥、勝含鶏舌香（橄欖樹は、身は聳え、枝皆高きこと数丈。其の子深秋に方に熟す。味苦渋なりと雖も、之を咀めば芬馥たり。鶏舌香を含むに勝る）」

【橘】 12 音キツ 訓たちばな

【語源】上古漢語は*kiuet、中古漢語はkiuĕt（→呉音キチ、漢音キツ）である。広義では柑と同じく、*Citrus*属（ミカン属）の総称で、柑橘と称される。区別するときは、果実の直径が五センチより大きく、果皮が橙黄色で厚く、頂きに嘴のあるものが柑、果実の直径が五センチより小さく、果皮が朱紅色または橙黄色で薄く、頂きに嘴のないものが橘だという（辞海・生物分冊）。中国医学（本草）では*C. tangerina*（オオベニミカン、中国名福橘、別名紅橘）、また、*C. erythrosa*（コベニミカン、中国名朱橘）などに当てる。前者は高さが三メートルほど。果実は扁円形で橙紅色。皮はむきやすい。汁は少なく、味は甘酸っぱい。十二月に熟する。福州地方に多く栽培される。後者は高さが五メートルほど。果実は扁円形で朱紅色。頂きに乳頭状の突起がある。十月に熟する。ほかに橘の名をもつミカン類に蜜橘（ウンシュウミカン［温州蜜柑］、また、ジミカン［地蜜柑］）、乳橘（キシュウミカン［紀州蜜柑］）、甜橘（ポンキ［椪橘］）などがある。

「江南の橘化して枳と為る」という古諺があり、橘は淮河を越えるとカラタチに変わるといわれ、環境により変化することの喩えとなる。橘は南国に生じて北に移動しないところから、固い節操のシンボルともなる。また、「吉」と音が同じなので、吉祥植物と見なされ、吉祥図で「百事大吉」などの図案が描かれる。日本では橘をタチバナ（*C. tachibana*）に用いる。高さは三メートルほど。葉に香気がある。五、六月に白い花が咲く。果実は扁平で、熟すと黄色になる。酸味が強く、食べられない。古代のタチバナは今のミカンのことで、田道間守（たじまもり）が外国に行ってこれを求めたという伝説がある。田島間花がタチバナの語源だといわれる（牧野富太郎）。

[字源]「冏」は裔（衣の裾）や巂（ツバメ）などに含まれ、尻の形を示す図形。尻→円い穴というイメージに連合する。「冏（イメージ記号）＋矛（限定符号）」を合わせた「矞（いつ）（*diuet）」は、錐で円い穴を開ける様子を暗示させ、「円い」「円い穴」というイメージを示す記号となる。鷸（いつ）（長い嘴で円い穴を開けて餌を探る「しぎ」）は同源の語である。同じように、「矞（音・イメージ記号）＋木（限定符号）」を合わせて、円い果実の生る木を暗示させた。

篆〔矞〕　篆〔橘〕

[別名] 木奴・橘奴・金衣・金衣果・金顆・玉果・黄団・霜橘・霜包

[文献] 書経・禹貢「厥包橘柚、錫貢（その包は橘・柚、貢を錫（たま）ふ）」、周礼・考工記「橘踰淮而北為枳（橘、淮を踰えて北すれば枳と為る）」、史記・貨殖伝「蜀漢江陵千樹橘」、神農本草経「橘柚味辛温、主治胸中瘕熱逆気、利水穀、久服去口臭、下気、通神（橘柚は、味は辛にして温。主治は胸中瘕熱逆気。水穀を利す。久服すれば口臭を去り、気を下し、神に通ず）」

【樹】12　音ジュ　訓き

[語源] 上古漢語は*dhiug、中古漢語はʒiu（→呉音ジュ、漢音シュ）である。木本類の総称。「木」と意味は同じだが、コアイメージが異なる。「木」は枝葉が覆い被さる姿に着目した語だが、「樹」は豎（じゅ）（たてる）、頭（T型に立つ「あたま」）、逗留の逗（立ち止まる）、駐留の駐（とまる）などと同源で、「じっと立って動かない」というイメージを捉えた語で、立ち木の意味である。

[字源]「壴（ちゅ）（*tiug）」は鼓の左側と同じで、太鼓を立てた図形。「じっと立てる」というイメージを示す記号となる。「壴（音・イメージ記号）＋寸（限定符号）」を合わせた「尌（じゅ）（*dhiug）」は、じっと立てる動作を表す。「尌（音・イメージ記号）＋木（限定符号）」を合わせた樹（*dhiug）は、地上にじっと立つ木を意味する。樹立の樹のように単に「立てる」という使い方もある。

甲 　金　篆〔壴〕

甲 　金　篆〔尌〕

【文献】説文解字6「樹、木生植之総名也（樹は木の生植するの総名なり）」

篆 〔樹〕

娑羅双樹

音 サーラーソウージュ
訓 ——

【語源】本来は単に娑羅であり、また娑羅樹ともいう。上古漢語は*sar-lar、中古漢語は sa-la（→呉音・漢音サーラ）である。フタバガキ科サラノキ属の落葉高木 ***Shorea robusta***（サラソウジュ）を意味する。インド原産の木で、高さは三五～四五メートルに達する。花は淡黄色。どんぐり状の果実が生る。材質は堅く、建築などの材料になる。釈迦が入滅したときにこの木が四方に二株ずつ生じたという伝説がある。そのため娑羅双樹（娑は沙とも書く）という。語源は梵語の sāla に由来する。

【字源】六朝時代に初めて登場する語である。仏典の訳語の一つで、梵語を娑羅で音写し、畳韻の二音節語としたもの。娑は娑婆の娑、羅は修羅・魔羅の羅で、音写に常用される字を選んでいる。

【別名】娑羅・娑羅樹

【文献】斉民要術10「有外国沙門見之名為娑羅也（外国の沙門有り、之を見て名を娑羅と為すなり）」、水経注1「此樹名娑羅樹、其花名娑羅佉也、此花色白如霜雪、香無比也（此の樹娑羅樹と名づく。其の花は娑羅佉と名づく。此の花色白きこと霜雪の如く、香無比なり）」、魏書・釈老志「釈迦…四十九載乃於拘尸那城娑羅双樹間、以二月十五日而入般涅（釈迦…四十九載乃ち拘尸那城の娑羅双樹の間に於いて、二月十五日を以て般涅に入る）」

菩提樹

音 ボーダイージュ
訓 ——

【語源】菩提の上古漢語は*buag-deg、中古漢語は bo-dei（→呉音ブーダイ、漢音ホーテイ）である。クワ科イチジク属の常緑高木 ***Ficus religiosa***（インドボダイジュ）を意味する。葉の先は尾のように細長い。高さは一〇～二〇メートル。十一月に開花し、球形に近い果実が生る。インドの原産で、六朝時代に中国にもたらされた。現在では広東省や雲南省に分布する。街路樹などに利用される。釈迦がその下で悟りを開いたという伝説から、菩提（悟りの意）の名がついた。

日本では主としてシナノキ科シナノキ属の落葉高木

Tilia miqueliana（ボダイジュ、中国名南京椴、別名白椴）を指す。高さは一五メートルに達する。樹皮は灰白色。果実で念珠を造る。中国の原産で、日本へは禅僧の栄西が中国から伝えたという。インドボダイジュの代用として寺院で植えたのが名の由来。

[字源] 梵語 **pippala** を音写して畢鉢羅、卑鉢羅、庳鉢羅、賓鉢羅などと表記したが、のちに釈迦の伝説にちなんで菩提樹と称した。菩提は梵語 **bodhi**（悟りの意）の音写である。

[別名] ①（インドボダイジュ）思惟樹・覚樹・成道樹・道樹・仏樹・梵樹・三花樹・畢鉢羅・波利質多羅樹・質多羅・多羅・槃多・貝多樹　②（ボダイジュ）椴・白椴

[文献] ①水経注1「見仏于河傍坐摩訶菩提樹（仏の河傍において摩訶菩提樹に坐するを見る）」、梁書・諸夷伝「献菩提樹葉詹糖等香（菩提樹の葉・詹糖等の香を献ず）」、大唐西域記8「菩提樹者即畢鉢羅之樹也、昔仏在世、高数百尺、屢経残伐、猶高四五丈、仏坐其下、成等正覚、因而謂之菩提樹焉（菩提樹なる者は即ち畢鉢羅の樹なり。昔仏世に在りしとき、高きこと数百尺。屢ば残伐を経、猶高きこと四五丈。仏其の下に坐し、等正覚を成す。因りて之を菩提樹と謂ふ）」

月桂樹→月桂（52ページ）

公孫樹→銀杏（18ページ）

覇王樹→仙人掌（378ページ）

【橡】

12　㊥㊦ショウ　とち・とちのき

[語源] 中国と日本では意味が異なる。中国では上古漢語が *°giang*、中古漢語が *ziang*（↓呉音ザウ、漢音シヤウ）で、ブナ科コナラ属の落葉高木 *Quercus acutissima*（クヌギ、中国名麻櫟）を意味する（詳しくは櫟の項参照）。語源について李時珍は「実を橡斗、皁斗と名づけ、其の斗［＝殻斗］刓剜（がんわん）（彫り刻む意）して斗に象るを謂ふ」と述べている（本草綱目）。すなわち、ドングリが斗（ひしゃく）を象ったような殻斗に包まれているので、クヌギの果実を橡斗、また単に橡といい、これが木の名に拡大されたというものであろう。

日本ではトチノキ科の落葉高木 *Aesculus turbinata*（トチノキ、中国名日本七葉樹）を指す。日本の原産。

高さは三〇メートルに達する。小葉は七枚並ぶ。花は白色で、紅色の斑がある。果実は三つに裂けて赤褐色の種子が出る。種子で橡麺などを造る。トチの語源は朝鮮語**totol**（ドングリの意）に由来するという説がある（吉田金彦）。

[字源]「象（***g̊iang**）」は獣のゾウを描いた図形。甲骨文字にもあるように、殷の人にとってゾウは見慣れた動物であった。その特徴から「大きく目立つ姿」というイメージを捉え、「すがた、かたち」を意味する***g̊iang**（**ziang**）も同源と意識され、同じ視覚記号で表記される。また、物の姿に似せることや、似せた姿も***g̊iang**（**ziang**）といい、象・像と表記する。クヌギのドングリは比較的大きく、また斗に似た姿を呈するので、クヌギの実を、「象（音・イメージ記号）＋木（限定符号）」を合わせた橡に斗を冠して橡斗といい、また、クヌギそのものを橡という。日本で橡をトチと読んだのは読み違いであろう。

(甲)　(金)　(篆)　〔象〕

[別名] ①（クヌギ）櫟・柞・杼・栩　②（トチの異表記）栃・芧・杼・栩

[文献] ①荘子・盗跖「民皆巣居以避之、昼拾橡実、暮棲木上、故命之曰有巣氏（民皆巣居して以て之を避け、昼は橡実を拾ひ、暮れは木上に棲む。故に之に命じて有巣氏と曰ふ）」、新修本草「橡実味苦微温無毒、主下利、厚腸胃、肥健人。其殻為散及煮汁服、亦主利、幷堪染用、一名杼斗、槲櫟皆有斗、以櫟為勝（橡実は、味は苦にして微温、毒無し。利［＝痢］を下すを主る。腸胃を厚くし、人を肥健にす。其の殻を散と為し、及び汁を煮て服すれば、また利を主り、幷せて染用に堪ふ。一名杼斗。槲・櫟皆斗有り。櫟を以て勝れりと為す）」

【橙】12

(音) トウ　(訓) だいだい

[語源] 上古漢語は***dəng**、中古漢語は**dəng**（→呉音ヂヤウ、漢音タウ）である。ミカン科ミカン属の常緑小高木 ***Citrus junos***（ユズ、中国名香橙）を意味する。中国の原産。高さは四～六メートル。枝に長い刺がある。春、白色の五弁花が咲く。果実は扁円形で、熟すと黄色になる。酸味が強く、芳香がある。語源は登の「上に上がる」のイメージを取り、香気がことのほか立ち

登る特徴を捉える。ほかに橙の名をもつものに、蜜橙（*C. sinensis*、スイートオレンジ、中国名甜橙）、臭橙（*C. aurantium*、ダイダイ、中国名酸橙）などがある。日本では橙を専らダイダイに用いている。ダイダイは同じ木に新果と旧果が共に生じるところから、代々が語源。この語のイメージから代々栄えるとの意を汲んで、縁起物に用いられる。

[字源]「癶」は発に含まれ、開いた左右の両足の形で、足の動作を示す限定符号に使われる。「豆」は「たかつき」という古代の器を描いた図形である（豆の項参照）。「豆＋廾（両手）」を合わせた「登（とう）（*tang）」は、たかつきを上に持ち上げる様子を暗示させる図形で、「上に上がる」というイメージを示す。「登（音・イメージ記号）の略体＋癶（限定符号）」を合わせた「登（*tang）」は、上に上がっていく（つまり「のぼる」）ことを表す。ここにも「上に上がる」というイメージがある。「登（音・イメージ記号）＋木（限定符号）」を合わせて、果実の香気が盛んに立ち上る特徴をもつ木を暗示させた。これはユズにふさわしい。日本では柚をユズに当てたが、読み違いであった。

甲 篆〔癶〕　甲 篆〔登〕　金 篆〔登〕　篆〔橙〕

[別名]①（ユズ）橙子・香橙・黄橙・金橙・金球・蟹橙・鵠殻・羅漢橙　②（ダイダイ）臭橙

[文献]①張衡・南都賦（文選4）「穰橙鄧橘」、食療本草（唐・孟詵）「橙温、去悪心胃風、取其皮和塩貯之（橙は温なり。悪心・胃風を去る。其の皮を取りて塩に和して之を貯ふ）」

【橅】12　音ボ・モ　訓ぶな

[語源]橅は漢書で規模の模と同じように使われていて、植物の名ではない。これを木の名に使うのは日本独自の用法である。ブナ科の落葉高木 *Fagus crenata*（ブナ）を指す。高さは三〇メートルに達する。樹皮は灰白色。果実は殻斗に包まれ、熟すと裂ける。果実に稜（そば）があり、栗のように食用になるのでソバグリの異名が

ある。ブナの語源も食用になることから発想されて、ム（身や実の古語）ナ（菜）の意味であろうという説がある。

[字源] 日本でブナのブを「無」（漢音がブ）で表記し、木偏を添えて「橅」とした。中国の橅は模の音なので、ボまたはモになるはずだが、日本ではそれと関係なく「無」を利用しただけである。したがって橅は半国字。「無」の字源については無花果の項参照。[補説] 中途半端な形声的方法で創作した国字に梛・椨などがある。

[別名]（ブナの異表記）山毛欅・椈

【檟】13 [音]カ [訓]——

[語源] 上古漢語は*kăg、中古漢語はkă（→呉音ケ、漢音カ）である。二つの意味がある。一つは榎と同じで、トウキササゲを意味する（榎・楸の項参照）。古典では棺桶の材になる木として登場する。また、懲罰用の叩き棒にも利用された。もう一つはチャの意味がある。陸羽の茶経に六つの茶の異名の一つとして挙げられている（茶の項参照）。

[字源]「襾（あ）（*·ăg）」は上から覆いを被せることを示す図形。「襾（音・イメージ記号）＋貝（限定符号）」を合わせた「賈（か）（*kagまたは*kăg）」は、商品に覆いを被せてストックし、商いをする様子を暗示させる。商品を取引することを*kagといい、商品につける値段を*kăgといい、同じ視覚記号で表記する（後者はのちに價［＝価］と書かれる）。賈のコアイメージの「覆い被せる」を利用し、「賈（音・イメージ記号）＋木（限定符号）」を合わせて、遺体に覆い被せる棺桶を造る木（トウキササゲ）を表した。

[篆]

〔賈〕

[篆]

〔檟〕

[別名] ①（トウキササゲ）榎・楸 ②（チャ）茶

[文献] ①春秋左氏伝・哀公11「将死曰、樹吾墓檟、檟可材也（将に死せんとして曰く、吾が墓に檟を樹ゑよ、檟は材にすべきなり）」、孟子・告子上「今有場師、舎其梧檟、養其樲棘、則為賤場師焉（今場師有り。其の梧・檟を舎（お）きて、其の樲・棘を養ふは、則ち賤場師為（た）り）」 ②爾雅・釈木「檟、苦荼」——郭璞注「樹小如梔子、冬生、葉可煮作羹飲、今呼早采者為荼、晩取者為茗、一名荈、蜀人名之苦荼（樹小なること梔子の如し。冬生

ず。葉は煮て羹と作して飲むべし。今早く采る者を呼びて茶と為し、晩く取る者を茗を為す。一名荈。蜀人之に苦茶と名づく)」、茶経(唐・陸羽)「其味甘檟也、不甘而苦荈也、啜苦咽甘茶也(其の味甘きは檟なり。甘からずして苦きは荈なり。苦きを啜りて甘きを咽むは茶なり)」

【檜】13 [音]カイ [訓]ひのき

[語源] 中国と日本では意味が異なる。中国では上古漢語が*kuad、中古漢語が**kuai**(→呉音クヱ、漢音クワイ)で、ヒノキ科ビャクシン属の常緑高木*Sabina chinensis*(イブキ、別名ビャクシン、中国名円柏)を意味する。高さは一五~二〇メートル。円錐形の樹冠をなす。枝は円く赤褐色。葉は鱗状と針状の二型がある。果実は円形で、種子に三稜がある。語源は、爾雅に「檜は柏葉松身」とあるように、柏[コノテガシワ]と松の二つの性質を会する(併せ持つ)から檜といったとされる。しかし針状の葉をもつタイプを樅といい、針状と鱗状の葉を同時に併せ持つタイプを檜といったと考えられる。いずれにしても檜はイブキであり、その別名が樅である。和名はイブキビャクシン(伊吹柏槙)の略で、伊吹は滋賀県の地名、柏槙は柏子が訛ってビャクシンとなってできた表記であるという。

檜は生長が遅く、寿命が長いとされ、古くから庭園などで植えられた。山東省の曲阜には孔子手植えの千年の檜があったといわれ、聖徳のシンボルとなった。

日本ではヒノキ科の常緑高木*Chamaecyparis obtusa*(ヒノキ)を指す。日本特産の木で、高さは三〇~四〇メートル。樹皮は赤褐色。葉は鱗状をなす。材は芳香があり、建築や家具などに珍重される。語源は火の木で、昔、この木を擦り合わせて火を取ったことに由来する。

[字源]「曾(そう)」は焜炉の上に蒸籠を載せ、頂上から湯気が出ている情景を描いた図形で、甑(こしき)の原字。イメージ記号としては「段々と上に重なる」というコアイメージがある。「曾」の上部の「八」(分かれ出る符号)を「亼」(集めることを示す符号)に替えたのが「會(*k'uad)」で、いくつかの物を一つの所に重ねて集める様子を暗示させる。「二つ以上のものを一つの所に合わせる」というイメージが「會」にあり、繪(=絵。いろいろな色を合わせて模様を描く)、膾(細かく切

った魚肉を寄せ合わせた料理）などは同源の語。「會（音・イメージ記号）＋木（限定符号）」を合わせて、針状と鱗状の葉を合わせもつ木を暗示させた。これはイブキの特徴だが、日本では間違ってヒノキに当てた。

[金]  [篆]  〔曾〕
[甲]  [金]  [篆]  〔會〕
[篆]  〔檜〕

【別名】（イブキ）樅・栝・円柏・血柏・檜柏・霜檜
【文献】詩経・衛風・竹竿「檜楫松舟」、説文解字6「檜、柏葉松身」、劉禹錫・謝寺双檜（全唐詩359）「双檜蒼然古貌奇（双檜蒼然として古貌奇なり）」

翌檜　[音] ――　[訓] あすなろ

【語源】ヒノキ科の常緑高木 *Thujopsis dolabrata*（アスナロ、中国名日本扁柏）を指す。日本特産の木。高さは三〇メートルに達する。樹皮は赤褐色。樹冠は円錐形をなす。葉は鱗状で、表裏の色が違う。果実は球形で秋に熟する。材に異臭がある。語源については枕草子にも出ている説が有名。すなわち、明日は檜になりたいとの意味の「明日はひのき」からアスナラウ→アスナロになったという。ただしこれは民間語源説であろう。本来の名はアスヒで、アテヒ（アテは貴い意、ヒは檜）→アスヒになったといわれる（中村浩）。一説ではアテヒは当檜で、ヒノキに充当される意という（吉田金彦）。
【字源】アスヒを明日檜と書き（明日は当て字）、明日を漢語風に翌に直して翌檜と書いた（これは日本独自の植物名である）。明日檜という漢字表記を「明日は檜」と読み、ここから民間語源に発展したと考えられる。民間語源説を排除しては翌檜の由来はわからない。
翌（*diak）の古い形は昱・翊で、「立」または「羽」にイメージがこめられている。「立」は両手両足を広げて立つ人の姿を図形にし、「羽」は同じ方向に並ぶ鳥のはねを図形にしたもの。どちらも「一つあるほかにもう一つ別のものがある」というイメージを表すことができる。今日という日のほかにやってくる別の日が明日であり、これを古代漢語で*diakといい、「立（イメージ記号）＋日（限定符号）」または「羽（イメージ記号）」を合わせた昱・翊・翌で表記するのである。鳥のつばさを*d̥iək（翼）というのも同源で、左右に一対あることからの命名である。

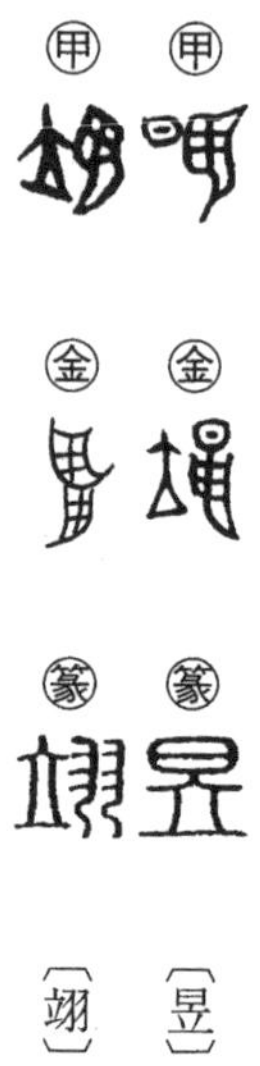

【檎】 13 [音]キン [訓]りんご（林檎）

[語源]「林檎」という二音節の語形を取る。上古漢語は*lɪəm-gɪəm、中古漢語はlɪəm-gɪəm（→呉音リム-ゴム、漢音リム-キム）である。バラ科リンゴ属の落葉小高木 ***Malus asiatica***（ワリンゴ、別名ジリンゴ、中国名花紅）を意味する。葉は楕円形。春、淡紅色の花が咲く。果実は扁球形で、頂上と底に凹みがある。秋に黄色に熟し、生食される。中国原産のリンゴで、長江・黄河流域で広く栽培される。語源については広志（晋・郭義恭）に、「もとは来禽といい、甘く熟して禽を来すことから名づけられた」とある。ほかに中国原産の柰（だい）（イヌリンゴ）と蘋果（ひんか）（セイヨウリンゴ）がある。日本ではセイヨウリンゴをリンゴといい、林檎と書き、中国と使い方が違う（蘋果の項参照）。和名のリンゴは林檎の呉音リムゴムが平安時代にリウゴウ、リウコウなどと訛って、ついにリンゴとなったもので、ほとんど訓に近い。

[字源] 古語は来禽、後に林禽、林檎となった。「來（*mləg）」はムギを描いた図形。ムギは太古に中国に伝わった植物で、神がもたらした（賜った）瑞禾とされた。「もたらす（来させる）」という意味の語を*mləgといい、「來」と書くのは、ムギと「来る」の同源意識による（麦の項参照）。賚（物をもたらす→たまう）という語に「來」のコアイメージが残っている。次に「林」は「木」を二つ並べて、「もり」や「はやし」を表す（漢語では森は「もり」ではなく、林が「もり」と「はやし」をカバーする）。

「禽」の上部は「今」、下部は「离」（離の左側の字で、螭や魑の原字）の一部を省略した形である。「今（*kɪəm）」は「上からかぶせて、中に閉じこめる」というイメージがある（衿の項参照）。「今（音・イメージ記号）＋离（獣の形）」を合わせた「禽（*gɪəm）」は、動物に網を被せて捕まえる様子を暗示する。一般に鳥獣を禽といい、意味を縮小して「とり」の意味となった。

「來」と「禽」を結合させて*mləg-gɪəm という二音節語を作り、鳥を来させるほど甘く熟する果実の生る木を暗示させる。また、音が変化して*lɪəm-gɪəm という畳韻の二音節語に仕立て、「林」と「禽」を結合させて表記し、果実を森や林に棲む鳥が来て食べる木といった意味合いを寓した。のち「禽」に木偏を添えて林檎という表記が生まれた。

甲　金　篆〔林〕

甲　金　篆〔禽〕

[別名] 来禽・林禽・花紅・朱柰・五色柰・沙果・蜜果・文林果・文林郎果・聯珠果・冷金丹・臨檎花

[文献] 広志（芸文類聚87）「林檎似赤柰子、亦名黒檎…一名来禽、言味甘熟則来禽也（林檎は赤柰子に似たり。また黒檎と名づく。…一名来禽。味甘く熟すれば則ち禽を来すを言ふなり）」、斉民要術4「柰林檎不種、但栽之（柰・林檎は種ゑず。ただ之を栽う）」、左思・蜀都賦（文選4）「其園則有林檎枇杷（其の園則ち林檎・枇杷有り）」、食療本草「林檎…主止消渇、好睡、不可多食（林檎は…消渇を止め、睡を好むを主る。多食すべからず）」

【檀】 13 音ダン・タン 訓まゆみ

[語源] 上古漢語は*dan、中古漢語はdan（→呉音ダン、漢音タン）である。中国と日本では意味が異なる。中国では詩経や山海経などの古典に出る木で、ニレ科の落葉高木 *Pteroceltis tatarinowii*（中国名青檀）を意味する。中国の特産。高さは一〜五メートルに達する。樹皮は淡灰色で、剥げ落ちる。葉は卵形。材質が堅く強靱なため、車軸や車輪の材に利用された。中国医学（本草）ではマメ科ツルサイカチ属の落葉高木 *Dalbergia hupeana*（中国名黄檀）に当てる。高さは七〜二〇メートル。樹皮は暗灰色。夏、黄色の花が咲く。材質は堅く、車両などに用いる。根を薬用とする。語源は材質が緻密で強靱な特徴を亶の「厚い、豊か」のイメージで捉えたものであろう。

日本ではニシキギ科ニシキギ属の落葉低木 ***Euonymus sieboldianus***（マユミ）を指す。高さは三メートルほど。初夏、淡緑色の花が咲く。秋に黄葉する。材質は堅く、昔、弓の材料にしたので、真弓（良い弓の意）の名が生まれた。

［字源］「旦（*tan）」は地平線の上に太陽が出る図形で、「隠れたものが平面上に現れ出る」というイメージがある。「㐭」は米を貯蔵する倉の図形で、稟（米倉）の原字。「旦（音・イメージ記号）＋㐭（イメージ補助記号）」を合わせた「亶（*tan）」は、表面に見えるほどたっぷりと内部にある様子を暗示させ、「厚く豊かである」というイメージを示す。「亶（音・イメージ記号）＋木（限定符号）」を合わせて、材の内部が木目細かく、厚くて重い木を暗示させた。李時珍はこの木について「皮青くして沢［つやがある］、肌細やかにして膩［厚い］、体重くして堅し」と説明している。日本でマユミに当てたのは読み違いである。

甲 　金 　篆（旦）

篆（亶）　篆（檀）

［別名］ 青檀・檀樹・翼朴

［文献］ 詩経・魏風・伐檀「坎坎伐檀兮（坎坎として檀を伐る）」、山海経・西山経「鳥危之山…其陰多檀楮（鳥危の山…其の陰、檀・楮多し）」

黒檀

音 コクタン　訓 —

［語源］ カキノキ科カキノキ属の常緑高木 ***Diospyros ebenum***（コクタン、中国名烏木）を指す。インドの原産。花はカキ（柿）に似る。材質が緻密で、高級家具などの材料になる。心材が黒いことから、白檀などに対し、日本で黒檀という名がついた。中国では烏木（烏は黒い意）という。

［字源］「黒」は「煙突の形＋炎」を合わせて、煙突の中についた煤を暗示させる図形。色名の「くろ」を古代漢語で*mək といい、この視覚記号で表記する。墨（*muək）は同源の語である。

金 　篆（黒）

［別名］ 烏木・烏文木・文木・鷖木

紫檀

音 シタン　訓 —

［語源］ 上古漢語は*tsiĕr-dan、中古漢語はtsiě-dan（→呉音シーダン、漢音シータン）である。マメ科の常緑高木

Pterocarpus indicus（インドシタン）を意味する。インドの原産。高さは一五～二五メートル。花は黄色。心材は紅色に近い。材質は緻密で、家具や楽器に用いられる。日本でシタン（紫檀）というのは*Dalbergia*属（ツルサイカチ属）の木だという。

[字源]「紫」と「檀」の字源についてはそれぞれ該項参照。インドシタンの樹皮は鮮紅色だが、空気に触れると暗色ないし緑を帯びた色に変化するという。古人はこれを紫色と見て紫檀と名づけたのであろう。ちなみに紫については、孔子は「紫の朱を奪うを悪む」といい、正義の朱に対して不正の象徴とした。一方、道教が起こると、紫は最高位の象徴となった。

[別名] 紫梅木・紫真檀・紫檀香・赤檀

[文献] 古今注（晋・崔豹）「紫梅木出扶南、色紫、亦謂之紫檀（紫梅木は扶南に出づ。色は紫、また之を紫檀と謂ふ）」、名医別録「紫真檀木、味鹹微寒、主治悪毒風毒（紫真檀木は、味は鹹にして微寒。悪毒・風毒を治するを主る）」

白檀→梅檀（56ページ）

【檉】 13 [音]テイ [訓]ぎょりゅう

[語源] 上古漢語は*t'ieng、中古漢語はt'iɛng（→呉音チヤウ、漢音テイ）である。ギョリュウ科の落葉低木または小高木*Tamarix chinensis*（ギョリュウ、中国名檉柳）を意味する。高さは七メートルに達する。老いた枝は直立し、若い枝は弱くて垂れ下がり、ヤナギ（柳）に似る。花序は細長い円錐状で、薄いピンクの花をつける。一年で二回または三回開花する。中国の原産で、江戸時代に日本に渡来したという。語源について羅願は「天の将に雨ふらんとするや、檉先づ気を起こして以て之に応ず。故に一名雨師。而して字は聖に従ふ」（爾雅翼）と述べている。和名は御柳の音読み。御柳は中国の古典では禁中の柳の意味に用いられるが、明代における檉の俗名を取り入れたものらしい（下記文献参照）。

[字源] 雨を予知するから「聖」の名があるという説は、枝が糸のように垂れた姿から雨糸の別名が起こり、訛って雨師（雨神の意がある）となったことから出たようである。だから語源・字源は別に考える必要がある。

「壬(てい)（*t'ieng）」は人がかかとを上げて背伸びする姿を描いた図形で、「まっすぐ伸びる」というイメージがある。「壬（音・イメージ記号）＋耳（イメージ補助記号）＋口（イメージ補助記号）」を合わせた「聖（*thieng）」は、五感がよく働き物事にまっすぐ通じている人を暗示させる。「聖」には「壬」と同じ「まっすぐ伸びる」というコアイメージがある。「聖（音・イメージ記号）＋木（限定符号）」を合わせて、枝が細長くまっすぐ伸び、また長く伸びた円錐状の花序をもつ木を暗示させた。こんな特徴のある木はほかにもあるが、ギョリュウの花穂の立つ優美な姿が特に印象深いことからの命名であろう。

甲 　篆 〔壬〕

甲 金 篆 〔聖〕

篆 〔檉〕

［別名］ 檉柳・赤檉柳・赤檉・殷檉・雨糸・雨師・人柳・春柳・三春柳・蜀柳・三眠柳・観音柳・長寿仙人柳

［文献］ 詩経・大雅・皇矣「啓之辟之、其檉其椐（之を啓き之を辟(ひら)くは、其の檉其の椐）」、漢書・西域伝「国出玉、多葭葦檉柳（国、玉を出だし、葭葦・檉柳多し）」、五雑組（明・謝肇淛）「閩中有一種柳、其葉如松而垂、長数尺、其幹又与柳不類、俗名為御柳、夫詩人之咏御柳不過禁御中柳耳、此則別是一種而強名之者也（閩中に一種の柳有り。其の葉は松の如くして垂る。長さ数尺。其の幹又柳と類せず。俗に名づけて御柳と為す。それ詩人の御柳を咏ずるは禁御の中の柳に過ぎざるのみ。此は則ち別に是れ一種にして強ひて之に名づくる者なり）」

【檗】 13 音 ハク 訓 きはだ

［語源］ 上古漢語は*pĕk、中古漢語はpɛk（→呉音ヒャク、漢音ハク）である。ミカン科の落葉高木*Phellodendron amurense*（キハダ、中国名黄檗）を意味する。高さは一〇～二五メートル。樹皮は厚く、深く割れた縦の溝がある。内皮は鮮黄色を呈する。夏、黄緑色の小花をつける。果実は球形で紫黒色に熟する。中国医学（本草）では皮を生薬とする。語源は辟の「左右に開く」のイメージによる命名。和名は皮の内側が黄色なので黄肌

の意に由来する。

[字源]「辟（*biek）」は「尸（尻または人）＋口（あな）＋辛（刃物の形）」を合わせて、メスで人体を解剖する刑罰の場面を設定した図形。古代中国では支解という生体解剖の刑罰があった。辟には刑という意味のほかに、君主という意味もある。これは刑罰の権力を握る者が君主だからである。また退却することを辟易というが、中心から横に避けるという意味から派生したもので、辟の「(中心にメスを入れて) 横に開く」というコアイメージの展開である。「辟（音・イメージ記号）＋木（限定符号）」を合わせて、皮が左右に裂けて溝のできる木を暗示させた。蘗は異体字。

甲 金 篆〔辟〕 篆〔檗〕

[別名] 檗木・黄檗・黄柏

[文献] 司馬相如・子虚賦（文選7）「檗離朱楊」、神農本草経「檗木味苦寒、主治五蔵腸胃中結気熱、黄疸、腸痔、止泄痢、女子漏下赤白、陰陽蝕瘡（檗木は、味は苦にして寒。主治は五蔵腸胃中結気熱・黄疸・腸痔・泄痢を止む・女子漏下赤白・陰陽蝕瘡）」、脈経（晋・王叔和）「汗沾衣、色正黄如蘗（汗、衣を沾す。色正黄なること蘗の如し）」

【檸檬】14 音ネイ-モウ 訓れもん

[語源] もともと黎檬と書き、中世漢語は liai-muəŋ である。中国在来の *Citrus limonia*（カントンレモン）を意味する。ミカン科ミカン属の常緑低木で、堅い刺がある。果実は球形で、黄色ないし紅色。皮は薄くて剥きやすい。きわめて酸味が強い。中国東南部の原産で、広東・福建などで栽培される。中国医学（本草）ではこの木の皮や根を生薬に用いる。のち *C. limon*（レモン）が中国に入り、黎檬と同じ属と見なされて、これを檸檬、また洋檸檬と呼んだ。語源は中国南方の方言であったと考えられる。広東地方で、酸味が強く妊婦に好まれたので、宜母といい、これが里木と訛り、さらに黎朦、黎濛、黎檬となった。学名の **limonia** や **limon**、英語の **lemon** は黎檬（li-meng）に由来する。和名は英語から来ている。[補説] 一説ではアラビア語の laimūn に由来する（漢語外来詞詞典）。

[字源] 右に述べたように、宜母→里木→黎檬と音変化し、外国からレモンが入ると、表記を檸檬として、在来種と区別した。閩南（福建南部）方言では檸を**ling**と発音する。宜母は「母に良く効く」の意。男子を産むのに効き目があるとされた宜男［ワスレグサ］と似た発想の語である。

[別名] 宜母子・宜母果・里木子・里木樹・黎朦子・黎檬子・黎檬子・宜濛子・夢子・薬果

[文献] 桂海虞衡志（宋・范成大）「黎朦子如大梅、復似小橘、味極酸（黎朦は子大梅の如し。また小橘に似たり。味極めて酸し）」

【檳榔】14 [音] ビン-ロウ [訓] ——

[語源] 上古漢語は****pien-lang**、中古漢語は**piĕn-lang**（→呉音・漢音ヒン-ラウ）である。ヤシ科の常緑高木***Areca catechu***（ビンロウ、別名ビンロウジュ）を意味する。マレーシアの原産。高さは一〇〜一八メートル。枝はなく、葉は頂上に叢生する。果実は楕円形で、橙紅色。種子を檳榔子といい、中国医学（本草）では駆虫薬などに用いる。また、東南アジアや台湾では実をキンマ（蒟醬）の葉で包んで噛む風習がある。語源はマレー語**pinang**の音写という（漢語外来詞詞典）。**Pinang**（中国名は檳榔嶼）はマレーシアのペナン島のことである。ここが主要な産地だったので、この名で呼ばれたのであろう。

[字源] ビンロウのことを漢代では仁頻といった。これはジャワ語**jambi**の音写という（漢語外来詞詞典）。晋代になると檳榔と呼ばれた。マレー語**pinnag**を賓と郎で音写して二音節語にしたものだが、イメージも兼ねるようである。李時珍は賓も郎も貴客の称であるとし、南方草木状を引いて命名の根拠としている（下記文献参照）。

「賓（*pien）」の原形は「宀（いえ）＋丂または元（人の形）＋貝（財物）」を合わせて、人が礼物を持ってきて家の中に居る場面を設定した図形で、主人の側に寄り添う客を暗示させる。「良（*liang）」は米をといで汚れを洗い流す様子を表す図形で、「汚れがなく綺麗に澄む」というイメージがある（粮の項参照）。「良（音記号）＋邑（限定符号）」を合わせた「郎（*lang）」は、もとは地名だったが、ハンサムな男、愛する男という意味の良人の代わりに使われるようになった。お客を敬って、賓郎という複合語とし、大切なお客をもてなす果実の生る木の意味を寓して、木偏を添えて檳榔となった。音意両訳のテクニックは外来語を写す際によく用いられる。

甲　金　篆　〔賓〕

【別名】仁頻・仁賓・賓郎・賓門・文官果・洗瘴丹・馬金南・大腹子

【文献】司馬相如・上林賦（文選8）「仁頻并閭」、左思・呉都賦（文選5）「檳榔無柯（檳榔柯(えだ)無し）」、南方草木状（晋・嵆含）「檳榔樹高十余丈、皮如青桐、節如桂竹、下本不大、上枝不小、調直亭亭、千万若一、森秀無柯、頂端有葉、葉如甘蕉…出林邑、彼人以為貴、婚族客必先進、若邂逅不設、用相嫌恨、一名賓門薬餞（檳榔は、樹の高さは十余丈。皮は青桐の如し。節は桂竹の如し。下本は大ならず、上枝は小ならず。調直亭亭として、千万一の若し。森秀柯無く、頂端葉有り。葉は甘蕉の如し。…林邑に出づ。彼の人以て貴と為し、婚族の客必ず先づ進む。若し設けざるに邂逅すれば、用(もつ)て相嫌恨す。一名賓門薬餞）」

【櫚】14　音ロ　訓かりん（花櫚）

【語源】二通りの使い方がある。一つは棕櫚［シュロ］の櫚。栟櫚(へいろ)もシュロの意味で、これがいちばん古い用法である（棕の項参照）。二番目は櫚木の櫚で、中古漢語はlio（→呉音ロ、漢音リョ）である。マメ科ベニマメノキ属の常緑小高木 *Ormosia henryi*（カリン、中国名花櫚木）を指す。高さは五～八メートル。中国南部に産する。夏、黄白色の花が咲く。果実は莢形で扁平、赤い種子が入っている。材質は堅くて美しいので、高級家具などの材料になる。語源は莢に種子が並んでいる姿を捉えて呂の「連なる」のイメージを取ったと思われる。江戸時代に日本に伝わり、中国での俗称の花梨を間違ってカリンと読んだらしい。その後日本では榠樝をカリンといい、花梨とも表記するが、間違いである（榠樝の項参照）。

	〈中国〉	〈日本〉
マメ科の植物	花櫚（俗称・花梨）	カリン
バラ科の植物	榠樝	カリン

[字源]「呂（*lıag）」は背骨の図形で、「並び連なる」というイメージがある。肩を並べる人を侶（配偶者や同輩）という。「呂（音・イメージ記号）＋門（限定符号）」を合わせた「閭（*lıag）」は、村里の門を表した。説文解字によると、閭は侶と同系で、二五戸が並び連なった村を閭といい、またその門を閭という。「閭」は「呂」と同じ「並び連なる」というコアイメージをもつ。「閭（音・イメージ記号）＋木（限定符号）」を合わせて、莢に種子が並んで入っている果実の生る木を暗示させた。木目が花のように美しいので花を冠して花櫚と称する。のち訛って俗に花梨とも書かれる。「花」の語源については該項参照。

甲　金　篆（呂）

篆（閭）　篆（櫚）

[別名] 閭木・花櫚・花櫚木・華櫚木・花梨木

[文献] 本草拾遺（唐・陳蔵器）「櫚木…出安南及南海、人作牀几、似紫檀而色赤、為枕令人頭痛、為熱故也（櫚木は…安南及び南海に出づ。人、牀几を作る。紫檀に似て色赤し。枕と為せば人の頭を痛ましむ。熱の為の故なり）」

【櫟】15　音 レキ　訓 くぬぎ

[語源] 上古漢語は*n̊g̊lɔ̈k、中古漢語は**lek**（→呉音リャク、漢音レキ）である。ブナ科コナラ属の落葉高木*Quercus acutissima*（クヌギ、中国名麻櫟）を意味する。高さは一五～二〇メートル。樹皮は灰黒色で、縦に裂ける。葉は長楕円形で先がだんだん尖る。ヤママユガが好んで食う。果実は丸いドングリで、殻斗に半分包まれる。語源は「丸い塊や粒状をなす」というイメージをもつ語群に属する。和名は薪炭材になるので、クヌギ（薪）の木の意味という。一説では、景行天皇の故事からクニキ（国木）→クヌギになったともいわれる。

[字源]「白」はドングリを描いた図形（柏の項参照）。「幺」はヤママユガ（山繭蛾）の造る繭の形。「白（イメージ記号）＋幺（イメージ記号）二つ＋木（限定符号）」を合わせた「樂」は、ドングリとヤママユを特徴とする木を暗示させた。これがクヌギを表す原字である。古代漢語で音楽のことを***nglɔk**といい、クヌギを表す「樂」という視覚記号で表記した。その理由はクヌギという木に「（ドングリやヤママユのような）丸いも

のや粒状のものがごろごろしている」というイメージを読み、この視覚的イメージを、「楽器が五音を転がすようにしてがやがやと賑やかな音を立てる」という聴覚的なイメージに、共感覚的メタファーによって転用させうるからである。その根拠は樂の同源のグループにある。すなわち、藥（草を粒状にすりつぶしたもの↓くすり）、礫（れき）（ごろごろした石の塊や粒↓つぶて）、轢（れき）（車輪で粒状にすりつぶす↓ひく）、爍（しゃく）（火光の粒が四方に出る）など、「丸い塊や粒状を呈する」というコアイメージがある。樂が音楽や愉楽の専用字となったため、クヌギは「樂（音・イメージ記号）＋木（限定符号）」を合わせた櫟で表記した。

甲 　金　篆　〔樂〕

金　篆　〔櫟〕

【別名】 橡・栩・杼・柞・櫪（クヌギの異表記）椚・椡・櫪

【文献】 詩経・秦風・晨風「山有苞櫟（山に苞櫟有り）」、山海経・西山経「白于之山、上多松柏、下多櫟檀（白于の山、上は松・柏多く、下は櫟・檀多し）」、荘子・人間世「匠石之斉、至乎曲轅、見櫟社樹（匠石斉に之（ゆ）き、曲轅に至り、櫟社の樹を見る）」、新修本草「槲櫟皆有斗、以櫟為勝（槲・櫟皆斗有り。櫟を以て勝れりと為す）」

【櫨】 16　㊌ロ　㊋はぜ

【語源】 中国と日本では意味が異なる。中国では上古漢語が*hlag、中古漢語が**lo**（↓呉音ル、漢音ロ）で、ウルシ科の落葉低木あるいは小高木 *Cotinus coggygria*（ハグマノキ、中国名黄櫨）を意味する。高さは八メートルに達する。枝が多く、円形の樹冠をなす。葉は卵形で先端は円い。花柄に紫色を帯びた長い毛が生じる。心材は黄色で、黄色の染料を取る。語源は盧の「まるい」というイメージによる。和名は白熊木と書く。はぐま（白熊）はヤクの尾で造った払子のことで、花の長毛をこれに見立てたもの。花の咲いた姿が霞や煙のように見えるところから、カスミノキ、ケムリノキの異名がある。

日本ではウルシ科ウルシ属の落葉高木 *Rhus succedanea*（ハゼノキ、中国名野漆樹、別名木蠟樹）を指す。高さは一〇メートルに達する。初夏、黄緑色の小花をつける。葉は秋に紅葉する。果実は扁平で、淡黄色に熟する。果実から臘を採る。和名の古語はハニシで、蠟が採れることから、ハニ（埴、黄赤色）シメ（締め）が転じた語という（大槻文彦）。一説では、樹皮から染料を採るので、ハニ（黄土）シメ（染め）の意という（吉田金彦）。

[字源]「虍(こ)（*hag）」は「虎」の足の部分（儿）を省き、頭の部分を残した形。トラの頭が丸みを帯びていることから、「丸い」というイメージを示す記号となる。「虍（音・イメージ記号）＋凷（飯を入れる器の形）」を合わせた「𠧞(ろ)（*hlag）」は、丸い形をした食器を表す。「𠧞（音・イメージ記号）＋皿（限定符号）」を合わせた「盧（*hlag）」は、丸いつぼを表す。この「丸い（円い）」というイメージを用いて、「盧（音・イメージ記号）＋木（限定符号）」を合わせて、樹冠が円形に見える木を暗示させた。日本でハゼノキに当てたのは、どちらも心材が黄色であるところから誤解したものであろう。

[甲] 　[金] 　[篆] 〔盧〕　[篆] 〔櫨〕

[別名]（ハグマノキ）櫨木・黄櫨・黄道櫨・杙櫨・宅櫨

[文献] 司馬相如・上林賦（文選8）「華楓枰櫨」、本草拾遺（唐・陳蔵器）「黄櫨味苦寒無毒、除煩熱解酒疸目黄、煮服之…堪染黄、生商洛山谷、葉円木黄、川界甚有之（黄櫨は、味は苦にして寒、毒無し。煩熱を除き、酒疸目黄を解く。煮て之を服す。…黄を染むるに堪へたり。商洛の山谷に生ず。葉は円、木は黄。川界甚だ之れ有り）」

【欅】18 [音]キョ [訓]けやき

[語源] 上古漢語は*kiag、中古漢語はkɪo（→呉音コ、漢音キョ）である。二つの意味がある。一つはニレ科ケヤキ属の落葉高木 ***Zelkova schneideriana***（オオバケヤキ、中国名大葉欅樹）を意味する。高さは二五メートルに達する。春に花が咲く。枝は細い。葉は楕円状の卵形で、毛がある。果実は上部がひしゃげている。材質は堅く、家具や建築などに利用される。日本では欅をケヤキ（*Z. serrata*、中国名光葉欅）に当てる。葉に毛がない。果実には突起した肋がある。庭木や街路樹として植えられる。語源は樹容が高いので挙の「上がる」のイメージによって命名された。和名のケヤキはケヤ

キ木の略で、木目の美しさが顕著な木の意味という（牧野富太郎）。古名はツキといった（槻の項参照）。

もう一つの意味は***Pterocarya stenoptera***（シナサワグルミ、中国名楓楊）である。古くは柜、後に欅と書き、右の欅樹と同形衝突した。また欅柳とも称された。クルミ科サワグルミ属の落葉高木で、高さは一八メートルに達する。葉は楕円形で、果実のついた枝は長く垂れ下がる。葉は有毒で、液に浸して農薬にする。中国の法医学では葉を傷の判定法に用いた（下記文献②参照）。語源は巨の「大きく隔たる」のイメージから来ている。また和名のサワグルミ（沢胡桃）は沢の付近に生じるクルミの類の意である。

[字源]「与（よ）（*ɦiag）」は二つのものが互いにかみ合う符号。「廾」は四本の手の形。「与（音・イメージ記号）＋廾（イメージ補助記号）」を合わせた「與（*ɦiag）」は、四本の手を一緒に組み合わせる様子を示す図形で、「一緒に手を組む」というイメージがある。「與（音・イメージ記号）＋手（限定符号）」を合わせた「擧（*kiag）」は、手を組んで持ち上げる様子を暗示させる。手を挙げるとV形や∧形を呈する。「擧（音・イメージ記号）＋木（限定符号）」を合わせて、枝が高く挙がって樹冠が∧形を呈する木を暗示させた。

次に「巨（*giag）」は取っ手のついた大工道具である「さしがね」を描いた図形。「上下の幅が隔たっている」というイメージがある。巨大の巨や、渠（幅を広げて水を通す人工の溝）、距（前と後ろの隔たった鶏のけづめ）などは同源のグループ。「巨（音・イメージ記号）＋木（限定符号）」を合わせて、間を隔てて長く伸びた果実の生る木を暗示させた。のちに「巨」を「擧」に替えて欅と書く。

[金] 　[篆] （與）　[篆] （擧）

[古] 　[篆] （巨）　[篆] （柜）

[別名]①（オオバケヤキ）欅樹・欅楡・血欅　②（シナサワグルミ）柜・柜柳・欅柳・鬼柳

[文献]①名医別録「欅樹皮大寒、主治時行頭痛熱結在腸胃（欅樹皮は大いに寒なり。時行の頭痛、熱結して腸胃に在るを治するを主る）」②疑獄集8（五代・和凝）「尚書李南公、知長沙県日、有闘者、甲強乙弱、各有青赤痕。南公以指掜之曰、乙真甲偽、訊之果然。蓋南方有

欅柳、以葉塗肌則青赤、如殴傷者。剥其皮、横置膚上、以火熨之則如棒傷、水洗不下、但殴傷者血聚則硬、偽者不硬耳（尚書李南公、長沙県に知たりし日、闘ふ者有り。甲は強く乙は弱し。各青赤の痕有り。南公指を以て之を掜(なぞ)りて曰く、乙は真にして甲は偽なりと。之を訊ぬれば果たして然り。蓋し南方欅柳有り。葉を以て肌に塗れば則ち青赤、殴傷の者の如し。其の皮を剥ぎて、膚の上に横置し、火を以て之を熨すれば則ち棒傷の如く、水洗するも下らず。ただ殴傷の者は血聚りて則ち硬し、偽なる者は硬からざるのみ）」

山毛欅 [音]サン-モウ-キョ [訓]ぶな

[語源] ブナ科ブナ属の落葉高木 ***Fagus longipetiolata***（ナガエブナ、中国名水青岡）を意味する。高さは二五メートルに達する。葉は卵形で、六～一五センチ。葉柄は細長い。初夏、黄緑色の花をつける。殻斗は反り返った細長い毛で覆われる。材質が緻密なので、家具や建築などに用いられる。長江以南に分布する。語源は山地に生え、葉に柔毛があり、欅と似た用材であることによる。日本ではブナと読み、***F. crenata***（ブナ）に当てられる（橅の項参照）。

[字源] 古典での用例はないが、正字通の欅の条に山毛欅が見える。中国ではこれをナガエブナに同定している。「山」については山茶の項参照。「毛」は細かく分かれ出ている「け」を描いた図形。「欅」については前項参照。なお日本では橅、椈もブナと読むが、橅はブナを表す半国字、椈はもともと柏［コノテガシワ］の別名である。

[金]  [篆]  〔毛〕

[別名]（ブナの異表記）橅・椈

[文献] 正字通（明・張自烈）「欅…又有山毛欅、葉加大而毛（欅…又山毛欅有り。葉は大を加へて毛あり）」

【欒】19 [音]ラン [訓]もくげんじ

[語源] 上古漢語は*luan、中古漢語は**luan**（→呉音・漢音ラン）である。ムクロジ科の落葉高木 ***Koelreuteria paniculata***（モクゲンジ、中国名欒樹）を意味する。高さは一〇メートルに達する。夏に黄色の花をつける。果実はホオズキに似る。種子は球形で黒い。種子を木欒

子といい、数珠にする。花から黄色の染料、葉から青色の染料を採る。語源は大きな円錐花序に小花が多数連なる姿を捉えて、「次々ともつれるように並ぶ」というイメージを持つ語群から派生したもの。和名はもとは木欒子の音読みを訛ってムクレニシといったが、やがて木欒子と木患子［モクゲンジ］を取り違えて、モクゲンジがムクレニシに取って代わった。本当は木患子は無患子［ムクロジ］の別名である。

［字源］「䜌（らん）（*luan）」は「糸＋言」を合わせて、言葉が糸のようにずるずると途切れなく続く様子を暗示する図形。「ずるずるともつれるようにつながる」というイメージがあり、巒（ずるずると連なる山）、孿（連なるように生まれる双子）、攣（筋肉がもつれてひきつる）、戀（＝恋。思いが途切れなく続いてもつれ乱れる）などは同源のグループ。「䜌（音・イメージ記号）＋木（限定符号）」を合わせて、花序に多数の花がずるずるとつながるように咲く木を暗示させた。

㊎　㊧篆〔䜌〕　篆〔欒〕

［別名］欒華・欒樹・木欒・木欒樹・石欒樹・灯籠樹（モクゲンジの異表記）木槵子

［文献］山海経・大荒南経「有雲雨之山、有木名曰欒（雲雨の山有り。木有り、名を欒と曰ふ）」、神農本草経「欒華味苦寒、主治目痛泣出、傷眦、消目腫（欒華は、味は苦にして寒。主治は目痛み泣（なみだ）出づる・眦を傷る・目腫を消す）」

朱欒　音 シューラン　訓 ざぼん

［語源］中世漢語はtʃıu-luonである。宋代に登場する語で、柚［ブンタン］の別名。果実は大きくて球形。果肉は黄色を帯びるが、紅紫色のものもある。語源は果実の色を朱色と見、その形体を団欒（「まるい」というイメージがある）の姿に取って、朱欒という。特に香りのよいものを香欒という。日本ではザボンと読む。これはポルトガル語**Zamboa**から来ている。

［字源］「朱」は「木」の中程の所に「一」の符号を入れて、木を断ち切る様子を示す図形。株（切り株）の原字である。古代漢語で赤に近い色の名を*tiugといい、この視覚記号で表記する。説文解字に「朱は赤心木、松柏の属」とあり、木の名とするが、ほかに用例

がない。むしろ、木の心の赤さは立木よりは切り株によく見えるので、*tiugの視覚記号として「朱」の図形が考案されたと考えるべきである。なお「朱」は切り株に現れる色だが、音・イメージ記号としては「途中で断ち切る」「(切り離されて)ばらばら・別々になる」というイメージを示す。誅殺の誅(人をばらばらにする→殺す)や特殊の殊(別々になる→ことなる)などは株と同源の語である。

欒は木の名(前項参照)のほかに、建物の梁を支える⌒型の横木という意味があり、団欒という畳韻の二音節語を構成し、○型というイメージを作る。団欒の欒に朱を冠して、赤色の丸い果実の生る木を朱欒と称した。

(金) (篆) 〔朱〕

【別名】(ブンタン・ザボン)柚・文旦(ザボンの異表記)香欒

【文献】橘録(宋・韓彦直)「朱欒顆円、実皮麤、弁堅、味酸悪不可食(朱欒は、顆は円、実の皮は麤、弁は堅なり。味は酸悪にして食ふべからず)」、六書故21(宋・戴侗)「小於柚者甌人謂之朱欒、其香者為香欒(柚より小なる者、甌人之を朱欒と謂ひ、其の香ばしき者を香欒と為す)」、本草綱目30「其大者謂之朱欒、亦取団欒之象(其の大なる者之を朱欒と謂ひ、また団欒の象に取る)」

瓜の部（うり・うりへん）

【瓜】0 音カ 訓うり

[**語源**] 上古漢語は*kuăg、中古漢語は kuă（→呉音クヱ、漢音クワ）である。ウリ科植物のうちのウリ類の総称。つる性草本で、巻きひげがあって、地面を這ったり、他物によじ登ったりする。果実は食用とされるものが多い。カラスウリ（王瓜）、ツルレイシ（苦瓜）、キユウリ（黄瓜）、ヘチマ（糸瓜）、スイカ（西瓜）、マクワウリ（甜瓜）、シロウリ（越瓜）、トウガン（冬瓜）、カボチャ（南瓜）、果蠃（チョウセンカラスウリ、またはキカラスウリ）、ヒョウタン（瓢箪）、ユウガオ（瓠）、フクベ（匏）などがある。大小で区別するときは、大きいウリを瓜、小さいウリを瓞（てつ）という。

詩経では詩のモチーフとして瓜が使われている。他の物と絡みつく瓜は和合、調和の象徴とされ、また、つるを長く伸ばすことが永続の象徴、種子がたくさん生ることが子孫繁栄の象徴となる。

[**字源**]「瓜」は果実の生っているウリを描いた図形。その姿から「へ型に曲がる」というイメージがある。壺（丸いつぼ）、宇宙の宇（へ型の大空）などと同源である。

金 篆

[**別名**] 青瑶・瓊罌・百子瓮

[**文献**] 詩経・豳風・七月「七月食瓜（七月瓜を食ふ）」、詩経・大雅・緜「緜緜瓜瓞（緜緜たる瓜瓞）」、論語・郷党「雖蔬食菜羹瓜、祭必斉如也（蔬食・菜羹・瓜と雖も、祭れば必ず斉如たり）」、後漢書・五行志「瓜者外延離本而実、女子外属之象也（瓜なる者は外に延び本を離れて実る。女子外に属するの象なり）」

王瓜 音オウ-カ 訓—

[**語源**] 上古漢語は*ɦuang-kuăg、中古漢語は ɦuang-kuă（→呉音ワウ-クヱ、漢音ワウ-クワ）である。ウリ科の植物 *Trichosanthes cucumeroides*（カラスウリ）を意味する。つる性の多年草で、巻きひげがある。花は白色。花冠は裂けて糸状になる。果実は球形ないし長楕

円形で、赤色に熟する。種子は茶褐色で、多数含まれる。語源については定解がないが、両端が突起し、中部の膨らんだ種子の姿を「王」字の形に見立てたのではあるまいか。ちなみに中国の植物誌では丁字形、十字形などとあるが、王字形と見ることもできよう。和名のカラスウリ（烏瓜）は熟した果実をカラスが好むからといわれるが、漢名の別名に老鴉瓜があり、「鴉喜んで之を食ふ」（本草綱目）とあるのと揆を一にする。

[字源]「王」は刃の広がった鉞を描いた図形で、「大きく広がる」というイメージがある。また、鉞は権力の象徴ともされた。古代漢語でキングを*ɦuangといい、この視覚記号で表記した。ただしカラスウリの命名に用いた「王」は意味のイメージではなく、字形のイメージと考えられる。「瓜」については前項参照。

甲 金 篆 〔王〕

[別名] 土瓜・王菩・老鴉瓜・野甜瓜・公公鬚・藤姑・瞬姑・師姑草

[文献] 礼記・月令「王瓜生、苦菜秀（王瓜生じ、苦菜秀づ）」、神農本草経「王瓜味苦寒、主治消渇、内痹、瘀血、月閉、寒熱、酸疼、益気、愈聾（王瓜は、味は苦にして寒。主治は消渇、内痹、瘀血、月閉、寒熱、酸疼。気を益し、聾を愈す）」

苦瓜 音クーカ 訓にがうり

[語源] 中世漢語はk'u-kuaである。ウリ科の植物*Momordica charantia*（ツルレイシ、別名ニガウリ）を意味する。つる性の一年草で、巻きひげがある。初夏に黄色の花が咲く。果実は長楕円形で八〜三〇センチ。瘤状の突起に覆われ、両端がだんだん細くなる。熟すと果肉は鮮紅色になる。未熟の果実を食用とする。熱帯アジアの原産で、中国へは明代、日本へは江戸時代に渡来したといわれる。語源は果皮に苦みがあることによる。また茘枝に似ているので錦茘枝（きんれいし）の別名がある。和名は蔓のある茘枝の意。また苦瓜を訓読みにしてニガウリと呼ぶ。今では沖縄方言のゴーヤーが通り名になりつつある。

[字源]「古（*kag）」は紐でぶらさげた頭蓋骨を描いた図形で、「干からびて固い」「こちこちに固い」「固くこわばる」というイメージがある。「にがい」という

味覚が古代漢語では「古」と同源と捉えられて、「古（音・イメージ記号）＋艸（限定符号）」を合わせた苦によって表象された。もともと舌をこわばらせるほど苦い草という意味合いがあり、狭義ではノゲシもこの視覚記号で表した（苦の項参照）。「瓜」については該項参照。

【別名】 錦茘枝・癩葡萄・紅姑娘・紅瓤・防羊

【文献】 本草綱目28「苦瓜…苦以味名。瓜及茘枝葡萄、皆以実及茎葉相似得名（苦瓜…苦は味を以て名づく。瓜は茘枝・葡萄と、皆実及び茎葉相似たるを以て名を得たり）」

黄瓜 ㊀コウ-カ ㊁きゅうり・きうり

【語源】 もとの名は胡瓜で、上古漢語は*ɦag-kuăg、中古漢語はɦo-kuă（→呉音ゴ-クヱ、漢音コ-クワ）である。のちに黄瓜と変わり、中古漢語はɦuang-kuă（→漢音クワウ-クワ）である。ウリ科の植物 *Cucumis sativus*（キユウリ、中国名黄瓜）を意味する。つる性の一年草で、巻きひげがある。花は黄色。果実は円柱形で、短い刺がある。熟すと黄色になる。種子は白い。インドのヒマラヤ山麓の原産。伝説では、西域に使いした漢の張騫が中国にもたらした。胡瓜の名で六朝時代に登場するが、隋の煬帝が讖（予言）に「胡」の字があったため、不吉として（昔、秦の始皇帝が「胡」が国を滅ぼすと予言された）、胡瓜を黄瓜に改めたという。「胡」はペルシア人を意味し、中央アジア方面から渡来した事物に冠する語となる（胡桃・胡椒の項参照）。「黄」は果実の色に基づく。和名「きゅうり（きうり）」は黄瓜の訓読みである。

【字源】 「胡」については胡桃の項参照。「黄（*ɦuang）」は矢を描いた図形だが、細かく分析すると、「廿＋矢」からできている。「廿」は革・席・満・堇（槿）・茨（光）などに含まれ、獣の頭を表す記号である。獣の脂肪を燃やして飛ばす火矢を暗示させる図形が「黄」である（黄梅の項参照）。これによって「黄色い光を発散させる」というイメージが生まれる。古代漢語で「き」という色の名を*ɦuangといい、この視覚記号によって代替するのである。

【別名】 刺瓜

【文献】 斉民要術2「種越瓜胡瓜法、四月中種之…収胡瓜候、色黄則摘（越瓜・胡瓜を種うる法は、四月中に之を種う。…胡瓜を収むる候は、色黄ばめば則ち摘む)」、食療本草(唐・孟詵)「胡瓜其実味甘寒有毒、不可多食(胡瓜、其の実は味は甘にして寒、毒有り。多食すべからず)」、古今事文類聚・続集11(宋・祝穆)「隋以讖有胡…胡瓜亦改黄瓜(隋、讖に胡有るを以て…胡瓜また黄瓜に改む)」

糸瓜 音 シ－カ 訓 へちま

[語源] 中世漢語は **sï-kua** である。ウリ科の植物 ***Luffa cylindrica***(ヘチマ)を意味する。つる性の一年草で、巻きひげがある。茎の長さは七～一〇メートル。花は黄色または白色。果実は長い円筒形で、垂れ下がる。熟すと黄緑色になる。果肉に網状の繊維があるところから、糸瓜の名がついた。熱帯アジアの原産で、中国では宋以後に登場する。和名の語源については物類称呼に、糸瓜の訓読みイトウリがトウリとなり、トはイロハ順でへとチの間にあるのでヘチマになったとあるが、大槻文彦はこじつけだと退けた。ただし代案がない。

[字源]「糸(べき)」は蚕の吐き出す細い原糸を描いた図形で、***mek** という語を代替する記号。「糸」を二つ並べたのが「絲(し)」である。一般にシルクを ***siag** といい、「絲」で表記する。常用漢字では絲の代わりに糸を用いる。

甲 金 篆 〔絲〕

[別名] 布瓜・縑糸・綿瓜・絮瓜・天糸瓜・天羅・天羅布・天羅絮・天絡糸・洗鍋羅瓜・蛮瓜

[文献] 全芳備祖集・後集25(宋・陳景沂)「糸瓜一名天羅絮、所在有之、又名布瓜、有苦甜二種、多生籬落間、黄花結実如瓜状、内結成網(糸瓜は、一名天羅絮。所在之れ有り。又布瓜と名づく。苦甜二種有り。多く籬落の間に生ず。黄花結実し瓜の状の如し。内に結びて網を成す)」、食物本草「糸瓜…此瓜老則筋糸羅織、故有糸羅之名、始自南方来、故曰蛮瓜(糸瓜…此の瓜、老ゆれば則ち筋糸羅織す。故に糸・羅の名有り。始め南方より来る。故に蛮瓜と曰ふ)」

西瓜 音 セイ－カ 訓 (すいか)

[語源] 中古漢語は **sei-kuǎ**(→漢音セイ－クワ)である。ウリ科の植物 ***Citrullus lanatus***(スイカ)を意味する。

つる性の一年草で、茎は弱く匍匐し、巻きひげで他物に絡みつく。花は黄色。果実はほぼ球形で緑色。表面に条紋が走る。種子は多数。果肉も種子も食用になる。熱帯アフリカの原産で、五代（十世紀）に中国に渡来した。一説では、六朝の頃にすでに中国に入っており、陶弘景のいう寒瓜がそれであるという（本草綱目）。西瓜の語源は女真（中国東北部にいた民族）の言葉 **xeko**（淵源はクルド語の **seko**）の音写という（漢語外来詞詞典、史有為・外来詞）。和名は中世漢語（宋音）の **siai-kua** の訛りであろう。

[字源] 外来語の音写だけでなく、西から来たウリという意味も兼ねる。「西（*ser）」は笊を描いた図形。粗い目から水を流してごみなどを選り分けるので、「（すきまがあって）分散する」というイメージがある。栖（笊のように目の粗い鳥の巣）、洒（水を分散して流す→あらう）、晒（日光に当てて水気を分散させる→さらす）などは同源のグループ。方角の「にし」は太陽が突き通って出て来るイメージをもつ ***tung**（東）に対して、太陽が光を緩やかに分散させて入って行くというイメージで捉えて、古代漢語で ***ser** といい、笊の象形文字である「西」で表象したのである。

㊙甲　㊙金　㊙篆 　〔西〕

[別名] 寒瓜・霊瓜・蒼玉瓶・紅瓤瓜・青門緑玉房

[文献] 本草経集注（神農本草経「瓜蒂」）「永嘉有寒瓜甚大、今毎即取蔵経年食之（永嘉に寒瓜有り。甚だ大なり。今毎に即ち取りて蔵し、年を経て之を食す）」、新五代史73・四夷附録「始食西瓜、云、契丹破回紇、得此種、以牛糞覆棚而種、大如中国冬瓜而味甘（始めて西瓜を食ふ。云ふ、契丹回紇を破り、此の種を得たり。牛糞を以て棚を覆ひて種う。大なること中国の冬瓜の如くして味甘し）」

甜瓜　㊀音 テン-カ　㊀訓 ——

[語源] 上古漢語は ***dem-kuăg**、中古漢語は **dem-kuă**（→呉音デム-クヱ、漢音テム-クワ）である。ウリ科キュウリ属の *Cucumis melo*（マクワウリ）を意味する。つる性の一年草で、巻きひげがある。花は黄色。果実は楕円形で黄白色あるいは緑色。表面に花紋がある。果肉は黄緑色で芳香がある。越瓜（シロウリ、別名菜瓜）、

哈密瓜（ハミウリ、新疆に産するウリ）や、メロン類はその変種。インドの原産で、中国では六朝時代に初めて登場する。語源については本草綱目に「甜瓜の味、諸瓜よりも甜し。故に独り甘・甜の名を得たり」と、命名の由来を説明している。和名は真桑瓜で、岐阜県の真桑村（現真正町）が名産地だったことによる。

[字源]「甜（*dem）」は「舌（した）＋甘（あまい）」を合わせて、舌の上にねっとりとついて離れないような甘さを表す。粘（ねばりつく）、貼（平面にくっつく↓はる）、添（平らにくっつく↓そう）などと同系のことばである。

[篆]  〔甜〕

[別名] 甘瓜・香瓜・熟瓜・果瓜・穌瓜・画眉瓜

[文献] 本草経集注（神農本草経「瓜蔕」）「此云七月七日采、便是甜瓜蔕也（此に七月七日に采ると云ふは、便ち是れ甜瓜の蔕なり）」、食療本草（唐・孟詵）「甜瓜…止渇益気除煩熱、多食令人陰下痒湿生瘡（甜瓜は…渇を止め、気を益し、煩熱を除く。多食すれば人をして陰下痒湿にして、瘡を生ぜしむ）」

冬瓜 [音] トウーカ [訓]（とうがん）

[語源] 上古漢語は*tong-kuăg、中古漢語はtong-kuă（↓呉音トウークヱ、漢音トウークワ）である。ウリ科の植物 *Benincasa hispida*（トウガン）を意味する。つる性の一年草で、巻きひげがある。茎は方形。夏、黄色の花が咲く。子房は柔毛で覆われる。果実は円形ないし長楕円形。熟すると表面は白粉で覆われ、淡緑色になる。果肉は白い。熱帯アジアの原産。語源について李時珍は、「冬瓜は霜を経し後、皮の上白きこと粉塗るが如く、其の子もまた白し、故に白冬瓜と名づく」、また「十月に種うるが若き者は、瓜を結ぶこと肥好なり。乃ち春種うるよりも勝れり。則ち冬瓜の名、或いは又此を以てするならん」と、二説を挙げている。和名は漢音トウクワ、または中世漢語（宋音）tong-kua の訛りである。

[字源]「冬」の原形は食べ物を干している情景を暗示させる図形。篆文では「仌（＝冫）」（氷を示す限定符号）を添える。保存食を準備する場面と考えてよい。季節の「ふゆ」を*tongといい、この視覚記号で表記する

わけは、蓄（*tiok）と同源で、「いっぱい蓄える」というイメージがあるからである。「ふゆ」を食料を蓄える季節というイメージで捉えるのである。

（甲）　（金）　（篆）　〔冬〕

【別名】白瓜・白冬瓜・東瓜・辰瓜・枕瓜・土芝・地芝

【文献】名医別録「白冬瓜味甘微寒、主除小腹水脹、利小便、止渇（白冬瓜、味は甘にして微寒。小腹水脹を除き、小便を利し、渇を止むるを主る）」、斉民要術2「種冬瓜法…十月霜足収之（冬瓜を種うる法…十月霜足りて之を収む）」

南瓜　（音）ナンーカ　（訓）かぼちゃ

【語源】中世漢語は nam-kua である。ウリ科カボチャ属の *Cucurbita moschata*（ニホンカボチャ、別名トウナス、中国名南瓜、別名中国南瓜）を意味する。つる性の一年草で、巻きひげがある。茎は五角形で中空。花は黄色。果実は扁円形ないし卵形で大きい。熟すと赤褐色になる。熱帯アメリカの原産。中国では明代に登場する。日本へは十六世紀ポルトガル船がもたらしたといわる。カンボジア国の産と考えられ、ポルトガル語の Cambodia が訛ってカボチャとなった。ボウブラという異名もあり、これはポルトガル語 Abobura に由来するという。

【字源】「南」については楠の項参照。

【別名】番瓜・番南瓜・倭瓜・麦瓜・飯瓜

【文献】本草綱目28「南瓜種出南番、転入閩浙、今燕京諸処亦有之（南瓜種は南番に出で、転じて閩・浙に入る。今燕京諸処また之れ有り）」、物理小識（明・方以智）「南瓜不結於其根、去地七尺、刀穿入磁片則結実（南瓜は其の根を結ばず、地を去ること七尺。刀もて穿ちて磁片を入るれば則ち実を結ぶ）」

胡瓜→黄瓜（155ページ）

天瓜→果蠃（27ページ）

木瓜→3ページ

【瓠】6　（音）コ　（訓）ひさご

【語源】上古漢語は*ɦuag、中古漢語はɦo（→呉音グ、漢音コ）である。ウリ科の植物 *Lagenaria siceraria* var.

hispida（ユウガオ、中国名瓠子）を意味する。つる性の一年草で、巻きひげがある。花は白色で、夕方開き、翌朝しぼむ。果実は球形または長円筒形。若いときは緑色で柔らかいが、熟すると黄色になり堅くなる。種子は多数。果肉を干瓢にして食用に、堅い果皮を容器に利用する。アフリカ、インドの原産。語源は果実の姿に着目して夸の「へ型に曲がる」というイメージを取る。和名は夕方に花が開くので、ヒルガオに対してユウガオ（夕顔）の名がついた。和訓の「ひさご」はユウガオ、ヒョウタンなどの総称である。

　ユウガオの種子を瓠犀（こさい）といい、白くてきれいに並んでいるので、詩経では歯並びのよい美女の形容に用いている。また、ユウガオが他の木に絡みつく現象を調和、和合の象徴とする。

【字源】「丂」は下から伸びていくものが上でつかえて曲がる様子を示す象徴的符号である。「于（*ɦuag）」は「一＋丂」を合わせて、「へ型に曲がる」というイメージを示す記号となる（芋の項参照）。「へ型に曲がる」は「∧型を呈する」というイメージにもつながる。「于（音・イメージ記号）＋大（大の字型に立つ人の形）」を合わせた「夸（か）（*k'uăg）」は、股を∧型に大きく広げる情景を暗示させる図形で、これも「∧型やへ型を呈する」というイメージがある。胯（∧型に広げる「また」）、跨（両足を∧型に広げてまたぐ）、袴（両足に∧型に入れてはくズボン）などは同源のグループ。「夸（音・イメージ記号）＋瓜（限定符号）」を合わせて、丸みを帯びてへ型を呈する、あるいは、棍棒状でややへ型に曲がった果実の生るウリを暗示させた。

㊎　　㊇〔夸〕　　㊇〔瓠〕

【別名】 瓠子・瓠瓜・甘瓠・甜瓠・長瓠・苞瓜・扁蒲・匾蒲・竜蜜瓜・夜開花

【文献】 詩経・衛風・碩人「歯如瓠犀（歯は瓠犀の如し）」、詩経・小雅・南有嘉魚「南有樛木、甘瓠纍之（南に樛木有り、甘瓠之に纍（かさな）る）」、荘子・逍遥遊「魏王貽我大瓠之種（魏王我に大瓠の種を貽（おく）る）」、広群芳譜17「瓠子江南名扁蒲、就地蔓生、処処有之、苗葉花倶如葫蘆、結子長一二尺、夏熟（瓠子は江南に扁蒲と名づく。地に就きて蔓生す。処処これ有り。苗・葉・花は倶に葫蘆の如し。子を結びて長さ一、二尺。夏に熟す）」

【瓢】11 ㊥ヒョウ ㊌ひさご

[語源] 上古漢語は*bɪɔg、中古漢語はbɪɛu（→呉音ベウ、漢音ヘウ）である。ウリ科ユウガオ属の植物（*Lagenaria spp*）の総称で、ユウガオ（瓠）、ヒョウタン（葫蘆）、フクベ（匏）を含む。日本語のヒサゴがこれに当たる。ヒサゴにはこれらの果実の皮で作った容器という意味もあるのと同じく、瓢も容器の意味で使われることが多い。説文解字に「瓢は蠡（れい）（ひさご）なり」とある。古代中国では容器の用途のほかに、川を渡る際の浮き輪に使われた。瓢の語源はこの用途に由来し、漂と同源である。和名のヒサゴは本来は水を汲む容器のことで、ヒサゲ（提）コ（子）→ヒサゴになったという（大槻文彦）。ちなみにヒシャク（柄杓）はヒサゴが訛ったもの。

[字源] 「囟（しん）」は二、三歳までの赤子の頭蓋骨に見られる割れ目、つまり「おどり」（医学用語では泉門）を描いた図形。「おどり」は手で触ると軟らかいので、「囟」は「軟らかい」「ふわふわと軽い」というイメージを示す記号となる。「舁」は四本の手の形で、「上にあがる」ことを示す記号である（欅の項参照）。「囟（イメージ記号）＋舁（イメージ補助記号）＋卩（しゃがんだ人）」を合わせたのが「䙴（せん）」で、仙人の魂が死体を抜け出て軽くふわふわと上がる様子を暗示させる図形で、僊（仙人）や、遷都の遷（いつもの所から別の所に移る）の原字である。「䙴」の略体と「火」を合わせたのが「票（*p'ɪɔg）」で、仙人のようにふわふわと空中に浮き上がる火の粉を表した。熛（飛び火、火の粉）の原字である。「票」には「ふわふわと軽く浮き上がる」というコアイメージがあり、漂（水上に浮かぶ→ただよう）、飄（風で浮き上がる→ひるがえる）、鰾（魚のうきぶくろ）などは同源のグループ。「票（音・イメージ記号）＋瓜（限定符号）」を合わせて、実をくり抜いて水に浮べる用途になるウリを表した。

㊧（囟）　㊧（票）　㊧（䙴）　㊧（瓢）

[別名] 瓢瓜・瓢葫蘆

[文献] 古今注「匏瓠也、壺蘆瓠之無柄者也、瓠有柄者、懸瓠可以為笙、曲沃者尤善、秋乃可用之、則漆其裏、

瓢亦瓠也、瓠其揔、瓢其別也（匏は瓠なり。壺蘆は瓠の柄無き者なり。瓠は柄有る者、瓠を懸けて以て笙と為すべし。曲沃の者尤も善し。秋乃ち之を用ゐるべければ、則ち其の裏に漆す。瓢もまた瓠なり。瓠は其の揔［＝総］、瓢は其の別なり）」、本草綱目28「瓢乃匏壺破開為之者（瓢は乃ち匏壺の破開して之を為す者）」

瓢箪

㊥ヒョウータン　㊞―

［語源］ 瓢箪は中国では植物の名ではなく、論語・雍也の「一箪の食（し）、一瓢の飲」から作られた熟語で、酒を入れる「ひさご」と飯を入れる「わりご」のことで、故事成語としては、陶淵明の祭従弟敬遠文に「冬絺褐無く、夏瓢箪に渇す」とあるように、貧しい者の飲食物を意味する。日本では瓢箪を植物の名に用いて、ウリ科ユウガオ属のヒョウタン（*Lagenaria siceraria* var. *siceraria*、中国名葫蘆）を指す。果実は中央がくびれた形をしている。堅く熟した果皮を縦に割って柄杓などに用いる。詳しくは葫蘆の項参照。語源は和漢朗詠集に「瓢箪屢ば空し」とあるところから、植物の名に転用されたという（大槻文彦）。瓢箪をヒサゴと同じと勘違いし、ヒサゴは総称であるため、そのうちの一種（腹のくびれたヒサゴ）の名に限定したのが瓢箪の由来であろう。

［字源］「瓢」については前項参照。「單（*tan）」は網に似た狩猟用の道具を描いた図形で、「薄くて平らか」というイメージがある。蟬（羽の薄い虫、セミ）は同源の語。「單（音・イメージ記号）＋竹（限定符号）」を合わせて、竹を薄く削って編んだ飯びつ（わりご）を表す。

㊙甲　㊎金　㊟篆〔單〕

㊟篆〔箪〕

［別名］ 葫蘆

禾の部（のぎへん）

【禾】0 音カ 訓いね

[語源] 上古漢語は*ɦuar、中古漢語はɦua（→呉音ワ、漢音クワ）である。秦漢以前ではアワの意味であり、その後イネの意味になったといわれる。また穀類の総称ともする。ただし殷代ではイネも中国北部で栽培されていたようである。最近の考古学的研究によると、長江流域では一万年以上前にイネの栽培が始まっていた。禾の語源を古人は「禾は和なり」と捉え、時の中和を得ているからだと説明している。粟と稲の項参照。

[字源]「禾」はアワあるいはイネの穂が実っている姿を描いた図形。丸く実って垂れ下がることから、「丸い」「丸くまとまる」というイメージ、また「しなやかに垂れる」というイメージがあり、音・イメージ記号として、調和の和（穏やかにまとまる）、委任の委（なるがままに任せる）などの要素になる。またイメージ補助記号として、季・秀・秋・利・兼・歷（＝歴）・曆（＝暦）などに含まれる。限定符号となるときは、稲（イネ）・稌（イネ）・稗（イヌビエ）・稊（ヒエの類）・稷（ウルキビ）・秬（クロキビ）・秫（モチアワ）・稞（ハダカムギ）・穀（作物）・秕（しいな）・穂（ほ）など、穀類や作物の意味領域に限定する働きをする。

甲　金　篆

[別名]（アワ）粟（イネ）稲

[文献] 詩経・豳風・七月「十月納禾稼（十月禾稼を納む）」、説文解字7「禾嘉穀也、二月始生、八月而熟、得時之中、故謂之禾（禾は嘉穀なり。二月始めて生じ、八月にして熟す。時の中を得たり。故に之を禾と謂ふ）」

【秫】5 音ジュツ 訓もちあわ

[語源] 上古漢語は*diuət、中古漢語はdʒɪuĕt（→呉音ズチ・ジュツ、漢音シュツ）である。アワの粘性のある品種を意味する。色が黄色なので、黄糯、黄米という別名がある。日本ではモチアワという。古代では酒や飴、餅の原料になった。アワについては粟・粱の項参照。

[字源]「朮（*diuət）」は穂に種子が生じる姿を強調し、種子に粘性のあるアワを表すために考案された図形である（朮の項参照）。粘りけがあることから、「くっつく」「ついて離れない」というイメージを示す記号となり、術（だれもがはずれない一定のルート）や述（既定のルートに従う）など、同源のグループを形成する。

㊧篆

[別名] 糯秫・糯粟・黄秫・黄米

[文献] 管子・地員「其草宜黍秫与茅（其の草は黍・秫と茅に宜し）」、名医別録「秫米味甘微寒、主止寒熱、利大腸、治漆瘡（秫米は、味は甘にして微寒。寒熱を止め、大腸を利し、漆瘡を治するを主る）」

【稊】 7 ㊥テイ ㊞——

[語源] 上古漢語は*deg、中古漢語はdei（→呉音ダイ、漢音テイ）である。稗（ひえ）の類を意味する。本草綱目によると稗に二種類あり、「稊は、苗、稗に似、穂、粟の如く、紫の毛有り、即ち烏禾なり」という。稗はイネ科ヒエ属の *Echinochloa crus-galli*（イヌビエ）に同定されているので、稊は *E. utilis*（ヒエ、紫穂稗）に当たる可能性がある（植物古漢名図考）。古典では稊稗という熟語が価値のないものや、詰まらない存在の比喩に用いられている。語源は弟の「低い」というイメージを「価値が低い」というイメージに展開させたものであろう。孟子では稊稗を荑稗に作るが、荑も「低い」というイメージがある。ヒエの語源については稗の項参照。

日本では稗をヒエ、稊をイヌビエとするが、本来は逆であった可能性が高い。

[字源]「弟（*der）」は「弋（先端が二股になった道具）＋弓（巻きつく符号）」を合わせて、いぐるみ（狩猟道具）に紐を巻きつける様子を暗示する図形。これによって「下から上に段々と上がる」というイメージを表すが、見方を変えると、「上から下に低く垂れ下がる」というイメージにもなる。梯（はしご）や次第の第（順序）は前者のイメージ、兄弟の弟（年齢が低い者、おとうと）や涕（垂れ落ちる「なみだ」）、鵜（嘴の下に垂れ下がった袋を持つ鳥、ペリカン）は後者のイメージである。「弟」の「低い」というイメージは「価値的に下がる」

というイメージに展開しうるので、「弟（音・イメージ記号）＋禾（限定符号）」を合わせて、稲などより食用としての価値の劣る作物、ヒエを表した。秭は稊の異体字。

甲　金　篆〔弟〕　篆〔秭〕

［文献］ 荘子・秋水「計中国之在海内、不似稊米之在太倉乎（中国の海内に在るを計るに、稊米の太倉に在るに似ざるか）」、孟子・告子上「五穀者種之美者也、苟為不熟、不如荑稗（五穀なる者は種の美なる者なり。苟くも不熟を為さば、荑［＝稊］稗にも如かず）」

稌→稲（167ページ）

【稂】7　㊀ロウ　㊁―

［語源］ 上古漢語は*lang、中古漢語は lang（→呉音ラウ、漢音ラウ）である。イネ科の多年草 ***Pennisetum alopecuroides***（チカラシバ、中国名狼尾草）を意味する。稈は直立し、高さは三〇～一〇〇センチ。花序は黒紫色の穂が密生する。狼の尾に似ているので、狼尾草の名がある。また実が生らないと考えられたため、童粱の別名がある。和名のチカラシバ（力芝）は根が強くて抜きにくいことによる。

［字源］ 「良（*liang）」は米を水でといで洗う場面を設定した図形で、「汚れがなく綺麗に澄む」というイメージがある（檳榔の項参照）。澄んだ感じの毛色をもつ動物を狼といった。この「狼」の代わりに「良」を用い、「良（音・イメージ記号）＋禾（限定符号）」を合わせて、狼の尾に似た花穂をもつイネに似た植物を表した。

甲　金　篆〔良〕　篆〔稂〕

［別名］ 莨・狼尾草・狼茅・童粱・董蓈・守田・宿田翁

［文献］ 詩経・曹風・下泉「洌彼下泉、浸彼苞稂（洌たる彼の下泉、彼の苞稂を浸す）」、詩経・小雅・大田「不稂不莠（稂あらず莠あらず）」

【稗】8　㊀ハイ　㊁ひえ

［語源］ 上古漢語は*buĕg、中古漢語は buǎi（→呉音ベ、

漢音ハイ）である。イネ科ヒエ属の一年草*Echinochloa crus-galli*（イヌビエ、別名ノビエ）を意味する。稗の高さは五〇～一三〇センチ。円錐花序は直立し、小穂を多数つけ、毛や芒が密生する。果実は楕円形で小さい。子実は飼料や食用にされた。語源は食料として他の穀物より劣るとされたことから、卑の「価値が低い」のイメージを取って名づけられた。和名のイヌビエのイヌ（犬）も同趣旨である。

　日本では*E. utilis*（ヒエ、別名タビエ、ハタビエ）に稗の字を用いる。イヌビエと似ているが、高さは二メートルに達する。古代から栽培され、子実が食用とされた。ヒエの語源はヒ（日）エ（得）で、日ごとに盛んに茂ることによるという（大槻文彦）。なお稗の項参照。

[字源]「卑（*pieg）」は杓文字を手に持つ情景を写した図形。薄っぺらな道具という具体的な物のイメージを用いて、「薄い」という抽象的なイメージを示す記号とする。「薄い」というイメージは厚みがない↓低いというイメージにつながり、価値などが低いというイメージに展開する。「卑（音・イメージ記号）＋禾（限定符号）」を合わせて、食べ物としての価値が米や麦などより劣る穀物を暗示させた。

㊎　　㊦篆　〔卑〕　㊦篆　〔稗〕

[別名] 稗子・稗草

[文献] 春秋左氏伝・定公10「用秕稗、君辱（秕稗［しいなやイヌビエのように価値のないものの喩え］を用ゐるは、君の辱なり）」、論衡・感虚篇「視穀形若茨而黒、有似於稗実也（穀の形を視るに、茨［ハマビシ］の若くして黒し。稗の実に似たる有るなり）」、本草綱目23「稗乃禾之卑賤者也、故字従卑（稗は乃ち禾の卑賤なる者なり。故に字は卑に従ふ）」

【穀】9 ㊅コク ㊉たなつもの

[語源] 上古漢語は*kuk、中古漢語はkuk（→呉音・漢音コク）である。種子を食用とする作物で、五穀の総称。五穀については、①麻・黍・稷・麦・豆（周礼・鄭玄注）、②稲・黍・稷・麦・菽（孟子・趙岐注）、③秔米・麻・大豆・麦・黄黍（霊枢・邪客篇）などの説がある。穀は殻と同源で、「堅いから」というイメージをもつ。和訓の「たなつもの」は穀物の総称だが、

語源は種之物、つまり種子の物の意で、古くは稲の種を指したという。

【字源】「㱿（かく）（*k'ŭk）」はひもでぶら下げた貝殻をたたく情景を暗示する図形で、「堅い殻」というイメージがある。「㱿（音・イメージ）＋禾（限定符号）」を合わせて、稲や麦などの、堅い殻を被った「もみ」を表した。殻（から）、轂（こく）（車軸を通す堅い「こしき」）などは同源のグループである。なお木に従う穀はカジノキのことで、禾に従う穀とは別。

甲 　篆 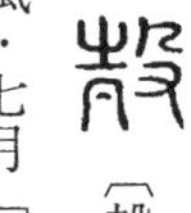（㱿）　篆 （穀）

【文献】詩経・豳風・七月「其始播百穀（其れ始めて百穀を播く）」、説文解字7「穀続也、百穀之総名也（穀は続なり、百穀の総名なり）」

【稲】9　音 トウ　訓 いね

【語源】上古漢語は*dog、中古漢語はdau（→呉音ダウ、漢音タウ）である。イネ科の一年草 *Oryza sativa*（イネ）を意味する。稈の高さは一メートルほど。中空で節がある。花序は熟すると湾曲して垂れ下がる。穎果は淡黄色。最近の考古学的発見は、中国南部がイネの原産地で、一万年以上も前に長江流域で稲作が始まったことを明らかにしている。郭郛によると、山海経や詩経の時代には、稲と稌の両種があった。前者は籼稲（subsp. *indica*）に当たり、葉の幅が広く、粒は落ちやすく、穎果は細長く扁円形で、粘性は弱く、熱や光に強く、華南・淮河以南に分布する。後者は粳稲（subsp. *japonica*）に当たり、葉の幅は狭く、粒は落ちにくく、穎果は短くて円形に近く、粘性は比較的強く、寒に耐え、光に弱く、太湖・淮河以北に分布する。漢代以後には糯稲（粘性が最も強い品種）を加えた三大類型に分けられる（山海経注証）。

古典では稲は粘性の種か、または、粘性と不粘性の種の総称とされることが多い。粘性の方が語源にかなうようである。本草綱目に「本草は則ち専ら糯を指して以て稲と為すなり。稲は舀に従ふ。人の臼上に在りて稲を治むるに象るの義なり」とある。*dog は陶（粘土をこねて器を作る）、搗（つく）、築（粘土をつき固める）などと同源のグループに属し、「満遍なく行き渡る」というコアイメージをもつとされる（藤堂明保、漢字語源辞典〉。イネの用途（加工食品を作る）によって名づけられた言葉と考えられる。和名のイネの語源はイヒネ（飯根）→イネになったという説などがある。

[字源]「舀（*dɪ̯ɔg）」は「爪（下向きの手）+臼（うす）」を合わせて、臼を搗く情景を設定する図形。搗いたり捏ねたりして、満遍なく均すというイメージを示す。「舀（音・イメージ記号）+禾（限定符号）」を合わせて、満遍なく搗いて食品にする作物を表した。

稌は上古漢語が*dag であり、本草綱目は「稲の音転」とする。「余（*dɪ̯ag）」はスコップ状の農具の形に「八（両側に分ける符号）」を合わせて、農具で土を均す様子を暗示させる図形（荼の項参照）。「余（音・イメージ記号）+禾（限定符号）」を合わせて、種子を搗き均して食品にする作物を暗示させた。これも用途から発想した図形的意匠である。

篆〔舀〕　金　篆〔稲〕

金　篆〔余〕　篆〔稌〕

[別名] 稌・香粒・敦実

[文献] 詩経・豳風・七月「十月穫稲（十月稲を穫る）」、山海経・南山経「糈用稌米一璧稲米（糈には稌米・一璧・稲米を用ゐる）」、名医別録「稲米味苦、主温中、令人多熱、大便堅（稲米は、味は苦なり。中を温むるを主る。人をして熱多く、大便を堅からしむ）」

【稷】10　音ショク　訓うるきび

[語源] 上古漢語は*tsɪək、中古漢語はtsɪək（→呉音ソク、漢音ショク）である。イネ科の一年草 ***Panicum miliaceum***（キビ）を意味する。キビに三類型があり、穂の分枝が片方に傾いたものが黍型（var. ***contractum***、モチキビ、中国名黍子）、穂の分枝が四方に散開するものが稷型（var. ***effusum***、ウルキビ、中国名稷）、穂の分枝が密集するものが黍稷型（var. ***compactum***、中国名穈子）である。黍は種子に粘りけがあり、稷と穈は粘りけがない。稷は即と同源で、生長が速やかなことによる命名か。キビについては黍の項参照。ウルの語源については粳の項参照。

稷の栽培の歴史は非常に古く、有史以前（伝説上の神農氏の時代）にさかのぼるといわれる。伝説では周の始祖である棄が作物の創始者で、敬われて后稷と称された。古代では稷はきわめて重要な作物で、稷（五穀の神）の祭を執り行うことが国家の首長の任務であった。そこから国家のことを社稷という。

［字源］「畟（*tsiək）」という珍しい記号を使っている。「田＋儿（人）＋夊（あし）」の組み合わせにより、人が農事に勤しむ姿を図形にしたもの。「畟（音・イメージ記号）＋禾（限定符号）」を合わせて、ウルキビを稷で表した。李時珍は「力を進めて稼を治める」と、稷の字源を解釈している。

篆 畟〔畟〕　篆 稷〔稷〕

［別名］穈・粢・黄粟・首種・首稼

［文献］詩経・王風・黍離「彼黍離離、彼稷之苗（彼の黍離離たり、彼の稷の苗）」、山海経・西山経「糈用稷米（糈には稷米を用ゐる）」、名医別録「稷米味甘無毒、主益気、補不足（稷米は、味は甘にして毒無し。気を益し、不足を補ふを主る）」、白虎通3「稷五穀之長、故立稷而祭之也（稷は五穀の長、故に稷を立てて之を祭るなり）」

竹の部（たけ・たけかんむり）

【竹】0　音チク　訓たけ

［語源］上古漢語は*tiok、中古漢語はṭiuk（→呉音・漢音チク）である。イネ科のタケ亜科の常緑草本の総称。稈は木質化し、中空で節がある。開花すると枯死する。地下茎は食用になる。斑竹（マダケ）、淡竹（ハチク）、紫竹（クロチク）、方竹（モウソウチク）、鳳尾竹（ホウライチク）など多くの種類がある。語源は稈が中空であることから、中（*tiong）や抽（*t'iog）などと同源で、「抜け通る」というイメージに基づく（藤堂明保、漢字語源辞典）。和名は生長が速く丈が高くなるので、タカ（高）やタケ（長・丈）が語源といわれる。

詩経では竹は男性美の比喩となり、また、竹の群がり生える姿を一族の団結と繁栄に喩える。一般に竹は常緑で寒に耐え、かつ節目がついているところから、高い節操や品格の象徴となり、歳寒三友（松・竹・梅）や四君子（蘭・菊・梅・竹）の一つに加えられている。

吉祥図では梅とペアになって夫婦を寓し、また、祝との語呂合わせにより祝福の意を寓する。

[字源] 二本のタケの枝を描いた図形。ここに語源は反映されていない。「竹（*tiok）」は「抜け通る」のほかに、円い節のイメージをもとにして、「欠け目なく行き渡っている」というイメージに展開し、音・イメージ記号として、竺（太い竹、また、手厚い）、篤（行き届いて手厚い）、築（満遍なくつき固める）などのグループを形成する。またタケと関係のある意味領域に限定する符号として、漢字の構成要素になる。

[金]  [篆] 

[別名] 此君・君子竹・竹君・竹郎・直友・貞竹・貞節・青君・青士・苞木・玉管・蒼玉・素節・抱節君・緑卿・卓立卿・凌雲処士・銀緑大夫

[文献] 詩経・衛風・淇奥「瞻彼淇奥、緑竹猗猗、有匪君子（彼の淇の奥を瞻れば、緑竹猗猗たり、匪なる君子有り）」、詩経・小雅・斯干「如竹苞矣、如松茂矣、兄及弟矣、式相好矣（竹の苞るが如く、松の茂るが如く、兄及び弟よ、もつて相好めよ）」、神農本草経「竹葉味苦平、主治欬逆上気、溢筋急、悪瘍、殺小虫（竹の葉は、味は苦にして平。主治は欬逆上気、溢筋急、悪瘍、小虫を殺す）」

【笹】5 [音]―― [訓]ささ

[語源] イネ科タケ亜科の常緑草本のうち、比較的小型のものの総称。日本で多くの種類があり、中国では竹と笹の区別はない。丈の違い（ササは二メートル以下）のほかに、タケは筍の皮が落ちるが、ササは落ちない。クマザサ（隈笹）、チシマザサ（千島笹）、チマキザサ（粽笹）、オカメザサ（阿亀笹）、チゴザサ（稚児笹）などがある。薬用、また食用にもされる。語源はササという語自体に「小さい」の意があり、小さい竹の意味である。

[字源] ササは細い茎のわりには葉が大きい。葉に特徴があると考えて、「葉」の原字である「枼」の「世」を取り、それに竹を添えて「笹」の字が考案された。国字である。

[金]  [篆]  〔枼〕

[別名]（ササの異表記）篠・小竹

【箭】 9

㊥セン　㊧や

[語源] 上古漢語は*tsian、中古漢語はtsiɛn（→呉音・漢音セン）である。箭竹は、古代、矢の材料にしたタケで、***Fargesia nitida***（中国名華西矢竹）に同定されている。稈は細く、高さが三メートルほど。全体に深い緑色を呈する。皮は枯れて黄ばみ、早く落ちる。筍は食用とする。四川省などに産し、葉はパンダの主要な餌になるという。語源は切って矢にする用途により、「切りそろえる」というイメージをもつ剪（きる）や揃（そろえる）と同源。矢の材料になるタケのことから、箭は「や」の意味を派生した。

なお日本で矢に用いたタケは***Pseudosasa japonica***（ヤダケ、中国名矢竹）で、箭竹とは別属である。

[字源]「舟」は船を描いた図形で、「前に進む」というイメージを示す。「止」はあし（foot）を描いた図形で、足の動作に限定する符号となる。「舟（イメージ記号）＋止（限定符号）」を合わせた「歬（せん）（*dzān）」は、前に進むことを示す図形だが、進（まっすぐに速くすすむ）とはコアイメージが違い、歩幅をそろえて進むこと、要するに「そろえる」がコアイメージである。「歬（音・イメージ記号）＋刀（限定符号）」を合わせた「前（*dzān）」は、物を切りそろえることを表す。ただし現実の意味は「歬」が廃字になったため、「前」が「前にすすむ」、「剪」が「切りそろえる」となり、ねじれ現象を起こした。それでも「そろえる」のコアイメージは根柢にある。「前（音・イメージ記号）＋竹（限定符号）」を合わせて、堅くて強い茎を切りそろえて矢を製するタケを表した。

㊙（甲）　㊎（金）　㊡（篆）〔前〕

㊡（篆）〔歬〕　㊡（篆）〔箭〕

[別名] 矢竹・篠

[文献] 山海経・西山経「其陽多箭䈽（其の陽、箭・䈽多し）」、史記・夏本紀「竹箭既布（竹箭既に布（し）けり）」、竹譜（晋・戴凱之）「箭竹高者一丈、節間三尺、堅勁中為矢（箭竹、高き者は一丈、節間は三尺。堅勁なるを中（あ）てて矢と為す）」、斉民要術5「九月巳有箭竹笋、迄後四年竟年常有笋不絶也（九月巳に箭竹の笋［＝筍］有り。

後四年に迄(いた)るまで竟年常に笋有りて絶えざるなり)」

【篠】11 音ショウ 訓しの・ささ

[語源] 上古漢語は*sög、中古漢語はseu（→呉音・漢音セウ）である。古典では箭と同じで、矢を製するタケの名を意味した（箭の項参照）。これは比較的小さなタケなので、一般にササやシノの類の意味を派生した。語源は篠（＝条）の「細長い」のイメージにより名づけられた。和名のシノは細く小さな竹を意味する。語源はシナフ（靡）→シヌ→シノになったもので、柔らかくて靡きしなうことに由来するという（大槻文彦）。日本ではヤダケやメダケのことをシノダケともいう。

[字源] 「攸(ゆう)（*diog）」は人の背中に一筋の水を点々と垂らす情景を設定した図形。「細くて長い」というイメージを示す記号となる。「攸（音・イメージ記号）＋木（限定符号）」を合わせた「條（*dög）」は、細く長い木の枝を表した。ここにも「細長い」というコアイメージがある。「條（音・イメージ記号）＋竹（限定符号）」を合わせて、茎が細長く矢を造るのに適したタケを表した。筱は異体字。

甲 金 篆〔條〕 篆〔攸〕 篆〔筱〕

[別名] 箭

[文献] 書経・禹貢「篠簜既敷（篠・簜既に敷けり）」、爾雅注（宋・鄭樵）「篠、箭。今箭竹、小而希節（篠は箭なり。今の箭竹、小にして節希なり）」

【籐】15 音トウ 訓―

[語源] 中世漢語はt'əngである。宋代前後に登場する植物名だが、現代中国では使われていない。玉篇などには「竹器」とあるが、竜龕手鑑に「蔓生、竹に似る」とあり、植物の名とする。日本ではこれを熱帯地方に産するヤシ科のつる性草本*Calamus*属（トウ属）の総称に当てる。茎と葉に鋭い刺がある。葉は鞭状に長く伸び、他の木に絡みついてよじ登る。茎は粘り強く、籐椅子や籐細工などの材料に利用する。中国では籐ではなく藤の字を用いる。中国南部に省藤や白藤などが分布する。麒麟血藤は中国医学で血竭と呼ばれ、薬用とされる。語源は藤（シナフジ）と同源で、「上に上が

る」というイメージによる命名である。
[字源]「朕(*dıəm)」や「滕(*dəng)」は「上に上がる」というコアイメージがある(藤の項参照)。「滕(音・イメージ記号)+竹(限定符号)」を合わせて、他の木に絡みついて高く上がっていく、葉が竹に似た植物を暗示させた。
[文献] 竜龕手鑑「籐籐、徒能反、蔓生、似竹也(籐・籐は、徒能反[トウの音]、蔓生、竹に似るなり)」

米の部(こめ・こめへん)

【米】0 音ベイ・マイ 訓こめ

[語源] 上古漢語は*mer、中古漢語はmei(→呉音マイ、漢音ベイ)である。もとはアワの果実を粟といい、それの殻を除いた種子を米といった。のち一般に穀物の種子を米と称した。名医別録に粟米、秫米、黍米、稷米、粳米、稲米などの名が見える。更に稲米だけに特化させることもある。これを日本では「こめ」と呼ぶ。語源は眯(目が見えない)、迷(道がわからなくなる)などと同源で、「小さくてよく見分けられない」というイメージがある(藤堂明保、漢字の話Ⅱ)。和名の「こめ」はニコ(柔)ミ(実)→コメになったという説(大槻文彦)や、朝鮮語あるいはタミル語に由来するという説などがある。
[字源]「二」の符号の上下に小さな粒が点在する様子を図形にしたもの。穀物の粒を象徴的図形によって示しているが、「細かくて見分けがつかない」というイ

メージもこめられている。音・イメージ記号としては迷・謎などのほかに、麋にも利用されている。麋は牛にも馬にも鹿にも驢馬にも似るがどれでもないという動物シフゾウ（四不像）である。イメージ補助記号としては、類・匊（菊・掬・鞠）などに含まれている（ただし粦・奥・糞の「米」は別）。限定符号としては作物（特にアワやイネ）と関係のある漢字の構成要素になる。

(甲) (篆)

[文献] 周礼・舂人「掌共米物（米物を共［＝供］するを掌る）」、孟子・尽心下「粟米之征（粟米の征［年貢］）」、説文解字7「米粟実也、象禾実之形（米は粟の実なり。禾実の形に象る）」

【籼】

0 (音)セン (訓)うるち

[語源] 上古漢語は*sian、中古漢語はsiɛn（→呉音・漢音セン）である。イネの品種に秈・粳・糯の三つのタイプがあり、秈は *Oryza sativa* subsp. *indica*（中国名秈稲）を意味する。稈は倒伏しやすく、子粒は落ちやすい。子粒は扁円で細長い。炊いたとき粘性が少なく、よく膨脹する。もとは秈と書き、広雅（三国魏、張揖の撰）に初出。宋代に占城（チャンパ）から入ったとされる別系統の subsp. *indica* があり、これを秈（後に籼と書く）といい、また別名を占稲といった。子粒は細長い。粘りけがなく、ばさばさしている。語源は「分散する」というイメージをもつ語群に属する。日本では「うるち」という。これの語源については粳の項参照。

[字源] 秈が本字。「山（*săn）」は三つの峰のある「やま」を描いた図形（山茶の項参照）。「∧形をなす」というイメージがあり、頂点から四方へ分かれ出る姿なので、「四方へ分散する」というイメージにも展開する。分散の散（*san）と同源であり、傘（古字は繖）もまさにこのイメージである。「山（音・イメージ記号）＋禾（限定符号）」を合わせて、穀粒を炊くとぱらぱらに分散して粘りけのない米を表した。籼は異体字。

[別名] 占稲・早稲

[文献] 広雅・釈草「秈、秔也」――王念孫疏証「秈之為言宣也、散也、不相黏箸之詞也（秈の言たるは宣なり、散なり、相黏箸［＝粘著］せざるの詞なり）」、本草綱目

22「秈亦粳属之先熟而鮮明之者、故謂之秈、種自占城国、故謂之占（秈もまた粳属の先づ熟して鮮明なる者なり。故に之を秈と謂ふ。種は占城国自(よ)りす。故に之を占と謂ふ）」

【粟】6 音ゾク 訓あわ

[語源] 上古漢語は*siuk、中古漢語は**siok**（→呉音ソク、漢音ショク）である。イネ科エノコログサ属の一年草*Setaria italica*（アワ）を意味する。穂は円錐、円筒、紡錘、棍棒などの形をなし、柔毛が密生する。熟すと垂れ下がる。殻の色は紅、橙、黄、白、紫、黒など。子粒は卵形で黄白色。子粒に粘性のあるものを秫（モチアワ）、粘性の少ないものを粳粟（ウルアワ）または籼粟という。穂の大小で区別して、大型の品種を粱（var. *maxima*、オオアワ）、小型の品種を粟（var. *germanicum*、コアワ）という。語源について説文解字では「粟の言たるは続なり」とある。小さな種子がたくさんつながるように生じる姿を捉えて命名されたのであろう。藤堂明保は束・族・簇（むらがる）などと同系で、「穂を中心として多くのつぶつぶがむらがり集まった穀物」（漢字の話Ⅱ）と見る。和名は小粒の実がたくさん付いているので、アハ（サハと同じで、たくさんの意）と名づけられたという（吉田金彦）。漢名も和名も命名法の発想は似ている。ただし和名は朝鮮語や南方系の言語に由来するという説もある。

　禾の甲骨文字はアワを象るとされるくらい、中国での栽培の歴史は古い。新石器時代（伝説上の神農氏の時代）、エノコログサ（狗尾草）から作物化したといわれる。日本へは縄文時代に到来したらしい。

[字源]「卣」を説文解字は「草木の果実の下垂する貌(かたち)」としている。粟と栗の上部は篆文と楷書で同形になっているが、粟の場合は花穂の垂れる形であろう。「卣（イメージ記号）＋米（限定符号）」を合わせて、アワを意味する*siukを表記した。図形に語源は反映されていない。

甲　篆 

[別名] 禾・穀・秫・籼粟・粱・小米・玉環・香萁・香萁・薌萁

[文献] 詩経・小雅・黄鳥「無啄我粟（我が粟を啄む無

かれ)」、史記・伯夷伝「義不食周粟（義として周の粟を食まず）」、名医別録「粟米味鹹微寒無毒、主養腎気、去胃痺、中熱、益気（粟米は、味は鹹にして微寒、毒無し。腎気を養ひ、胃痺を去るを主る。中熱し、気を益す）」

罌粟 ㊍オウ-ゾク ㊋けし

[語源] 中古漢語は ·ɛng-siok（→漢音アウ-ショク）である。ケシ科の越年草 *Papaver somniferum*（ケシ）を意味する。茎は直立し、高さは六〇～一五〇センチ。葉は長楕円形。初夏、白・紅・紫などの大型の花を咲かせ、早く落ちる。果実は球形で、熟すと黄褐色になる。小さな種子が多数含まれる。欧州南部の原産で、中国へは唐代にインド方面から伝わった。語源は果実が罌子（口が小さく腹の大きなかめ）に似、種子が粟の子粒に似ることから名づけられた（本草綱目）。和名のケシはもともとカラシナ（漢名は芥）の種子を意味する芥子の呉音読みである。粒の小さいところが似ているので、名を転用したもの。

中国医学（本草）ではケシの果実を乾燥させたものを罌粟殻、また、果実の中の液汁を凝固させたものを底野迦、阿芙蓉（阿片、鴉片）と称し、薬用とした。未熟の果実には催眠性、麻酔性があり、アヘンの原料になる。底野迦はペルシア語 tiryāk、阿芙蓉はアラビア語 afyūm の音写である。

[字源]「賏（えい）（*·iĕng）」は「貝＋貝」によって、貝を連ねたネックレスを表す図形（桜の項参照）。ここに「物の回りに丸くめぐらす」というイメージがある。首の回りに丸い輪のめぐるコウライウグイスを鸎（＝鶯）という。同様に、腹が丸く膨れて輪が取り巻いたような形をした土器（かめの一種）を*·uĕngといい、「賏（音・イメージ記号）＋缶（限定符号）」を合わせた罌によって表記する。「粟」については前項参照。

㊉（賏）　㊉（罌）

[別名] 罌子粟・米囊花・米殻花・御米・象穀・鶯粟（ケシの異表記）芥子

[文献] 証類本草26「陳蔵器云、罌子粟、嵩陽子曰、其花四葉、有浅紅暈子也…図経曰、罌子粟、旧不著所出州土、今処処有之、人家園庭中多蒔以為飾、花有紅白二種、微腥気、其実作瓶子、似髇箭頭、中米極細（陳

蔵器［唐・本草拾遺］云ふ、罌子粟、嵩陽子曰く、其の花は四葉、浅紅の暈子有るなりと。…図経［図経本草、宋・蘇敬等撰］に曰く、罌子粟、旧出づる所の州土を著せず。今処処これ有り。人家の園庭中多く蒔きて以て飾と為す。花に紅白二種有り。微かに腥気あり。其の実は瓶子と作す。髇箭［かぶら矢］の頭に似たり。中の米は極めて細し）」、唐・李貞白「詠罌粟子」（全唐詩870）

【粳】7　音コウ　訓うるち

［語源］ 上古漢語は*kăng、中古漢語はkʌng（→呉音キヤウ、漢音カウ）である。イネの三類型の一つ ***Oryza sativa* subsp. *japonica***（中国名粳稲）を意味する。稈は硬く、倒伏しにくい。葉の幅は狭い。子粒は円形に近く、脱落しにくい。粘性は籼よりは強く、糯よりは少ない。語源について李時珍は「粘る者を糯と為し、粘らざる者を粳と為す、糯は懦なり、粳は硬なり」と述べている（本草綱目）。日本では粘りけの少ない米をウルチという。ウルチはウルシネの訛りで、ウルシネはウルにシネ（稲）がついた語だという。ウルは古代インド語の**vrīhiḥ**（米の意）の流れをくむという（大野晋）。

［字源］ 粳が本字。「更（*kăng）」は桔梗の項で述べたように、「丙（イメージ記号）＋攴（限定符号）」を合わせて、弛みや凸凹がないようにぴんと張る様子を暗示させる図形である。「弛みをぴんと張る」のイメージは当然「かたい」というイメージに展開する。梗（かたい木のしん）、硬（かたい）、鯁（かたい魚の骨）などはコアイメージを共有する一連のグループである。「更（音・イメージ記号）＋禾（限定符号）」を合わせて、糯（もち）よりはしんの硬い米、あるいはそのような米のできるイネを表した。粳・秔は異体字。

篆〔更〕　篆〔粳〕

［別名］ 粳米・糯稲

［文献］ 史記・滑稽伝「祭以粳稲（祭るに粳稲を以てす）」、素問・蔵気法時論篇「肝色青、宜食甘、粳米牛肉棗葵皆甘（肝の色は青。甘を食するに宜し。粳米・牛肉・棗・葵は皆甘なり）」、名医別録「粳米味甘苦平無毒、主益気、止煩、止泄（粳米は、味は甘・苦にして平、毒無し。気を益し、煩を止め、泄（せつ）を止むるを主る）」

【粱】7 音 リョウ 訓 あわ・おおあわ

[語源] 上古漢語は*liang、中古漢語はliang（→呉音ラウ、漢音リヤウ）である。イネ科エノコログサ属の*Setaria italica*（アワ）の一品種を意味する。var. *germanicum*（コアワ、中国名粟）に対して、var. *maxima*（オオアワ）を粱という。本草綱目によると、アワの中で穂が大きく、芒が長く、穀粒が太く、毛の色の紅、白、黄である品種を粱と呼ぶ。古代ではうまい穀類とされ、膏粱（肉のあぶら身とオオアワ）といえば美味の代表であった。語源について本草綱目は「粱なる者は良なり、穀の良なる者なり」というが、これでは表記にわざわざ「粱」を利用する理由が解釈できない。和名のアワについては粟の項参照。

「黄粱一炊の夢」は短くはかない人生に喩える。唐の盧生という学生が邯鄲に受験に行く途中、呂翁の枕を借りて、五十年間にわたる栄達の夢をみるが、目覚めると、まだ黄粱が炊き終わらない時間であったという枕中記（唐・沈既済）にある話から出た故事成語である。

[字源] 「刅」は「刀」の両側に点々をつけて、「物の両側」というイメージを示す記号である。「刅（イメージ記号）＋水（イメージ補助記号）＋木（限定符号）」を合わせた「梁（*liang）」は、川の両端に架け渡す橋を暗示させる。橋梁の梁（はし）が本義で、棟梁の梁（はり）の意味を派生する。梁は屋根を乗せるため端から端まで架け渡す材木であり、「物の両側」というイメージが共通であるため、隠喩によって転義した。この梁を利用して、穀物の名とする。棍棒型や円筒型、円錐型などを呈するアワの穂を梁に見立て、「梁（音・イメージ記号）の略体＋米（限定符号）」を合わせた粱によって、アワを表象するのである。

金 篆  〔刅〕

金 篆 〔粱〕

[別名] 粟・黄粱

[文献] 詩経・小雅・黄鳥「無啄我粱（我が粱を啄むなかれ）」、孟子・告子上「所以不願人之膏粱之味也（人の膏粱の味を願はざる所以なり）」、名医別録「黄粱米味甘平無毒、主益気、和中、止泄（黄粱米は、味は甘に

して平、毒無し。気を益し、中を和し、泄を止むるを主る)」

高粱→**蜀黍**（364ページ）

【糯】14 音ダ 訓もち

[語源] 上古漢語は***nuar**、中古漢語は**nua**（→呉音ナ、漢音ダ）である。稲はイネの総称で、穀粒の粘性・不粘性で三類型（籼・粳・糯）に分けられる。粘性のイネは稌ともいわれたが、漢代以後に糯稲が登場する。これは粘性が最も強い品種である。語源は需の「軟らかい」というイメージによる命名。本草綱目に「糯は懦なり」とあるのが参考になる。和訓の「もち」は餅の原料とすることによる。

[字源]「而（じ）（***niəg**）」はふさふさと垂れたあごひげを描いた図形で、「軟らかい」というイメージがある。「而（音・イメージ記号）＋雨（限定符号）」を合わせた「需（***niug**）」は、ひげが雨に濡れてしっとりとなる情景を暗示させる。濡の原字である。ここにも「軟らかい」というコアイメージがある。「軟らかい」というイメージは「ねばねばする」というイメージにもつながる。儒（武ではなく文を事とする人［これが古代中国の儒者の在り方で、柔弱の文人というイメージがある］）、孺（体がまだ軟らかい子ども）、懦（気が弱い）などは同源のグループ。「需（音・イメージ記号）＋米（限定符号）」を合わせて、穀粒が軟らかく粘る米、また、それのできるイネを表した。

甲　金　篆〔而〕

篆〔需〕

[文献] 斉民要術7「醸白醪法、取糯米一石（白醪を醸す法は、糯米一石を取る）」、千金要方80「糯米味苦温無毒、温中令人能食多熱大便鞕（糯米は、味は苦にして温、毒無し。中を温むれば、人をして能く食し、熱多く、大便をして鞕［のごとく］ならしむ）」

艸の部（くさかんむり）

【艸】

0 音ソウ 訓くさ

［語源］上古漢語は*ts'og、中古漢語はts'au（→呉音・漢音サウ）である。草本植物の総称である。「草」と同音同義。古典のテキストではほとんど「草」が使われ、「艸」が単独で現れるのは少ない。甲骨・金文にもない。早い段階で草本の総称としては「草」に譲り、草本の種類を表す漢字の限定符号に役割を替えたからであろう。語源については草の項参照。

［字源］「屮(てつ)」は草の芽が出る様子を描いた図形。これを二つ合わせて、草本を意味する*ts'ogを表記した。漢字を構成するとき、草本の意味領域に限定する符号になる。

古 篆

［文献］艸（艸は百卉［＝卉(き)］なり。二屮に从ふ。凡そ艸の属皆艸に从ふ）」、尚書大伝2「桑穀、野艸也」

説文解字1「艸百卉也、从二屮、凡艸之属皆从艸

【艾】

2 音ガイ 訓よもぎ・もぐさ

［語源］上古漢語は*ngad、中古漢語はngai（→呉音・漢音ガイ）である。キク科ヨモギ属の多年草*Artemisia argyi*（チョウセンヨモギ）を意味する。高さは四五～一二〇センチ。揉むと香気がある。葉の裏は糸状の白い毛で覆われる。秋、小さな花をつける。中国では葉を揉んで軟らかくし、灸治療のもぐさの原料とする。そこから灸草、医草の異名がある。語源について王安石の字説に「艾は疾を乂(おさ)むべし。久しくして弥(いよい)よ善し。故に字は乂に従ふ」（本草綱目の引用）とある。和訓の「もぐさ」はヨモギの異名。日本では*A. princeps*（ヨモギ）の葉を灸に用い、これを「もぐさ」という。語源は燃え草、または揉み草の意味という（大槻文彦）。

詩経では恋愛詩のモチーフに使われ、ヨモギを摘む行為が恋の病を癒すという象徴性を表す。また、辟邪のシンボルとなり、端午の節句に門戸にヨモギを懸ける風習が生まれた。

［字源］「乂(がい)（*ngăd）」は二本の線を交差させた図形。

これによって「余分なものをカットする」というイメージを示す記号とする。刈（伸びすぎた草などを刈り取る）にこのイメージが生きている。「乂（音・イメージ記号）＋艸（限定符号）」を合わせて、病根を取り除いてくれる草を暗示させた。

（甲）　（篆）〔乂〕　（篆）〔艾〕

［別名］ 灸草・医草・病草・家艾・香艾・艾蒿・艾蓬・冰台・吉祥草

［文献］ 詩経・王風・采葛「彼采艾兮、一日不見兮、如三歳兮（かしこに艾を采らん、一日見ざれば、三歳の如し）」、名医別録「艾葉味苦微温無毒、主灸百病（艾葉は、味は苦にして微温、毒無し。百病に灸するを主る）」、荊楚歳時記「五月五日、采艾以為人、懸門戸上、以禳毒気（五月五日、艾を采りて以て人を為り、門戸の上に懸け、以て毒気を禳ふ）」

【芋】3　㊥ウ　㊙いも

［語源］ 上古漢語は*ɦuag、中古漢語はɦuo（→呉音・漢音ウ）である。サトイモ科の多年草 *Colocasia esculenta*（サトイモ）を意味する。葉は広く大きい。夏、淡黄色の花をつける。地下茎は肥大し、食用になる。球茎をうずくまるチュウヒに見立て、蹲鴟の異名がある。熱帯アジアの原産で、中国では紀元前から栽培された。ただし飢えを満たす植物というイメージが強い。語源について許慎は「大いなる葉・実・根、人を駭かす、故に之を芋と謂ふ」と述べている（説文解字）。詩経の毛伝に「芋は大なり」、「訏は大なり」とあるから、人を驚かすほど大きいという特徴を捉えたのであろう。和名のサトイモ（里芋）はヤマノイモ（山芋・薯蕷）に対して里の語を冠する。日本ではイモ類の総称として芋を用いる。イモの古名はウモで、埋もれるのウモと同源という（大槻文彦）。

［字源］「于（*ɦuag）」は「一＋丂（つかえて曲がる符号）」を合わせて、「⌒（型や）型に曲がる」というイメージを示す記号。宇（⌒型の大空）、汚（くぼみに水がたまる↓よごれる）、迂（曲がって行く↓遠回りする）、洿（∪型の水たまり）などは同源のグループ。「于（音・イメージ記号）＋艸（限定符号）」を合わせて、太く湾曲した地下茎のできる植物を暗示させた。

甲　金　篆〔于〕
篆〔芋〕

[別名] ①(サトイモ) 蹲鴟・芋魁・芋渠・芋頭・土芝・博羅・青鳥 ②(イモの異表記) 薯・藷

[文献] ①史記・項羽本紀「今歳饑民貧、士卒食芋菽(今歳饑民貧し。士卒芋菽を食ふ)」、名医別録「芋味辛平有毒、主寛腸胃、充肌膚、滑中(芋は、味は辛にして平、毒有り。腸胃を寛くし、肌膚を充たし、中を滑らかにするを主る)」

芄蘭→蘿藦(346ページ)

【芝】 3 音シ 訓しば

[語源] 中国と日本では意味が異なる。中国では上古漢語が*tiag、中古漢語がtʃiei(→呉音・漢音シ)で、マンネンタケ科のキノコを意味する。神農本草経に青芝、赤芝、黄芝、白芝、黒芝、紫芝の六芝が登載されているが、芝は現在の***Ganoderma***属(マンネンタケ属)に同定されている。そのうち赤芝は***G. lucidum***(マンネンタケ)、紫芝は***G. japonicum***(マゴジャクシ)に当てる。古来、不老長寿の効能があり、仙人の食べ物として珍重され、霊芝の称がある。また表面に雲状の文様があり、これをめでたい慶雲に見立て、建築などの文様として描かれる。霊芝は代表的な瑞祥植物となっている。語源は年を延ばすと考えられたことから、之の「どんどん進む」のイメージを用いて命名された。和名の万年茸も同趣旨。

　日本ではイネ科の多年草***Zoysia japonica***(シバ、中国名結縷草)を指す。根茎は地上を這って広がり、芝生を形成する。シバの語源については、シバ(繁)ハ(葉)草の意味という説(大槻文彦)や、シキニハ(敷庭または頻庭)→シイニハ→シンバ→シバになったという説(吉田金彦)などがある。

[字源] 「止(*tiag)」はあし(foot)を描いた図形。足は進む機能もあるし止まる機能もある。だから「止」は「とまる」と「すすむ」の両方のイメージをもつ。「止(音・イメージ記号)+一(イメージ補助記号)」を合わせた「之(*tiag)」は、目標めざしてまっすぐに進み行く様子を暗示させる。「之(音・イメージ記号)+艸(限定

符号）」を合わせて、寿命をどこまでも先に進めていく薬効のある植物を暗示させた。

甲　金　篆　〔之〕

篆　〔芝〕

[**別名**] ①（マンネンタケ）霊芝・芝草・芝菌・芝英・木芝・神芝・瑞芝・丹芝・万年芝・雲芝・華芝・霊華・霊菌・三秀　②（シバ）結縷草・錐子草

[**文献**] ①神農本草経「赤芝味苦平、主治胸中結、益心気、補中、増智慧、不忘、久食軽身、不老延年、神仙（赤芝は、味は苦にして平。主治は胸中結。心気を益し、中を補ひ、智慧を増し、忘れず。久食すれば身を軽くし、不老延年、神仙［となる］）」、張衡・西京賦（文選2）「濯霊芝以朱柯（霊芝を濯ふに朱柯を以てす）」

【芍薬】3　音 シャク-ヤク　訓 ――

[**語源**] 上古漢語は*dhiɔk-gliɔk、中古漢語は**ʒiak-yiak**（→呉音ジャク-ヤク、漢音シャク-ヤク）である。ボタン科ボタン属の多年草 *Paeonia lactiflora*（シャクヤク）を意味する。中国の原産。茎は直立し、高さは五〇～八〇センチ。初夏、ボタンと似た白色または紅色の大型の花が咲く。根は肥大し、円柱形または紡錘形を呈する。古くから観賞用に栽培された。中国医学（本草）では根を薬用とする。語源について李時珍は「芍薬は猶婥約のごときなり。婥約は美好の貌。此の草の花容婥約なり。故に以て名と為す」（本草綱目）と述べる。

詩経の恋愛詩では、シャクヤクは異性に対する贈り物とされる。漢の鄭玄はその象徴性について「相与に戯謔し夫婦の事を行ふに因りて、其の別れんとして則ち女を送り、勺薬を以て恩情を結ぶなり」と述べている。近代の詩経学者聞一多やウェーリーは端的に媚薬と見ている。

[**字源**] 詩経では勺薬と書く。李時珍がいうように、花の美を女性の美になぞらえて、*dhiɔk-gliɔkという畳韻の二音節語で呼び、勺薬と表記したものであろう。これは婥約という語と二重写しになっている。勺薬の表記を選んだ理由は音だけでなくイメージも絡んでいるようである。「勺（*dhiɔk）」は液体をくみ上げる柄杓を描いた図形で、「高く上がる」というイメージが

あり、これは「目立つ」というイメージに展開する。酌（くみ上げる）、的（高く上がって目立つ「まと」）、灼（赤く燃え上がる）などは同源のグループ。次に樂（*ngɔk）は「丸いものや粒状のものがごろごろしている」というイメージを示す記号である（櫟の項参照）。礫（ごろごろした石の塊や粒→つぶて）や轢（車輪で粒状にすりつぶす→ひく）などは同源のグループ。「樂（音・イメージ）＋艸（限定記号）」を合わせて、草を粒状にすりつぶしたもの、つまり「くすり」を表す。この「勺」と「薬」を結んで、花の色が鮮やかで目立ち、媚薬になる植物という意味合いを寓した。勺薬が同じ草冠に整形されて芍薬となった。

(甲)　(篆)〔勺〕　(篆)〔芍〕

(金)　(篆)〔樂〕　(篆)〔藥〕

[別名] 離草・将離・可離・花薬・薬草・花相・艶友・婿客・小牡丹・余容・犁食・解倉

[文献] 詩経・鄭風・溱洧「維士与女、伊其相謔、贈之以勺薬（維れ士と女、伊れ其れ相謔れ、之に贈るに勺薬を以てす）」、山海経・北山経「繡山…其草多芍薬芎藭（繡山…其の草は芍薬・芎藭多し）」、神農本草経「芍薬味苦平、主治邪気腹痛、除血痹、破堅積、寒熱、疝瘕、止痛、利小便、益気（芍薬は、味は苦にして平。主治は邪気腹痛・血痹を除く・堅積を破る・寒熱・疝瘕。痛みを止め、便を利し、気を益す）」

【芒】 3 (音)ボウ (訓)すすき

[語源] 上古漢語は*miang、中古漢語はmiang（→呉音マウ、漢音バウ）である。イネ科の多年草 ***Miscanthus sinensis***（ススキ）を意味する。山野に群生する。茎は円柱形で、高さは一～二メートル。葉は線状。秋に白い花序を出す。小穂の先端に芒（のぎ）がある。語源はこの芒に由来する。和名のススキのスはササと同源で、細い意がある。キは草の意ともいわれるが、牙のキと同源で、尖ったものの意であろう。つまり、細く尖ったのぎをもつことによって名づけられた。ススキを薄と書くのは日本的表記である。

[字源] 「亡（*miang）」は「ついたて状のもの＋人」を合わせて、人を遮って姿を見えなくする情景を暗示

する図形。「(遮られて) 姿が見えなくなる」というイメージがある。死亡、逃亡の亡は「姿を隠す」の意味である。また、盲（目が見えない）、忘（記憶がなくなる）、妄（道理がわからない）、虻（姿を見せず血を吸う虫、アブ）などは「見えない」「ない」というコアイメージを共通にする同源の語群である。「亡（音・イメージ記号）＋艸（限定符号）」を合わせて、先端が細くて見えにくい「のぎ」、またそれが特色である植物を表した。莣は異体字。「忘」も「姿が見えない」というイメージがある。

甲　金　篆〔亡〕　篆〔芒〕

[別名] 杜栄・芭芒・芭茅（ススキの異表記）薄

[文献] 爾雅・釈草「莣、杜栄」——郭璞注「今芒草、似茅、皮可以為縄索履屩也（今の芒草なり。茅に似る。皮は以て縄索・履屩と為すべきなり）」、管子・地員「山藜葦芒、群薬安聚、以圉民殃（山藜葦芒、群薬安くにか聚まり、以て民の殃ひを圉がん）」、晋書・劉惔伝「家貧、織芒屩以為養（家貧しく、芒屩を織りて以て養を為す）」

【芸】4　音 ウン　訓 ——

[語源] 上古漢語は*ɦuən、中古漢語はɦuən（→呉音・漢音ウン）である。ミカン科の多年草 ***Ruta graveolens***（ヘンルーダ、中国名芸香）を意味する。高さは一メートルに達する。強い香りがある。夏、黄色い小花が咲く。葉や枝から香料を採る。古代では宮中の庭に植え、葉を蔵書にはさんで衣魚除けに用いた。この書庫を芸閣という。欧州南部の原産。語源は云の「もやもやと漂う」というイメージによって命名された。和名のヘンルーダはオランダ語 **Wijnruit** が訛ったものという。

[字源] 「云（*ɦuən）」は雲気が盛んに立ちこめる情景を描いた図形で、雲の原字である。ただし「くも」の意味は「雲」に譲り、「云」は「（気のようなものが）もやもやと空中に漂う」というイメージを示す記号とする。このイメージから、口から言葉という気が出てくる、つまり「いう」に転じたのが、「云」の現実の意味である。雲のほかに、魂（死後地に帰る魄に対して、天に帰る「たましい」）にもコアイメージが生きている。「云（音・イメージ記号）＋艸（限定符号）」を合わせて、

強烈な香気を漂わせる草を暗示させた。［補注］園芸の芸は「藝」が本字であって「芸（うん）」とは別の字である。

㊙甲　古　篆〔云〕

篆〔芸〕

［別名］芸香・芸蒿・臭草

［文献］礼記・月令「仲冬之月…芸始生（仲冬の月…芸始めて生ず）」、墨子・雑守「辺県予種畜芫芸烏喙（辺県予め芫・芸・烏喙を種畜す）」

【花】4　音カ　訓はな

［語源］上古漢語は*huăr、中古漢語はhuă（→呉音クヱ、漢音クワ）である。花弁、萼、蘂から成る植物の「はな」を意味する。生長して果実や種子ができる。花弁にはざまざまな色があり、美しいので、観賞される。生物学的には種子植物の生殖器官が「はな」であり、また、一般に「はな」をもつ草本類・木本類を指す。語源は化の「別のものに姿を変える」というイメージに基づく。蕾から変化し、また果実に姿を変えていく特徴を捉えた命名である。「花」と「華」はほぼ同義だが（ただしコアイメージが異なる）、「花」は「華」よりも出現する時代が遅い。和名の「はな」は端（はな）と同源で、「著しく現れ、目立つ」の意味という（大槻文彦）。

［字源］「化（*huăr）」は「人（正常に立つ人の形）」＋匕（ひっくりかえった人の形）」を合わせて、普通の姿が変な姿に変わる情景を暗示させる図形。「AがBという別の形態や性質になる」というイメージを示す記号となる。「化（音・イメージ記号）＋艸（限定符号）」を合わせて、蕾から姿を変え、ついで果実に姿を変えていく植物の「はな」を表した。

蘤（か）は異体字である。これに含まれる「爲（*ɦuar）」は「爪（下向きの手）＋象（獣のゾウ）」を合わせて、象を手なずける場面を設定した図形。象の調教は野生のものに人工を加えて人間の扱いやすいものにすることなので、ここにも「AからBに、姿や性質を変える」というイメージがある。言葉が変化する（なまる）ことを譌（か）といい、訛とも書く。「化」と「爲」はコアイメージを共通にする。

甲　金　篆〔化〕

甲　金　篆　〔花〕　篆　〔爲〕

【別名】 華・蘤・英・葩

【文献】 史記・李斯伝「秋霜降者、草花落（秋霜降れば、草花落つ）」、釈名・釈衣服（後漢・劉熙）「鞠衣黄如菊花色也（鞠衣の黄なるは菊花の色の如きなり）」

燕子花　音 エン-シ-カ　訓 かきつばた

【語源】 中世漢語は **ien-tsi-hua** である。宋代に登場する花だが、用例がきわめて少ない。ある文献によると花が紫色で、ツバメに似るという。牧野富太郎は燕子花をカキツバタではなくオオヒエンソウだとした。現代中国の飛燕草に当たるのではあるまいか。キンポウゲ科ヒエンソウ属の一年草 ***Delphinium ajacis***（チドリソウ、中国名飛燕草）で、花は青紫色。五つの萼が花弁のように見え、後方に長く伸び出た距がある。これが飛んでいるツバメに似ている。日本で燕子花をカキツバタとしたのは読み違いらしい。カキツバタについては杜若の項参照。

【字源】 燕子はツバメの意。「燕」はツバメの全形を描いた図形である。「子」は小さいもの、かわいいものの意を添える接尾語。「子」の字源については柑子の項参照。

甲　篆　〔燕〕

【別名】（カキツバタの異表記）杜若

【文献】（チドリソウ）渓蛮叢笑（説郛67）「燕子花紫色、全類燕子、生於藤一枝数葩（燕子花は紫色、全く燕子に類す。藤一枝に数葩を生ず）」

金盞花　音 キン-セン-カ　訓 ——

【語源】 中世漢語は **kiam-tṣan-hua** である。キク科の一年草あるいは二年草 ***Calendula arvensis***（キンセンカ、別名ホンキンセンカ）を意味する。高さは四〇センチほど。春から夏にかけて、茎の先端にさかずきの形をした黄色の花が開く。そこから金盞（黄金色のさかずき）の花という名がついた。花期が長いので長春花の異名がある。南欧の原産で、宋代に中国に渡来した。なお日本では ***C. officinalis***（トウキンセンカ、中国名金盞菊）

をキンセンカといっている。

[字源]「金」については金柑の項参照。「戔（さん）（*tsān）」は「戈（ほこ）」を二つ合わせて、刃物で削る様子を暗示する図形。「（削った結果）小さくなる」「少ない」というイメージを示す記号である。浅（水が少ない↓あさい）、賤（財貨が少ない↓身分がいやしい）、箋（小さい書き付け）などは同源のグループ。「戔（音・イメージ記号）＋皿（限定符号）」を合わせて、浅くて小さなさかずきを表した。

[篆]  〔盞〕

[別名] 金盞児花・金盞草・金盞子・長春花・長春菊・杏葉草・醒酒花

[文献] 救荒本草2（明・朱橚）「金盞児花…花大如指頭、弁狭長而頂円、開時団団如盞子、生茎端、相続不絶（金盞児花…花は大にして指頭の如し。弁は狭長にして頂円し。開く時団団として盞子の如し。茎の端に生じ、相続ぎて絶えず）」

金鳳花 [音]キン-ポウ-ゲ [訓]——

[語源] 中国と日本では意味が異なる。中国では中古漢語が **kɪəm-bɪung-huă**（↓漢音キン-ホウ-クワ）で、ツリフネソウ科のホウセンカ（鳳仙花）の別名である。詳しくは鳳仙花の項参照。金鳳花は唐代の文献に初めて現れる。

日本では全く別物であるキンポウゲ科のキンポウゲとするが、これは普通ウマノアシガタ（毛茛）と呼ばれる。茛の項参照。なぜこんな食い違いが起こったのか理由がわからない。

[字源]「金」は金柑の項、「鳳」は鳳仙花の項参照。

[別名] ①（ホウセンカ）鳳仙花　②（ウマノアシガタ）毛茛

[文献] ①張泌・南郷子（全唐詩898）「細雨泣秋風、金鳳花残満地紅（細雨秋風に泣き、金鳳花残（くず）れて満地紅なり）」、群芳譜「鳳仙…開花、頭翅羽足倶翹然如鳳状、故又有金鳳之名（鳳仙…花を開けば、頭・翅・羽・足倶に翹然として鳳の状の如し。故に又金鳳の名有り）」

鶏冠花 [音]ケイ-カン-カ [訓]——

[語源] 中古漢語は **kei-kuan-huă**（↓漢音ケイ-クワン-ク

ワ）である。ヒユ科の一年草 ***Celosia argentea* var. *cristata***（ケイトウ）を意味する。高さは六〇～九〇センチ。夏から秋にかけて開花する。色は紫、紅、淡紅、黄色など。花穂は変化して鶏のとさかの状を呈する。熱帯アジアの原産で、中国では唐代にその名が現れる。語源は文字通り鶏冠（とさか）に由来する。日本では鶏頭花、略して鶏頭といった。しかしとさかを漢語で鶏頭とはいわない。オニバス（芡）の別名である鶏頭と混乱したものであろう。

古代中国では中元節（陰暦七月十五日）に、先祖を供養しに墓参する人のために、児童たちがこの花を街頭で売る風習があった。

[字源]「奚（けい）（*ɦer）」は「爪（て）＋幺（いと）＋大（ひと）」を合わせて、紐でつないだ奴隷を表す図形。「一筋につなぐ」というイメージがある。「奚（音・イメージ記号）＋鳥（限定符号）」を合わせて、紐でつないで飼い馴らした鳥を暗示させた。太古に家禽化された鳥がニワトリである。雞は異体字。

「元（*nguăn）」は「一＋兀（人体）」を合わせて、胴体の上に乗っている頭を表す図形。「冖」は覆いや被りものを示す図形。「元（音・イメージ記号）＋冖（イメージ補助記号）＋寸（限定符号）」を合わせて、頭に被りものを被る様子を暗示させる。これによって「かんむり」を意味する*kuan の視覚記号とする。「鶏」と「冠」を結んで、ニワトリの頭にある冠と似た肉の突起物、つまり「とさか」を意味する二音節語とした。

㊙甲　㊙金　㊙篆〔奚〕
㊙甲　㊙籀〔鶏〕　㊙篆〔雞〕
㊙甲　㊙金　㊙篆〔元〕
㊙篆〔冠〕

[別名] 鶏冠莧・鶏公花・洗手花・祖宗花・波羅奢

[文献] 羅鄴・鶏冠花（全唐詩654）「一枝穠艶対秋光、露滴風揺倚砌傍（一枝穠艶秋光に対す、露滴り風揺らぎ砌傍に倚る）」、東京夢華録8「中元節…又売鶏冠花、謂之洗手花（中元節…又鶏冠花を売る。之を洗手花と謂ふ）」

牽牛花　㊥ケン-ギュウ-カ　㊥あさがお

[語源] 種子を表す牽牛子が古い言い方で、上古漢語は

*k'en-ngıog-tsiəg、中古漢語は **k'en-ngıəu-tsiei**（→呉音ケン-ゴ-シ、漢音ケン-ギウ-シ）である。ヒルガオ科サツマイモ属の一年草 ***Ipomoea nil***（アサガオ、中国名牽牛）を意味する。枝はつる性で、他物に巻きつく。秋に藍色、紫色、白色などの花を開く。果実は球形。黒色の種子を黒丑、白色の種子を白丑といい、薬用とする。語源は牛を引いてきて薬代とするほどだったから、牽牛（牛を引く意）という。牽牛花の語は宋代に初めて現れる。和名のアサガオ（朝顔）は朝に花が咲き、夕方にしぼむことに由来し、日本では短命の象徴とされる。

[字源]「玄（*ɦuăn）」は「幺（いと）」の上に∧型の符号をつけて、糸を宙吊りにしている情景を設定する図形。「宙吊りになる」、また「ゆらゆらしてはっきり見えない」というイメージを示す記号である。弦（弓に張った糸）や絃（宙吊りに張った楽器の糸）などは同源の語。「玄（音・イメージ記号）+∩（垂れた紐の形）+牛（限定符号）」を合わせて、牛に紐をつけて引っ張る様子を暗示する。「牛」はウシを描いた図形で、特に角の部分を強調している。

(篆)〔玄〕 (篆)〔牽〕

(甲) (金) (篆)〔牛〕

[別名] 牽牛・牽牛子・狗耳草・盆甑草・天茄児・勤娘子

[文献] 本草経集注（名医別録「牽牛子」）「此薬始出田野、人牽牛易薬、故以名之（此の薬は始め田野に出づ。人、牛を牽きて薬に易ふ。故に以て之に名づく）」

蝴蝶花 (音)コ-チョウ-カ (訓)しゃが

[語源] 中世漢語は **hu-tie-hua** である。アヤメ科アヤメ属の多年草 ***Iris japonica***（シャガ）を意味する。高さは四〇～五五センチ。根茎は地下を横に這う。葉は剣状で長い。初夏、蝶形の淡紫色の花が咲く。花の形を蝴蝶になぞらえたのが名の由来。始めてこの名が登場するのは宋代である。和名のシャガは、この植物が射干（ヒオウギ）と似ているので、シャカン（正しくはヤカン）の音を訛ってシャガと読んだものといわれる。

[字源]「胡（*ɦag）」は胡桃の項で述べたように、「あごひげ」という意味がある。「葉（よう）（*d̥iap）」は木の葉を

描いた図形で、葉の原字である。ひげがあり、葉のように薄い羽をもつ昆虫を胡蝶という。虫偏で整形して蝴蝶と書く。蝴蝶花は胡蝶花・胡蜨花とも書く。

(金)　(篆)　〔枼〕

【別名】 鉄扁担・紫燕（シャガの異表記）射干・著莪

【文献】 遵生八牋16（明・宋濂）「蝴蝶花草花儼若蝶状、色黄、上有赤色細点、闊葉、秋時分種（蝴蝶花は草花儼として蝶の状の若し。色は黄なり。上に赤色の細点有り。闊葉。秋時種を分かつ）」

紅花　(音)コウ-カ　(訓)べにばな

【語源】 上古漢語は*ɦung-huăr、中古漢語はɦung-huă（→呉音グ-クヱ、漢音コウ-クワ）である。キク科の一年草 *Carthamus tinctorius*（ベニバナ）を意味する。高さは三〇～九〇センチ。葉は披針形で刺がある。夏、大きな花序が茎の頂にできる。花は紅色。南西アジアの原産。語源はこの植物から口紅の原料を採ることに由来する。紅藍、黄藍とも呼ばれる。また臙脂（口紅、頰紅の意）や燕支・煙脂が植物の名にも使われる。和名は古くはクレノアイ（呉の藍）であった。呉は中国を指す呼び名。色名の「くれない」はこれに由来する。のちベニバナと変わった。この語源は紅花と同趣旨である。「べに」は顔につける化粧品の名で、ホホニ（頰丹）→ベニになったという（大槻文彦）。

ベニバナのルーツに関しては種々の伝説がある。漢の張騫が西域から伝えたといわれるのもその一つ。しかし名前の出現は六朝時代をさかのぼらない。甘粛省の焉支山が産地（おそらく経由地であろう）であったので燕支の名が生まれ、ここから臙脂の語が生まれたという説もある。また別の説では、匈奴の王の妻を閼氏（えんし）といい、ベニバナのおかげで非常に美しかったので燕支や臙脂の名が生まれたという。

【字源】 説文解字に「紅は帛の赤白色なり」、釈名・釈采帛に「紅は絳なり。白色の絳に似たる者なり」とある。「工（*kung）」は二線の間を縦線で突き通す象徴的符号で、「突き通す」というイメージを示す記号である。「工（音・イメージ記号）＋糸（限定符号）」を合わせて、白色の絹地に茜［アカネ］の汁を突き通して染める様子を暗示させる。本来は白みがかった赤色、つまり粉紅色（桃色）を意味した。

㊙甲 ㊙金 ㊙篆 〔工〕

㊙篆 〔紅〕

【別名】紅藍・黄藍・紅花草・紅花菜・臙脂・燕脂・燕支

【文献】南史・王洪軌伝「借百姓麦地、以種紅花、多与部下（百姓の麦地を借りて、以て紅花を種ゑ、多く部下に与ふ）」、斉民要術5「種紅花藍花梔子（紅花・藍花・梔子を種う）」、古今注（晋・崔豹）「燕支葉似薊、花似蒲公、出西方、土人以染名為燕支、中国人謂之紅藍、以染粉為面色、謂為燕支粉…旧謂、赤白之間為紅、即今所謂紅藍也（燕支は葉は薊に似、花は蒲公に似る。西方に出づ。土人以て染めて名を燕支と為す。中国人之を紅藍と謂ふ。染粉を以て面色と為し、謂ひて燕支粉と為す。…旧謂ふ、赤白の間を紅と為すと。即ち今の所謂紅藍なり）」

石楠花 ㊅音 セキ-ナン-カ ㊊訓 （しゃくなげ）

【語源】中国と日本では意味が異なる。中国ではもとは石楠または石南、後に石楠花または石南花ともいう。石楠・石南の上古漢語は***dhiak-nəm**、中古漢語は**ʒiɛk-nəm**（→呉音ジャク-ナム、漢音セキ-ダム）である。バラ科カナメモチ属の常緑低木または小高木 ***Photinia serrulata***（オオカナメモチ、中国名石楠）を意味する。高さは四〜六メートル。樹冠は円形をなす。葉は長楕円形で白い粉に覆われる。初夏、白い花をつける。果実は球形で赤く熟する。語源について李時珍は「石間向陽の処に生ず。故に石南と名づく」と述べている（本草綱目）。和名のカナメモチ（要黐）の由来は、モチノキ（冬青）に似て材質が堅くて強く、扇の要を造ったからという（大槻文彦）。

日本ではツツジ科ツツジ属（***Rhododendron*** 属）のシャクナゲ亜属の総称とする。常緑低木で、高山に自生する。枝の先に漏斗状の花をつける。変種が多く、園芸品種も多様である。狭義ではアズマシャクナゲ（***R. degronianum***）とツクシシャクナゲ（***R. metternichii***）を指す。花弁が前者は五つ、後者は七つある。語源は中国の石楠花を間違って用い、読みも訛って「しゃくなげ」になったという。一説によると、中国の石楠は本来ツツジ科の ***R. clementinae***（中国名麻点杜鵑）を指した。楠（ナンムー）の葉と似、高山の石上に生じるので、石南、石楠の名が生まれたという（夏緯瑛）。これが正しいなら、日本で石楠花をシャクナゲと読むのは誤用ではないことになる。

［字源］ 李時珍の説によると石南が正式で、石楠は後起の表記となる。しかし「石」は「中身が充実して硬い」というイメージでもって材質の特徴を捉え、「楠」は葉がナンムーと似ていることに着目し、かくて石楠と呼んだのではあるまいか。後に簡略化して石南の表記が生まれた。「石」の字源については柘、「楠」については該項参照。

［別名］ ①（オオカナメモチ）石南草・風薬・扇骨木・千年紅　②（シャクナゲの異表記）石南花

［文献］ ①神農本草経「石南草味辛平、主養腎気、内傷陰衰、利筋骨皮毛（石南草は、味は辛にして平。腎気を養ふこと、内傷陰衰、筋骨・皮毛を利することを主る）」、述異記「曲阜県南十里有孔子春秋台曲阜故城、有顔回墓、墓上有石楠樹二株、可三四十囲、土人云、顔回手植（曲阜の県南十里に孔子春秋台・曲阜故城有り。顔回の墓有り。墓上に石楠樹二株有り。三四十囲ばかり。土人云ふ、顔回の手植なりと）」

女郎花

㊀ジョーロウーカ　㊁おみなえし

［語源］ 中国と日本では意味が異なる。中国では中古漢語が **nio-lang-huă**（→漢音ヂヨーラウークワ）で、木蘭［モクレン］または辛夷［モクレン］の異名である。唐の白楽天の詩に初めて出る。男装して父の代わりに戦争に行ったという伝説上の女性木蘭にあやかった名である。木蘭・辛夷の項参照。

日本ではオミナエシ科の多年草 ***Patrinia scabiosaefolia***（オミナエシ）を指す。茎は直立し、高さは一メートルほど。茎の先端に黄色い小花を多数つける。秋の七草の一つとして、古来愛でられる。オミナエシ（ヲミナヘシ）の語源はヲミナ（女、美女）＋ヘシ（圧し）で、美しさが美女をも圧倒するほどだという意味。漢名は敗醤という。これはオトコエシ（*P. villosa*）も含む。陶弘景によると臭いが腐った豆醤（味噌の類）に似ているので名づけられたという。

[字源]「女（*nag）」は両手を組み、膝を曲げた女性を描いた図形。「しなやかで柔らかい」というイメージがあり、茹（柔らかく煮た野菜）や絮（ヤナギなどの柔らかい「わた」）などは同源のグループ。「郎」は男の意味である。字源については檳榔の項参照。「女郎」は性がまだ十分に発達していない少女を意味する。古楽府の木蘭詩に「木蘭の是れ女郎なるを知らず」とある。

和名抄で女郎花をオミナエシと読ませている。この漢字表記はオミナから連想して中国の女郎花を借用したものと思われる。女郎という語が使われるようになるのは江戸時代である。なおオトコエシ（男郎花）はオミナエシに倣った名であり、漢字表記である。

甲　金　篆　〔女〕

甲　金　篆　〔良〕

篆　〔郎〕

[別名] ①（モクレン・シモクレン）木蘭・辛夷　②（オミナエシ）敗醤・沢敗・酸益・鹿醤・鹿腸・鹿首・馬草・野苦菜

[文献] ①白居易・題令狐家木蘭花（全唐詩454）「応添一樹女郎花（応に添ふべし一樹の女郎花）」　②本草経集注（神農本草経「敗醤」）「気如敗豆醤、故以為名（気は敗れたる豆醤の如し。故に以て名と為す）」

沈丁花

音 ジン-チョウ-ゲ　訓 ―

[語源] ジンチョウゲ科の常緑低木 *Daphne odora*（ジンチョウゲ、中国名瑞香）を指す。高さは二メートルほど。葉は長楕円形で叢生する。春、枝の先に頭状の花をつける。花は外側が紅紫色、内側が白色で、香気が高い。そこから瑞香という漢名が生まれた。その由来については伝説がある（下記文献参照）。花と根は有毒だが、中国医学（本草）で生薬に用いる。中国原産の植物であるが、植栽され始めたのは宋代からである。日本では香りが沈香［ジンコウ］に似、花が丁香［チョウジ］に似ているところから、沈丁花という名で呼ばれる。この語は中国にはない。

[字源]「沈」については沈香、「丁」については丁香の各項参照。

[別名] 瑞香・瑞香花・睡香・蓬萊紫・紫風流・風流

樹・奪香花・麝嚢花・佳客・殊友

【文献】宋史・霍端友伝「詔索瑞香花数十本（詔して瑞香花数十本を索めしむ）」、清異録（宋・陶穀）「廬山瑞香花、始縁一比丘昼寝磐石上、夢中聞花香酷烈不可名、既覚、尋香求之、因名睡香、四方奇之、謂乃花中祥瑞、遂以瑞易睡（廬山の瑞香花、始め一比丘、昼磐石の上に寝ね、夢中に花の香酷烈にして名づくべからざるを聞き、既にして覚め、香を尋ねて之を求むるに縁り、因りて睡香と名づく。四方之を奇とし、乃ち花中の祥瑞なりと謂ふ。遂に瑞を以て睡に易ふ）」

仏桑花　音ブッ-ソウ-ゲ　訓―

【語源】もとは単に仏桑、また扶桑という。仏桑は中古漢語が **buət-sang**（→漢音フツ-サウ）、扶桑は中古漢語が **biuo-sang**（→漢音フ-ソウ）である。アオイ科フヨウ属の常緑低木 ***Hibiscus rosa-sinensis***（ブッソウゲ、中国名朱槿、別名扶桑）を意味する。高さは六メートルに達する。葉は卵形。花冠は大型で、ムクゲに似た紅色、または白色の花を開く。柱頭は糸状に長く伸び、花冠の外に出る。中国南部の原産。中国医学（本草）では花と根を薬用とする。また紅色を染める原料とした。語源について李時珍は、葉が神話の木である扶桑に似ることから扶桑になぞらえたもので、のちに仏桑に転じたという（本草綱目）。仏桑は唐代、仏桑花は宋代の文献に見える。なお朱槿の方が古く、すでに南方草木状（晋・嵆含）に出ている。

【字源】扶桑は山海経などに出る神話的な木の名。太陽が出る湯谷（ようこく）の上にあり、十個の太陽がこの木に止まるという。扶は「両側から⋀型に支える」というイメージがあり、これが扶助の扶。また「両側に⋀型に覆う」というイメージにも展開し、木の枝葉が四方に覆い被さる様子を扶蘇という。扶桑の語源は後者の意味を取る。音が転じて仏桑となった。「仏」については仏手柑の項参照。［補説］日本ではふつう仏桑華と書くが、中国では仏桑花であった（今は使わない）。

【別名】仏桑・扶桑・扶桑花・朱槿・赤槿・桑槿・福桑・日及・花上花

【文献】嶺表録異（唐・劉恂）「朱槿花茎葉皆如桑樹、葉光而厚、南人謂之仏桑（朱槿花は茎葉皆桑樹の如し。葉光りて厚し。南人之を仏桑と謂ふ）」

鳳仙花

音 ホウセンカ
訓 ——

[語源] 中古漢語は bıung-siɛn-huǎ（→漢音ホウ-センｰクワ）である。ツリフネソウ科ツリフネソウ属の一年草 *Impatiens balsamina*（ホウセンカ）を意味する。高さは六〇センチほど。葉は披針形で長く、先が尖る。夏、紅色、紫色、白色などの大型の花が咲く。萼は花弁状で大きく、後方に湾曲した距が出る。果実は楕円形。熟すと種子は弾けて飛ぶ。インドの原産で、中国では名が唐代に現れる。語源は花の姿を鳳凰に見立て、ゆかしい仙の語を添える。金鳳花とも呼ばれるが、語源の由来も同趣旨で、出現もほぼ同時期のようである。古代では葉を砕いて女性のマニキュアに用いたので、指甲花（指甲は爪の意）の異名がある。中国医学（本草）では種子を急性子と称し、薬用とする。

[字源]「鳳」（*bluəm）は大鳥を描いた図形で、殷代では風神とされた。「風」と語源的にも字源的にも共通である（楓の項参照）。「仙」は僊が本字。「僊」（*sian）の旁の「䙴（せん）」（*sian）は「囟（イメージ記号）+舁（四本の手→上に上げる）+卩（かがむ人）」を合わせて、人が抜け殻になって魂が天に上がる様子、つまり仙人になって昇天する情景を暗示させる図形（瓢の項参照）。これに人偏を添えた僊は仙人のことである。

甲 〔鳳〕 篆 〔鳳〕
篆 〔䙴〕 篆 〔僊〕

[別名] 金鳳花・指甲花・染指甲花・小桃紅・好女児花・急性子・菊婢・羽客・透骨草

[文献] 呉仁璧・鳳仙花（全唐詩690）「香紅嫩緑正開時、冷蝶飢蜂両（ふた）つながら知らず」（香紅嫩緑正に開く時、冷蝶飢蜂両不知）」、花鏡6「鳳仙花…花宛如飛鳳（鳳仙花…花は宛として飛鳳の如し）」

凌霄花

音 リョウ-ショウ-カ
訓 のうぜんかずら

[語源] 中古漢語は lıəng-siɛu-huǎ（→漢音リョウ-セウ-クワ）である。ノウゼンカズラ科のつる性落葉木本 *Campsis grandiflora*（ノウゼンカズラ、中国名凌霄、別名紫葳）を意味する。茎に気根があり、他物に絡みついてよじ登る。夏、開花する。花冠は漏斗状で大きく、赤黄色。果実は細長く、熟すと裂ける。中国の原産で、

観賞用、また薬用とする。古く詩経に苕(ちょう)の名で登場し、漢代に陵苕、唐代に凌霄と呼ばれる。凌霄は陵苕の音転であるが、高くよじ登る特徴を捉えて、「霄(そら)を凌(しの)ぐ」という意味合いも兼ねる表記になっている。和名の古名はノセウ、またはノウセウで、凌霄の朝鮮語音ヌンソの訛りといわれる。さらにノウゼンに訛り、つる草を意味するカズラ（葛）を添えた。

詩経・小雅・苕之華で「苕の華、芸(うん)として其れ黄ばむ、心の憂ひ、維(こ)れ其れ傷む」と、かなわぬ恋を詠っている。ノウゼンカズラやクズなどのつる性植物は、他物に絡みつく姿から愛情の象徴として、恋愛詩のモチーフにしばしば用いられる。

【字源】「苕(ちょう)」（上古漢語は*dög、中古漢語はdeu）が最も古い言い方。「刀（*tɔg）」は反り返った刀を描いた図形で、「⌒型やへ型に曲がる」というイメージがある。「刀（音・イメージ記号）＋口（限定符号）」を合わせた「召（*tiog）」は、手をへの格好にして招く様子を暗示させ、これも「⌒型やへ型に曲がる」というイメージを示す記号になる。「召（音・イメージ記号）＋艸（限定符号）」を合わせて、つるを曲げて他物にからんでいく植物を表した。

苕にはほかの意味もあったので、やがて陵をつけて区別するようになった。「夌(りょう)（*lɪəng）」は菱の項にもある通り、山の稜線を踏み越えることである。「夌（音・イメージ記号）＋阜（限定符号）」を合わせた陵は、稜線のある大きな丘という意味（丘陵）と、力ずくで踏み越えるという意味（陵辱）がある。陵を添えた理由は、他物を踏み越えて繁殖するノウゼンラズラの姿を捉えている。陵苕が音転して凌霄となる。これは「霄を凌ぐ（ほど高い）」という意味の普通名詞でもあった。陵辱は凌辱とも書き、陵と凌は同義である。

甲 
金 
篆  〔召〕
篆 〔苕〕
篆  〔夌〕
篆 〔凌〕
篆 〔陵〕

【別名】 苕・陵苕・紫葳・女葳・武威・陵華・陵時・瞿陵・鬼目

【文献】 酉陽雑俎18「凌霄花中露水損人目（凌霄花の中の露水は人の目を損ふ）」、白居易・有木詩八首「有木名凌霄、擢秀非孤標、偶依一株樹、遂抽百尺条（木有り凌霄と名づく、擢秀するは孤標に非ず、偶たま一株の樹に依り、遂に百尺の条（えだ）を抽（ぬ）きんず）」

無花果 音 ムーカーカ 訓 いちじく

[語源] 中世漢語は **wu-hua-kuo** である。クワ科の落葉低木または小高木 ***Ficus carica***（イチジク）を意味する。高さは一〇メートルに達する。枝は褐色で短い毛がある。葉は掌状で大きい。花は花托の中に隠れている。果実は卵形で、熟すと紫褐色になり、先端が裂ける。肉質は軟らかくて甘く、生食できる。西アジアの原産で、唐代に渡来した。ペルシア語でイチジクを **hežīr**、**ezīr**、**ajū**、**anjīr** などといい、唐代の中国人は阿駲（**·a-rıĕt**）、阿駅（**·a-yiɛk**）、阿駔（**·a-dzo**）などと音写した（酉陽雑俎に見える）。宋代になると、花がないのに果実ができると考えられて、無花果という名称が生まれた。また音意両訳を兼ねる映日果という名も行われた。映日の中世漢語は **iang-rıai** である。日本へは十七世紀に中国から伝わり、映日果（**iang-rıai-guo**）が訛ってイチジクという和名が生じた。

[字源]「無（*mɪuag）」は人が両手に羽飾りを持って踊る姿を描いた図形。舞（まう）の原字である。見えないものを神にすがって求めるというイメージがあり、これが「隠れて見えない」「下のものを覆い被せる」というイメージ、さらに「ない」というイメージに展開する。蕪（草が地面を覆って見えないほど生い茂る）は同源の語である。「果」については果蓏の項参照。

甲　金　篆　〔無〕

[別名] 映日果・蜜果・木饅頭・天生子・優曇鉢

[文献] 類説16（宋・曾慥）「木饅頭為無花果、味甘酸、食之発瘴、嶺南尤多（木饅頭は無花果と為す。味は甘酸。之を食へば瘴を発す。嶺南に尤も多し）」、救荒本草6「無花果生山野中、今人家園圃中亦栽…救飢、採果食之（無花果は山野中に生ず。今人家の園圃中にまた栽う。…救飢には、果を採りて之を食ふ）」

花梨→櫚（145ページ）
金銀花→忍冬（389ページ）
迎春花→黄梅（63ページ）

山茶花↓237ページ
紫陽花↓370ページ
彼岸花↓**曼殊沙華**（243ページ）
麗春花↓**虞美人草**（231ページ）

【芥】 4 音カイ 訓からしな

[語源] 上古漢語は*kăd、中古漢語はkʌi（→呉音ケ、漢音カイ）である。アブラナ科アブラナ属の二年草*Brassica juncea*（カラシナ）を意味する。高さは三〇～一〇〇センチ。茎の下部の葉は広卵形で鋸歯があり、上部の葉は線状をなす。花は淡黄色。果実は角形。種子は球形で直径一ミリほど。種子を芥子といい、味が辛く、生薬や香辛料に用いられる。一般語としては小さいものの喩えに使われる。語源は芥にもともと小さい草とか、小さなごみ・あくたという意味があるので、種子の小さいところから、この名がついた。和名は「辛い」が語源で、辛し菜の意。

[字源]「介（*kăd）」は「人＋八（両側に分ける符号）」を合わせて、人を両側から挟む情景を暗示する図形で、「中間にあるものを両側から挟む」というイメージがある。介在（間にはさまる）、仲介（両方を取り持つ）はこのイメージがコアにある。境界の界（二つに分かれたものの間→さかい）も同じ。一方、視点を変えると、中間のものは両方に分けられているから、「両側に分ける」というイメージも同時に含まれている。「二つに分ける」というイメージは一つのものが分散することであるから、「分散して小さくなる」というイメージにも展開する。「介（音・イメージ記号）＋艸（限定符号）」を合わせて、小さな草やごみを表す。土芥視（詰まらないものとして見る）の芥はこの意味。ここから種子のきわめて小さい草であるカラシナの呼び名にも使われるようになった。

甲　篆〔介〕　篆〔芥〕

[別名] 芥菜・大芥

[文献] 礼記・内則「膾、春用葱、秋用芥（膾は、春には葱を用ゐ、秋には芥を用ゐる）」、名医別録「芥味辛温無毒、帰鼻、主除腎邪気、利九竅、明耳目、安中、久服温中（芥は、味は辛にして温、毒無し。鼻に帰す。腎の邪気を除くを主る。九竅を利し、耳目を明らかにし、中を

安んず。久服すれば中を温む)」

芥子→罌粟（176ページ）

【芹】 4 音 キン 訓 せり

[語源] 上古漢語は*gɪən、中古漢語はgɪən（→呉音ゴン、漢音キン）である。セリ科の多年草 *Oenanthe javanica*（セリ、中国名水芹）を意味する。水湿地に生える。茎は円柱形で中空。ひげ根がある。葉柄は細長く、葉は菱形で先が尖る。夏、白い花が咲く。若い茎や葉は食用になる。語源は斤の「断ち切る」のイメージによる。和名のセリは、競り合うように繁殖するところから、競りが語源だという（大槻文彦）。

詩経では賓客をもてなす蔬菜として登場する。列子に、セリを人に贈ったら、その人が腹を壊し（おそらく毒ゼリだったのであろう）、逆恨みされたという話があり、詰まらない物をプレゼントすることを献芹という。

[字源]「斤（*kɪən）」はおのを木の板に近づけて切る様子を描いた図形。「おの」を古代漢語で*kɪənといい、この視覚記号で表記する。この語のコアには「近づける」というイメージと、「断ち切る」というイメージがある。近（ちかい）は前者のイメージ、欣（憂さを断ち切る→よろこぶ）は後者のイメージを用いる。セリには後者のイメージを用いて*gɪənと称し、「斤（音・イメージ記号）＋艸（限定符号）」を合わせて、野から切ってきておかずにする手軽な野菜の意を寓する視覚記号とした。

甲 金 篆 〔斤〕

篆 〔芹〕

[別名] 水芹・芹菜・水芹菜・水靳・水英・楚葵

[文献] 詩経・小雅・采菽「言采其芹（ここに其の芹を采る）」、呂氏春秋・本味「菜之美者…雲夢之芹（菜の美なる者は…雲夢の芹）」、本草経集注（神農本草経）「水靳」「世中皆作芹字也（世中皆芹の字に作るなり）」

【芡】 4 音 ケン 訓 みずふぶき・みずぶき

[語源] 上古漢語は*gɪam、中古漢語はgɪɛm（→呉音ゲム、漢音ケム）である。スイレン科の一年生水草 *Euryale* *ferox*（オニバス）を意味する。葉は盾形で、直径が二メートルに達し、水面を覆う。夏、紫色を帯びた花が咲く。種子は球形で、硬くて黒い。全体に刺がある。中国医学（本草）では種子を芡実といい、薬用とする。語源は欠の「へこむ」のイメージによる命名であろう。李時珍は「芡は倹歉（食料不足）を済ふべし。故に之を芡と謂ふ」（本草綱目）と述べているが、疑問がある。ストレートな解釈ではなく、イメージを酌むべきである。和名の語源は葉が蓮に似、刺が多いことによるという（大槻文彦）。訓の「みずふぶき（水蕗）」は古名。

中国では古くから食用にされ、さまざまな名で登場する。周礼では芡、管子では卯菱、荘子では鶏雍、本草では鶏頭など。鶏頭は花の形を鶏の鶏冠に見立てた名といわれる。また蕾の形を鳥の頭や嘴に見立て、雁頭、雁喙、烏頭という異名がある。日本ではヒユ科の *Celosia argentea* var. *cristata* をケイトウ（鶏頭）と称する。鶏頭がオニバスの別名だと知らなかった日本人がそれとは無関係に鶏頭という語を作ったのであろう。ただし鶏頭という漢語はストレートに「とさか」を意味しない（鶏冠花の項参照）。

［字源］「欠（*kʻïăm）」は大口を開け、腹をへこませている人を描いた図形で、「へこむ」「くぼむ」というイメージがある。オニバスは花弁が多数あって、三輪に分かれて並び、上部がへこんだ姿をしているので、「欠」のイメージを用いて*giăm といい、視覚記号も「欠（音・イメージ記号）＋艸（限定符号）」を合わせた図形を考案した。［補注］「欠」は缺の常用漢字体の「欠」とは別である。「欠」は漢字を構成するとき、口を開けて行う動作や行為（歌・欲・歎・歓・吹など）を示す限定符号になる。

甲　篆〔欠〕　篆〔芡〕

［別名］鶏頭・烏頭・雁頭・雁喙・鴻頭・水流黄

［文献］周礼・籩人「加籩之実、蔆芡栗脯（籩に加ふるの実は、蔆［＝菱］・芡・栗・脯）」、漢書・循吏伝「秋冬課収斂、益畜果実蔆芡（秋冬、収斂を課し、ますます果実・蔆・芡を畜［＝蓄］ふ）」

芧→杼 （28ページ）

【芭蕉】4 [音]バーショウ [訓]—

[語源] 上古漢語は*pǎg-tsiɔg、中古漢語はpǎ-tsiɛu（↓呉音ヘ-セウ、漢音ハ-セウ）である。バショウ科の多年草*Musa basjoo*（バショウ）を意味する。葉鞘が重なって茎状となり、直立して、高さが四メートルに達する。葉は広く大きい。花序は垂れ下がり、バナナに似た果実が生るが、食べられない。中国の原産。漢代に巴且の名で登場する。巴の「平たい」のイメージと、且の「重なる」のイメージを組み合わせて命名された。また焦の「焦げて枯れる」のイメージを用い、芭蕉という二音節語が生まれた。蕉の単独名も用いられる。宋の陸佃は語源について「蕉は葉を落とさず。亦た蕉は一葉舒ぶれば則ち一葉焦げて落ちず。故に之を蕉と謂ふなり」（埤雅17）と述べている。

古くはバナナ（***M. paradisiaca* var. *sapientum***、中国名香蕉）も芭蕉に含まれていたが、果実が甘いことから、特に甘蕉と呼ばれる。

[字源]「巴（*pǎg）」は枇杷の項で述べたように、ある種の爬虫類を描いた図形で、「平らに這う↓平ら」というイメージがある。「且（*ts'iăg）」は樝の項で述べたように、「上に重なる」というイメージがある。「巴」と「且」の二つのイメージを合体させて、大きな葉が四方に広がる特徴と、葉鞘が巻いてだんだん上に重なっていく特徴をもつ植物を暗示させた。のち音が転じて「且」の代わりに「焦（*tsiɔg）」を利用した。「焦」は「隹（とり）＋火」を合わせて、鳥を焼く様子を暗示する図形で、「焼け焦げる↓しおれる、枯れる」というイメージを示す。「巴（音・イメージ記号）＋艸（限定符号）」と「焦（音・イメージ記号）＋艸（限定符号）」を結んで、葉が大きく広がり、また、葉が落ちないで枯れる植物を暗示させた。

[篆]  〔巴〕

[金] 

[篆]  〔焦〕

[篆]  〔蕉〕

[別名] 巴且・巴苴・芭苴・天苴・蛮焦・焦邪・緑玉・扇仙・草帝

[文献] 漢書・司馬相如伝「其東則有…諸柘巴且（其の東には則ち…諸柘・巴且有り）」、広志「芭蕉一曰芭苴、或曰甘蕉、茎如荷芋、重皮相裹、大如盂斗、葉広尺、

長一丈、有角子、長六七寸、四五寸、二三寸、両両共対若相抱形、剥其上皮、色黄白、味似葡萄甜而脆、亦飽人（芭蕉は一に芭苴と曰ふ。或いは甘蕉と曰ふ。茎は荷芋の如く、重皮相裹み、大きさ盂斗の如し。葉の広さ尺、長さ一丈。角子有り、長さ六七寸、四五寸、二三寸、両両共対して相抱く形の若し。其の上皮を剥けば、色黄白。味葡萄に似て甜くして脆なり。亦た人を飽かしむ）」

芙蕖→**蓮**（291ページ）

【芙蓉】4　音フ-ヨウ　訓——

[語源]　上古漢語は*biuag-giung、中古漢語は**biuo-yiong**（→呉音ブ-ユウ、漢音フ-ヨウ）である。二つの意味がある。一つはハス（荷・蓮）の花、転じてハスそのものを指す。ハスの花は大型で中央がへこんでいる。語源は夫の「大きい」のイメージ、容の「くぼみに入れる」のイメージを取る（藤堂明保）。

　もう一つはアオイ科の落葉低木 ***Hibiscus mutabilis***（フヨウ、中国名木芙蓉）を意味する。高さは二〜五メートル。枝は柔毛が密生する。葉は大きく、掌状をなす。花は朝早く白色に咲くが、午後には深紅になる。花冠は大きくて美しい。中国の原産。語源は花の形や美しさをハスの花になぞらえて木芙蓉といい、木を略して単に芙蓉とも称される。この語は六朝末期に初めて登場する。宋代では、秋に開花するところから拒霜の異名が生まれた。

　木芙蓉は四川省に多く産したので成都の別名を芙蓉城という。霜に強い木で、しかも蓉と栄が同音であるところから、栄華の象徴として吉祥図などで描かれる。

[字源]「夫（*piuag）」は冠をつけ、大の字型に立つ人の姿を描いた図形。成年に達した男子を***piuag**といい、この視覚記号で表記する。ここに「大きい」というイメージがある。「容（*giung）」は榕の項で述べた通り、「谷」のコアイメージである「くぼみ、空所」「ゆったりと受け入れる」が深層にある。「夫（音・イメージ記号）＋艸（限定符号）」と「容（音・イメージ記号）＋艸（限定符号）」を結んで二音節語に仕立て、大型でかつ中央がくぼんでいるハスの花を表した。

甲　金　篆　〔夫〕

篆〔芙〕

篆〔谷〕 篆〔容〕 篆〔蓉〕

[**別名**] ①（ハス）荷・蓮 ②（フヨウ）木芙蓉・地芙蓉・木蓮・木蕖・拒霜・酔客・秋牡丹・断腸草

[**文献**] ①楚辞・離騒「集芙蓉以為裳（芙蓉を集めて以て裳と為す）」 ②江総・南越木槿賦（漢魏六朝百三家集105）「千葉芙蓉詎相似、百枝灯花復羞燃（千葉芙蓉なんぞ相似たる、百枝の灯花また燃ゆるを羞づ）」、王維・辛夷塢（全唐詩128）「木末芙蓉花、山中発紅萼（木末芙蓉花、山中紅萼を発す）」

【芣苢】 4 音フーイ 訓おおばこ

[**語源**] 上古漢語は*bɪog-d̥iəg、中古漢語はbɪəu-yiei（→呉音ブーイ、漢音フウーイ）である。オオバコ科の多年草*Plantago asiatica*（オオバコ、中国名車前）を意味する。花茎は五〇センチほど。葉は楕円形で大きく、根もとから叢生する。花穂は長く伸びる。種子は楕円形で黒褐色。中国医学（本草）では種子を車前子といい、薬用とする。路上などで自生し、車や牛馬に踏みつけられてもよく耐えるので、車前、当道、馬舄（ばせき）、牛遺などの異名がある。

詩経の毛伝に「懐妊に宜し」とあり、近代の詩経学者聞一多は芣苢の語源を胚胎とした。したがって女性がオオバコを摘むことを歌った詩のモチーフは妊娠の願望であるとされる。芣苢の語は「ふくらむ」というイメージがあるので、妊娠の観念と結びついたと考えられる。

[**字源**] 「不（*pɪuəg）」は花の萼を描いた図形。「ふっくらとふくらむ」というイメージがある。「㠯（い）[=以]（d̥iəg）」は農具の「すき」を描いた図形で、耜（し）（すき）の原字。叢生する葉が輪形に広がった姿を「ふくらむ」というイメージで捉え、一枚の葉の形をすきのイメージで捉えて、「不（音・イメージ記号）＋艸（限定符号）」と「㠯（音・イメージ記号）＋艸（限定符号）」を結んで二音節語に仕立てて、オオバコを表象したものである。

甲 金 篆〔不〕 篆〔芣〕

甲　金　篆〔㠯〕　篆〔苢〕

[別名] 車前・当道・馬舄・牛遺・牛舌草・牛輪菜・地衣・蝦蟇衣・陵舄・勝舄

[文献] 詩経・周南・芣苢「采采芣苢、薄言采之（芣苢を采り采り、いささかここに之を采る）」、本草経集注「仙経亦服餌之、令人身軽、能跳越岸谷、不老而長生也。韓詩乃言芣苢是木、似李、食其実、宜子孫、此為謬矣（仙経に［云ふ］、亦た之を服餌せば、人の身を軽くせしめ、能く岸谷を跳越し、不老にして長生するなりと。韓詩に［云ふ］、乃ち芣苢と言ふは是の木なり。李に似、其の実を食へば、子孫に宜しと。此れ謬りと為す）」

【茄】 5 音カ 訓なす

[語源] 二つの意味がある。一つは上古漢語が*kăr、中古漢語が**kă**（→呉音ケ、漢音カ）で、ハスの茎を意味する。ハスを荷というが、荷はハスの茎に着目した語で、「丁型をなす」というイメージから来ている（荷の項参照）。同様に、大きな葉が茎の上に乗っている特徴から、茄も加の「上に乗せる」のイメージによって名づけられた。

もう一つは中古漢語が**giă**（呉音ギャ、漢音キャ）で、ナス科の一年草 *Solanum melongena*（ナス）を意味する。高さは六〇～一二〇センチ。茎は木質化する。全体に柔毛がある。花は淡紫色で、萼に刺がある。果実は長楕円形ないし球形で、食用になる。ナスの果実を茄子といった。インドの原産で、晋～南北朝時代に中国に登場する。茄の語源は不明。茄は伽の音で読まれ、伽子とも称された。伽は仏典の音写字である。したがって茄は外来語由来の可能性もある。山中襄太は茄も、その別名である落蘇も外国語と関係があり、日本語のナスの語源も落蘇 **luo-suo** の **l↔n** 交代によるという。しかしナスビの語形が古い。語源は中酸実↓ナスビになったといわれる（大槻文彦）。

[字源] 「加（*kăr）」は「力＋口」を合わせて、力（腕力）のほかに口（ことば）を添える様子、つまり人に圧力を加えて上に出ようとする様子を暗示させる図形である。これによって「しのぐ」という意味の***kăr**を表記する。「上に出る」というコアイメージがあり、

これは「上に乗せる」というイメージにも展開する。枷（首に乗せる刑具、「かせ」）、架（物を乗せる棚）、駕（馬にくびきを乗せる）などは同源のグループ。「加（音・イメージ記号）＋艸（限定符号）」を合わせて、大きな花を乗せるハスの茎を表した。

㊎ 篆 〔加〕

篆 〔茄〕

【別名】（ナス）茄子・伽子・茄瓜・茄菜・落蘇・崑崙瓜・崑崙紫瓜

【文献】①（ハスの茎）爾雅・釈草「荷、芙蕖。其茎、茄」②（ナス）南方草木状「茄樹交広草木、経冬不衰、故蔬圃之中種茄（茄樹は交広の草木、冬を経て衰へず。故に蔬圃の中、茄を種う）」、南史・蔡廓伝「斎前自種白莧紫茄以為常餌（斎前自ら白莧・紫茄を種ゑて以て常餌と為す）」、斉民要術2「種茄子法、茄子九月熟時摘取（茄子を種うる法。茄子は九月熟する時に摘み取る）」

番茄 ㊍バンーカ ㊞とまと

【語源】ナス科の一年草 *Lycopersicon esculentum*（トマト、中国名番茄、別名西柿子）を意味する。茎は高さが一メートルほどになるが、匍匐するものもある。軟毛に覆われる。黄色または白色の花を開く。果実は円形、扁円形などで、熟すと赤くなる。熱帯アメリカの原産で、中国へは元代（十四世紀）以前には伝わり、外国を意味する「番」を添えて番茄と呼ばれた。日本への伝来は江戸時代で、大和本草の「唐がき」がそれであるという。英語のトマトの名称が入る前は赤茄子といった。

【字源】唐代、チベット人を**turpan**といい、吐番と表記した。ここから番に外国、外国人の意味が生じた。トマトが渡来したとき、茄子と似ているので、茄に番を添えて番茄と書かれた。なお日本では蕃茄と書くが、本来の表記は番茄である。

【別名】西紅柿・番李子

【文献】王氏農書8（元・王禎）「又一種白花青色、稍匾、一種白而匾者、皆謂之番茄、甘脆不渋、生熟可食（又一種、白花青色、稍匾（へん）なる、一種、白くして匾なる者、皆之を番茄と謂ふ。甘脆にして渋からず。生も熟も食ふべし）」

【苦】 5 音ク 訓にがな（苦菜）

[語源] 中国と日本では意味が異なる。中国では上古漢語が*k'ag、中古漢語が**k'o**（→呉音ク、漢音コ）で、キク科の一年草または二年草 *Sonchus oleraceus*（ノゲシ、中国名苦苣菜）を意味する。高さは五〇～一〇〇センチ。茎は中空で直立する。葉は羽状に裂ける。春から夏にかけて黄色の花が咲く。若菜は食用になる。茎や葉を切ると白い乳液が出て、味が苦いので、苦菜の名がある。和名のノゲシ（野芥子）の語源は、芥子（罌粟）のように乳液が出、野や道端に自生することから、その名がついた。

日本では苦菜をニガナと読み、キク科の多年草 *Ixeris dentata*（ニガナ、中国名歯縁苦蕒）を指す。高さは二五～五〇センチ。葉はノゲシと似ている。初夏、黄色の花が咲く。若葉は食用になる。和名は噛むと苦みがあることに由来する。

[字源]「古（*kag）」は頭蓋骨を描いた図形で、「干からびて固い」というイメージを示す記号。「古（音・イメージ記号）＋艸（限定符号）」を合わせて、舌を固くこわばらせる味のする草を暗示させた。五味の一つである「苦」も植物名と同源である。メタファーによって精神的な苦痛の意味にも転義する。苦瓜の項参照。

甲 

金   

篆 〔古〕

篆  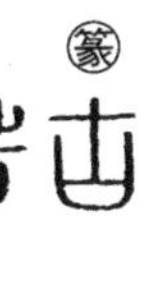〔苦〕

[別名]（ノゲシ）苦菜・滇苦菜・苦苣・苦蕒・游冬・荼・選

[文献] 詩経・唐風・采苓「采苦采苦、首陽之下（苦を采り苦を采る、首陽の下）」、礼記・月令「孟夏之月…苦菜秀（孟夏の月…苦菜秀づ）」

【苘】 5 音ケイ 訓いちび

[語源] 上古漢語は*k'iueng、中古漢語は**k'iuɛng**（→呉音キヤウ、漢音クヱイ）である。アオイ科の一年草 *Abutilon avicennae*（イチビ、中国名苘麻）を意味する。高さは一～二メートル。茎は柔毛で覆われる。葉はハート型で先が尖る。夏、黄色の花が咲く。茎の繊維で麻袋やロープを製する。語源は栄（木を取り丸く巻いて咲く花）

や蛍（丸い光の輪を放つ虫、ホタル）などと同源。和名は早く火がつくことから、イチ（逸）ビ（火）に由来するという（吉田金彦）。

［字源］ 本字は檾（けい）である。「𤇾」は「熒（けい）」の下部を省いた形。「熒（*ɦueng）」は「火＋火＋冖（枠）＋火」を合わせて、枠の回りを火が丸く取り巻いている情景を暗示する図形で、「回りを丸く取り巻く」というイメージを示す記号になる。栄（木の全体を取り巻くように咲く花）、蛍（丸い光を発するホタル）、鶯（首に丸い輪が取り巻くコウライウグイス）などは同源のグループ。「𣏟」は「麻」に含まれる字（麻の項参照）。イチビはアサの類とされたのでこれを限定符号とする。「𤇾（音・イメージ記号）＋𣏟（限定符号）」を合わせて、種子の入った室が丸い輪型に取り巻く果実の生るイチビを表した。この複雑な字形を「冋（音記号）＋艸（限定符号）」に替えたのが苘である。［補注］日本ではイチビを莔麻と書いているが、誤りである。莔は音がボウで、貝母［バイモ］の別名である。

㊎ 　㊥篆〔熒〕　㊥篆〔檾〕

［別名］ 檾・檾麻・苘麻・白麻

［文献］ 説文解字7「檾、枲属」、新修本草「苘実味苦平無毒、主赤白冷熱痢、散服飲之、呑一枚破癰腫（苘実は、味は苦にして平、毒無し。赤白冷熱痢を主る。散服して之を飲む。一枚を呑めば癰腫を破る）」

【苔】5 音タイ 訓こけ

［語源］ 上古漢語は*dəg、中古漢語はdai（→呉音ダイ、漢音タイ）である。コケ植物の*Hepaticae*（苔類（たい））および*Anthocerotopsida*（ツノゴケ類）を意味する。茎や葉は柔らかく、球状の胞子がある。陰湿な場所に生育する。ゼニゴケ、ウロコゴケなど種類が多い。コケ植物にはほかに蘚類があるが、古代では苔と蘚を厳密には区別していない。苔の字はもともとミズゴケを指したようだが、陸上のコケにも拡大された。和名のコケは木の幹に生えるところから木毛（こけ）の意味だという。漢名には、石の上を覆うように生えることから石衣、石髪などの異名がある。

［字源］ 菭が本字。淮南子・泰族訓に「水の性は、淖（しゃく）にして以て清らかなり。窮谷の汙（お）、生ずるに青苔を以て

す」（高誘の注に「青苔は水の垢なり」）、また漢書・外戚伝の顔師古の注に「菭は水気の所ずる所なり」とあるように、川の水が止まって淀んだ所に苔が生じると考えられた。コケを意味する*dəgを表記するために台（*dəg）を利用する。台は「ム（農具の鋤）+口（物や場所を示す符号）」を合わせて、道具を用いて物に働きかける情景を設定する図形。「手を加える」、また「動作を起こす」というイメージを示す記号になる。始（きざしが起こりはじめる）、胎（胎児が生じる）などは後者のイメージが根底にある。「台（音・イメージ記号）+水（イメージ補助記号）+艸（限定符号）」を合わせた菭は、水中に（または、水気によって）発生する草を表した。

金　篆〔台〕　篆〔菭〕

【別名】水衣・水髪・水綿・石衣・石髪・苔衣・苔銭・地銭・緑銭・品菭・陟釐・側梨・沢葵・垢草・土花・蘚苔・蝦蟇衣・藫

【文献】爾雅・釈草「藫、石衣」——郭璞注「水苔也、一名石髪、江東食之（水苔なり。一名石髪。江東之を食ふ）」、管子・地員「黒土黒菭」、漢書・外戚伝「華殿塵兮玉階菭（華殿の塵、玉階の菭）」、新修本草「陟釐…此物乃水中苔、今取以為紙、名苔紙、青黄色（陟釐（ちょくり）…此の物乃ち水中の苔、今取りて以て紙を為り、苔紙と名づく、青黄色）」

海苔　音カイ-タイ　訓のり

【語源】海中に生える苔に似た藻類の総称。特にアオサ科の緑藻***Enteromorpha***属（アオノリ属）に当てられる。内湾や河口付近の岩に付着して生え、体は青緑色を呈する。中国ではこれを乾燥したものを乾苔と称し、食用また薬用とする。日本ではウシケノリ科の紅藻アサクサノリ（***Porphyra tenera***、中国名紫菜）を指すことが多いが、中国でもアサクサノリを海苔とすることがある。和名のノリの語源は表面がぬるぬるしているところから、ヌル→ノリになったという。

【字源】苔に似、海に生じるので海+苔とした。「海」については海棠の項、「苔」については前項参照。

【別名】紫菜・子菜・紫英

【文献】左思・呉都賦（文選5）「江蘺之属、海苔之類」、

南史・賊臣伝「厨有乾苔、味酸鹹、分給戦士軍人（厨に乾苔有り、味は酸にして鹹。戦士軍人に分給す）」

【苧】5 ㊥チョ ㊁からむし

[語源] 上古漢語は*diag、中古漢語はdio（→呉音ヂョ、漢音チョ）である。イラクサ科ヤブマオ属の多年草*Boehmeria nivea*（チョマ、別名ナンバンカラムシ、中国名中国苧麻）を意味する。茎は叢生し、高さは二メートルに達する。葉の裏面は白い綿毛に覆われる。初夏、花穂に小花がつく。茎の繊維をロープなどの原料に、根を薬用にする。詩経に登場するほど、古くから栽培されている。語源は宁の「じっと定着させる」というイメージに基づき、灰汁に漬けて美しく強い繊維にする作業に着目した命名である。チョマの亜種である**var.** ***niponivea*** を日本ではカラムシ、またマオ（真苧）と呼ぶ。縄文時代から栽培されたという。茎の皮から繊維を採って蒸したので、カラ（＝幹。乾いた茎の意）ムシ（蒸し）が語源といわれる。

[字源]「宁（ちょ）（*diag）」は物を貯蔵する櫃を描いた図形で、「じっと定着させる」というコアイメージを示す記号となる。貯蔵の貯（物をじっとたくわえておく）、佇立の佇（その場にじっと立ちつくす→たたずむ）などは同源のグループ。「宁（音・イメージ記号）＋艸（限定符号）」を合わせて、繊維を採るため灰汁にじっと漬けておく草を暗示させた。古くは紵と書いた。

㊙ ㊎ ㊦〔宁〕

㊦〔紵〕

[別名] 紵・苧麻・白苧麻・天名精

[文献] 詩経・陳風・東門之池「東門之池、可以漚紵（東門の池、以て紵を漚（ひた）すべし）」、名医別録「苧根寒、主治小児赤丹、其漬苧汁、治渴（苧の根は寒なり。主治は小児赤丹。其の苧を漬くる汁は、渇を治す）」

苕→凌霄花（196ページ）

苳→蕗（317ページ）

【苺】5 ㊥バイ ㊁いちご

[語源] 上古漢語は*muəg、中古漢語はmuəi（→呉音メ・マイ、漢音バイ）である。バラ科のイチゴ類の総称。

Fragaria 属（イチゴ属、中国名草莓属）は多年草で、普通はオランダイチゴ（*F. ananassa*、中国名草苺）を指す。高さは二〇センチほどで、匍匐枝を出して繁殖する。果実は生食される。***Rubus*** 属（キイチゴ属、中国名懸鈎子属）は落葉低木で、高さは一〜二メートル。茎や葉に刺がある。果実は甘く生食できる。***Duchesnea*** 属（ヘビイチゴ属、中国名蛇苺属）は多年草で、茎は蔓状に伸びる。全草が専ら薬用にされる。中国の本草書に出るイチゴ類は次の通り（同定には異説もある）。

蓬　藟　***Rubus hirsutus***　クサイチゴ
覆盆子　***Rubus idaeus***　ヨーロッパキイチゴ
懸鈎子　***Rubus corchorifolius***　ビロードイチゴ
薅田藨　***Rubus parvifolius***　ナワシロイチゴ
蛇　苺　***Duchesnea indica***　ヤブヘビイチゴ

苺はもともと草本のイチゴを指したと考えられる。欧州原産のオランダイチゴが導入される前は、中国に***Fragaria orientalis***（東方草苺）があった。語源は花托に多くの小さな種子がつく姿を捉えて、「母」の「次々に生み殖やす」のイメージに基づいた命名であろう。和名は古くはイチビコといった。果実が赤く熟すと食べられることから、イ（接頭語）チ（血）ビ（実）コ（子）が語源といわれる（前川文夫）。

【字源】「母（*muəg）」は「女」の中に両点を付して乳房を強調し、子を生み育てる女を暗示する図形。実現される意味は「はは」だが、「次々に生み殖やす」というイメージがコアにある。「母（音・イメージ記号）＋艸（限定符号）」を合わせて、種子が次々に生じて殖える草を暗示させた。図形の意匠から意味を求めるとイチゴとは限らなくなるが、イチゴの特徴の一つを図形に表象するとこの図形になる。「はは」もイチゴも同語形（*muəg）なので、同図形（「母」）を用いるのである。なお「莓」は異体字で、「毎」のコアイメージも「母」と同じ（梅の項参照）。

〔母〕

〔苺〕

【別名】（クサイチゴ）草苺　（キイチゴ）木苺・樹苺・山苺　（ヘビイチゴ）地苺・蚕苺

【文献】爾雅・釈草「藨、麃」――郭璞注「麃即苺也、今江東呼為藨苺、子似覆盆而大、赤、酢甜可啖（麃は

即ち苺なり。今江東呼んで藨苺と為す。子は覆盆に似て大、赤し。酢甜にして啖ふべし）」、爾雅・釈草「葥、山苺」——郭璞注「今之木苺也、実似藨苺而大、亦可食（今の木苺なり。実は藨苺に似て大なり。亦た食すべし）」、本草経集注（神農本草経「蓬虆」）「李云、即是人所食苺爾（李云ふ、即ち是れ人の食する所の苺のみ）」

【苹】5 音 ヘイ 訓 うきくさ

[語源] 上古漢語は*bĭăng、中古漢語はbıʌng（→呉音ビヤウ、漢音ヘイ）である。ウキクサ科の水草*Spirodela polyrhiza*（ウキクサ）を意味する。葉の形をした茎は扁平で、水面に浮かぶ。裏は紫色で、多数のひげ根がついている。夏に白い花が咲く。池や水田に生える。語源は扁平な葉状体が水面に平らに浮かぶ姿を捉えたもの。和名のウキクサは文字通り水面に浮かぶ草の意味である。

[字源] 説文解字には苹・萍・蓱が出ているが、三つとも同義である。「苹」がいちばん古いと考えてよい。「平（*bĭăng）」はウキクサを描いた図形で、「平ら」ということコアイメージをもつ。「平」がウキクサであることは忘れられたが、「平（音・イメージ記号）＋艸（限定符号）」を合わせた「苹」に原初の記憶が留められている。のち「平（音・イメージ記号）＋水（イメージ補助記号）＋艸（限定符号）」を合わせ、水草であることを明示する図形が生まれた。

金　篆〔平〕　篆〔苹〕　篆〔萍〕

[別名] 浮萍・水萍・紫萍・浮蓱・薸・萍藻・水華・水白・水蘇・九子萍

[文献] 詩経・小雅・鹿鳴「呦呦鹿鳴、食野之苹（呦呦（ゆうゆう）として鹿鳴き、野の苹を食ふ）」、淮南子・原道訓「夫萍樹根於水、木樹根於土（それ萍は根を水に樹て、木は根を土に樹つ）」

苹果→蘋果（334ページ）

【茅】5 音 ボウ 訓 ち・かや・ちがや

[語源] 上古漢語は*mŏg、中古漢語はmău（→呉音メウ、漢音バウ）である。イネ科の多年草*Imperata cylindrica* var. ***major***（チガヤ、中国名白茅）を意味する。稈は叢生し、高さは三〇～九〇センチ。根は地下で横に這う。節には柔毛が密生する。円柱状の白い花穂を荑（てい）（ツバナ）という。語源について李時珍は「茅の葉は矛の如し。故にこれを茅と謂ふ」と述べている（本草綱目）。披針形の葉を矛に見立てたものであろう。和名は古くは単にチであった。群生する姿を捉えてチ（千）という。のちカヤをつけてチガヤと呼ぶ。カヤは刈り屋が転じたもので、刈って屋根を葺くことにちなんだ命名といわれる。

古代中国ではチガヤ（白茅）は潔白や清らかさのイメージで捉えられ、供物や礼物を包むのに用いられた。詩経ではチガヤ（白茅）とその白い穂（荑）が女性美の形容に使われている。また、カヤ葺きの屋根は粗末な建物の代称になり、劉備が諸葛亮を訪れた「三顧茅廬」（＝三顧草廬）の故事は有名である。

[字源]「矛（*miog）」は長い柄のついた「ほこ」を描いた図形で、「突き進む」というコアイメージがある。「矛（音・イメージ記号）＋艸（限定符号）」を合わせて、敵に突き進むほこのように尖った葉をもつ草を暗示させた。

(金)　(篆)〔矛〕　(篆)〔茅〕

[別名] 白茅・茅草・糸茅・茅荑・白茅菅

[文献] 詩経・召南・野有死麕「野有死麕、白茅包之（野に死麕（しきん）有り、白茅之を包め）」、韓非子・五蠹「尭之王天下也、茅茨不剪（尭の天下に王たるや、茅茨剪らず）」

茆→**蓴**（295ページ）

【茉莉】5 (音)マツ-リ (訓)——

[語源] 中古漢語は**muat-lei**（→呉音マツ-ライ、漢音バツ-レイ）である。モクセイ科ソケイ属の常緑低木***Jasminum sambac***（マツリカ、別名アラビアジャスミン）を意味する。アラビアからインド方面の原産で、中国へは晋（四世紀）の頃に伝わった。つる性を帯びた植物で、夏・秋に白い花が咲き、香気が強い。香料や生薬に利用される。ジャスミン茶はこの花を加えたものである。茉莉の語源は梵語の**mallikā**に由来する。

[字源] 外来語を音写して二音節語にしたもので、末利、

末麗、抹麗、抹厲、没利、摩利など、さまざまな表記があった。末利に草冠をつけた茉莉が定着するのは唐代からである。

［別名］ 末利・柰花・柰子花・木梨花・遠客・狎客・雅友・鬘華・縵華

［文献］ 南方草木状「耶悉茗花末利花、皆胡人自西国移植於南海、南人憐其芳香、競植之（耶悉茗花［ジャスミン］・末利花は、皆胡人西国より南海に移植す。南人其の芳香を憐れみ、競ひて之を植う）」、李群玉・法性寺六祖戒壇（全唐詩569）「天香開茉莉（天香茉莉を開く）」

【苜蓿】5 音 モクーシュク 訓 うまごやし

［語源］ 上古漢語は*muk-siok、中古漢語は muk-siuk（→呉音モクースク、漢音ボクーシュク）である。マメ科ウマゴヤシ属の多年草 *Medicago sativa*（ムラサキウマゴヤシ、中国名紫苜蓿）を意味する。茎は直立または匍匐し、長さは一メートルに達する。根は強大。初夏、紫色の花が咲く。中央アジアから漢の張騫が中国にもたらしたという伝説がある。またヨーロッパ原産の *M. polymorpha*（ウマゴヤシ、中国名南苜蓿）にも当てられる。両者とも馬の飼料とされ、また根を生薬に用いる。語源はイラン語の **buksuk** に由来する。和名は馬の餌になるので馬肥やしの意味である。日本にもたらされたのは明治初期という。

［字源］ 外来語を音写して二音節語にしたもので、荍蓿、木粟とも表記されたが、苜蓿が定着した。

［別名］ 懐風・光風草・連枝草

［文献］ 史記・大宛伝「漢使取其実来、於是天子始種苜蓿（漢使其の実を取りて来る。是に於いて天子始めて苜蓿を種う）」、述異記「張騫苜蓿園、今在洛中、苜蓿本胡中菜也、張騫始於西戎得之（張騫の苜蓿園は、今洛中に在り。苜蓿はもと胡中の菜なり。張騫西戎に之を得るに始まる）」

苓→甘草（230ページ）

【茴】6 音 カイ 訓 ——

［語源］ 中古漢語は **fuai**（呉音→ヱ、漢音→クワイ）である。セリ科の多年草 *Foeniculum vulgare*（ウィキョウ、中国名茴香）を意味する。葉は糸状に細かく分かれる。

全体に強い香気がある。夏、黄色の花が咲く。果実は熟すと黄緑色になる。南欧や西アジアの原産で、唐代の本草に始めて登場する。最初の表記は蘹であった。李時珍は語源について「俚俗多くこれを衿衽に懐きて咀嚼す。恐らくは蘹香の名、或いはこれを以てするならん」（本草綱目）という。蘹は懐と同源であるらしい。間もなく蘹は易しい茴の字に改められた。千金要方によればウイキョウは口臭や肉の臭いを元通りにしてくれるので茴香の名ができたという。和名のウイキョウのウイは茴の中世漢語（唐音）のhuəiの訛り、キョウ（キヤウ）は香の漢音である。

[字源]「眔（とう）」は「目＋水」を合わせて、目から水が垂れる様子、つまり「なみだ」のイメージを示す（槐の項参照）。「眔（イメージ記号）＋衣（イメージ補助記号）」を合わせた「褱（かい）（*ɦuə̆r）」は、涙を衣の中に包み隠す様子を暗示する。「褱（音・イメージ記号）＋心（限定符号）」を合わせた「懐（*ɦuə̆r）」は、心の中に思いを包みいだくことを表す。涙も心も捨象して「褱」「懐」は単に「中に包みいだく」というイメージになる。「懐（音・イメージ記号）＋艸（限定符号）」を合わせて、ふところに抱いて香りをつける草を暗示させた。

懐と回は同音なので「回（音記号）＋艸（限定符号）」の茴の字に変わった。「回」は渦巻き模様の図形で、「ぐるぐるまわる」「まわって元に戻る」というイメージがある。そのため千金要方のいうような語源意識も生まれた。

㊎　㊌　〔回〕

[別名] 茴香・蘹香・小茴香・土茴香

[文献] 新修本草「蘹香子味辛平無毒、主諸瘻、霍乱、及蛇傷」（蘹香子は、味は辛にして平、毒無し。諸瘻、霍乱、及び蛇傷を主る）」、千金要方79「茴香菜…主霍乱、辟熱、除口気臭肉、和水煮下少許、即無臭気、故曰茴香（茴香菜は…霍乱を主る。熱を辟け、口気・臭肉を除く。水に和して煮て少許を下せば、即ち臭気無し。故に茴香と曰ふ）」

【荊】6　㊅ケイ　㊇いばら

[語源] 上古漢語は*kıăng、中古漢語はkıʌng（→呉音キヤウ、漢音ケイ）である。クマツヅラ科ハマゴウ属の

落葉低木または小高木 *Vitex negundo* var. *cannabifolia*（ニンジンボク、中国名牡荊）を意味する。楚とは異名同物である（詳しくは楚の項参照）。中国南部が原産。古代中国ではこの木が多く生えている場所は荒野のイメージが強い。先秦時代、江南にあった古代国家が楚（別名は荊）と名づけられたのも、ニンジンボクが繁殖する土地だったとされ、また当地の人は人種的にも中華の民とは一線を画されていた。またニンジンボクは刑罰に用いる鞭の材料にされたり、貧婦の髪飾りにも利用されたため、悪木のイメージや、貧困・粗末のイメージが発生した。荊の語源について李時珍は、刑罰用の杖にするから刑と同源とする（本草綱目）。なお「いばら」の和訓はこの木に刺があるからではなく、イメージの悪い木として棘（きょく）［サネブトナツメ］と併称されるところから発生したものである。

［字源］「幵」は耕の右側と同じで、「井」が変わったもので（ただし井戸の「井」とは別）、四角い枠を示す図形である。*ɦeng の音をもち、「四角い枠」というイメージを示す記号となる。「井（音・イメージ記号）＋刀（限定符号）」を合わせた「刑（*ɦeng）」は、手かせ・足かせなどの枠にはめて仕置きをする様子を暗示する図形で、実現される意味は刑罰の刑（仕置き）である。一方、がっちりと枠にはめることから、「強くて堅い」というイメージにも展開する。「刑（音・イメージ記号）＋艸（限定符号）」を合わせて、茎が堅くて鞭の材料になる植物を表した。

[金] [金]

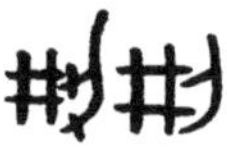

[篆] [篆]

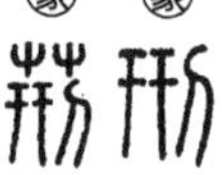

〔刑〕〔荊〕

［別名］ 楚・牡荊

［文献］ 老子・三十章「師之所処、荊棘生焉（師の処る所、荊棘生ず）」、史記・廉頗藺相如伝「廉頗聞之、肉袒負荊、因賓客至藺相如門謝罪（廉頗之を聞き、肉袒して荊を負ひ、賓客に因りて藺相如の門に至り謝罪す）」

【荇】 6

[音] コウ
[訓] あさざ

［語源］ 上古漢語は*ɦăng、中古漢語はɦʌng（→呉音ギヤウ、漢音カウ）である。ミツガシワ科の多年生水草 *Nymphoides peltata*（アサザ、中国名莕菜）を意味する。池や沼に生え、地下茎が横走し、大きな群落を作る。

葉はほぼ円形で、水面に浮かぶ。夏、黄色の花が咲く。若葉は食用になる。語源は水面で横に伸びた茎から葉が出る姿に着目して、行の「まっすぐ伸びる」のイメージによって命名したものであろう。和名のアサザは水の浅い所に生えるところから浅浅菜の訛りという。日本では絶滅危惧種に指定されている。

【字源】 詩経では荇、爾雅では莕、説文解字では荇は莕の異体字とする。「行（*ɦăŋ）」は十字路の図形で、「まっすぐ行く」というイメージがあり、「四方（または横に）まっすぐ伸び出る」というイメージにも展開する。横に木を渡した衣類掛けを桁、佩（おびだま）のトップで横に掛ける玉を珩、牛の両角に渡した横木を衡という。同様に、茎が横に（また四方に）伸びてつながり、群落を作る草を「行（音・イメージ記号）＋艸（限定符号）」によって表象した。行と杏（*ɦăŋ）は同音により、荇→莕に交替できた。次々につながって伸びる特徴を捉えて接余（接は「つなぐ」意）の異名がある。

(甲) (金) (篆)〔行〕 (篆)〔荇〕 (篆)〔莕〕

【別名】 荇菜・莕菜・接余・萎余・鳧葵・陵衡・猪蓴・荇糸菜・莕公鬚・金蓮子・水鏡草・鷖子菜・藕蔬菜

【文献】 詩経・周南・関雎「参差荇菜、左右采之（参差たる荇菜、左右之を采る）」、新修本草「鳧葵味甘冷無毒、主消渇、去熱淋、利小便、生水中、即荇菜也（鳧葵は、味は甘にして冷、毒無し。消渇、熱淋を去り、小便を利するを主る。水中に生ず。即ち荇菜なり）」

【莨】 6

(音) コン
(訓) うまのあしがた（毛莨）

【語源】 中古漢語はkən（→呉音・漢音コン）である。キンポウゲ科の多年草*Ranunculus japonicus*（ウマノアシガタ、別名キンポウゲ、中国名毛莨）を意味する。茎は直立し、高さは五〇～九〇センチ。白く細長い毛がある。葉は掌状をなす。初夏、黄色の花が咲く。有毒植物だが、生薬に用いられる。語源について李時珍は、烏頭［トリカブト］の苗に似、また毒があるところから、毛菫（菫はトリカブト）が毛莨に訛ったという（本草綱目）。田野や、湿地・水辺に生えるので水莨とも称される。日本では葉の形を馬の脚に見立てて、馬の脚形と名づけられた。中国では虎や犬や鼠の足跡に見立てる異名がある。

【字源】 毛莨は毛菫の訛りという説のほかに、毛建の訛りという説もある。直立する毛の特徴を捉えて「毛が建つ」の意味。しかし多数の鬚根が生じる特徴から、毛根が語源とも考えられる。「艮（*kən）」は「目＋匕（ナイフ）」を合わせて、目に傷をつける場面を設定する図形。目の周りに入れ墨をすると見てもよい。具体的な事物は捨象して、「傷痕を残す」「いつまでも痕が残る」というイメージを作るための図形的意匠である。本体が枯れてもいつまでも痕を地中に残す植物の「ね」を根という。この語源を利用して、「艮（音・イメージ記号）＋艸（限定符号）」を合わせて、多数の鬚根が地中に生じる草を暗示させた。

（篆）〔艮〕

【別名】 毛莨・水莨・毛菫・毛建・自灸・天灸・猴蒜・三脚虎・犬脚迹・老鼠脚底板

【文献】 諸病源候論26「食蟹中毒候：此蟹食水莨、水莨有大毒、故蟹亦有毒、中其毒則悶乱欲死（食蟹中毒候：此の蟹水莨を食す。水莨大毒有り。故に蟹亦た毒有り。其の毒に中れば則ち悶乱して死せんと欲す）」、本草綱目17「莨乃草烏頭之苗、此草形及毒皆似之、故名（莨は乃ち草烏頭の苗。此の草、形及び毒皆之に似たり。故に名づく）」

【茨】 6 音シ 訓いばら

【語源】 上古漢語は*dzier、中古漢語はdzii（→呉音ジ、漢音シ）である。ハマビシ科の一年草 *Tribulus terrestris*（ハマビシ、中国名蒺藜）を意味する。茎には毛があり、地面を這う。対生する複葉にそれぞれ小葉が並ぶ。夏、黄色の花が咲く。果実は菱形で、五つに分かれた稜はそれぞれ二本の鋭い刺になっている。語源は次の「並ぶ」というイメージに基づく。別名は蒺藜で、これも非常に古い語である。李時珍は、茨は刺と同源、蒺は疾、藜は利と同源で、刺が素早く傷つけることによるという。和名は果実の形が菱に似、浜辺に多く生えているので浜菱の名が生まれた。なお「いばら」の和訓は刺のある植物の総称である。

古代中国では屋根を葺いたり、垣根に植えられた。茅［チガヤ］とセットになって粗末な建物の代称になり、「茅茨翦らず（建物を質素に造る）」という成語がある。また果実は蒺藜子と呼ばれ、生薬に利用される。

【字源】「二二」は二つ並ぶことを示す象徴的符号である。「二（イメージ記号）＋欠（限定符号）」を合わせた「次（*ts'ier）」は、旅や行軍の途中、人たちが並んで一休みする場面を設定する図形で、「次々に並ぶ」というイメージを示す記号となる。ハマビシは葉の並び方が一定の間隔で対生し、さらにそれぞれの複葉に小葉がきちんとした間隔で並んでいるので、その特徴に着目して、「次（音・イメージ記号）＋艸（限定符号）」を合わせた視覚記号が作られた。ちなみに説文解字では下記の詩経の詩句が「牆有薺」となっている。この場合の薺はシと読み、ナズナの薺とは別。「齊」にも「きちんと並びそろう」というイメージがある（薺の項参照）。

次に蒺藜について。易経では蒺蔾と書く。「矢」は速く飛び物に突き刺す武器である「や」を描いた図形。「矢（イメージ記号）＋疒（限定符号）」を合わせた「疾（*dziet）」は、速く進行する病気を暗示させ、「速い」というイメージのほかに「痛みが突き刺す」というイメージも表すことができる。「梨」は梨と同じで、「利」の「突き通る」というイメージがコアにある（梨の項参照）。「疾（音・イメージ記号）＋艸（限定符号）」と「梨（音・イメージ記号）＋艸（限定符号）」を結合した蒺藜によって、刺が体に突き通って痛みを与える植物を表象した。のち蒺と藜［アカザ］が混同され、音もシツーリがシツーレイとなった。

甲　金　篆　〔次〕

篆　〔茨〕

甲　金　篆　〔疾〕

【別名】薺・蒺蔾・蒺藜・旁通・屈人・止行・豺羽・升推・即藜・旱草・秦尖

【文献】詩経・鄘風・牆有茨「牆有茨、不可埽也（牆に茨有り、埽ふべからず）」、易経・困「困于石、拠于蒺藜（石に困しみ、蒺藜に拠す）」、神農本草経「蒺藜子味苦温、主治悪血、破癥聚、喉痹、乳難、久服長肌肉、明目、軽身（蒺藜子は、味は苦にして温。主治は悪血・癥聚を破る・喉痹・乳難。久服すれば肌肉を長じ、目を明らかにし、身を軽くす）」

茈→紫（368ページ）

【茱萸】6 音シュ‐ユ 訓ぐみ

[語源] 中国と日本では意味が異なる。中国では上古漢語が*dhiug-diug、中古漢語がʒiu-yiu（呉音ジュ‐ユ、漢音シュ‐ユ）で、ミカン科の落葉低木または小高木 ***Evodia rutaecarpa***（ゴシュユ）を指す。高さは二・五～五メートル。枝や葉に柔毛が密生する。葉は楕円形で先が尖る。夏、黄白色の花が咲く。果実は扁球形で、房状に群がる。秋に紅紫色に熟し、裂開する。語源については、茱は朱、萸は梂匯（子実が聚生する意）で、果実が聚生して赤色を呈することによるという説（夏緯瑛）がある。中国医学（本草）では呉の産を良品として呉茱萸と称し、果実を生薬に用いる。

古代中国では茱萸は辟邪の効能があるとされ、重陽の節にこの木の枝を頭に挿して小高い丘に登って遊ぶ風習（登高という）があった（下記文献参照）。これを詠んだ唐の王維の「九月九日憶山東兄弟」という詩は名高い。

日本ではグミ科の常緑ないし落葉低木、またはつる性木本 ***Elaeagnus*** 属（グミ属、中国名胡頽子属）の総称とする。刺のあるものが多い。果実は赤く熟し、食用になる。ナワシログミ（中国名胡頽子）、アキグミ（中国名牛奶子）、ナツグミ（中国名木半夏）などがある。語源はグイミの訛りという。グイは刺、ミは実の意味。一説では、ツミ（詰み）の転で、実が小枝に群れをなすことによるという。漢字表記の茱萸は、実の色と、群れをなすさまがゴシュユに似ているところから、誤用したものであろう。

[字源]「朱」は朱欒の項で述べた通り、株（木の切り株）の原字で、ある種の木のしんの色から発想され、赤系の色の名を表した。「臾（ゆ）」は「人＋臼（両手）」を合わせて、人を縛ってぐるぐる巻きにする様子を暗示させる図形で、腴（肉がたっぷりついて太る）や庾（下ぶくれした米倉）などは同源である。ゴシュユは果実に特徴がある。熟すと朱に近い色になり、また五つの稜に囲まれて丸みを帯び太くなった形をしている。よって畳韻の二音節語に仕立てて*dhiug-diugと呼び、「朱（音・イメージ記号）＋艸（限定符号）」と「臾（音・イメージ記号）＋艸（限定符号）」を組み合わせて、その

語を表記した。

㊎ 篆〔朱〕 篆〔茱〕

㊎ 篆〔臾〕 篆〔萸〕

【別名】 ①（ゴシュユ）呉茱萸・藙・丹萸・長房萸・辟邪翁 ②（グミ）胡頽子

【文献】 ①続斉諧記（六朝梁・呉均）「汝南桓景随費長房遊学累年、長房謂曰、九月九日汝家中当有災、宜急去、令家人各作絳嚢盛茱萸以繋臂、登高飲菊花酒、此禍可除、景如言、斉家登山。夕還見、鶏犬羊一時暴死、長房聞之曰、此可代也、今世人九日登高飲酒、婦人帯茱萸嚢、蓋始於此（汝南の桓景、費長房に随ひ遊学すること累年。長房謂ひて曰く、九月九日汝が家中当に災ひ有るべし、宜しく急ぎ去りて、家人をして各絳嚢を作りて茱萸を盛り以て臂に繋ぎ、高きに登りて菊花酒を飲ましむるべし。此れ禍除くべしと。景、言の如くし、斉家山に登る。夕べに還りて見れば、鶏犬羊一時に暴死す。長房之を聞きて曰く、此れ代はるべきなりと。今世人九日高きに登りて酒を飲み、婦人茱萸の嚢を帯ぶるは、蓋し此に始まる）」

【茺蔚】6 ㊅ジュウ-イ ㊇めはじき

【語源】 上古漢語は*t'ıung-ıuəd、中古漢語はtʃıung-ıuei（→呉音シュ-ヰ、漢音シュウ-ヰ）である。シソ科の越年草 *Leonurus japonicus*（メハジキ、中国名益母草）を意味する。茎は四角柱で、まっすぐ伸び、高さは一メートルほどになる。葉は対生し、腋から淡い紅紫色の花を多数つける。果実は三稜形で、一端は平たく、一端はだんだんと尖る。古くは萑（すい）といった。語源は錐（すい）（きり）と同源で、錐形の種子に基づく名である。中国医学（本草）では種子を茺蔚子といい、生薬に用いる。茺蔚の語源について李時珍は「此の草及び子、皆充盛密蔚なり。故に茺蔚と名づく」という。和名抄は茺蔚にメハジキの訓を与えた。メハジキ（目弾）は昔子どもが茎をまぶたに挟んで弾いて遊んだことに由来するという。

戦国時代の親孝行で有名な曾子は益母という名にいたく感じ入ったという伝説がある。メハジキは中国では女性薬として重んじられたため益母草（やくもそう）の称がある。詩経では蓷（たい）の名で登場し、生命力のある草のイメージが恋愛詩のモチーフとなっている。

[字源] 萑(すい)が古名。「隹(すい)（*tiuăr）」は尾が短く、丸みを帯びて、ずんぐりとした体形の鳥を描いた図形で、「ずっしりと重い」「上から下に重みをかける」というイメージを示す記号となる。上から重みをかけて穴を開ける道具を錐という。この語源を利用して、三角形の果実、または四角形の茎を錐に見立てて「隹（音・イメージ記号）＋艸（限定符号）」によってメハジキを表象した。のち隹を推に替えて蓷(たい)とした（もとの音はスイだがタイに訛った）。［補注］アシを意味する萑(かん)は同形だが、これとは別である。

李時珍は茺蔚の語源を葉や種子が盛んで実ちていることとしたが、別名である臭穢（*t'iog-ɪuăd）が訛って*t'iung-ɪuədとなり、「充（音記号）＋艸（限定符号）」と「尉（音記号）＋艸（限定符号）」を結合して表記したものであろう。この草は生え始めは臭気があるそうで、臭穢のほか鬱臭草の異名もある。

甲 金 篆〔隹〕 篆〔萑〕 篆〔蓷〕

篆〔茺〕 篆〔蔚〕

[別名] 萑(すい)・蓷(たい)・茺蔚・臭穢・益母・益明・大札・貞蔚・負檐・鬱臭草・夏枯草・苦低草・土質汗・野天麻・猪麻

[文献] 詩経・王風・中谷有蓷「中谷有蓷、暵其乾矣（中谷に蓷(たい)有り、暵(かん)として其れ乾く）」、爾雅・釈草「萑、蓷」——郭璞注「今茺蔚也、葉似荏、方茎白華、華生節間、又名益母（今の茺蔚なり。葉は荏に似る。方茎にして白華。華は節間に生ず。又益母(やくも)と名づく）」

【茸】6

音 ジョウ
訓 たけ・きのこ

[語源] 担子菌類の総称、また俗称。子実体を食用とするものが多い。マツタケ（松茸）、シイタケ（椎茸）、エノキダケ（榎茸）、ヒラタケ（平茸）、マイタケ（舞茸）などがある。

中国漢字の茸にはタケやキノコの意味はない。茸は日本で作られた擬似漢字と考えられる。万葉集二二三三番の歌に「芳を詠みて」という題詞があり、芳は茸の草体の誤記とされている。キノコの類に木耳［キクラゲ」があるように、キノコを耳に見立てることがあるので、「耳」に草冠をつけた茸が考案されたと考えられる。ちなみに下学集では石耳にイワタケの訓がある。茸＝タケが定着するのは今昔物語あたりからである。ただしそれより前の和名抄では菌茸をタケと読ませているが、菌茸は漢語にはない。国字の茸ができてから、漢語風に菌茸と仕立てたものであろう。

和名のタケは「長ける」のタケと同源で、「高くなるものの意」という（大野晋）。キノコについては菌の項参照。

[字源]「耳」の字源については木耳の項参照。耳（***niəg**）は「柔らかい」というイメージをもつ語で、餌（米の粉を柔らかくした食品、「もち」の類）にこのイメージがはっきり生きている。草の初生の柔らかい状態や、初生の芽や穂を***niung**（呉音ニョウ、漢音ジョウ）といい、「耳（音・イメージ記号）＋艸（限定符号）」によって表記した。また、脱落後再生する鹿の柔らかい袋角を鹿茸という。これらは本来の茸の意味であるが、日本では「たけ」を表記するために独自に「耳」に草冠をつけて茸を創作した。したがって茸は半国字。

[篆] 

[別名] 菌・蕈・菇

[文献] 説文解字1「茸、艸之茸茸皃」、謝霊運・詩（文選22）「新蒲含紫茸（新蒲、紫茸［紫色の穂］を含む）」

【荏】6 [音]ジン [訓]え

[語源] 上古漢語は***niəm**、中古漢語は**niəm**（→呉音ニム、漢音ジム）である。シソ科シソ属の一年草*Perilla frutescens* var. *frutescens*（エゴマ、中国名白蘇）を意味する。高さは一メートル内外で、独特の臭気がある。茎は四角形で、白い毛が密生する。秋に白い花が咲く。果実は四つの小さな分果を含み、分果は球形で、網状の隆起がある。種子から油が採れる。中国医学（本草）では種子や茎を生薬に用いる。語源は果実の特徴を捉えて、壬の「ふくらむ」のイメージで命名された。和名の古語は単にエで、後に胡麻をつけてエゴマ（荏胡麻）という。エは油を得るのエという説、良い（うまい）意のエという説、荏の朝鮮語音**yim**の訛りという説などがある。

周民族の始祖である后稷がさまざまな作物を耕作することを詠んだ詩経の生民篇にも出るくらい、非常に古くから中国で栽培された。中国南部やインドの原産という。

[字源]「壬（*niəm）」は機織りの糸巻きを描いた図形で、「中ほどがふくれる」というイメージがある。妊娠の妊（腹がふくれる→みごもる）や任務の任（荷物を腹の前に抱きかかえる）などは同源のグループである。エゴマの果実は隆起してふくれた姿を呈するので、「壬（音・イメージ記号）＋艸（限定符号）」を合わせて、エゴマを意味する*niəmを表記した。

甲　金　篆〔壬〕

金　篆〔任〕　篆〔荏〕

[別名] 白蘇・南蘇・家蘇・臭蘇

[文献] 詩経・大雅・生民「蓺之荏菽、荏菽旆旆（この荏［エゴマ］と菽［ダイズ］を蓺［＝藝］う、荏と菽は旆旆たり）」、名医別録「荏子味辛温無毒、主治欬逆、下気、温中、補体（荏子は、味は辛にして温、毒無し。主治は欬逆。気を下し、中を温め、体を補ふ）」

【茜】6 音セン 訓あかね

[語源] 上古漢語は*ts'en、中古漢語はts'en（→呉音・漢音セン）である。アカネ科の多年草 ***Rubia cordifolia***（アカネ、中国名茜草）を意味する。茎は四角形で、逆刺があり、他物にからみつく。秋に筒状の白い小花をつける。果実は熟すと黒くなる。黄赤色のひげ根が多数出る。根から赤色の染料を採る。また根を止血薬などに用いる。和名のアカネは文字通り赤根に由来する。漢名の茜はひげ根の姿に着目して、西の「分散する」のイメージによって命名されたと考えられる。陶弘景は「西」をストレートに方角とし、アカネは東方に少なく西方に多いからという。また別名の茅蒐の蒐について許慎は、「人血の生ずる所、以て絳を染むべし」といい、アカネが血の色を連想させるので、鬼（亡霊）に艸を添えたのが蒐と解した。だがこれらはいずれも民間語源であろう。

詩経では茹藘の名で国風の鄭風の詩に二回現れる。アカネはつる性で、他のものに絡みつく。つる性植物は詩経では合体、和合、調和の象徴となり、恋愛詩のモチーフとして常用される。さらにアカネは赤色のイメージから女性美の比喩になる。「如」は「柔らかい」のイメージ、「慮」は「次々とつながる」のイメージがあるので、*niag-lïag という畳韻の二音節語によって、つるをくねくねと伸ばして他のものに次々と絡みつく姿を表象したと考えられる。

[字源]「西（*ser）」は西瓜でも説明したが、笊を描いた図形で、「（すきまがあって）分散する」というイメージを示す記号になる。「西（音・イメージ記号）＋艸（限定符号）」を合わせて、根がひげのように多数分散して出る草を暗示させた。

甲　金　篆〔西〕　篆〔茜〕

[別名] 茅蒐・蒨草・茹藘・地血・血見愁・紅藍・烏紅・染絳草・染緋草・牛蔓・八仙草

[文献] 詩経・鄭風・出其東門「縞衣茹藘、聊可与娯（縞衣茹藘、聊か与に娯しむべし）」、説文解字1「蒐、茅蒐、茹藘、人血所生、可以染絳（蒐は、茅蒐、茹藘なり。人血の生ずる所、以て絳を染むべし）」、本草経集注「此則今染絳茜草也、東間諸処乃有而少、不如西多（此れ則ち今の絳を染むる茜草なり。東間諸処乃ち有れども少なし。西の多きに如かず）」

【草】 6 音 ソウ 訓 くさ

[語源] 上古漢語は*ts'og、中古漢語はts'au（→呉音・漢音サウ）である。艸と同じで、草本植物の総称である。*ts'ogという語は造（材料をざっと寄せ集めてつくる）、糟（粗雑に集まる「かす」）などと同源で、ていねいに栽培されるのではなく、ぞんざいに集まり生じる野草や雑草というイメージがある。

[字源] 説文解字に「草は草斗、櫟実（れきじつ）[クヌギのドングリ]なり」とある。「早」は後世の「皁（そう）（＝皂）」と同じである。「白」はドングリを描いた図形で（柏の項参照）、「十」は殻がついていることを示している。したがって「早」「皁」は殻斗のことである。古代中国では殻斗を黒色の染料を採るのに用いた。ここから「皁」に黒色という意味が生まれる。一方、黒い↓暗いというイメージの連合があり、日の出前のまだ暗い時間を「早」で表す。さらに、暗い↓はっきりしない↓いい

かげん・ぞんざい・粗雑というイメージに展開し、勝手にどこにでも生えて手に負えない下等な雑草を「早（音・イメージ記号）＋艸（限定符号）」によって表した。「草」は一般に「くさ」の意味に用いるが、草草（あわただしくてぞんざいなさま）、草書（あわただしくぞんざいに書いたような書体）、草稿（あわただしくぞんざいに書いた原稿）、草昧（天地の始めの暗くはっきりしない状態）、草創（形がまだはっきりしない始まり）などに、「はっきりしない」「ぞんざい」などのコアイメージが含まれている。

[篆]  〔早〕 [篆]  〔草〕

【文献】詩経・小雅・谷風「無草不死（草として死せざるは無し）」、素問・六節蔵象論篇「草生五味、五味之美、不可勝極（草、五味を生ず。五味の美、勝（あ）げて極むべからず）」

草石蚕 [音]ソウ-セキ-サン [訓]ちょろぎ

【語源】中古漢語はts'au-ʒɪɛk-dzəm（→漢音サウ-セキ-サム）である。シソ科イヌゴマ属の多年草 *Stachys sieboldii*（チョロギ、中国名甘露子）を意味する。茎は四角形で、高さは三〇～六〇センチ。湿地に生え、匍匐枝の先に塊茎ができる。これが蚕に似ているので、地蚕、土蛹という。また蚕に似た石蚕「トビケラ」の幼虫イサゴムシに対比して、草石蚕の名が生まれた。出産後の子宮を収縮する薬効があるといわれる。中国原産の植物で、江戸初期に日本に渡来した。和名は別名の滴露や地瓜児の近世中国語音（tiei-lu、ti-kua-rı）の訛りか。一説では朝鮮語のジロイ（ミミズの意）の訛りという。

【字源】「草」は前項、「石」については柘の項参照。「先（しん）」は髪に挿すかんざしの図形で、先・兟・朁は「すきまに潜り込む」というイメージを示す記号となる（蚕豆の項参照）。「朁（音・イメージ記号）＋䖵（限定符号）」を合わせた蠶は、葉に潜り込むようにして食っていく虫（つまりカイコ）を暗示させた。蚕は蠶の俗字。

【別名】地蚕・土蛹・甘露子・滴露・地瓜児

【文献】本草拾遺（唐・陳蔵器）「草石蚕生高山石上、根如箸、上有毛節、如蚕（草石蚕は高山の石上に生ず。根は箸の如し。上に毛節有り、蚕の如し）」

煙草　㊉音 エン-ソウ　㊉訓 たばこ

[語源] 近世漢語は **ien-ts'au** である。ナス科の一年草 ***Nicotiana tabacum***（タバコ）を意味する。茎は直立し、高さは二メートルに達する。葉は楕円形で、非常に大きい。漏斗状の淡紅色の花が咲く。原産地は南米で、十五世紀にコロンブスが西方に伝え、明代に中国に入ってきた（下記文献参照）。嗜好品のほか薬用にもされたが、明代ですでに健康への害も指摘されている。漢名は始めは淡把姑、淡巴菰、担不帰などと音写された。和名のタバコはポルトガル語 **tabaco** に由来する。

[字源]「垔（いん）（*·iən）」は竈が塞がれて煙が曲がって出る情景を示す図形で、「隠れて見えない」というイメージがある。堙（いん）（土中にうずめる）、湮（いん）（水中に沈めて見えなくする）などは同源の語である。「垔（音・イメージ記号）＋火（限定符号）」を合わせて、あたりのものを覆って見えなくする「けむり」や「もや」「かすみ」を表した。葉を喫煙に用いたので、「煙（けむり）」と「草」を組み合わせた煙草でタバコを表記した。なお日本で莨をタバコに当てるのは誤用で、アルカロイドを含む莨若［ヒヨス］と混同したものである。

㊉甲　㊉金　㊉篆〔垔〕　㊉篆〔煙〕

[別名] 煙花・煙葉・煙糸・金糸煙・金糸薫・煙酒・返魂煙・仁草・相思草・八角草・淡肉果・菸（タバコの異表記）莨

[文献] 物理小識9（明・方以智）「万暦末、有携至漳泉者、馬氏造之曰淡肉果、漸伝至九辺、皆銜長管而火点、呑吐之、有酔仆者、崇禎時厳禁之不止、其本似春不老而葉大於菜、暴乾以火酒炒之曰金糸煙、北人呼為淡把姑、或呼担不帰、可以袪湿発散、然久服則肺焦、諸薬多不効其症、忽吐黄水而死（万暦の末、携へて漳・泉に至る者有り。馬氏之を造りて淡肉果と曰ふ。漸く伝はりて九辺に至る。皆長管を銜（ふく）みて火点し、之を呑吐し、酔ひて仆るる者有り。崇禎の時之を厳禁するも止まず。其の本は春不老に似、葉は菜よりも大なり。暴乾して火酒を以て之を炒りて金糸煙と曰ふ。北人呼びて淡把姑と為し、或いは担不帰と呼ぶ。以て湿を袪（のぞ）き発散すべし。然れども久服すれば則ち肺焦げ、諸薬多く其の症に効かず。忽ち黄水を吐

きて死す)」

鴨跖草 音 オウ-セキ-ソウ 訓 つゆくさ

[語源] 中古漢語は ·ăp-tʃɪɛk-ts'au (→漢音アフ-セキ-サウ) である。ツユクサ科の一年草 *Commelina communis* (ツユクサ) を意味する。茎は円柱形で緑色、高さは六〇センチほどになる。茎の下部は地上に這う。夏、青色ないし青紫色の花が咲く。苞葉が開いた形を鴨[アヒル]の足に見立てて鴨跖草という。和名の古語はツキクサで、青色の染料を採ったので、着き草(色が紙に染みつく草の意)が語源だという。ツキクサ→ツイクサ→ツユクサと訛って露草の表記が生じ、よく露を置く草という語源意識に変わった。

[字源] 「甲(*kăp)」は近似的に ·ăp という擬音語を写すとともに、狎(なれる)の意味をもつので、「甲(音・イメージ記号)+鳥(限定符号)」を合わせて、野生のカモを飼い馴らしたアヒルを表した。漢語ではカモを鳧といい、アヒルを鴨という。「石(*dhiak)」は「中身が詰まる」「堅い」というイメージがある(柘の項参照)。「石(音・イメージ記号)+足(限定符号)」を合わせて、土を踏む足の堅い裏を表した。「鴨」と「跖」をつないでアヒルの足裏を意味させる。

甲 金 篆〔石〕 篆〔甲〕 篆〔鴨〕 篆〔跖〕

[別名] 鶏舌草・竹鶏草・碧蟬花・翠蝴蝶・翠蛾眉・耳環草

[文献] 本草拾遺(唐・陳蔵器)「鴨跖草味苦大寒無毒……葉如竹、高一二尺、花深碧、有角如鳥嘴(鴨跖草は、味は苦にして大寒、毒無し。…葉は竹の如し。高さ一二尺。花は深碧なり。角有り、鳥の嘴の如し)」

夏枯草 音 カ-コ-ソウ 訓 うつぼぐさ

[語源] 上古漢語は *ɦăg-k'ag-ts'og、中古漢語は ɦă-k'o-ts'au (→呉音ゲ-ク-サウ、漢音カ-コ-サウ) である。シソ科の多年草 *Prunella vulgaris* (ウツボグサ) を意味する。茎は方形で、高さは三〇センチほど。茎の先端に宝塔形の花穂ができる。花は青紫色。中国医学(本草)

では花穂を利尿剤などに用いる。語源は初夏に開花し、夏の終わりに枯れることにより名づけられた。和名のウツボグサ（靫草）は花穂の形を靫（矢を入れる道具）に見立てる。

［字源］「夏」は榎の項でも述べたが、衣冠を被った大きな人を描いた図形で、「上から被さる」というイメージがある。季節の「なつ」も草木が地面に覆い被さって繁茂する時期である。イメージの共通性から、「なつ」を*ɦăgといい、「夏」の視覚記号で表記する。「古（*kag）」は苦でも述べたように、頭蓋骨を描いた図形で、「ひからびて固い」というイメージを示す記号である。「古（音・イメージ記号）＋木（限定符号）」を合わせて、木がひからびてかれることを表した。

篆 〔古〕 篆 〔枯〕

［別名］ 夕句・乃東・燕面・鉄色草・灯籠頭

［文献］ 神農本草経「夏枯草味苦辛寒、主治寒熱瘰癧、鼠瘻頭瘡、破癥、散瘿結気、脚腫湿痹、軽身（夏枯草は、味は苦・辛にして寒。主治は寒熱・瘰癧・鼠瘻・頭瘡・癥を破る・瘿結気を散ず・脚腫湿痹。身を軽くす）」

海人草

音 カイ-ニン-ソウ・カイ-ジン-ソウ
訓 まくり

［語源］ フジマツモ科の紅藻 ***Digenea simplex***（マクリ、別名カイニンソウ）を意味する。暖海の岩の上に生育する。高さは一五センチほどで、紫紅色の枝が叉状に分かれ出る。マクリの語源は、昔、新生児の胎毒を除いたところから、毒掠（まく）りに由来するという。蛔虫やギョウチュウを麻痺させる効果があり、駆虫薬に用いられる。なお別名とされる鷓鴣菜は本来は ***Caloglossa leprieurii***（ササバアヤギヌ、中国名美舌藻）で、小児の虫下しに用いられる藻類である。

海人草の語は近代以前の中国の文献に見えない。江戸時代の和漢三才図会に「海人草…此の方、何れの時より始まるかを知らず。本朝通俗必用の薬なり」とある。

［字源］「海」については海棠の項、「人」については虞美人草の項参照。海人草は和製の漢字表記と思われるが、語源は未詳。ただし現在の中国でも使用されている。

［別名］（マクリの異表記）海仁草

甘草 [音]カン-ゾウ [訓]あまくさ

[語源] 上古漢語は*kam-ts'og、中古漢語はkam-ts'au（→呉音・漢音カム-サウ）である。マメ科の多年草*Glycyrrhiza uralensis*（カンゾウ、ウラルカンゾウ）を意味する。茎は直立し、高さは七〇センチほどになる。根茎は円柱状で、地中深く伸びる。果実は鎌状に湾曲する。根が甘いところから甘草の名がある。甘味料とする。中国医学では甘草は諸毒を解く働きがあるとされ、他の生薬と併用されることが多い。

[字源]「甘」は柑の項でも述べた通り、口に物を含む図形である。*kamは「中に含む」というコアイメージをもつ言葉で、実現される意味は「うまい」「あまい」である。

[甲] [金] [篆]

〔甘〕

[別名] 蜜甘・蜜草・美草・蕗草・国老・霊通・粉草・甜草・苓・藷

[文献] 淮南子・覽冥訓「今夫地黄主属骨而甘草主生肉之薬也（今それ地黄は骨を属ぐを主り、而して甘草は肉を生ずるを主るの薬なり）」、本草経集注「此草最為衆薬之主、経方少不用者、猶如香中有沈香也、国老即帝師之称、雖非君、為君所宗、是以能安和草石而解諸毒也（此の草は最も衆薬の主為り。経方用ゐざる者少なし。猶香中に沈香有るが如きなり。国老とは即ち帝師の称なり。君に非ずと雖も、君の宗とする所為り。是れ能く草石を安和して諸毒を解くを以てなり）」

含羞草 [音]ガン-シュウ-ソウ [訓]おじぎそう

[語源] マメ科ネムノキ亜科の多年草*Mimosa pudica*（オジギソウ）を意味する。高さは三〇センチほどで、逆さの刺がある。葉は互生し、羽状の小葉から成る。手を触れると小葉が閉じて垂れ下がる。淡紅色の花が咲く。観賞用に植えられる。南米の原産で、中国に入った時期は不明。日本へは天保の頃オランダ船がもたらしたという。

植物名実図考では喝呼草の名で出ている。人が大声を出すと葉が閉まるので、この名がついたという。同書では知羞草の名も出ている。含羞草の出典は未詳。含羞は花に関する詩語として漢詩で使われていた。例えば「八仙［アジサイ］の瓊萼並びに羞を含む」（宋・郭祥正、「玉蝶毬」詩）などの詩句がある。花が蕾を開かない状態を女性がはにかんで笑顔を見せない姿に喩える。オジギソウが葉を閉じる姿を含羞の姿態と捉えて、含羞草の名が生まれた。和名は葉の開閉する姿をお辞儀になぞらえて、オジギソウ（御辞儀草）、別名をネムリグサ（眠り草）と呼ぶ。

［字源］「今（*kıəm）」は「上から被せて、中に閉じこめる」というイメージがある（衿の項参照）。「今（音・イメージ記号）＋口（限定符号）」を合わせて、口の中に閉じこめる（つまり「ふくむ」）ことを表す。「丑（*t'iog）」は手の指をやんわりと曲げる図形で、「くねくねと曲がる」「柔らかい」というイメージがある。「丑（音・イメージ記号）＋羊（限定符号）」を合わせた羞は、柔らかく煮た羊の肉を暗示させる（現実の意味は「ごちそう」）。羞を羞恥の羞、つまり「はじる」の意味でも使うのは、イメージの類似性による転義である。羞恥とは負い目などがあるためいじけて強くなれない精神状態で、「柔らかく曲がりくねり、きっぱりとしない」というイメージがある。忸怩の忸（恥じてうじうじする）と近い。「含」と「羞」を結んで、恥じらいの様子があることを意味する。

金 篆〔今〕 篆〔含〕

甲 金 篆〔丑〕

甲 金 篆〔羞〕

［別名］喝呼草・懼内草・知羞草・怕羞草・感応草

虞美人草 音 グ-ビ-ジン-ソウ 訓 ―

［語源］中古漢語は **nguo-mıui-niĕn-ts'au**（→漢音グ-ビ-ジン-サウ）である。ケシ科ケシ属の一年草 ***Papaver rhoeas***（ヒナゲシ、中国名麗春花）を意味する。ヨーロッパの原産。茎は直立し、高さは八〇センチほどで、粗い毛が密生する。夏、枝の先端に紅色などの花が咲く。蕾のときは下向きに垂れ、開花後萼が落ちる。中国では単に虞美人ということが多い。語源は楚の項羽の妻虞美人が項羽と運命をともにした時、彼女の墓からこの花が生じたが、彼女の血液がこの花に化したものだという伝説による。あるいは虞美人という曲を歌

うと、枝葉が動くのが命名の由来ともいわれる。

一説によると、虞美人は本来はマメ科の小低木 *Codariocalyx motorius* [=*Desmodium gyranus*]（マイハギ、中国名舞草）を指したという。この植物は葉が回転運動をするらしい。右の伝説は確かにマイハギ（舞萩）にふさわしい。虞美人の語は唐代から出現するが、清代になって花鏡が虞美人を麗春花としてから、これが定着した。

和名の語源は、ケシの仲間であり、花が可愛いので、ヒナゲシ（雛罌粟）と呼ばれる。ちなみにフランス語でコクリコ（おんどりの意）といい、赤い花を鶏の鶏冠に見立てる。

[字源]「虞」は「呉（音記号）＋虍（限定符号）」を合わせて、生物を殺さないという伝説上の動物騶虞のこと。そこから環境保護官の意味を派生する。「美」は「大（イメージ記号）＋羊（限定符号）」を合わせ、ゆったりとした姿のヒツジのイメージを造形することによって、「姿がよい」ことを表す。「人」は人を抽象化して略画風に描いた図形。「美人」は漢代の女官の一つである。項羽の妻虞氏を後世の人が虞美人と名づけた。

[金] [篆]〔虞〕
[甲] [金] [篆]〔美〕
[甲] [金] [篆]〔人〕

[別名] 虞美人・麗春花・百般嬌・満園春・賽牡丹・錦被花

[文献] 夢渓筆談5（宋・沈括）「旧伝有、虞美人草聞人作虞美人曲、則枝葉皆動、他曲不然、景舒試之、誠如所伝、乃詳其曲声曰皆呉音也（旧伝に有り、虞美人草、人の虞美人曲を作すを聞けば、則ち枝葉皆動く。他曲は然らず。景舒之を試む。誠に所伝の如し。乃ち其の曲声を詳らかにして曰く、皆呉音なりと）」

虎耳草 [音]コージーソウ [訓]ゆきのした

[語源] 中世漢語は**hu-ri-ts'au**である。ユキノシタ科の多年草 ***Saxifraga stolonifera***（ユキノシタ）を意味する。高さは四〇センチほどで、長い毛がある。葉は円い腎臓形。匍匐枝が糸状に伸びる。初夏、白い小花が咲く。陰湿な場所に生える。語源は葉が虎の耳に似ているか

らという（本草綱目）。和名ユキノシタ（雪の下）の語源を牧野富太郎は「白い花を雪に見立て、その下に半常緑の葉が見えるさまをいう」とする。冬にも葉が枯れないで雪の下に残っているからという説もある。

[字源]「虎」はトラの全形を描いた図形。「耳」については木耳の項参照。

[甲]  [金]  [篆]  （虎）

[別名] 石荷葉・猪耳草・猫耳草・獅子草・仏耳草・耳朶草・金糸草

[文献] 本草綱目20「虎耳生陰湿処、人亦栽于石山上、茎高五六寸、有細毛、一茎一葉、如荷蓋状、人呼為石荷葉、葉大如銭、状似初生小葵葉及虎之耳形（虎耳は陰湿の処に生ず。人亦た石山の上に栽う。茎高きこと五六寸、細毛有り。一茎一葉、荷蓋［ハスの葉］の状の如し。人呼びて石荷葉と為す。葉は大にして銭の如し。状は初生の小葵の葉及び虎の耳の形に似る）」

酢漿草　[音]サク-ショウ-ソウ　[訓]かたばみ

[語源] 中古漢語は **ts'o-tsiang-ts'au**（→漢音ソ-シヤウ-サウ）である。カタバミ科の多年草 *Oxalis corniculata*（カタバミ）を意味する。高さは五〇センチほど。葉は先端が凹んだ三つの小葉から成る。春から秋まで黄色の花が開く。蓚酸を含み酸味が強いところから、酢漿（酸っぱい液の意）の草と名づけられた。和名はカタ（傍）ハミ（食）の意味で、葉の先端が欠けていることによるという。ほかの説もある。

[字源]「乍（*dzăg）」は柞で述べたように、「切れ目を入れる」というイメージがあり、これは「刻み目」→「ぎざぎざ」→「重なる」というイメージに展開する。「乍（音・イメージ記号）＋酉（限定符号）」を合わせて、時を重ねて発酵させた「す」を表した。醋と同じで、「昔」にも「重なる」というイメージがある。酢・醋は「酸っぱい」という意味を派生する。

次に「爿（*ts'iang）」はベッドを描いた図形で、「細長い」というイメージを示す。「爿（音・イメージ記号）＋肉（イメージ補助記号）＋寸（限定符号）」を合わせた「将（*ts'iang）」は細長い中指のことだが、「爿」と同じく「細長い」というイメージを示す記号となる。「将（音・イメージ記号）＋水（限定符号）」を合わせて、細長く垂れる汁を表した。「酢」と「漿」を結んで、酸っぱい汁の意味になる。

[金]  [篆]  〔乍〕 [篆]  〔酢〕

[金]  [篆]  〔將〕 [篆]  〔漿〕

[別名] 酸漿・三葉酸・三角酸・酸母・醋母・鳩酸草・雀児酸・雀林草・孫施・赤孫施

[文献] 新修本草「酢漿草味酸寒無毒、主悪瘡瘑瘻、搗敷之、殺諸小虫、生道旁（酢漿草は、味は酸にして寒、毒無し。悪瘡瘑瘻を主る。搗きて之を敷けば、諸小虫を殺す。道旁に生ず）」

狗尾草→莠（248ページ）

紫草→紫（368ページ）

通草→通脱木（12ページ）

田字草→蘋（334ページ）

灯心草→藺（338ページ）

飛燕草→燕子花（187ページ）

益母草→茺蔚（221ページ）

狼尾草→稂（165ページ）・莨（249ページ）

【茶】

6 [音]チャ・サ [訓]―

[語源] 上古漢語は*dăg、中古漢語はḍă（→呉音ヂャ、漢音タ）、中世漢語はtṣ'a（→宋音サ）である。ツバキ科ツバキ属の常緑低木 *Camellia sinensis*（チャ、チャノキ）を意味する。中国南部の原産。高さは一〜六メートル。葉は長楕円形で、光沢のある緑色。晩秋、白い花が咲く。

唐代にチャの葉を生薬や飲料に用いたのは文献で明らかだが、飲料としてのチャの起源は唐以前にさかのぼるようで、漢から六朝の文献に散見する（下記文献参照）。六朝梁の陶弘景は神農本草経の苦菜に対する注釈で、荼（苦菜の別名で、ノゲシのこと）は茗（茶の別名）と同じだとした。その根拠は、本草経で苦菜の薬効を「聡察、少臥」（頭がすっきりして眠気が少ない）としている点がチャの薬効と似ているからである。しかし宋の蘇敬が否定した通り茶と荼は別物であろう（新修本草）。ただチャの命名の由来は荼にあるのではないかと思う。つまり薬効が似ているので、荼（*dag）[ノゲシ] になぞらえて、チャの飲料を*dăgと称し、字形を少し変えて「茶」と表記したものであろう。

[字源]「余（*diag）」はスコップに似た農具の形に「八」の符号（左右に分ける印）を添えた図形。農具で土をかき均す様子を暗示させる。ここから「平らに押し伸ばす」→「（空間的・時間的に間延びして）ゆったりとゆとりができる」というイメージを示す記号となる。「余（音・イメージ記号）+艸（限定符号）」を合わせた「荼（と）」は、疲れて緊張した心身をゆったりと寛げる薬効のある草（苦菜＝ノゲシ）を表した。漢の顔師古は荼に舒の音があると言っているから（漢書の注）、荼と舒（気持ちが伸び伸びする）は同系の語と思われる。チャの木の葉を飲料にするようになって、ノゲシのように苦くて、また心身を爽やかにする効果が見られたことから、この木を荼になぞらえて苦荼と称した。郭璞は爾雅・釈木の「檟、苦荼」に注をつけて「今、早く采る者を荼と為し、晩く取る者を茗と為す」と述べている。のちノゲシの荼と区別するために、荼から一画省いて「茶」を作り、チャの専用字とした。[補注]「荼」に木偏を添えた𣘻も作られたが、あまり通行しなかった（広韻などに見える）。

甲　金　篆〔余〕

篆〔荼〕

[別名] 檟・蔎・茗・荈・荼・苦荼・苦口師・甘露・晩甘侯・余甘氏・清友・清人樹・冷面草・不夜侯・滌煩子・霊芽・仙芽・瑞芽・陽芽・雪芽・金葉・松風・緑舌・緑乳・緑髄・青瓊・碧霞・紫玉玦・酪蒼頭・酪奴・瓊屑

[文献] 王褒・僮約（漢魏六朝百三家集6）「炰鼈烹荼（鼈を炰（つつみや）きし、荼を烹る）」、三国志・呉志・韋曜伝「密賜茶荈（密かに茶荈を賜ふ）」、世説新語・紕漏「下飲便問人云、此為茶為茗（飲を下せば便ち人に問ひて云ふ、此れ茶為（た）るか、茗為るかと）」、陸羽・茶経「茶者南方之嘉木也…其字或従草、或従木、或草木并、其名一曰茶、二曰檟、三曰蔎、四曰茗、五曰荈（茶なる者は南方の嘉木なり。…其の字或いは草に従ひ、或いは木に従ひ、或いは草木并す。其の名、一に曰く茶、二に曰く檟、三に曰く蔎、四に曰く茗、五に曰く荈）」

山茶　音サン-チャ　訓つばき

[語源] 上古漢語は*săn-dïag、中古漢語はsʌn-ḍă(→呉音セン-ヂヤ、漢音サン-タ)である。山茶は中国でツバキのことだが、日本では奈良・平安以来ツバキの漢名を海石榴としてきた。山茶と海石榴の関係には問題がある。北魏の頃(五～六世紀)の魏王花木志に「山茶は海石榴に似る。桂州に出づ」とあるように、両者は同一とはされていない。肝心の中国では海石榴を石榴の別名としてきたが、ザクロでもなさそうである。というのは海石榴は臘月(旧暦十二月)に咲く花とされているからである。そうするとむしろ海石榴はツバキとしてよいのではなかろうか。山茶と海石榴は同類だが別のものという古人の認識に従えば、山茶は本来は中国南方の産であるツバキ科ツバキ属の常緑低木 ***Camellia reticulata***(トウツバキ、中国名南山茶)を指した語で、他方、海外から入ってきた ***C. japonica***(ツバキ、別名ヤブツバキ)を海石榴と称したと推測される。白孔六帖に「新羅に海石榴多し」とあり、海とは新羅を指すと言われる。柳宗元の「新植海石榴」詩に「遠意蓬瀛に駐まる」(思いを遠く蓬莱・瀛州に馳せる意)という句があり、渤海にあるという神山を引き合いに出しているから、新羅から伝わったツバキを海石榴といったのであろう。北村四郎はずばり日本から中国に渡ったという説を唱えているが(植物文化史)、時代的に早すぎるように思う。南北朝時代新羅から中国に渡って海石榴と名づけられ、隋との交流を通じてその名が日本に伝わり、日本書紀や万葉集にも海石榴が登場すると見た方が自然である。

山茶の語源について李時珍は「其の葉、茗に類す。又飲と作すべし。故に茶の名を得たり」と言っている(本草綱目)。ツバキの語源などについては椿の項参照。

[字源]「山」は三つの峰のある「やま」を描いた図形。「茶」については前項参照。

〔山〕

[別名] 山茶花・茶花・雲茶・紅茶花・海紅・海石榴・海榴茶・石榴茶・曼陀羅・耐冬

[文献] 酉陽雑俎・続集9(唐・段成式)「山茶花、山茶葉似茶樹、高者丈余、花大盈寸、色如緋、十月開(山茶花、山茶の葉は茶樹に似る。高さは丈余。花は大にして寸に盈つ。色は緋の如し。十月に開く)」、桂海虞衡志

（宋・范成大）「南山茶葩萼大倍中州者、色微淡、葉柔薄有毛、別自有一種如中州所出者（南山茶は葩萼大にして中州の者に倍す。色は微淡、葉は柔薄にして毛有り。別に自ら一種中州に出づる所の如き者有り）」

山茶花　音 サン-チャ-カ・サン-サ-カ　訓 さざんか

【語源】 中国では山茶花と山茶は同じで、ツバキを指す。山茶花の語は唐代に現れる。明代になって、ツバキと似、開花時期が梅と同じであるところから、茶梅の名のついた木が登場する。これがツバキ科ツバキ属の常緑低木 ***Camellia sasanqua***（サザンカ）である。ところが日本では山茶花（本当はツバキ）がそれだと間違え、さらに山茶花の音を転倒してサーサン-カと読み、それがサザンカに訛ったといわれる。二重のミスから生まれた名前である。

【字源】「山茶」は前項参照。「花」については該項参照。

【別名】 ①（ツバキ）山茶　②（サザンカ）茶梅

【文献】 ①貫休・山茶花（全唐詩827）「百花色死猩血謬（百花色死して猩血かと謬(あや)まる）」　②広群芳譜24「茶梅花…新羅国多海紅、即浅紅山茶而差小、自十二月開至二月、与梅同時、故名茶梅（茶梅花…新羅国海紅多し。即ち浅紅の山茶にして差(やや)小なり。十二月より開きて二月に至る。梅と時を同じくす。故に茶梅と名づく）」

荅→小豆（350ページ）

【茯苓】6　音 ブク-リョウ　訓 まつほど

【語源】 上古漢語は*bɪuək-leng、中古漢語は bɪuk-leng（→呉音ブク-リヤウ、漢音フク-レイ）である。サルノコシカケ科の菌である ***Poria cocos***（ブクリョウタケ）の菌核を指す。拳のような形、または球形や長楕円形の塊状をなし、外皮は黒褐色で堅い。松の腐った切り株近くの土中に生じる。松の根を抱いたように生じるものは茯神と呼ばれる。茯苓も茯神も古くから生薬に用いられた。

古代中国ではブクリョウは千年の松のやにが固まって生じるとか、その松の下にブクリョウがあると、上には菟糸［ハマネナシカズラ］があるとされ、自然界における霊的な照応の一種と信じられた。そこから不老不死の妙薬と考えられるようになった。伏霊が語源で、松の根元に伏して生じる神秘なものの意味であろう。和名抄には茯苓にマツホドの訓がある。ホドはホドイモ（塊芋）のホドと同じで、塊の意味があるという。

[字源] 古くは伏霊と書かれた。「伏（*buək）」は「人+犬」を合わせて、犬が主人に従うように、側近く寄り添うことを暗示させる。「霝（れい）（*leng）」は「雨」と三つの雨粒の形を合わせた図形で、雨が降る様子を暗示させる。「霝（音・イメージ記号）+巫（神に仕える女性）」を合わせて、霊界から神を降ろす様子を暗示させる。また霝は雨粒のイメージから、「清らか」のイメージにも展開する。零（雨が降る）—令（清らか）の関係と同じように、霝（雨が降る）—靈（清らかな「たましい」）の結びつきがある。霝と令は通用するので、カンゾウ（甘草）を意味する蘦は苓とも書かれ、麢［ハーテビースト、アンテロープ］は羚とも書かれる。

「伏」と「霊」を結んで、松の根に寄り添うように生じる霊的なものの意味をこめて、*buək-leng という二音節語を表記した。後に草冠をつけて茯苓とした。

[補注] 茯は袱の異体字の茯（説文解字）とは別である。また苓は甘草の別名の苓とも、苓耳［オナモミ］の苓とも別である。

甲　篆〔伏〕
甲　篆〔霝〕
金　篆〔靈〕

[別名] 伏霊・茯霊・茯蘦・伏苓・茯兔・茯菟・伏菟・絳晨伏胎

[文献] 淮南子・説林訓「千年之松、下有茯苓、上有兔糸（千年の松、下に茯苓有り、上に兔糸有り）」—許慎注「茯苓千歳松脂也、兔糸生其上而無根、一名女蘿（茯苓は千歳の松脂なり。兔糸其の上に生じて根無し。一名女蘿）」、史記・亀策伝「蓍亀伝曰、下有伏霊、上有兔糸…伏霊者千歳松根也、食之不死（蓍亀伝に曰く、下に伏霊有れば、上に兔糸有り。…伏霊なる者は千歳の松根なり。之を食へば死せず）」、本草綱目37「蓋松之神霊之気、伏結而成、故謂之伏霊伏神也（蓋し松の神霊の気、伏結して成る。故に之を伏霊・伏神と謂ふなり）」

【茗】6

音 メイ
訓 —

[語源] 上古漢語は*meng、中古漢語はmeng（→呉音

ミヤウ、漢音メイ）である。茗の語は三国～六朝の頃に登場する。木の名の茗も飲料の茗もチャ（茶）と同じだが、早く摘むものが茶、遅く摘むものが茗とする説がある一方、老いた葉を荈（せん）、若い葉を茗とする説もある。語源から考えると酪酊の酪と同源で、精神を興奮させるといった薬効によって、茗と名づけられたものであろう。最初は飲料の名であって、原料は必ずしもチャの葉とは限らなかったようである。

[字源]「夕」は三日月を描いた図形で、実現される意味は「ゆうがた」であるが、「暗くてはっきり見えない」というイメージがある。「夕（イメージ記号）＋口（限定符号）」を合わせた「名（*mieng）」は、人や物につける「なまえ」を表すが、「はっきりわからない物になづけることによって、その物をはっきりわからせる」というコアイメージを踏まえた語である。酒に酔ってはっきりした意識がはっきりしなくなることを酩酊という。逆に精神を興奮させて意識をはっきりさせる場合も「名」のイメージで捉えることができる。かくて「名（音・イメージ記号）＋艸（限定符号）」を合わせた茗でもってチャを表した。

甲

金

篆　篆
〔名〕　〔茗〕

[別名] 茶

[文献] 毛詩草木鳥獣虫魚疏（三国呉・陸璣）「山檟…呉人以其葉為茗（山檟…呉人は其の葉を以て茗と為す）」、斉民要術10「地楡…炙其根作飲如茗気（地楡…其の根を炙りて飲と作し茗の如し）」

茗荷→蘘荷 （341ページ）

【茘】6　音 レイ　訓 ―

[語源] 上古漢語は*lar、中古漢語leiは（→呉音ライ、漢音レイ）である。アヤメ科アヤメ属の多年草 ***Iris lactea* var. *chinensis***（ネジアヤメ、中国名馬藺）を意味する。茎は直立し、高さは三〇センチほど。葉は線形で、二列に並んで生じ、二、三回ねじれる。果実は先が突き出て、くちばし状をなす。根は柔らかく刷毛の材料になる。日本ではこの刷毛を馬藺（ばりん）という。語源は葉がねじれるところに着目し、捩（れい）（よじる、ねじる）

などと同源の語である。和名も同趣旨。中国医学（本草）では蠡実（れいじつ）や馬藺の名で記載されているが、茘―蠡―藺は一声の転とされている。

[字源]「劦（きょう）」は協力の協の原字で、力を合わせることを暗示させる図形だが、「いくつかのものを絡み合わせる」というイメージに転用できる。「劦（イメージ記号）＋艸（限定符号）」を合わせて、葉がいくつか合わさってねじれる特徴をもった植物を表した。

甲　篆〔劦〕　篆〔茘〕

[別名] 茘実・蠡実・馬藺・馬楝子・馬薤・劇草・豕首・旱蒲

[文献] 礼記・月令「仲冬之月…茘挺出（仲冬の月…茘挺出す）」、史記・司馬相如伝「其高燥則生蔵蔪苞茘（其の高燥には則ち蔵・蔪・苞・茘を生ず）」

茘枝　音 レイ-シ　訓 ―

[語源] 上古漢語は*lar-kieg、中古漢語 lei-tʃiĕ（→呉音ライ-シ、漢音レイ-シ）である。ムクロジ科の常緑高木 *Litchi chinensis*（レイシ、別名ライチ）を意味する。高さは一〇メートルに達する。枝は曲がりくねる。冬、淡黄色の花が咲く。果実はほぼ球形で、こぶ状の突起がたくさんある。熟すと赤くなる。果肉は白く、香気がある。中国南部の原産で、中原では珍果とされた。唐代、楊貴妃がこれを好み、生で食べたいため、駅伝で運ばせたという故事がある。

　古人の語源説によると、果実が枝を離れると、一日で色が変わり、二日で香りが変わり、三日で味が変わり、四、五日たつと色、香り、味がすべてなくなる。だから離枝（枝を離れる意）といったという。別説もある。茘は劙（れい）（刀で割く意）に通じ、蔕（へた）が堅いので刀で枝ごと切り取ることによる命名とする。ここにも「枝を離れる」という意味は含まれている。果実そのものが離れるか、味や香りが離れるかの違いである。

[字源] 史記に載せた漢の司馬相如の上林賦では茘枝だが、漢書では離支になっている。果実の特色から、枝を離れるという意味で離支・離枝と名づけられたらしい。これも一理あるが、茘枝と書く理由も別にあると思う。枝が捻れたように曲がる姿を茘［ネジアヤメ］になぞらえたと考えられる。茘の字源については前項

参照。「支」は「个（一本の竹の枝）＋又（手）」を合わせて、竹の枝を手に持つ図形。これによって「枝分かれする」「細かく分かれる」というコアイメージを示す。支流の支（枝分かれ）は実現される意味。木の「えだ」も同じイメージがあり、木の「えだ」の意味にもなる。のち改めて木の「えだ」には、「支（音・イメージ記号）＋木（限定符号）」を合わせた「枝」を作った。

㊟支〔支〕 ㊟枝〔枝〕

［別名］ 離支・離枝・茘支・茘子・麗枝・側生・果中仙・丹茘・紅雲・絳衣娘・頳卵・頳虯珠・火鳳冠・鶴頂鮮

［文献］ 列仙伝「寇先…好種茘枝、食其葩実焉（寇先［人名］…好んで茘枝を種ゑ、其の葩実を食ふ）」、白居易・茘枝図序（白氏長慶集45）「若離本枝、一日而色変、二日而香変、三日而味変、四五日外色香味尽去矣（若し本枝を離るれば、一日にして色変じ、二日にして香変じ、三日にして味変じ、四五日外色・香味尽く去る）」、新唐書・后妃伝「妃嗜茘支、必欲生致之、乃置騎伝送、走数千里、味未変、已至京師（妃［楊貴妃］茘支を嗜み、必ず生にて之を致すことを欲す。乃ち騎を置き伝送し、走ること数千里、味未だ変らざるに、已に京師に至る）」

薜茘

㊥ヘイ-レイ
㊞——

［語源］ 上古漢語は*ber-lăr、中古漢語はbei-lei（→呉音バイ-ライ、漢音ヘイ-レイ）である。クワ科イチジク属の常緑つる性木本 ***Ficus pumila***（オオイタビ）を意味する。気根を出して、石や壁をよじ登る。長さが五センチほどの大きな袋状の果実（花托）ができる。中国医学（本草）ではこれを木饅頭と称し薬用とする。語源は茎の横から気根を出す姿を辟の「横に開く」のイメージで捉え、また果実の先が尖った形が茘［ネジアヤメ］と似ていることに由来すると思われる。

古代の日本では別名の木蓮をイタビと読んだ。日本書紀や新撰字鏡などに出ている。イタビは ***F. oxyphylla***（イタビカズラ）で、気根で壁をよじ登るのはオオイタビと同じだが、果実がオオイタビよりは小さい。イタビの語源は乳汁が出るところから、乳（いち・ち→いた）の実（み→び）に由来するという説がある（木村陽二郎）。

[字源]「辟（*biek）」は檗の項でも述べた通り、「尸（尻または人体）＋口（穴）＋辛（鋭い刃物）」を合わせて、メスで人体を解剖する刑罰の場面を設定した図形。「横に平らに開く」というイメージを示す記号となる。「辟（音・イメージ記号）＋艸（限定符号）」を合わせて、気根を横から出して壁を平らに這う植物を暗示させた。それに果実の似ている茘をそえて、オオイタビを意味する二音節語とした。茘の字源については該項参照。

[甲] [金] [篆]〔辟〕 [篆]〔薜〕

[別名] 木蓮・木饅頭・鬼饅頭

[文献] 楚辞・離騒「貫薜茘之落蘂（薜茘の落蘂を貫く）」、本草拾遺「薜茘夤縁樹木、三五十年漸大、枝葉繁茂、葉円、長二三寸、厚若石韋、生子似蓮房、中有細子、一年一熟、子亦入用、房破血、一名木蓮（薜茘は樹木に夤縁(いんえん)す。三五十年漸く大きく、枝葉繁茂す。葉は円、長さは二三寸、厚さは石韋の若し。子を生じ蓮房に似たり。中に細子有り。一年に一たび熟す。子も亦た用に入る。房は血を破る。一名は木蓮）」

【荷】7 [音]カ [訓]はす

[語源] 上古漢語は*ɦar、中古漢語はɦa（→呉音ガ、漢音カ）である。ハス科の多年生水草 *Nelumbo nucifera*（ハス）を意味する。荷が古い漢名で、後に蓮ができた。荷は詩経では女性美の形容に用いられている。また和と音を通わせて、和合や調和の象徴として吉祥図などで用いられる。語源は花の姿を捉えて、「何」の「丅型をなす」というイメージによって命名された。ハスの語源などについては蓮の項参照。

[字源]「丁」は「河」の甲骨文字に見られ、黄河が「型に曲がる特徴を捉えた記号である（寄生木の項参照）。「丁（イメージ記号）＋口（限定符号）」を合わせた「可（*k'ar）」は、喉頭で声をかすらせて出す様子を暗示する図形で、呵（どなる、しかる）の原字である。ここでも「屈曲する」「「型に曲がる」というイメージが存在する。「可（音・イメージ記号）＋人（限定符号）」を合わせた「何」は、人が肩に「型に物をかつぐ様子を暗示させる。このイメージは「丅型をなす」というイメージにも展開しうる。「何（音・イメージ記号）＋

艸（限定符号）」を合わせて、茎の上に丁型に大きな葉の載った植物、すなわちハスを表した。［補注］本来は「何」が「になう、かつぐ」の意味、「荷」がハスの意味であるが、だんだん意味がずれて、何は疑問詞となり、荷が「かつぐ」となり、ハスは別の語で呼ぶようになった。

甲　金　篆〔可〕

金　篆〔何〕　篆〔荷〕

［別名］蓮

［文献］詩経・陳風・沢陂「彼沢之陂、有蒲与荷、有美一人（彼の沢の陂（つつみ）に、蒲と荷有り、美なる一人有り）」

【華】7　音カ・ゲ　訓はな

［語源］上古漢語は*ɦuăg、中古漢語はɦuă（→呉音グヱ、漢音クワ）である。草木の「はな」を意味する語で、「華」の方が「花」よりも古い（花の項参照）。二つは同義だが、音が少し違い、コアイメージは大きく違う。

［字源］コアイメージは「于（*ɦuag）」にある。これは芋の項でも述べたように、「（型や）型に曲がる」というイメージを示す記号である。「𠂹（すい）」は垂を構成し、草木の枝葉が垂れた姿を描いた図形。「于（音・イメージ記号）＋𠂹（イメージ補助記号）」を合わせた「𠌶（か）」（*ɦuăg）」は、垂れた枝葉をもつ草木の中で、（型や）型に大きく湾曲して開いたものを暗示させる。菊や向日葵など大輪の花から発想された図形である。これだけで「はな」の意味を表すことができるが、のち限定符号の「艸」を添えて「華」となった。

金　篆〔𠌶〕　篆〔華〕

［別名］花

［文献］詩経・周南・桃夭「桃之夭夭、灼灼其華（桃の夭夭たる、灼灼たり其の華）」

曼殊沙華　音マンージューシャーゲ　訓——

［語源］中古漢語はmuan-ʒɪu-ṣă-ɦuă（→呉音マンージューシャーグヱ、漢音バンーシューサークワ）である。仏典に出る天上の四花の一つで、仏法が説かれる時に現れるという瑞草である。梵語を音写したものだが、花の色が赤いところから、日本ではヒガンバナの別名と

した。中国の文献にも曼殊沙華の語が見えるが、用例が少なく、ヒガンバナであるという証拠はない。ヒガンバナ（*Lycoris radiata*）はヒガンバナ科の有毒植物。秋の彼岸の頃に開花するので彼岸花という名がついた。墓地に多く植えられるため、死人花、幽霊花、地獄花などの異名がある。漢名は石蒜。蒜［ニンニク］と似た球根ができるのでこの名がついた。中国医学ではこの球根を薬用とする。

［字源］ 梵語の **mañjūṣaka** の前の部分を曼殊沙と音写し、華を添えたものである。曼陀羅に華を添えて曼陀羅華としたのに倣う。華（ɦuǎ）は **ka** と偶然に似ているだけである。なお日本では殊は珠と書くことが多い。

［別名］（ヒガンバナ）石蒜・烏蒜・老鴉蒜・蒜頭草・婆婆酸・一枝箭・銀鎖匙

［文献］ 法華経（李太白集注20）「是時天雨曼陀羅花、摩訶曼陀羅花、曼殊沙花、摩訶曼殊沙花而散仏上及諸大衆（是の時、天、曼陀羅花・摩訶曼陀羅花・曼殊沙花・摩訶曼殊沙花を雨(ふ)らして仏上及び諸大衆に散ず）」

曼陀羅華 ㊅マンーダーラーゲ ㊇——

［語源］ 中古漢語は **muan-da-la-ɦuǎ**（→呉音マンーダーラーグヱ、漢音バンーターラークワ）である。ナス科の一年草 *Datura metel*（チョウセンアサガオ、中国名白曼陀羅、別名洋金花）を意味する。茎は一メートルほどで、柔毛が密生する。夏から秋にかけて漏斗状の白い花が咲く。果実に刺がある。有毒植物で、古代中国では酒に混ぜて殺人に使われた。また中国医学では洋金花と称し、種子・葉・根を薬用とし、麻酔にも用いられた。江戸時代に日本に渡来し、紀州の医師華岡青洲は独自にチョウセンアサガオなどを用いて麻酔剤を考案し、日本初の乳癌手術に成功した。和名のチョウセンアサガオ（朝鮮朝顔）は花がアサガオに似ることによるが、日本産ではなく、大陸方面からの輸入なので朝鮮の語を冠したと思われる。

もともと曼陀羅華は曼殊沙華とともに天上の四花の一つで、仏法が説かれる時に出現するという瑞祥の植物であった。李時珍によれば曼陀羅に雑色の意があることからチョウセンアサガオに転用したという。

［字源］ 梵語 **māndārava** を曼陀羅と音写し、華を添えたもの。意訳して悦意花とも呼ばれる。

［別名］ 曼陀羅・曼陀羅花・洋金花・風茄児・風茄花・山茄子・山茄花・胡茄花・押不蘆
［文献］ 涑水記聞3（宋・司馬光）「因為設宴、飲以曼陀羅酒昏睡、尽殺之（因りて為に宴を設け、飲ますに曼陀羅酒を以てして昏睡せしめ、尽く之を殺す）」

仏桑華→仏桑花（195ページ）

【莧】 7 音カン 訓ひゆ

［語源］ 上古漢語は*ɦăn、中古漢語はɦʌn（→呉音ゲン、漢音カン）である。ヒユ科の一年草 *Amaranthus tricolor*（ヒユ）を意味する。インドの原産。茎は直立し、高さは八〇～一五〇センチ。葉は菱形で、緑色、紅色、紫色など変化がある。夏から秋にかけて黄緑色の花が咲く。果実は熟すと裂ける。種子は眼病に用いられる。語源は眼病を治す効果があるところから、「見」と同源である。和名のヒユは体内の熱を冷ますところから、「冷ゆ」に由来するという。
［字源］ 「見（*kān）」は「目＋儿（人体）」を合わせ、目玉を特に強調した図形。これによって「はっきり見える」というイメージを示す。「見（音・イメージ記号）＋艸（限定符号）」を合わせて、眼病に効く種子をもつ草を表した。

甲　金　篆〔見〕
篆〔莧〕

［別名］ 莧菜・莧実・馬莧・米莧・鷩還丹
［文献］ 神農本草経「莧実味甘寒、主治青盲、明目、除邪、利大小便、去寒熱、久服益気力、不飢、軽身（莧実は、味は甘にして寒。主治は青盲。目を明らかにし、邪を除き、大小便を利し、寒熱を去る。久服すれば気力を益し、飢ゑず、身を軽くす）」

【莞】 7 音カン 訓ふとい

［語源］ 上古漢語は*kuan、中古漢語はkuan（→呉音・漢音クワン）である。カヤツリグサ科の多年草 *Schoenoplectus lacustris*（フトイ、中国名水葱）を意味する。沼や湿地帯に自生する。稈は円柱形で太く、高さは一～二メートル。地下茎は横に這い、ひげ根が多い。昔はこの草

の茎で筵を作った。語源は「完」の「丸い」というイメージを取る。和名は太い藺草の意味だが、イグサとは全く違う。用途が似ているからであろう。

[字源]「元（*ngiuăn）」は「兀（人体）」の上に「●」や「-」の符号をつけて、頭を強調した図形。「丸い」というイメージを示す記号となる。「元（音・イメージ記号）＋宀（限定符号）」を合わせた「完（*ɦuan）」は、丸い屋根をめぐらす情景を暗示させる図形。実現される意味は「満遍なくそろって欠け目がない」ということだが、「丸い」というイメージがコアにある。「完（音・イメージ記号）＋艸（限定符号）」を合わせて、茎が丸い草を表した。説文解字の段玉裁の注に「莞の言は管なり。凡そ茎の中空なる者を管と曰ふ。莞は蓋し即ち今の席子艸。細き茎、円にして中空」とある。

甲　金　篆〔元〕

篆〔完〕　篆〔莞〕

[別名] 莞草・莞蒲・苻蘺・葱蒲・水葱・管子草

[文献] 詩経・小雅・斯干「下莞上簟、乃安斯寝（莞を下にし簟を上にす、乃ち安んじ斯れ寝ぬ）」、説文解字1「莞艸也、可以作席（莞は艸なり。以て席と作すべし）」

【莎】7

音 サ　訓 かやつりぐさ（莎草）

[語源] 上古漢語は*suar、中古漢語はsua（→呉音・漢音サ）である。カヤツリグサ科カヤツリグサ属の多年草*Cyperus rotundus*（ハマスゲ、中国名莎草）を意味する。茎は細くて三棱形をなし、高さは一五～九五センチ。匍匐する根の先に紡錘形の塊茎ができる。これを中国医学（本草）で香附子といい、生薬に用いる。語源は砂地に多く生えることによる。和名のハマスゲ（浜菅）も同趣旨。

日本では*C. microiria*（カヤツリグサ、中国名具芒砕米莎草）に当てる。ハマズゲと似るが、塊茎はできない。カヤツリグサ（蚊帳吊草）の由来は、子供が茎を裂いて蚊帳を吊る形にして遊んだことからという。

[字源]「小（*siog）」は三つの小さな点の図形によって、「小さくばらばらに散る」というイメージを示す（小豆の項参照）。「小（音・イメージ記号）＋ノ（斜めに払う印）」を合わせた「少（*thiog）」は、小さく削ぎ取る様子を暗示する図形。「小」も「少」も「ばらばらに

なって小さい」というイメージがある。「少（音・イメージ記号）＋水（限定符号）」を合わせた「沙（*săr）」は、岩が水で洗われて小さくばらばらになったもの（小石、すな）を表した。「沙（音・イメージ記号）＋艸（限定符号）」を合わせて、砂地に生える草を表した。

㊙甲　㊎金　㊟篆　〔小〕

甲　金　篆　〔少〕

金　篆　〔沙〕　篆　〔莎〕

【別名】（ハマスゲ）水莎・青莎・水三棱・水香棱・水巴戟・続根草・地毛・香附子・草附子・雀頭香

【文献】張衡・西京賦（文選2）「草則葴莎菅蒯（草は則ち葴・莎・菅・蒯）」、名医別録「莎草根、味甘微寒無毒、主除胸中熱、充皮毛、久服利人、益気、長鬚眉（莎草の根は、味は甘にして微寒、毒無し。胸中の熱を除き、皮毛を充たすを主る。久服すれば人を利す。気を益し、鬚眉を長ず）」

【荻】7　㊔テキ　㊕おぎ

【語源】上古漢語は*dek、中古漢語はdek（→呉音ヂヤク、漢音テキ）である。イネ科ススキ属の多年草 *Miscanthus sacchariflorus*（オギ）を意味する。茎は直立し、節がある。高さは二・五メートルほど。葉は線形で、長くとがる。秋に花穂が生じ銀白色になる。沼沢地に自生する。語源は逖（横に押し退ける、横に避ける）と同源で、秋風を受けて横になびく姿に着目したものという（藤堂明保）。和名の語源も同趣旨で、ヲキ（招き）に由来し、この草が風になびく様子に見立てたものといわれる。

古代中国では蘆と荻は同類とされたが、宋の沈括は二つを明確に区別した（夢渓筆談）。現代の中国でもそれを襲っている。日本では新撰字鏡や和名抄がすでに荻にヲギの訓を与えている。

【字源】古代中国で北方の異民族を狄（*dek）と称した。「狄」は「犬＋火」を合わせて、火を放って獣を追い払う情景を暗示させる図形。これによって、文明から排除される野生人という意味をこめた。邪魔ものを横になぎはらうイメージから、「横に押し退ける」「平らになびく」というイメージを示す記号になる。逖（横に避けて、逃げる）はそのコアがある。「狄（音・イメージ記号）＋艸（限定符号）」を合わせて、風が吹くと横になびいて音を出す草を暗示させた。

[金]  [篆]  〔狄〕

[文献] 韓非子・十過「公宮之垣、皆以荻蒿楛楚墻之（公宮の垣は、皆荻・蒿・楛・楚を以て之を墻(かき)とす）」、南史・隠逸伝「陶弘景…年四五歳、恒以荻為筆、画灰中学書（陶弘景は…年四五歳、恒に荻を以て筆と為し、灰中に画きて書を学ぶ）」

【荼】 7 [音]ト [訓]──

[語源] 上古漢語は*dag、中古漢語はdo（→呉音ド、漢音ト）である。ノゲシの別名である（苦の項参照）。茎と葉に白汁があり、味が苦い。若芽は食用になる。語源は舒（ゆったりする）と同源で、心身を寛がせる効能があるとされたことによる。

詩経などの古典では苦いものや、人を害するものの比喩になり、荼毒という語がある。しかし味の苦さや、薬効の類似性から、チャを意味するようになり、「茶」という漢字が「荼」から派生した（茶の項参照）。[補説] 詩経では荼はツバナの意味でも使われている。ツバナとは白茅［チガヤ］の花穂のことである。荑(てい)も同義で、これも詩経に出る。

[字源] 「荼」の項参照。[補説] チャを意味する場合は呉音ヂャ、漢音タである。ダは慣用音で、荼毘・曼荼羅の場合に用いられる。これらは梵語を音写したもの。

[別名] ①（ノゲシ）苦 ②（チャ）茶

[文献] ①詩経・邶風・谷風「誰謂荼苦（誰か謂ふ、荼は苦しと）」、詩経・大雅・緜「菫荼如飴（菫荼飴の如し）」 ②爾雅・釈木「檟、苦荼」──郝懿行義疏「諸書説荼処、其字仍作荼、至唐陸羽著茶経、始減一画作茶（諸書荼を説く処、其の字なほ荼に作る。唐の陸羽茶経を著すに至り、始めて一画を減じて茶に作る）」

荵冬→忍冬（389ページ）

莓→苺（210ページ）

【莠】 7 [音]ユウ [訓]はぐさ

[語源] 上古漢語は*d̥iog、中古漢語はyiəu（→呉音ユ、

漢音イウ）である。イネ科の一年草 *Setaria viridis*（エノコログサ、中国名狗尾草）を意味する。路傍や田野に生える雑草。稈は細く、高さが三〇～四〇センチ。葉は扁平で、先が尖る。長い毛のついた円柱形の花穂が犬の尾に似ているので、狗尾草の名がある。和名も同趣旨で、エノコは犬の子の意味、ロは接尾語。また毛のついたものに猫がじゃれることに因んで、ネコジャラシの別名がある。

莠は詩経に登場するほど古い名であるが、稲を害する雑草（和訓の「はぐさ」はこの意味）とされ、悪草のイメージが強い。李時珍は「秀でて実らず、故に秀に従ふ」と語源を説くが、種子は実る。そうではなく秀の「長く抜け出る」というイメージを用い、穂の特徴を捉えた命名である。

【字源】「乃(だい)」は曲がって垂れることを示す象徴的符号。「乃（イメージ記号）＋禾（限定符号）」を合わせた「秀（*siog）」は、稲の穂が出て垂れ下がる様子を暗示する図形である。これによって「長く抜け出る」というイメージを示す記号とする。「秀（音・イメージ記号）＋艸（限定符号）」を合わせて、穂が円柱形をなして抜け出る植物を表した。

甲　金　篆〔乃〕　篆〔秀〕　篆〔莠〕

【別名】狗尾草・光明草・阿羅漢草

【文献】詩経・斉風・甫田「無田甫田、維莠驕驕（甫田を田(つく)る無かれ、維(こ)れ莠驕驕たり）」、孟子・尽心下「孔子曰、悪似而非者、悪莠恐其乱苗也（孔子曰く、似て非なる者を悪む。莠を悪むは、其の苗を乱すを恐るるなり）」

【茛】7　㊥ロウ　㊞たばこ

【語源】日本ではタバコと読むが、中国では稂と同じで、狗尾草［チカラシバ］の古語である。詳しくは稂の項参照。詩経では稂の名で出ている。稲を害する草として嫌われ、狗尾草［エノコログサ］とともに邪悪な草のイメージが強い。なおタバコの訓は次項の莨菪を読み違えたものと思われる。

【字源】「良（*liang）」は「汚れがなくきれいに澄む」というイメージがあり、澄んだ感じの毛色をもつオオカミを狼という。この語源を利用し、「良（音・イメージ記号）＋艸（限定符号）」を合わせて、花穂が狼の尾に似た草を表した。

（篆）

【別名】①（チカラシバ）稂　②（タバコ）煙草

【文献】①史記・司馬相如伝「其卑湿則生蔵莨蒹葭（其の卑湿には則ち蔵・莨・蒹葭を生ず）」

【莨菪】7　音ロウトウ　訓—

【語源】上古漢語は*lang-dang、中古漢語はlang-dang（→呉音ラウダウ、漢音ラウタウ）である。ナス科の二年草 ***Hyoscyamus niger***（ヒヨス）を意味する。茎の高さは四〇〜八〇センチで、特有の臭気がある。茎の先に漏斗状の黄色い花が咲く。ヒヨスチアミンを含む有毒植物で、毒殺や悪事に利用された。中国医学では種子を天仙子と称し、薬用とする。また葉を巻いて煙を吸引した。そのため日本では間違って莨をタバコと読む。語源について李時珍は「其の子、之を服すれば、人をして狂狼放宕せしむ。故に名づく」という。

【字源】毒性のため意識や精神を狂わせるという効能をもつ草を、浪lang（とりとめがない）と宕dang・唐dang・蕩dang（勝手きまま、でたらめ）の二つのイメージを組み合わせて*lang-dangという畳韻の二音節語に仕立て、莨菪、莨蓎、蘭蕩などと表記した。

【別名】莨蓎・莨蕩・横唐・行唐・天仙子・山煙

【文献】史記・倉公伝「菑川王美人、懐子而不乳、来召臣意、臣意往飲以莨蕩、薬一撮以酒飲之、旋乳（菑川の王美人、子を懐きて乳せず。来りて臣意を召す。臣意往きて飲ますに莨蕩を以てす。薬一撮酒を以て之に飲ませば、旋（つい）で乳す）」、資治通鑑216「安禄山屢誘奚契丹、為設会、飲以莨菪酒、酔而阬之（安禄山屢ば奚・契丹を誘ひ、為に会を設け、飲ますに莨菪酒を以てし、酔はしめて之を阬（あな）［=坑］にす）」

【菀】8　音オン・エン　訓—

【語源】紫菀の語形で使われる。紫菀の上古漢語は*tsiĕr-·ıuăn、中古漢語はtsiĕ-·ıuʌn（→呉音シーヲン、漢音シーヱン）で、キク科の多年草 ***Aster tataricus***（シオン、中国名紫菀）を意味する。茎は直立し、高さは二メートルほどになる。葉は長楕円形で大きい。ひげ根が叢生する。茎の先に淡紫色の花をつける。観賞用に植えられる。中国医学（本草）では根を薬用とする。語源について李時珍は「其の根の色、紫にして柔宛、故に名づく」という。

【字源】 説文解字に「菀は茈菀なり」とある。茈は植物のムラサキ（紫草）のことで、また色の名とする。茈・紫の字源については紫の項参照。「夗（*·ɪuǎn）」は「夕（よる）＋卩（背を曲げてかがむ人）」を合わせて、夜に体を丸めて寝る様子を暗示させる図形で、「丸く曲がる」というイメージを示す。「夗（音・イメージ記号）＋宀（限定符号）」を合わせた「宛（*·ɪuǎn）」は、夗と同じ意匠をもち、屋根の下に体を曲げて休む図案によって、「丸く曲がる」というイメージを示す記号となる。柔らかく曲がったひげ根をもつ植物を「宛（音・イメージ記号）＋艸（限定符号）」によって表象した。その色が紫色なので茈や紫を冠する。［補注］日本で紫菀と書くのは間違い。

篆〔夗〕　篆〔宛〕　篆〔菀〕

【別名】 青菀・紫蒨・返魂草・関公鬚・夜牽牛・万金茸

【文献】 急就篇4「牡蒙・甘艸・菀・藜・蘆」、神農本草経「紫菀味苦温、主治欬逆上気、胸中寒熱結気、去蠱毒、瘻蹷、安五蔵（紫菀は、味は苦にして温。主治は欬逆上気・胸中寒熱結気・蠱毒を去る・瘻蹷・五蔵を安んず）」

女菀

音 ジョーオン　訓 ―

【語源】 上古漢語は*nɪag-ɪuǎn、中古漢語はṇɪo-ɪuʌn（→呉音ニョ-ヲン、漢音ジョ-ヱン）である。キク科シオン属の多年草 *Aster fastigiatus*（ヒメシオン）を意味する。茎の高さは六〇センチほどで、細い柔毛がある。地下に根茎ができる。秋、茎の先に多数の白い小花をつける。語源について李時珍は「其の根、女体に似て柔婉、故に名づく」というが、必ずしも根だけではなく、全体の姿がシオン（紫菀）に似てやや小さいから女菀の名を得たのであろう。和名のヒメシオン（姫紫菀）も同趣旨である。［補説］ヒメジョオン（姫女菀）は北米原産のキク科の一年草 ***Stenactis annuus***（中国名一年蓬）で、ヒメシオンとは別である。

【字源】 「女」は両手を前に組み、膝を曲げた女性の姿を描いた図形（女郎花の項参照）。「柔らかい」というイメージがある。「菀」は前項参照。

［別名］ 白菀・織女菀・茆・女腸・羊鬚草

［文献］ 広雅・釈草「女腸、女菀也」、神農本草経「女菀味辛温、主治風寒洗洗、霍乱、洩痢、腸鳴上下無常処、驚癇、寒熱百疾（女菀は、味は辛にして温。主治は風寒洗洗たる・霍乱・洩痢・腸上下に鳴り常処無き・驚癇・寒熱百疾）」

【菅】 8

㊅カン ㊁すげ・かや

［語源］ 中国と日本では意味が異なる。中国では上古漢語が*kăn、中古漢語がkăn（→呉音ケン、漢音カン）で、イネ科の多年草 *Themeda villosa*（メガルカヤ属の一種）を意味する。茎は太くて叢生し、高さが三メートルほどになる。心は白髄で満たされる。夏から秋にかけて白い大きな花序が出る。茎を水に浸して筵や縄の材料とする。語源は管と同源で、太い茎の形態を捉えたものであろう。カルカヤ（刈萱）は屋根を葺くために刈る萱の意味。

詩経では二回出ている。すらりとした美人のイメージとオーバーラップさせ、また、白い花でもって女性のイメージを導くモチーフに使われる。

日本ではカヤツリグサ科のスゲ属（*Carex* 属）の総称とする。葉は細い線形をなす。非常に種類が多く、笠などを編むカサスゲはその一つ。語源は祭祀に用いたので「清々しい」のスガと同根の語だという。

［字源］ 「𠂤（たい）」は丸く盛り上がった人工的な堆積物を描いた図形で、堆（たい）の原字である。丸くまとまった物の集まりというイメージから、「丸く取り巻く」「たくさん集まる」などのイメージに展開する。「𠂤（イメージ記号）＋宀（限定符号）」を合わせた「官（*kuan）」は、塀を巡らして役人を集めた建物（つまり役所）を表した。ここにも「丸く取り巻く」というコアイメージがある。周囲を丸く取り巻いた形の「くだ」を管という。この語源を利用して、「官（音・イメージ記号）＋艸（限定符号）」によって、茎が太く管状をなす植物を表した。

篆　〔菅〕

【別名】①（メガルカヤ）白華・野菅　②（カヤの異表記）萱・茅

【文献】①詩経・陳風・東門之池「東門之池、可以漚菅（東門の池、以て菅を漚すべし）」、詩経・小雅・白華「白華菅兮、白茅束兮（白華の菅、白茅もて束ぬ）」、山海経・南山経「白菅為席（白菅を席と為す）」

【菊】8　音キク　訓―

【語源】上古漢語は***kıok**、中古漢語は**kıuk**（→呉音・漢音キク）である。キク科の多年草***Chrysanthemum morifolium***（キク）を意味する。高さは五〇〜一四〇センチ。葉は卵円形で、鋸歯がある。秋に黄色の花を開く。観賞用に栽培され、品種が多い。陸佃は語源について「爾雅に曰く、蘜は治蘠なりと。今の秋華菊なり。鞠艸に華有り、此に至りて窮す。故に之を鞠と謂ふ。一に曰く、鞠は金を聚むるが如し。鞠りて落ちず。故に鞠と名づく」（埤雅）と二つの説を述べている。菊は鞠（きわまる）と音が通じ、一年の終わりに花が咲くのによるという説と、花が最後になっても落ちないことによるという説である。しかしどちらも疑わしい。

古代中国ではキクは不老長生のシンボルとされた。漢代に菊水（甘谷）の伝説が発生し、重陽の節にキクを浸した酒を飲む風習が始まった（下記文献参照）。また中国医学（本草）でも耐老延年の効能が謳われている。

【字源】「匊（*kıok）」は「勹（周囲を丸く包む印）＋米」を合わせて、手のひらを丸めて米を掬う様子を暗示する図形で、掬の原字である。ここに「周囲を丸く引き締めていって、中心に集める」というイメージがある。「匊（音・イメージ記号）＋艸（限定符号）」を合わせて、多くの小花が周囲を丸く取り巻いて中心に集まる形をした植物を表した。鞠（布を集めて丸く中心に引き締めて製した「まり」）は同源の語である。この字や、鞠に草冠をつけた蘜もキクを表記するのに使われる。

金　篆　〔匊〕　篆　〔菊〕

【別名】節華・日精・女節・女華・女茎・周盈・陰成・傅延年・延寿客・延齢客・寿客・更生・長生白・久視

黄・一枝黄・金精・金蕊・金英・黄英・黄花・霜英・霜蕊・傲霜枝・寒英・寒花・晩節香・晩艶・冷香・重陽花・九花・君子花

[文献] 礼記・月令「鞠有黄華（鞠に黄華有り）」、楚辞・離騒「夕餐秋菊之落英（夕べに秋菊の落英を餐ふ）」、水経注29「湍水之南、菊水注之…源旁悉生菊草、潭澗滋液極成甘美、云、此谷之水土、餐挹長年、司空王暢、太傅袁隗、太尉胡広、並汲飲此水、以自綏養（湍水の南、菊水之に注ぐ…源旁悉く菊草を生ず。潭澗の滋液極めて甘美を成す。云ふ、此の谷の水土、餐挹すること長年。司空王暢、太傅袁隗、太尉胡広、並びに汲みて此の水を飲み、以て自ら綏養す）」、西京雑記3「九月九日佩茱萸、食蓬餅、飲菊花酒、令人長寿（九月九日茱萸を佩び、蓬餅を食ひ、菊花酒を飲めば、人をして長寿ならしむ）」

【菌】 8 [音]キン [訓]きのこ

[語源] 上古漢語は*guǎn、中古漢語はgɪĕn（→呉音ゴン、漢音キン）である。担子菌類（一部の子嚢菌を含む）の総称である。マツタケ（松茸）、シイタケ（椎茸）、マイタケ（舞茸）、シメジ（占地）など多くの種類がある。たいてい食用になるが、毒をもつものもある。キノコ類を表す漢字はほかに芝、蕈、茯苓、菇などがある（茸は日本で使う半国字）。菌の語源は囷の「まるい」「⇧型をなす」というイメージによって名づけられた。和名のキノコは木に生じるところから、木の子の意味である。

古代中国では菌類は仙人の食べ物とされた。漢書・芸文志に「黄帝雑子芝菌十八巻」という書名が記録されている。菌類を食べて仙人になる術を説いた書といわれる。また、朝菌というキノコは暗いうちに生じ、太陽が出ると死ぬといわれ、短命の象徴とされる。

[字源] 「囷（*k'ɪuən）」は「囗（囲い）＋禾（いね）」を合わせて、米倉を暗示する図形。説文解字に「囷は廩の圜[=円]なる者」とあるように、円形の米倉を囷という。これはまた「⇧型を呈する」というイメージがある。キノコはおおむね傘のような形をしているので、「囷（音・イメージ記号）＋艸（限定符号）」を合わせてキノコを表象した。

[篆]  〔囷〕 [篆]  〔菌〕

[別名] 土菌・地菌・地鶏・紅丁・中馗・馗厨・蕈・菇

[文献] 荘子・逍遙遊「朝菌不知晦朔（朝菌は晦朔を知らず）」――晋・郭象注「朝菌大芝也、天陰生糞上、見日則死、一名日及、故不知月之終始也（朝菌は大芝なり。天陰りて糞上に生じ、日を見れば則ち死す。一名は日及。故に月の終始を知らざるなり）」、山海経・東山経「孟子之山…其草多菌蒲（孟子の山…其の草菌・蒲多し）」

【菫】8 ㊀キン ㊁すみれ

[語源] 上古漢語は*gıuən、中古漢語はgıuən（→呉音ゴン、漢音キン）である。三つの意味がある。最初の意味はキンポウゲ科キンポウゲ属の一年草*Ranunculus sceleratus*（タガラシ、中国名石竜芮）である。水田や湿地に生える。茎は中空で太く、高さは一五～六〇センチ。地下にひげ根を生じる。春、黄色の小花をつける。中国医学（本草）では石竜芮（せきりゅうぜい）といい、蛇の咬傷に用いる。また和名は稲を枯らすのでタガラシ（田枯）という（大槻文彦）。漢名の語源も同趣旨と思われる。菫の「尽きる」「少ない」のイメージを取り、この草が生えると稲の収量が少なくなることに由来する。

詩経の開国の叙事詩に、「菫荼飴（きんと）の如し」という詩句がある。肥沃な居住地を発見した喜びを、辛いタガラシも苦いノゲシもこの土地では甘いと誇張して歌ったものである。

第二の意味は毒草の烏頭（うず）［トリカブト］である。国語に出ており、殺人に使われた。菫に「尽きる、なくなる」のイメージがあるので、命を無くする草の意味を読んで、菫を借用したものであろう。烏頭と菫の項参照。

第三は菫菜という名で唐代に現れ、スミレ科スミレ属の多年草*Viola arcuata*（ツボスミレ、別名ニョイスミレ）を意味する。茎は柔らかく、高さは一〇～二〇センチ。春、紫色の筋の入った白い小花が咲く。語源は菫に「小さい」のイメージがあるから、菫を借用した。和名は花の形が墨壺の墨さしに似ているから壺菫という。スミレという言葉自体が墨壺に由来し、墨入れ→スミレになったという（大槻文彦）。一説では、坪庭に植えるから坪菫と書くという。

[字源] 菫が正字。「堇（*kıən）」は乾いた粘土のことで、

水分がなくなるというイメージから、「尽きる」「無くなる」「少ない」などのイイメージに展開する（菫の項参照）。僅（わずか）、饉（食料が乏しい）、勤（力を尽くす）などはこのイメージをもとにしている。「菫（音・イメージ記号）＋艸（限定符号）」を合わせて、稲の収量を少なくする植物を暗示させた。また、この図形に命を無くする草という意匠を読んでトリカブトに、また、小さい草という意匠を読んでスミレの一種に用いられる。［補注］中国では菫・菫の草冠を落とした「菫」が使われている。本来は草冠をつける字が正しい。古代の文献でも菫・菫が菫になっているケースがあるが、誤植の可能性もある。

甲 金 篆（菫） 篆（菫）

［別名］①（タガラシ）苦菫・水菫・菫葵・天豆・彭根・石能・石竜芮・鬼見愁　②（トリカブト）烏頭　③（ツボスミレ）菫菫菜

［文献］①詩経・大雅・緜「周原膴膴、菫荼如飴（周の原は膴膴たり、菫荼飴の如し）」、淮南子・説林訓「蝮蛇螫人、傅以和菫則愈（蝮蛇人を螫すとき、傅けて以て菫を和すれば則ち愈ゆ）」　②国語・晋「寘鴆于酒、置菫于肉（鴆を酒に寘き、菫を肉に置く）」　③食療本草「菫菜…久食除心煩熱（菫菜は…久しく食すれば心煩熱を除く）」

【菰】 8　音コ　訓こも・まこも

［語源］上古漢語は*kuag、中古漢語はko（→呉音ク、漢音コ）である。イネ科の多年草 *Zizania latifolia*（マコモ）を意味する。水辺に群生する。茎は円柱形で太く、高さが一〜三メートルほど。葉は線形で長く伸び、一メートルほどになる。黒穂菌の一種がつくと茎が肥大化し、紡錘形のこぶを作る。これを茭白（日本では菰角）といい、中華料理に使われる。種子は菰米といい、穀物の代用とされる（六穀の一つに数える）。また葉は筵の原料とする。語源は紡錘形を呈する茎の姿を捉えて「瓜」のイメージによって名づけられた。また葉の特徴を捉えて、「細長い」のイメージをもつ「将」を利用し、別名を蔣という。和名のマコモ（真菰・真薦）はコモに真がついた形。コモは薦と同源で、葉で

筵を編むところから、クム（組む）→コモになったという。

[字源] 説文解字では「苽」となっている。「瓜（*kuăg）」はウリを描いた図形。ウリの実は「太くて湾曲する」というイメージがある。キツネの尾もそのようなイメージがあるのでキツネを狐という。マコモに菌がつくと紡錘形に変異したもの（菰角）が生じるので、キツネの尾と同じ発想から、「瓜（音・イメージ記号）＋艸（限定符号）」によってマコモを表象した。のち「子」を添えて「菰」となった。これは菰角が子どもの臂に似てふっくらとしているところから菰手（こしゅ）とも称されるようになったのと平行して生まれた字体であろう。ちなみに菰角が菌と関係があることは早くから知られており、菰にはキノコの意味が生じた。子→女という連想を働かせて、「孤」の代わりに「姑」を含む菇ができた（次項参照）。

㊧ 〔苽〕

[別名] 菰菜・菰手・菰首・菰筍・茭白・茭首・茭瓜・茭草・茭筍・蔣・菰蔣・彫胡・緑節

[文献] 爾雅・釈草「出隧、蘧蔬」——郭璞注「蘧蔬似土菌、生菰草中、今江東啖之、甜滑（蘧蔬は土菌に似、菰草の中に生ず。今江東之を啖ふ。甜滑なり）」、周礼・食医「魚宜苽（魚は苽に宜し）」

【菇】 8 ㊥コ ㊥——

[語源] 菰にキノコという意味が生じてから、キノコの意味の菰を菇と書くようになった。香菇はキシメジ科の担子菌類 *Lentinus edodes*（シイタケ）を意味する。表面は茶褐色。枯死した櫟、栗などに生じる。また人工栽培もされる。乾燥させると香気がある。また蘑菇（まこ）は、ハラタケ科の菌類 *Agaricus campestris*（ハラタケ）を意味する。傘は半球形で、表面は白く滑らか。茎は五～一〇センチほど。肉は白色から、淡紅色、最後に黒褐色に変わる。食用になる。語源は白く光沢があるところから、磨いたような色の菇（タケ）という名がつけられた。和名のハラタケ（原茸）は田野に生えるタケの意。輪を描くように生じる。マッシュルームはこの仲間である。

[字源] 「古（*kag）」は苦の項でも述べた通り、頭蓋骨

を描いた図形で、「ひからびる」「固い」というイメージがある。「古（音・イメージ記号）＋女（限定符号）」を合わせた「姑（*kag）」は、体が固くなった女（「しゅうとめ」）を表す。姑は慈姑［クワイ］や睽姑［カラスウリ、王瓜の別名］など植物の名に使われ、草冠をつけて菇とも書かれる。それとは別に「菰」の異体字にもなっている。菰［マコモ］に菌がついて茎が肥大化することから、菰をキノコの意味に用い、それと区別するために菇が生まれた。菰の項参照。

(金)　(篆)〔古〕　(篆)〔姑〕

［別名］（シイタケ）冬菇・香蕈（ハラタケ）摩姑・磨菇蕈・蘑菰蕈・肉蕈・鶏腿蘑菇

【菜】8 (音)サイ (訓)な

［語源］上古漢語は*ts'əg、中古漢語はts'ai（→呉音・漢音サイ）である。葉や茎を食用とする草（海藻類も含む）の総称。語源は采（摘み取る）と同源である。日本では特にアブラナ科の草をナという。その花が菜の花である。ナの語源は「嘗む」のナと同根で、サカナ（魚）のナと同じく副食物を意味する。

［字源］「采（*ts'əg）」は「爪（下向きの手）＋木」を合わせて、木の芽や葉を摘み取る様子を暗示する図形で、採の原字。「選んで摘み取る」というイメージを示す記号になる。「采（音・イメージ記号）＋艸（限定符号）」を合わせて、食用として摘み取る草を表した。

(甲)　(金)　(篆)〔采〕　(篆)〔菜〕

［文献］論語・郷党「雖疏食菜羹、瓜祭、必斉如也（疏食・菜羹と雖も、瓜祭し、必ず斉如たり）」、説文解字1「菜艸之可食者（菜は艸の食ふべき者）」

裙帯菜 (音)クン-タイ-サイ (訓)わかめ

［語源］近世漢語はk'iuən-tai-ts'aiである。アイヌワカメ科の裙藻 *Undaria pinnatifida*（ワカメ）を意味する。葉は柔らかく、羽のように裂ける。日本では古くから食用とされた。古語は単にメ（海布と書く）であった。葉の粗いメをアラメ（荒布）というのに対して、葉の柔らかいメをニギメ（和布）といい、これがワカメ（若

布）に変わった。漢名の裙帯菜は近世に現れ、裙帯（スカートの帯）に見立てる。

[字源]「尹（*ɡiuən）」は「丨（棒）＋又（手）」を合わせて、指揮棒を手にして采配する場面を設定した図形。「尹（音・イメージ記号）＋口（限定符号）」を合わせた「君（*kiuən）」は、集団を指揮してうまくまとめる人（きみ）を表すが、「丸くまとめる」というイメージがあり、これが「丸く取り巻く」というイメージに展開する。群（丸い一団）にはこのコアがある。「君（音・イメージ記号）＋衣（限定符号）」を合わせて、腰にまるく巻きつける衣、スカートを表した。「帯（＝帶）」は帯の形に限定符号の「巾」（布を示す）を添えた字。「裙」と「帯」を結んで、スカートを締める帯の意味である。「菜」については前項参照。

甲　金　篆〔尹〕
甲　金　篆〔君〕
篆〔裙〕　篆〔帯〕

[別名]（ワカメの異表記）若布・稚海藻

[文献] 食物本草「裙帯菜生東海、形如帯、長数寸、其色青、醬醋烹調、亦堪作菹（裙帯菜は東海に生ず。形は帯の如し。長さは数寸。其の色は青し。醬・醋もて烹調すれば、亦た菹と作すに堪へたり）」

諸葛菜

音 ショ-カツ-サイ　訓 ―

[語源] 中古漢語はtʃio-kat-tsʼəi（→漢音ショ-カツ-サイ）である。現在と古代では意味が異なる。現在はアブラナ科の一年草 *Orychophragmus violaceus*（オオアラセイトウ、別名ショカツサイ、中国名葸菜）を指す。高さは八〇センチほどになる。初夏に淡黄色の花が咲く。種子から油を採る。若葉は苦みを取ると食べられる。中国北部の原産で、江戸時代に日本に伝わった。オオアラセイトウの語源は未詳。ハナダイコン（花大根）の別名もある。

古くは蕪菁［カブ］の別名であった。三国時代の諸葛亮が駐屯地に植えたという言い伝えによって、この名が起こった（下記文献参照）。のちに葸菜の別名に誤称されたという。

[字源]「諸葛」は中国の複姓の一つ。諸葛亮（字は孔

明）は三国・蜀の劉備に仕えた軍師の名である。

【別名】 ①（オオアラセイトウ）菲・芴・土瓜・葸菜・宿菜・遂菜　②（カブ）蕪菁・蔓菁

【文献】 ①植物名実図考6「諸葛菜…北地至多、皆生廃圃中、無種植者、因宿根而生、故呼宿菜、不知何時誤呼諸葛也（諸葛菜は…北地に至つて多し。皆廃圃の中に生じ、種植する者無し。宿根に因りて生ず。故に宿菜と呼ぶ。何れの時に誤りて諸葛と呼ぶかを知らざるなり）」　②劉賓客嘉話録（唐・韋絢）「公曰、諸葛所止、令兵士独種蔓菁者何、絢曰、莫不是取其纔出甲者生啗、一也。葉舒可煮食、二也。所居随以滋長、三也。棄去不惜、四也。回則易尋而採之、五也。冬有根、斸食、六也。比諸蔬属、其利不亦博乎、曰、信然、一蜀之人、今呼蔓菁為諸葛菜（公曰く、諸葛の止まる所、兵士に令して独り蔓菁を種ゑしむる者は何ぞやと。絢曰く、是れ［以下のことに］あらざるは莫し。其の纔かに甲を出だす者を取りて生啗するは、一なり。葉舒びれば煮て食ふべきは、二なり。居る所随ひて以て滋長するは、三なり。棄て去りて惜まざるは、四なり。回れば則ち尋ねて之を採り易きは、五なり。冬に根有り、斸りて食するは、六なり。諸の蔬属に比して、其の利亦た博からずやと。曰く、信に然り。一蜀の人、今蔓菁を呼びて諸葛菜と為す）」

鹿尾菜

音 ロク-ビ-サイ　訓 ひじき

【語源】 ホンダワラ科の褐藻 *Hizikia fusiformis*（ヒジキ）を指す。高さは一メートルほど。色は黄褐色を呈し、小枝が多く分かれ出る。食用になる。和名抄では鹿尾菜に比須木毛の訓をつけている。大槻文彦は茎から分枝する姿を捉えて、隙透藻の意味だという（大言海）。ヒズキモ→ヒジキモ→ヒジキとなった。鹿尾菜という漢字表記は中国の文献に見えない。人見必大は鹿に尾はないが短い黒毛があってこの藻に似ているから鹿尾菜と名づけたのであろうという（本朝食鑑）。辞海は羊栖菜をヒジキとする。ただしこれも近代以前の文献には見えない。羊栖菜の語源は未詳。

【字源】「鹿」はシカを描いた図形。「尾」は「尸（しり）＋毛」を合わせて、しっぽを暗示する図形である（梶の項参照）。

甲　金　篆　〔鹿〕

[別名] 羊栖菜

鶬鴣菜→海人草 (229ページ)
甜菜→菾 (264ページ)
白菜→菘 (263ページ)
油菜→蕓薹 (301ページ)
羊栖菜→鹿尾菜 (260ページ)

【菽】 8 音シュク 訓まめ

[語源] 上古漢語は*thiok、中古漢語はʃiuk（呉音スク、漢音シュク）である。マメ科の一年草 ***Glycine max***（ダイズ、中国名大豆、別名黄豆）を意味する。茎の高さは五〇～八〇センチ。茎の先はつる状になる。黄色の硬い毛が密生する。白色または紫色の花が咲く。莢には球形に近い種子が二～三個できる。中国の原産で、日本には縄文時代に渡来したといわれる。

詩経に収められた周民族の起源を歌う叙事詩（大雅・生民）で、始祖后稷が創始する農作物のトップに荏［エゴマ］と菽［ダイズ］が出ている。菽は後に小豆に対して大豆と称され、菽は一般にマメを表すようになった。菽は叔の「小さい」というイメージに基づく。

[字源] 「尗（*thiok）」は椒の項でも述べたように、蔓を出した豆を描いた図形。これが菽の原字である。「尗（音・イメージ記号）＋又（限定符号）」を合わせた「叔（*thiok）」は、マメを拾う様子を暗示する図形。実現される意味は「ひろう」だが、「小さい」というコアイメージを示す記号とする。兄弟のうち小さい方を「叔」というのはこれに基づく。「叔（音・イメージ記号）＋艸（限定符号）」を合わせて、小さなマメの生る草を表した。この図形でダイズを意味する*thiokの視覚記号とする。

甲　金　篆　〔叔〕

[別名] 大豆・大菽・戎菽・黄豆・馬豆・毛豆

[文献] 詩経・大雅・生民「以就口食、蓺之荏菽（以て口食に就き、之の荏菽を蓺う）」、春秋左氏伝・成公18「不能弁菽麦（菽麦を弁ずる能はず）」

【菖蒲】 8 音ショウ－ブ 訓あやめ

【語源】 上古漢語は*t'ïang-buag、中古漢語はtʃ'ïang-bo(→呉音シヤウ-ブ・漢音シヤウ-ホ)である。サトイモ科の多年草*Acorus calamus*(ショウブ)を意味する。水辺に生え、香気がある。葉は剣状で、長さは八〇センチほど。根茎は横に這い、肥大化する。茎の先端に円柱形の花穂が生じ、夏、黄色の花が咲く。これと似て山渓の石のすきまなどに生える*A. gramineus*(セキショウ)を中国医学(本草)では菖蒲という。区別するときはショウブを白菖蒲(白菖)、セキショウを石菖蒲と称するが、古典では混称される。語源は葉がガマと似、根が白い(あるいは葉に光沢がある)ところから、昌の「明るく輝く」のイメージに基づき、菖蒲の名が生まれた。なおセキショウ(石菖)は石菖蒲を略した語で、中国では用いない。

古代中国では菖蒲を服用して仙人になる話があり、不老長生の象徴とされる。そこから辟邪の効能があると考えられ、端午(五月五日)の節句に葉を酒に浸した菖蒲酒を飲む風習が生まれた。これは日本にも伝わったが、葉を軒に挿したり、風呂に入れて菖蒲湯とする風習に変わった。また菖蒲と尚武の語呂合わせにより、特に男児の健やかな成長を願う内容となっている。

和訓のアヤメはショウブの古語である。語源はアヤ(綾)メ(女)で、綾のように美しい女に見立てる。現在のアヤメはショウブとは別で、アヤメ科の多年草*Iris sanguinea*(中国名渓蓀)を指す。葉は細くて直立し、紫色の花が咲く。

【字源】「昌(*t'ïang)」は「日(イメージ記号)+曰(限定符号)」を合わせて、明るい太陽のように、明るく盛んにおしゃべりする様子を暗示する図形。「明るい」というイメージを示す記号になる。「昌(音・イメージ記号)+艸(限定符号)」を合わせて、葉に明るい光沢のある草を暗示させた。「蒲」については該項参照。

[金]  [篆]  〔昌〕

【別名】 ①(ショウブ)白菖蒲・白菖・水昌・泥昌・水宿・茎蒲・蒲剣 (セキショウ)石菖蒲・昌羊・昌陽・昌歜・昌本・尭韭・水剣草 ②(アヤメ)渓蓀

【文献】 ①韓非子・難「文王嗜菖蒲(文王、菖蒲を嗜む)」、神仙伝10「中岳有石上菖蒲、一寸九節、服之可以長生(中岳に石上の菖蒲有り。一寸にして九節。之を服すれば以て長生すべし)」、荊楚歳時記「五月五日謂浴蘭節、以四民並蹋百草之戯、採艾為人、懸門戸上以禳毒気、以菖蒲或鏤或屑以泛酒（五月五日を浴蘭節と謂ふ。四民並びに百草を蹋むの戯なり。艾を採りて人を為り、門戸の上に懸けて以て毒気を禳ふ。菖蒲或いは鏤或いは屑を以て酒に泛ぶ)」

【菘】8 音スウ 訓—

[語源] 上古漢語は*siong、中古漢語は**siung**（→呉音スウ、漢音シュウ）である。アブラナ科の二年草 ***Brassica rapa* syn. *campestris***（サントウサイ、ハクサイ、中国名白菜、別名大白菜）の一栽培品種を指す。高さは一メートルほどになる。葉は広く楕円形。葉柄は白い。黄色の花が咲く。性質は寒に耐え、主に秋・冬に栽培される。中国の原産で、明治期に日本に導入された。中国医学（本草）では菘は **var. *chinensis***（タイサイ、中国名青菜、別名小白菜）も含めた称とする。葉は杓子の形をしている。寒い季節のほかに露地栽培もされる。陸佃は菘の語源について「菘の性、冬を凌ぎて凋まず。四時長く見ゆ。松の操あり。故に其の字会意なり」（埤雅）と説く。和名のハクサイは漢名の白菜を音読みにしたものである。

[字源]「松」の字源については該項参照。松は冬にも枯れないので、霜に強いハクサイを松と同源の言葉で呼び、「松（音・イメージ記号）＋艸（限定符号）」を合わせた視覚記号で表記した。

(篆)

[別名] 菘菜・白菘・白菜・水晶菜・冬旺菜・青竜

[文献] 斉民要術3「崔寔曰、正月可種瓜瓠葵菘（崔寔曰く、正月に瓜・瓠・葵・菘を種うべし）」、名医別録「菘味甘温無毒、主通利腸胃、除胸中煩、解酒渇（菘は、味は甘く温、毒無し。腸胃を通利し、胸中の煩を除き、酒渇を解くを主る）」

菁→蕪菁（306ページ）

【萇楚】8 音チョウ-ソ 訓—

[語源] 上古漢語は*ḍiang-ts'ïag、中古漢語は**ḍiang-tṣ'ïo**（→呉音チヤウ-ショ、漢音チヤウ-ソ）である。マタタビ

科マタタビ属のつる性木本 *Actinidia chinensis*（シナサルナシ、中国名獼猴桃）を意味する。小枝には毛が密生する。葉はほぼ卵形。果実は甘く食べられる。中国の原産で、二十世紀初頭ニュージーランドに渡り、そこで品種改良されたものが、日本に導入された。果実の表面の毛や色がキウイ（鳥の名）に似ているところから、キウイフルーツ（略してキウイ）と呼ばれる。語源は枝がつる状に伸びて他物に絡む姿を捉えて、長の「長く伸びる」のイメージによる命名であろう。楚はニンジンボクだが、比較的低い植物で、毛が密生することが共通するので、添えられた接尾語か。和名のサルナシ（猿梨）は猿の好む梨の意。中国の標準名に使われる獼猴（びこう）もサルの意で、命名の趣旨は似ている。

詩経に初出。つる性の植物は結合の象徴として恋愛詩のモチーフとして常用される。萇楚をシナサルナシに同定したのはブレットシュナイダーである（Botanicon Sinicum）。郭郛は山海経の羊桃をシナサルナシに同定している（山海経注証）。

[字源]「長（*tang）」は長い髪の毛を伸ばした老人を描いた図形。「長く伸びる」というイメージがある。「長（音・イメージ記号）＋艸（限定符号）」を合わせて、つるを長く伸ばして他の物に巻きつく植物を表した。「楚」については該項参照。

[甲] 

[金] 

[篆] 〔長〕

[篆] 〔萇〕

[別名] 長楚・羊桃・鬼桃・楊桃・陽桃・藤梨・木子・銚弋・銚芅

[文献] 詩経・檜風・隰有萇楚「隰有萇楚、猗儺其枝（隰（さわ）に萇楚有り、猗儺（あだ）たる其の枝）」、毛詩草木鳥獣虫魚疏（三国呉・陸璣）「萇楚今羊桃是也（萇楚は今の羊桃是れなり）」

【菾】 8 [音]テン [訓]——

[語源] 上古漢語は*dem、中古漢語はdem（→呉音デム、漢音テム）である。菾菜はアカザ科フダンソウ属の二年草 *Beta vulgaris*（テンサイ、別名サトウダイコン）を意味する。茎は直立し、高さは六〇～一二〇センチ。根は肥大化し紡錘形をなす。葉は食用になる。根から砂糖を製する。そのため菾菜は甜菜（甜は甘い意）と

も書かれる。李時珍は「菾は甜（てん）と通ず。其の味に因るなり」（本草綱目）と語源を説いている。南欧の原産で、中国では六朝時代の名医別録に初出。始めは薬用であった。日本へは明治時代に導入された。砂糖の製法は十八世紀ドイツに始まるという。なお、フダンソウ（不断草）は近縁種で、葉を切ってもすぐに生えてくるので、その名がついた。

［字源］「忝（てん）」の上部は「天」である（満天星の項参照）。「天（*t'en）」は平らに広がる空→平らというイメージに展開し、さらに「薄っぺら」「くっつく」というイメージにつながる。「天（音・イメージ記号）＋心（限定符号）」を合わせた「忝（*t'em）」は、ある種の気分（恥じる）を表すことばだが、「表面に薄くはりつく」というイメージを示す記号とする。添（表面に平らにはりつける→付け足す）や舔（てん）（舌の上に平らにはりつける→舌なめずりする）はそれをもとにする。この語源を利用して、「忝（音・イメージ記号）＋艸（限定符号）」を合わせて、甘くて舌なめずりさせるような糖分を含む植物を暗示した。［補注］日本の事典類で菾菜を恭菜と書くのは誤り。

（篆）〔忝〕

［別名］甜菜

［文献］名医別録「菾菜味甘苦大寒、主治時行壮熱、解風熱毒（菾菜は、味は甘・苦にして大寒。主治は時行壮熱、風熱毒を解く）」、旧唐書・穆宗紀「浙東貢甜菜海蚶（浙東、甜菜・海蚶を貢す）」

【菟糸】8　音トーシ　訓ねなしかずら

［語源］上古漢語は***t'ag-siag**、中古漢語は**t'o-siei**（→呉音ツ−シ、漢音ト−シ）である。ヒルガオ科ネナシカズラ属の一年草 *Cuscuta chinensis*（ハマネナシカズラ）を意味する。茎は糸状で柔らかく、他の植物に絡みついて寄生する。中国医学（本草）では種子を菟糸子と称し、生薬に用いる。なお *C. japonica*（ネナシカズラ、中国名大菟糸子）も同様に用いられる。語源について李時珍は抱朴子を引用して、初生の根が兔に似ることに基づくという（本草綱目）。しかし二本の宿存花柱が立つ扁球形の果実を兎の頭に見立てたものではあるまいか。和名のネナシカズラは根無し葛の意。他の植

物に寄生し始めると根の部分が枯れることから名がついた。

詩経では唐の名で出ている。他の物に絡みつくことから、愛の象徴として恋愛詩に用いられる。「菟糸、女蘿に附く」は漢詩の恋歌の常套的な表現である。

[字源] もともと兔糸と書いた。右に述べたように、果実を兔の頭になぞらえ、糸状の茎をもつ姿を捉えて、兔糸と称し、のち兔に限定符号の「艸」を添えて、菟糸の表記となった。「兔」はウサギを描いた図形。「糸」については糸瓜の項参照。

㊙甲 ㊙篆 〔兔〕

[別名] 唐・蒙・兔糸・兔縷・兔丘・兔盧・菟蘆・菟縷・菟虆・蓎蒙・玉女・赤網・複実・狐糸・野狐糸・金線草・火焰草・無根草

[文献] 呂氏春秋・精通「人或謂兔糸無根、兔糸非無根也、其根不属也（人或いは謂ふ、兔糸根無しと。兔糸根無きに非ざるなり。其の根属かざるなり）」、抱朴子・金丹「菟糸是初生之根、其形似兔、掘取剖其血以和此丹、服之、立変化、任意所作也（菟糸は是れ初生の根、其の形兔に似る。掘り取りて其の血を剖き以て此の丹に和し、之を服すれば、立ちどころに変化す。任意に作す所なり）」

【菠薐】

8　㊀ハーリョウ　㊁ほうれんそう（菠薐草）

[語源] 中古漢語は **pua-lang**（→漢音ハ-ロウ）である。アカザ科の一年草 ***Spinacia oleracea***（ホウレンソウ、中国名菠菜）を意味する。葉は戟（矛の一種）の形をしている。根は赤色で、甘みを帯びる。夏、黄緑色の花が咲く。西アジアの原産で、唐初にシルクロードの西南ルートを通じて中国に伝来した。経由地であるネパールの旧称 **Palinga** を取って、波稜と音写した。日本へは江戸時代に伝わり、菠薐の近世漢語（唐音）**po-leng** が訛ってホウレンとなり、草をつけてホウレンソウとなった。

[字源] **Palinga** が波稜、波棱、頗陵、頗淩、婆羅などと音写され、その中の波稜が草冠で整形されて菠薐となり、植物の名を表した。

[別名] 波稜菜・波斯草・赤根菜・珊瑚菜・鸚鵡菜

[文献] 新唐書・西域伝「泥婆羅…二十一年遣使入献波稜（泥婆羅…[貞観]二十一年使ひを遣はして入りて波稜

を献ず)」、食療本草(唐・孟詵)「菠薐、冷、微毒、利五蔵、通腸胃熱、解酒毒(菠薐は、冷にして微毒。五蔵を利し、腸胃の熱を通じ、酒毒を解く)」

【菲】8 [音]ヒ [訓]—

[語源] 上古漢語は***p'ıuər**、中古漢語は**p'ıuəi**(→呉音・漢音ヒ)である。詩経に出る菲と、爾雅に出る菲は意味が異なる。詩経では「下体を以てする無かれ」とあるように、根を食用することが前提となっているので、蘿蔔(らふく)「ダイコン」に同定される。爾雅では葸菜(そくさい)と同じとする。前者については蘿蔔の項、後者については諸葛菜の項参照。

詩経の恋愛詩ではダイコンやカブの根を下半身に喩えて、それを食べることを肉欲の象徴とし、浮気をして妻を棄てた夫に対して、妻が「根にだけ目をくれるな、葉にもいい所がある」と訴える。

[字源] 「非(***pıuər**)」は二枚の羽が反対向きになっている図形で、「左右に分かれる」、また「二つ並ぶ」というイメージを示す記号になる。ダイコンは主根のほかに側根を二列に生じるので、「非(音・イメージ記号)+艸(限定符号)」を合わせることによって表象された。

[金] 　[篆] 〔非〕　[篆] 〔菲〕

[別名] ①(ダイコン) 萊菔・蘿蔔 ②(オオアラセイトウ) 葸菜・諸葛菜

[文献] ①詩経・邶風・谷風「采葑采菲、無以下体(葑を采り菲を采るに、下体を以てする無かれ)」 ②爾雅・釈草「菲、葸菜」

萍→苹(212ページ)

萊→藜(325ページ)

萊菔→蘿蔔(347ページ)

【菱】8 [音]リョウ [訓]ひし

[語源] 上古漢語は***lıəng**、中古漢語は**lıəng**(→呉音・漢音リョウ)である。ヒシ科の一年草 ***Trapa bispinosa***(ヒシ)を意味する。池沼に生える。葉は菱形で、茎の先端に集まり、水面に放射状に出る。果実も菱形で、両端に鋭い刺がある。夏、白い小花が咲く。種子は食用、葉・茎・果皮などは薬用にされる。語源は稜(か

ど）などと同源で、果実に角のあることに由来する。和名はヒシ（緊）やヒシグ（拉）のヒシと同源という。一説ではヒ（梭）シ（ギシギシのシ）で、果実に梭のような角のある草の意とする。

【字源】「夌（*lıəng）」の上部の「圥」は陸に含まれ、盛り上がった丘を表す図形。「圥（おか）＋夂（あし）」を合わせた「夌」は、丘を踏み越えて行く情景を暗示させる図形である。山の稜線を踏み越えることから、「∧型の筋をなす」というイメージを示す記号になる。稜（∧型の角）、陵（∧型の尾根のある丘）、凌（力ずくで踏み越える→しのぐ）などはこのイメージに基づく。「夌（音・イメージ記号）＋艸（限定符号）」を合わせて、∧型に尖った角のある果実の生る植物を表した。「蔆」は異体字。

㊥〔夌〕　㊥〔蔆〕

【別名】芰・菱芰・水菱・水栗・沙角・紫角

【文献】楚辞・招魂「渉江采菱（江を渉り菱を采る）」、司馬相如・子虚賦「外発芙蓉菱華（外は芙蓉・菱華を発す）」、列子・説符「夏日則食菱芰、冬日則食橡栗（夏日は則ち菱芰を食し、冬日は則ち橡栗を食す）」

【葦】9 ㊀イ ㊁あし・よし

【語源】上古漢語は*ɦuər、中古漢語はɦuəi（→呉音・漢音ヰ）である。イネ科植物のアシ（標準和名はヨシ）を意味する。成長するに従って名の変わる植物で、いちばん大きくなった段階のアシを葦という。語源は円筒形の茎の特徴を捉えて、韋の「まるい」というイメージによる命名である。和名のアシの語源については蘆の項参照。

古代中国ではアシには邪悪なものを退ける力があると信じられ、新年を迎えるため、除夜にアシで作った縄を門に懸ける風習があった。その起源については下記文献参照。

【字源】「韋（*ɦuər）」は「囗（場所を示す符号）」の上に左向きの足、下に右向きの足を配置した図形で、ある地点の周りを回る様子を暗示させ、「物の周りを回る」というイメージを示す記号とする。これは「まるい」というイメージにも展開する。「韋（音・イメージ記号）＋艸（限定符号）」を合わせて、茎がまるく管状になった草を暗示した。円柱形の茎をもつ草はアシとは限らないが、アシを*ɦuarといい、葦の視覚記号で表記するのは、これが優先権を得たという理由に過ぎない。

甲 金 篆〔韋〕 篆〔葦〕

[別名] 蘆

[文献] 詩経・衛風・河広「誰謂河広、一葦杭之（誰か謂はん河は広しと、一葦もて之を杭（わた）る）」、風俗通（芸文類聚86）「黄帝書称、上古之時、有兄弟二人荼与鬱律、度索山上、桃樹下、簡百鬼、妄禍人、則縛以葦索、執以食虎、於是県官以臘除夕、飾桃人、乗葦索、画虎於門、効前事也（黄帝書に称す、上古の時、兄弟二人荼と鬱律有り。度索山の上、桃樹の下、百鬼を簡す。妄りに人に禍すれば、則ち縛するに葦索を以てし、執へて以て虎に食はしむ。是に於いて県官臘の除夕を以て、桃人を飾り、葦索を乗せ、虎を門に画く。前事に効ふなり）」

葭→蘆（339ページ）

【葛】 9

音 カツ
訓 くず・かずら

[語源] 上古漢語は*kat、中古漢語はkat（→呉音カチ、漢音カツ）である。マメ科のつる性多年草*Pueraria lobata*（クズ）を意味する。つるは一〇メートルにも伸び、他の植物に絡みついてよじのぼる。全株が褐色を帯びた毛に覆われる。塊根は太くなり、長さが一メートルあまりになる。夏から秋にかけて紫色の花が咲く。中国医学（本草）では根を葛根と称し、生薬に用いる。また繊維から布を製する。語源は渇（水分が尽きる）と同源で、他の植物を枯らすほど強大なつるが絡みつく姿にちなむ。あるいは褐（粗末な布、また褐色）と同源とも考えられる。和名は大和国（今の奈良県）のクズの名所であった国栖（くず）にちなみ、クズカズラ→クズになったという。カズラはつる草の総称である。

詩経では絺（ち）や綌（げき）（ともに夏用の衣料）を製する植物として登場する。また、つる性植物の代表として、結合（愛情）の象徴になり、恋愛詩のモチーフにしばしば使われている。

[字源] 「曷」は「曰＋匃」に、「匃」は「亡＋勹」に分

析できる。「亡」は芒の項でも述べた通り、衝立のようなもので人を遮り隠す様子を暗示する図形。「亡＋勹（人の変形）」を合わせた「匃（かい）（*kad）」は、人が別の人を遮り止める様子を暗示する図形である。「曰」は言語行為と関係があることを示す。したがって「匃（音・イメージ記号）＋曰（限定符号）」を合わせた「曷（かつ）（*ɦat）」は、かっとどなって人を制止することを表し、喝の原字といえる。息を喉で止めて声をかすらせるというイメージから、「遮り止める」のほかに、「水分がなくなる」というイメージにも展開する。渇（のどがかわく、また、水分が尽きる）はこのコアがある。また絹とは違った潤いの少ない布を褐といい、その色を褐色という。クズという植物は強大なつるが他の植物を枯らすほど巻きつくし、また、粗末な布を製する原料にもなるので、渇や褐との同源意識から、「曷（音・イメージ記号）＋艸（限定符号）」によって表象された。

[甲] [金] [篆]〔匃〕　[篆]〔曷〕　[篆]〔葛〕

【別名】 鶏斉・鹿藿・黄斤・絺綌草

【文献】 詩経・王風・采葛「彼采葛兮、一日不見、如三月兮（かしこに葛を采らん、一日見ざれば、三月の如し）」、神農本草経「葛根味甘平、主治消渇、身大熱、嘔吐、諸痺、起陰気、解諸毒（葛根は、味は甘にして平。主治は消渇、身の大熱、嘔吐、諸痺。陰気を起こし、諸毒を解く）」

【葵】 9 [音]キ [訓]あおい

【語源】 上古漢語は*giuər、中古漢語は**giui**（→呉音ギ、漢音キ）である。アオイ科ゼニアオイ属の一年草 ***Malva verticillata***（フユアオイ、中国名冬葵、別名野葵）を意味する。茎は直立し、高さは三〇～九〇センチ。葉は掌状をなす。淡紅色の小さな花が咲く。種子は堅く、褐色を帯びる。中国では詩経の時代に栽培されており、葉が食用にされた。また中国医学（本草）では種子を冬葵子と称し薬用とする。日本では古くはフユアオイを指したが、今はタチアオイを指すことが多い（蜀葵の項参照）。

　葵の語源は太陽の方を向くとされたことから、癸の「ぐるぐる回る」というイメージによる命名である。

和名のアオイ（アフヒ）も、「仰ぐ日」のつづまった語形という（大槻文彦）。牧野富太郎は「葉の集まりが向日性を示すのに基づく」と述べている。ただし枕草子に見える「日に傾く」という唐葵は中国の葵のイメージやシンボルが伝わったものであろう。

漢詩のモチーフとして「葵心」や「葵藿（きかく）向陽」という語が使われる。これは家臣の君主に対する忠誠心、また妻の夫に対する情愛を意味する。太陽は帝王・夫、葵は家来・妻に喩えている。また葵が太陽に向かうと根元には陰ができるので、衛足の異名がある。孔子は刑罰を受けて足を切られた人を「葵にも及ばない」と批判した。この故事から自分を守る知恵のシンボルとなる。

[字源]「癸（*kiuer）」は四方に刃の出た鉄菱に似た武器を描いた図形。この武器は回転させて使用したらしい。したがって「ぐるぐる回る」というイメージを示す記号になる。「癸（音・イメージ記号）＋艸（限定符号）」を合わせて、葉が太陽の方に回って向きをかえる草を表した。向日葵が登場する前は、太陽を向く植物とされたのはフユアオイであった。

甲  金  篆 〔癸〕 篆  〔葵〕

[別名] 冬葵・露葵・葵菜・滑菜・陽草・衛足

[文献] 詩経・豳風・七月「七月亨葵及菽（七月葵及び菽を亨（に）〔＝烹〕る）」、淮南子・説林訓「聖人之於道、猶葵之与日也、雖不能与終始哉、其郷之、誠也（聖人の道に於けるや、猶葵と日とのごときなり。与に終始する能はずと雖も、其の之に郷（むか）ふは、誠なり）」

黄蜀葵

音 オウ－ショッ－キ　訓 とろろあおい

[語源] 中古漢語はɦuang-ʒiok-giui（→呉音ワウ－ゾク－ギ、漢音クワウ－ショク－キ）である。アオイ科の多年草*Abelmoschus manihot*（トロロアオイ）を意味する。高さは一～二メートル。葉は掌状で、深い切れ込みがある。夏、淡黄色の五弁花が開く。直径が一〇～二〇センチもある。中国の原産だが、黄蜀葵の名が文献に登場するのは唐代である。語源は李時珍によると気味と主治が蜀葵［タチアオイ］に似るからという。和名は根に粘液があり、和紙を漉く際の糊料に利用されると

ころから、「蕩（とろ）ける」のトロに由来する。

【字源】「黄」については黄梅の項、「蜀葵」については該項参照。

【別名】 黄葵・秋葵・鴨脚葵・側金盞

【文献】 鄭谷・和知己秋日傷懐（全唐詩676）「黄蜀葵花一朶開（黄蜀葵の花一朶開く）」、本草衍義「黄蜀葵花…子、臨産時、取四十九粒、研爛、用温水調服、良久産（黄蜀葵花…子は、産に臨む時、四十九粒を取り、研爛し、温水を用（もっ）て調服す。良（やや）久しくして産す）」

向日葵 音 コウ-ジツ-キ 訓 ひまわり

【語源】 近世漢語は hiang-ŋiei-k'uai である。キク科の一年草 *Helianthus annuus*（ヒマワリ）を意味する。茎は太くて直立し、高さは一〜二メートルほど。剛毛に覆われる。葉はハート型。夏、直径三五センチほどの黄色い花が開く。種子は淡黄色で、食用になる。北米の原産で、中国へは明代に渡来した。

向日葵の語は唐の白居易の詩に初めて見えるが、これはフユアオイのことである。葵の項で述べたように、フユアオイは葉に向日性があるので、古代中国では太陽の方を向く植物とされた。明代にヒマワリが登場すると、最初は丈菊あるいは西番菊と呼ばれたが、ヒマワリの花が太陽に向かって回るという観念も同時に輸入され、これが古来の葵と似ていたので、ついに向日葵の名に取って代わった。日本へは江戸初期に伝わり、大和本草にヒマワリの名と向日葵の表記が登場する。

【字源】「向（*hiang）」は空気抜きの窓を描いた図形。「ある方向に向かう」ことを表している。「日（*niet）」は円形の中に点を入れて、太陽を象徴的に示す図形である。「葵」については該項参照。「向」と「日」と「葵」を結んで、葉が太陽の方向を向くフユアオイを意味させたが、後に、花が太陽の方を向いて回転するというヒマワリに意味を変えた。

甲  金   篆  （向）

甲  金   篆  （日）

【別名】 丈菊・西番菊・西番葵・西番蓮・大黄菊・迎陽花・朝陽花

【文献】 長物志2（明・文震亨）「葵花…一日向日、別名

西番蓮、最悪（葵花…一に曰く向日、別名西番蓮。最も悪し）」、通雅44（明・方以智）「大黄菊独花心大如餅、向日葵也（大黄菊は独り花心大なること餅の如し。向日葵なり）」

山葵　音 ―　訓 わさび

［語源］ アブラナ科の多年草 *Eutrema japonica*（ワサビ）を指す。日本の特産。山間の水辺に自生、また、栽培される。肥大した根茎を香辛料に用いる。本草和名や和名抄がワサビの漢字表記を山葵として、これが定着しているが、中国に存在する山葵の語は山野に生える葵［フユアオイ］の意味であって、ワサビではない。日本の山葵はこれとは無関係に創作された和製漢字表記である。現代中国の標準名では *Eutrema* 属（ワサビ属）に山萮菜を用い、ワサビを日本山萮菜という。

　和名の語源はワセ（早稲）ヒビナ（ひりひりと辛い菜）の意味から来ているという。一説では、ワシル（走る）ビ（実）、つまり辛さがつんと鼻に走る実（根茎）の意味という。漢字表記は葵［フユアオイ］という物と言葉が中国から伝わった後にできたのはいうまでもないだろう。葉がアオイに似て、山間に生えるところから山葵の表記が考案された。

［字源］「山」については山茶の項、「葵」については該項参照。

蜀葵　音 ショッ-キ　訓 たちあおい

［語源］ 上古漢語は*dhiuk-giuər、中古漢語はʒiok-giui（→呉音ゾク-ギ、漢音ショク-キ）である。アオイ科の二年草 *Althaea rosea*（タチアオイ）を意味する。茎は直立し、高さは一～三メートル。星状の毛が密生する。夏、茎の下の方からだんだん上の方へ開花する。色は紅、紫、白など多彩。西・中央アジアの原産という。元の名は戎葵。戎は「西方のえびす」の意で、この植物が西域方面から伝来したことを示している。蜀も同趣旨。唐の陳蔵器は「戎・蜀は其の自り来る所、因りて以て之に名づく」と述べている。和名のタチアオイ（立葵）はまっすぐ伸びた茎に花が下から上にだんだんと咲いていき、全体が立つように見えることから名づけられた。一説では、元来の名はハナアオイ（花葵）だが、葉を立てた姿を象った本多氏の紋所を立葵

と呼んだことによるという（大槻文彦）。

【字源】「蜀」はある種の虫を描いた図形で、蠋（イモムシ）の原字である。しかし蜀は虫の名を蠋に譲り、専ら国名・地域名（今の四川省）に使われた。もともと中原から遠く離れた土地に住む異民族を差別する蔑称であった。古代においては、いわゆる「えびす」を虫にちなむ漢字で表記する例が多い。

[甲]  [金]  [篆]  〔蜀〕

【別名】戎葵・茂葵・胡葵・呉葵・一丈紅・半丈紅

【文献】爾雅・釈草「菺、戎葵」——郭璞注「今蜀葵也、似葵、華如木槿華（今の蜀葵なり。葵に似、華は木槿の華の如し）」

【萱】 9 [音]ケン [訓]かや・わすれぐさ（萱草）

【語源】上古漢語は*huǎn、中古漢語はhuʌn（→呉音コン、漢音ケン）である。萱草はユリ科キスゲ属の多年草 *Hemerocallis fulva*（ホンカンゾウ、別名ワスレグサ）を意味する。高さは三〇～九〇センチ。葉は線形で、長く伸び、根元では茎を抱く。根茎は肥大し、多数叢生する。夏から秋にユリに似た紅色の花が咲く。中国医学（本草）では根茎を薬用にする。もとは諼草（けんそう）（諼は忘れる意）といった。この草を身に帯びると憂いを忘れるということから、名がついた。後に諼が萱・藼・蕿・蘐などに変わった。和名のカンゾウ（クワンザウ）は和名抄に環藻の音とあるように萱草の音読みだが、萱はケンの音であってクワンではない。おそらく諼の旁の「爰」を緩の音に読み違えたもの（つまり百姓読み）であろう。

諼草は詩経に登場してから、憂いを忘れさせる草というシンボリズムが有名になった（和名のワスレグサはこれに由来する）。ただし詩経の解釈には問題がある。「背」を背面（主婦の座所）の庭と取り、諼草を裏庭に植えるといった解釈が古来の通説である。しかし「背」は文字通りに取り、心臓に近い背中に立てて心の憂いを除くと解するのがベターである。また萱草はこれを妊婦が帯びると男子を生むという信仰があり、別名を宜男草という。

カヤという和訓はチガヤ（白茅）、カルカヤ（刈萱）など、屋根を葺く用途のあるイネ科草本の総称とするが、本来は誤用である。カヤは刈り屋が訛ったものという。

[字源] 古名は諼草。「爰(えん)(*ɦuǎn)」は「爪(下向きの手)+于(紐状の物の印)+又(上向きの手)」を合わせて、上下から紐状の物を引っ張って中間にゆとりをあける様子を暗示する図形。「ゆったりと緩める」というイメージを示す記号になる。「爰(音・イメージ記号)+言(限定符号)」を合わせた諼は、覚えた言葉に緩みを生じてあやふやになること、つまり「わすれる」ことを表した。後に諼に草冠をつけた蘐のほかに、萲・蕿・藼・萱が生まれた。「宣(*siuan)」は音記号になりうるが、むしろイメージに比重がかかる。「宣」は宣通、泄宣という使い方がある通り、「(じゃまなものを)スムーズに通す」というイメージがある。したがって「宣(音・イメージ記号)+艸(限定符号)」を合わせて、心の中にわだかまっている憂いを除いてすっきりさせる草を暗示させた。

甲　金　篆〔爰〕　篆〔諼〕

篆〔蕿〕　篆〔藼〕　篆〔萱〕

[別名] ①(ワスレグサ)諼草・蘐・宜男・宜男草・忘憂草・無憂草・療愁花・忘思草・妓女・児女花・丹棘・鹿葱　②(カヤの異表記)茅・菅

[文献] ①詩経・衛風・伯兮「焉得諼草、言樹之背(いづくにか諼草を得て、ここに之を背に樹(た)てん)」、嵇康・養生論(文選53)「合歓蠲忿、萱草忘憂、愚智所共知也(合歓の忿りを蠲(のぞ)き、萱草の憂ひを忘れしむるは、愚智の共に知る所なり)」

【葫】9　音コ　訓にんにく

[語源] 上古漢語は*ɦag、中古漢語はɦo(→呉音ゴ、漢音コ)である。ユリ科ネギ属の多年草 *Allium sativum*(ニンニク、中国名大蒜)を意味する。花茎は直立し、高さは六〇センチほど。葉は扁平な線形をなす。根茎は肥大化し、一〇個ほどの鱗弁に分かれる。臭気が強いが、生食される。また薬用にもされる。漢の張騫が中央アジアからもたらしたという伝説がある。ヒル類を意味する蒜に大をつけて大蒜と称するが、外国由来

の物に冠する「胡」をつけて胡蒜とも呼ばれ、やがて葫だけでニンニクを表すようになった。和名の語源は臭いが強烈なため忍辱（恥辱を堪え忍ぶ意の仏教語）と呼ばれた。元来は僧侶の隠語であった。

[字源]「胡（*ɦag）」は胡桃の項でも説明したが、ペルシア人を指した語である。そこから中央アジア方面の民族を胡といい、さらに西域（あるいは外国）から伝わった産物に冠する語に使われる。

[別名] 大蒜・独蒜・独頭蒜

[文献] 本草経集注（名医別録「葫」）「今人謂葫為大蒜、謂蒜為小蒜、以其気類相似也（今人葫を謂ひて大蒜と為し、蒜を謂ひて小蒜と為す。其の気類相似たるを以てなり）」

【葫蘆】9

㊥ コーロ
㊧ ——

[語源] 上古漢語は*ɦag-hlag、中古漢語はɦo-lo（→呉音ゴール、漢音コーロ）である。ユリ科ユウガオ属の一年草 ***Lagenaria siceraria***（ヒョウタン）を意味する。これについてはすでに瓢箪の項で説明している。瓢箪は和製漢字表記で、中国では葫蘆と書く。ただしニンニクともアシとも関係がなく、ただ*ɦag-hlagという二音節語を表記しただけである。もとは壺（*ɦuag）という一音節語で、詩経・豳風・七月の詩に「八月壺［ヒョウタン］を断つ」と出ている。両端が膨れ、中央部に括れのある果実を壺に見立てた名称である。後に壺盧（*ɦuag-hlag）と二音節語化した。一般に**kag-lag**（**ko-lo**）という畳韻の二音節語は「ころころとして丸みを帯びている」というイメージがあり、虫では蝸螺［カタツムリ］や蜾蠃［ジガバチ］、植物では果蠃［キカラスウリ］などがある。ヒョウタンを*ɦuag-hlag、あるいは*ɦag-hlagというのもこれらと同源である。葫蘆はその表記の一つに過ぎない。

中国やその周辺の少数民族に、宇宙の初め、大洪水が起こり、兄妹二人が葫蘆に乗って生き残り、結婚して人類を生むという神話がある。葫蘆は宇宙のシンボルと考えてよい。また漢の費長房が壺の中に入って住んだという「壺中の天」の伝説があり、この壺も宇宙のシンボルである。壺と壺盧（＝葫蘆）はイメージとシンボルにおいて共通するものがある。

[字源] 葫蘆は**kag-lag**（*ɦag-hlag）という二音節語を

表記したものだが、最初は壺盧であった。「壺」は腹の丸く膨れた器を描いた図形。「盧」は蘆の項で述べているように、丸い形をした食器で、「丸い」というイメージがある。「壺」と「盧」を合わせてヒョウタンを意味する二音節語の音を写すだけでなく、その物のイメージをもこめる表記となっている。葫蘆の葫にはイメージはないが、蘆には盧のイメージがコアにある。ほかに壺蘆・胡盧・胡蘆・瓠蘆・瓠瓤・瓟盧・扈魯などとも書かれる。

㊙甲　㊙金　㊙篆　〔壺〕

[別名] 蒲蘆・釣壺・約腹壺・茶酒瓢

[文献] 世説新語・簡傲「東呉有長柄壺蘆、卿得種来不（東呉に長柄壺蘆有り。卿、種を得て来るや不や）」、梁書・蕭琛伝「有北僧南度、惟齎一葫蘆、中有漢書序伝（北僧南より度る有り。ただ一葫蘆を齎す。中に漢書序伝有り）」

【葒】9　㊍コウ　㊉おおけたで

[語源] 上古漢語は*ɦuŋ、中古漢語はɦuŋ（→呉音グ、漢音コウ）である。タデ科タデ属の一年草 *Polygonum orientale*（オオケタデ、中国名紅蓼）を意味する。茎は中空で節があり、高さが三メートルにもなる。葉は卵形で大きい。秋、濃い赤色や淡紅色などの花をつけた花穂が垂れ下がる。語源は花の色から紅と名づけられた。和名は大形のタデで、毛で覆われるところから、大毛蓼の意味。

早くから文献に見えるが、詩経では竜（＝龍）、毛伝では紅草、爾雅では紅・蘢古、説文解字では蘢の名で出ている。花穂の垂れ下がる姿を竜に見立てたものであろう。詩経では背の高い男性のイメージを作り出すために使われている。

[字源]「紅（*ɦuŋ）」の字源については紅花の項参照。オオケタデは単に紅、または紅草と呼ばれた。漢字表記として後に「紅（音・イメージ記号）＋艸（限定符号）」を合わせて葒となった。ただし古名は竜（龍）、または蘢である。「龍」は想像上の動物タツを描いた図形（竜眼の項参照）。

[別名] 紅・紅草・葒草・竜・蘢・蘢古・蘢鼓・石竜・天蘥・水紅・水葒・大蓼・馬蓼・天蓼・朱蓼・火蓼・

葒蓼

[文献] 詩経・鄭風・山有扶蘇「山有喬松、隰有游竜(山に喬松有り、隰に游竜有り)」、名医別録「葒草味鹹微寒無毒、主治消渇、去熱、明目、益気(葒草は、味は鹹にして微寒、毒無し。主治は消渇、熱を去り、目を明らかにし、気を益す)」

菓耳→巻耳 (387ページ)

【萩】9 音シュウ 訓はぎ

[語源] 上古漢語は*ts'iog、中古漢語はts'ieu(→呉音シュ、漢音シウ)である。中国と日本では意味が異なる。中国では二つの意味があり、一つは楸[トウキササゲ]と同義に使われる。もう一つは爾雅や説文解字で蕭と同じとされている。蕭はキク科ヨモギ属の植物であるが、種の同定には諸説がある。

日本ではマメ科ハギ属(*Lespedeza* 属)の総称とする。普通は ***L. bicolor***(ヤマハギ、中国名胡枝子)を指す。高さが二メートルほどの小低木で、茎は叢生する。夏から秋にかけて紅紫色の花が咲く。古株から芽を出すので、ハエ(生)キ(芽)からハギになったという。そのため漢字表記は芽子とも書かれる。

[字源] 中国では楸と同音同義。偏替えをしただけである。字源については楸の項参照。日本では新撰字鏡や和名抄が萩にハギの訓を与えた。これは中国の萩とは無関係で、日本で創作された字であろう。したがって半国字である。秋の七草に数えられるほど秋の代表的な花なので、草冠に秋の字が考案された。

篆 [篆書]

[別名] ①(トウキササゲ)楸 ②(ハギの異表記)芽子

[文献] ①春秋左氏伝・襄公18「秦周伐雍門之萩(秦周、雍門の萩を伐る)」、漢書・貨殖伝「山居千章之萩(山居には千章の萩)」

【葱】9 音ソウ 訓ねぎ

[語源] 上古漢語は*ts'ung、中古漢語はts'ung(→呉音ス、漢音ソウ)である。ユリ科の多年草 ***Allium fistulosum***(ネギ)を意味する。高さは五〇センチほど。葉(偽茎)は円筒形で中空である。根はひげがあり叢生する。球

形の白い花（いわゆるネギ坊主）をつける。語源は窓と同源で、葉の特徴を捉えて、「通り抜ける」のイメージによって命名された。李時珍は「葱は囱に従ふ。外は直にして中は空。囱通の象あるなり」といっている（本草綱目）。和名の古語は単にキであった。したがって女房詞でネギのことを一文字という。大槻文彦によれば、キの語源は気で、気（臭いや味）が強いことから来ており、また、根を賞味するので、ネギとなったという（大言海）。

中国では古代から栽培され、詩経に葱の名が登場する（詩経では色の名で、ネギの色からの転義）。春秋時代、五覇の一人である斉の桓公が北伐して冬葱を手に入れたという記事が管子にある。これはシベリア原産とされるネギが中国に入った経緯を物語る伝説であろう。

[字源]「蔥」が本字。「囱（*ts'ung）」は空気抜きの窓を描いた図形で、窗（＝窓）の原字である。「一所にまとめて通す」というイメージがあり、これは「スムーズに通る」というイメージに展開する。「囱（音・イメージ記号）＋心（限定符号）」を合わせた「悤（*ts'ung）」は、心がせわしなく通り抜けていく感じ、つまり匆々、匆卒の意味を表す。悤も囱と同じく「スムーズに通る」というイメージ記号になる。「悤（音・イメージ記号）＋艸（限定符号）」を合わせて、中空でスムーズに通り抜ける葉（偽茎）をもつ草を暗示させた。

篆（囱） 篆（悤） 篆（蔥）

[別名] 芤草・菜伯・鹿胎・和事草

[文献] 礼記・内則「膾春用葱、秋用芥（膾は春に葱を用ゐ、秋に芥を用ゐる）」、管子・戒「北伐山戎、出冬葱与戎菽、布之天下（北のかた山戎を伐ち、冬葱と戎菽とを出だし、之を天下に布く）」、荘子・徐無鬼「食芧栗、厭葱韮（芧栗を食ひ、葱韮に厭く）」、神農本草経「葱実味辛温、主明目、補中不足（葱の実は、味は辛にして温。明目、補中不足を主る）」

【葡萄】 9 音 ブードウ 訓 えび

[語源] 上古漢語は*buag-dog、中古漢語はbo-dau（↓呉音ブ-ダウ、漢音ホ-タウ）である。ブドウ科ブドウ属のつる性木本 *Vitis vinifera*（ヨーロッパブドウ）を意味する。巻きひげで他物に絡みつく。葉はほぼ円形で綿

毛に覆われる。初夏、黄緑色の花が咲く。果実は秋に熟し、液汁に富む。地中海沿岸の原産で、漢代、西域に使いした張騫が種子を中国に持ち帰ったといわれる。西域にあった大宛国の言葉 budaw（一説ではイラン語の budawa）が蒲陶と音写されたのが最初である。日本の古名はエビカズラで、蝦のようなひげをもつカズラ（つる草）の意味。

[字源] 中央アジア方面の外来語を始めは蒲陶と音写したが、やがて蒲桃、蒲萄となり、最後に葡萄となって、これが定着した。

[別名] 月氏藤・草竜珠・玄珠・黒水精・翠玉・賜紫桜桃

[文献] 史記・大宛伝「於是天子始種苜蓿蒲陶（是に於いて天子始めて苜蓿・蒲陶を種う）」、博物志・服食「西域有蒲萄酒、積年不敗、彼俗云、可十年飲之、酔弥月乃解、所食逾少、心逾開、所食逾多、心逾塞、年逾損焉（西域に蒲萄酒有り。積年敗れず。彼の俗に云ふ、十年ばかりにして之を飲めば、酔ひて月を弥り（わた）て乃ち解く。食ふ所逾（いよい）よ少なければ、心逾よ開け、食ふ所逾よ多ければ、心逾よ塞ぎ、年逾よ損す）」

葑→蕪菁（320ページ）

【葎】 9 音 リツ 訓 むぐら

[語源] 中古漢語は luĕt（→漢音リツ）である。アサ科カラハナソウ属の一年草 *Humulus scandens*（カナムグラ、中国名葎草）を意味する。茎には逆さの刺があり、つる状をなして長く伸び、他物に絡みつく。葉は掌状に裂ける。夏に黄緑色の小さな花が咲く。路傍や荒地に自生する。李時珍は名医別録の勒草（ろくそう）と同じとし、刺が膚を勒する（刻む）ことから名を得、葎は勒の転化だという。しかし確かではない。語源は刺が点々と並ぶ姿を捉えて、律の「きちんとそろう」のイメージによると考えられる。和訓の「むぐら」はカナムグラやヤエムグラの総称で、モシ（生い茂る意）の活用形モクに接尾語のラがついてムグラになったという。カナムグラ（金葎）のカナ（鉄）は茎が強いことからつけられた。なおヤエムグラ（八重葎）は古くはカナムグラの別名だったが、のちアカネ科の *Galium spurium*（ヤエムグラ、中国名拉拉藤）に当てられる。茎は四角形で、逆さの刺がある。

説文解字に「葎は艸なり」とあるが、どんな植物かわからない。詩文にも登場しない。玉篇などには「葎は葛に似、刺有り」とある。わずかな情報から、大和本草では葎草をカナムグラに同定した。

[字源]「聿」は筆を手で持つ形（土筆の項参照）。「律（*luət）」は「聿（イメージ記号）＋彳（行の略で、行いを示す限定符号）」を合わせ、人の行いを文書で記す様子を暗示させる図形で、これによって、秩序づけるための決まりという意味をもつ*luətを表記する。この図形に語源は反映されていない。*luətは率（*luət）や倫（*luən）などと同源で、「きちんとそろう」「きちんと並ぶ」というコアイメージをもつ。これを利用して、茎に小さな刺が点々と並ぶ特徴をもつカナムグラを「律（音・イメージ記号）＋艸（限定符号）」を合わせた視覚記号で表象した。

(篆)〔律〕　(篆)〔葎〕

[別名] 葛葎蔓・来苺草・割人藤

[文献] 千金要方64「治膏淋方、右擣葎草汁二升、酢二合和、空腹頓服之（治膏淋方。右、葎草の汁二升を擣（つ）き、酢二合もて和し、空腹に之を頓服す）」

【萵苣】9　音ワーキョ　訓ちさ・ちしゃ

[語源] 上古漢語は*·uar-gɪag、中古漢語は·ua-gɪo（↓呉音ワーゴ、漢音ワーキョ）である。キク科アキノノゲシ属の一、二年草 *Lactuca sativa*（レタス）を意味する。南欧から西アジア方面の原産と考えられているが、中国へは北魏（六世紀）までには伝わっていたらしい。葉が扁円で、結球性があり、葉を食用とする品種（var. *capitata*）を萵苣と呼び、葉が長く、肥大化する茎を食用とする品種（var. *angustana*）を白苣と呼んで区別した。後者は茎が筍と似るので萵筍とも呼ばれる。萵苣は咼の「丸く巻く」のイメージと、巨の「おおきい」のイメージを合わせて、二音節語にしたものである。

チサは新撰字鏡では萵と苣の訓、本草和名では白苣の訓、和名抄では苣の訓として出ている。語源は茎や葉を切ると乳汁のような白い液が出るところから、乳草が訛ったものという。チシャはチサの訛りである。なお万葉集のチサはムラサキ科の落葉高木 ***Ehretia ovalifolia***（チシャノキ）で、若葉が右のチサ（レタス）

と味が似ているので、チシャノキ（萵苣の木）の名がついたといわれる。

[字源]「冎（か）（*kuǎr）」は骨の関節部分を描いた図形。古代人は上の骨の穴に下の骨がはまりこんで自由に動くと考え、「冎（音・イメージ記号）＋口（あな）」を合わせた「咼（か）（*kuǎr）」によって、「丸く回る」というイメージを示す記号とする。これは「丸く巻く」というイメージにも展開する。渦（うず巻き）、蝸（渦巻きのあるカタツムリ）、鍋（丸い形の器）、坩堝（るつぼ）の堝などは同源のグループである。また、「巨（*giag）」は大工道具の「さしがね」を描いた図形で、「上下の幅が隔たる」というイメージがある。巨人の巨とはそのイメージが実現された語である。「咼（音・イメージ記号）＋艸（限定符号）」と「巨（音・イメージ記号）＋艸（限定符号）」を組み合わせて、*·uar-giag の二音節語を表記し、葉が巻いて大きくなる植物を暗示させた。

(篆)〔冎〕　(篆)〔咼〕

(古)　(篆)〔巨〕

[別名] 萵菜・生菜・千金菜・千層剥

[文献] 斉民要術・雑説（北魏・賈思勰）「其菜、毎至春二月内、選良沃地二畝、熟、種葵萵苣（其の菜、春二月内に至る毎に、良沃の地二畝を選び、熟すれば、葵・萵苣を種う）」、食療本草（唐・孟詵）「白苣、主補筋力、利五蔵（白苣は、筋力を補ひ、五蔵を利するを主る）」

【蒟】10

(音) ク
(訓) きんま（蒟醬）

[語源] 上古漢語は*kiuag、中古漢語はkiu（→呉音・漢音ク）である。多くは蒟醬の語形で、コショウ科コショウ属の常緑半低木 ***Piper betle***（キンマ）を意味する。マレーシアの原産。つる性で、他物によじ登る。高さは一〇メートルに達する。葉はハート形で大きい。花穂は円柱状をなし、垂れ下がる。インド、東南アジア、台湾などではその葉でビンロウ（檳榔）の果実を包んで口に含み、ガムのように噛む風習がある。

史記や漢書では枸醬、説文解字では蒟で出ている。語源は葉の基部が左右不対称で、斜めにずれて見える特徴を捉えて、句の「曲がる」というイメージに基づいた命名であろう。葉に蜜と塩を混ぜて醬（味噌の類）にして食べたので語尾に醬をつけた。蒟醬の古訓はワタタビ。これは本草和名や和名抄に出ているが、後世用いられなくなり、江戸時代、キンマの訓が登場する。東南アジア方面からの外来語だという。

[字源]「句（*kug）」は枸の項でも述べたが、「かぎ型の印二つ＋口」を合わせて、小さく区切る様子を暗示する図形。「小さい」というイメージと、「曲がる」というイメージがある。「句（音・イメージ記号）＋木（限定符号）」を合わせた枸は、枝がくねくねと曲がりくねる木を暗示させ、ケンポナシの表記のために作られた。これを借りて、葉が斜めに曲がった特徴のある植物、キンマの表記としたが、ケンポナシと区別するために、「句」を「竘（く）」に替えた。「竘（*kuag）」は「句（音・イメージ記号）＋立（イメージ補助記号）」を合わせることによって、曲がって立つというイメージを作り、さらに「竘（音・イメージ記号）＋艸（限定符号）」を合わせて、葉の基部が茎に対して曲がって（左右が斜めにずれて）立つ様子を暗示させた。

篆 〔竘〕　篆 〔蒟〕

[別名] 枸醬・蒟子・扶留・扶留藤・浮留藤・蔞藤・荖草・土華菝

[文献] 史記・西南夷伝「独蜀出枸醬（独り蜀、枸醬を出だす）」、華陽国志1「樹有荔枝、蔓有辛蒟（樹に荔枝有り、蔓に辛蒟有り）」、斉民要術10「扶留…其花実即蒟也、可以為醬（扶留…其の花実は即ち蒟なり。以て醬と為すべし）」

蒟蒻

音 クージャク　訓 （こんにゃく）

[語源] 中古漢語は**kiu-niak**（→呉音クーニャク、漢音クージャク）である。サトイモ科の多年草 ***Amorphophallus rivieri***（コンニャク、中国名魔芋）を意味する。地下に大きな球茎ができ、そこから葉柄がまっすぐ出て、二メートルにもなる。古くから栽培され、球茎を食用とする。

インド、東南アジアの原産で、中国へは晋代までに伝わったようである。最初は単に蒻といった。文選の蜀都賦にある蒟蒻は、注釈によると、蒟［キンマ］と蒻［コンニャク］の二つであったが、唐代になってそれを誤解してコンニャクを蒟蒻と称するようになったという（箋注倭名類聚抄）。蒻は本来はガマ（蒲）の意味、あるいはハスの茎が泥に入った白い部分を意味し、柔弱の弱を語源とする。これを利用して、コンニャクの球茎を加工して柔らかくして食べることから、コンニャクの意味に転用された。日本では本草和名や和名抄が蒟蒻をコニャクと読ませている。これが訛ってコンニャクとなった。

[字源]「弱（*niɔk）」は「弓（曲がって弾力性のある弓の形）＋彡（柔らかい毛やひげの形）」を二つ並べた図形。弓や毛のように弾力性と柔軟性がある様子を暗示させ、「柔らかい」というイメージを作り出した。「弱（音・イメージ記号）＋艸（限定符号）」を合わせて、柔らかい草（ガマ）を暗示させる。説文解字に「蒻は蒲子、以て平席と為すべし」とある。のちハスの茎の下の柔らかい部分を意味し、さらにそれとの類似性によってコンニャクに転用された。

なお蜀都賦の蒟蒻を誤解したのではなく、蒟蒻で一語であり、蒻に蒟を冠した語とも考えられる。その場合は「句」や「竘」の「曲がる」というイメージを用い（前項参照）、球茎が椀のように曲がった姿を捉えたものであろう。

(篆) 弱〔弱〕　(篆) 蒻〔蒻〕

[別名] 蒻頭・鬼頭・鬼芋・磨芋

[文献] 左思・蜀都賦（文選4）「其園則有蒟蒻茱萸（其の園には則ち蒟蒻・茱萸有り）」――劉逵注「蒻草也、其根名蒻頭、大者如斗、其肌正白、可以灰汁煮則凝成、可以苦酒淹食之、蜀人珍焉（蒻草なり。其の根蒻頭と名づく。大なる者斗の如し。其の肌は正白。灰汁を以て煮れば則ち凝成す。苦酒を以て淹けて之を食すべし。蜀人これを珍とす）」

【蒿】10 (音)コウ (訓)よもぎ

[語源] 上古漢語は*hɔg、中古漢語はhau（→呉音・漢音カウ）である。キク科ヨモギ属（*Artemisia*属）の総称。また特に***A. apiacea***（カワラニンジン、中国名青蒿）を指す。茎は円柱形で直立し、高さは四〇～一五〇センチ。葉は羽状をなし青緑色。花が咲く頃に下の葉は枯れしぼむ。語源について陸佃は「秋に至りて則ち高大となる、故に通呼して蒿と為す」という（埤雅）。和名は河原の砂地によく生え、葉がニンジンの葉に似る

ところから、河原人参と名づけられた。

古代中国ではヨモギは邪気を払うとされ、この草で魔除けの弓を作った。一方、荒地にはびこるので、鳳凰が棲まない悪草のイメージがあり、また、墓場に生えるところから、死の象徴となる。蒿里は墓地、また葬式の歌という意味がある。

[字源]「高（*kɔg）」は高い建物を描いた図形。「高い」「高く伸びる」というイメージを示す。「高（音・イメージ記号）＋艸（限定符号）」を合わせて、まっすぐ高く伸びる草を暗示させる。これによってヨモギ類を表象した。

㊙甲　㊎金　篆〔高〕　篆〔蒿〕

[別名] 青蒿・草蒿・香蒿・菣

[文献] 詩経・小雅・鹿鳴「呦呦鹿鳴、食野之蒿（呦呦（ゆうゆう）として鹿鳴き、野の蒿を食ふ）」、後漢書・劉昆伝「桑弧蒿矢以射菟首（桑弧蒿矢以て菟首を射る）」

【蒜】 10

㊄サン　㊊ひる・にんにく

[語源] 上古漢語は*suan、中古漢語は**suan**（→呉音・漢音サン）である。大蒜と小蒜があり、本来は小蒜のことを単に蒜といった。後者の同定については二説がある。一つは中国在来のニンニクであるユリ科ネギ属の *Allium scorodoprasum* に当てる。外来の品種である *A. sativum*（ニンニク、中国名大蒜）よりも小形で、鱗茎は弁に分かれていないという。もう一つは *A. grayi*（ノビル、中国名小根蒜、山蒜）に当てる。葉は管状で、細長い。葉の間から花茎を出し、高さは六〇センチほどになる。若葉や鱗茎は食用になる。語源は算と同源で、群生すると直立した花茎がまるで算木を思わせることに由来する。和訓のヒルはノビル、ネギ、アサツキ、ニンニクなどの総称で、朝鮮語の **p'il** に由来するという（大野晋）。

漢の頃に中央アジア方面から渡来したニンニクを大蒜と呼び、それに対し在来の蒜を小蒜と呼んで区別するようになった。ニンニクの語源については葫の項参照。

[字源]「祘（さん）（*suan）」は四本の横線と六本の縦線から成り、古代の計算道具である算籌を象った図形。算の

原字である。「祘（音・イメージ記号）＋艸（限定符号）」を合わせて、花茎が算木のように細くて直立する草を暗示させた。

[篆]  〔祘〕　[篆] 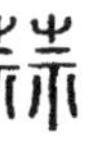 〔蒜〕

【別名】 ①（ノビル）小蒜・山蒜・卵蒜・茆蒜・沢蒜　②（ニンニク）大蒜・胡蒜・葫・葷菜

【文献】 ①斉民要術3「崔寔曰、布穀鳴、収小蒜、六七月可種小蒜、八月可種大蒜（崔寔曰く、布穀鳴きて、小蒜を収む。六七月小蒜を種うべし。八月大蒜を種うべし）」、名医別録「蒜味辛温無毒、帰脾腎、主治霍乱、腹中不安、消穀、理胃、温中、除邪痺毒気、五月五日採（蒜は、味は辛にして温、毒無し。脾腎に帰す。主治は霍乱、腹中不安、穀を消し、胃を理め、中を温め、邪痺毒気を除く。五月五日に採る）」

石蒜→曼殊沙華 （243ページ）

大蒜→葫 （275ページ）・蒜 （285ページ）

【蓍】 10

[音]シ
[訓]めど・めどはぎ

【語源】 中国と日本では意味が異なる。中国では上古漢語が*thier、中古漢語がʃii（→呉音・漢音シ）で、キク科の多年草*Achillea alpina*（ノコギリソウ、中国名高山蓍）を意味する。茎は直立し、叢生する。高さは六〇～一〇〇センチ。葉は櫛状をなし、縁にぎざぎざがある。夏から秋にかけて小さな白い頭花が咲く。古代中国ではこの植物の茎を占いの道具に用いた。語源について李時珍は白虎通の「蓍の言為るは耆なり」と、埤雅の「草の多寿なる者、故に耆に従ふ」という二説を引用している。年を経て茎が多くなればなるほど吉凶を知る霊力が増すと信じられたので、耆（経験が豊かで知識の深まった老人）や嗜（深く愛好する）と同源の語であろう。和名はぎざぎざのある葉を鋸に見立てて、鋸草という名がある。

日本ではマメ科ハギ属の半低木*Lespedeza cuneata*（メドハギ、中国名鉄掃帚）に当てる。高さは一メートルほど。枝は細長く、三つの複葉が密集する。その姿は箒に似る。新撰字鏡や和名抄で蓍をメド、本草和名で蓍草をメドクサと読ませている。メドは目処で、占いに用いたところから、目指す所、狙い目の意味で名づけられたと思われる。のち萩をつけてメドハギ（蓍萩）となった。占いの具が筮竹になる前は日本ではメドハギだが、中国ではノコギリソウであった。しかし日本人は蓍の意味を取り違えた可能性が強い。

【字源】「旨（*tier）」は「匕（スプーン）＋甘（口に物を含む形）」を合わせて、スプーンで物を口に入れて深く味わう様子を暗示する図形。「味がこってりして深い」というイメージを示し、脂（こってりしたあぶら）はこのイメージがある。「旨（音・イメージ記号）＋老（限定符号）」を合わせた「耆（*gier）」は、年を重ねて経験や知識が深くなった老人を表す。嗜（特定のものを長く深く愛好する→たしなむ）はこのイメージに基づく。「耆（音・イメージ記号）＋艸（限定符号）」を合わせて、年を経て多くの茎を生じて、吉凶を深く知るようになるという霊的な植物を表象した。説文解字に「蓍は蒿の属。生じて千歳に三百茎。易以て数と為す」とある。

[金]  [篆] 〔耆〕 [篆] 〔蓍〕

【別名】①（ノコギリソウ）霊蓍・神蓍・神策・神籌・聚雪・一枝蒿 ②（メドハギ）荓・馬帚・鉄掃帚・夜関門

【文献】①詩経・曹風・下泉「冽彼下泉、浸彼苞蓍（冽たる彼の下泉、彼の苞蓍を浸す）」、易経・繋辞伝上「蓍之徳円、而神卦之徳方以知（蓍の徳は円なり。而して神卦の徳方に以て知る）」、史記・亀策伝「蓍生満百茎者、其下必有神亀守之、其上常有青雲覆之、伝曰、天下和平、王道得、而蓍茎長大、其叢生満百茎（蓍生じて百茎に満つる者は、其の下必ず神亀有りて之を守る。其の上常に青雲有りて之を覆ふ。伝に曰く、天下和平なれば、王道得らる。而して蓍茎長大なり。其の叢生百茎に満つ）」

【蒔蘿】10 [音]ジーラ [訓]いのんど

【語源】中古漢語は**ʒiei-la**（→呉音ジーラ、漢音シーラ）である。セリ科の一年草または二年草***Anethum graveolens***（イノンド、別名ヒメウイキョウ）を意味する。茎は直立し、高さは六〇～九〇センチ。葉はウイキョウ（茴香）に似、羽状に裂ける。夏、黄色の小さい花が開く。果実は楕円形で、縦に筋が入り、翅がある。果実は香気があり、香辛料に用いられる。中国医学（本草）では種子を蒔蘿子といい、薬用とする。南欧の原産で、唐代の文献に初出する。語源はペルシア語の zīra の音写という(史有為・外来詞)。英語の dill も同源であろう。日本へは江戸時代に伝わり、スペイン語の eneldo が訛ってイノンドと呼ばれた。

[字源] 外来語を音写するために蒔と蘿を結んだもの。蒔は苗を移し植える意、蘿はある種の草を意味するが、植物と縁のある語をもってきただけで、意味とは直接の関係はない。

[別名] 小茴香・土茴香・慈謀勒・時美中

[文献] 本草拾遺(唐・陳蔵器)「蒔蘿生仏誓国、実如馬芹、子辛香(蒔蘿は仏誓国に生ず。実は馬芹の如し。子は辛く香し)」

蒺藜→茨(218ページ)

蒓→蓴(295ページ)

蒠→諸葛菜(259ページ)

蓖麻→361ページ

【蒲】 10 音 ホ 訓 がま

[語源] 上古漢語は *buag、中古漢語は bo(→呉音ブ、漢音ホ)である。ガマ科の多年草 ***Typha latifolia***(ガマ、中国名寛葉香蒲)を意味する。水辺や沼に生える。高さは一〜二・五メートル。根茎は地下で横走する。葉は線形で広く、茎よりも長く伸びる。夏、円柱形の花穂が出る。葉はむしろなどの材料になる。若芽は蒲菜といい食用になる。花粉は蒲黄といい、また柔らかい根茎は蒲蒻といい、いずれも薬用にする。語源は浦と同源で、水辺に生えることによる命名。和名は古くはカマで、葉や茎を編んでむしろにすることから、クム(組)が語源という。

蒲は葉が長くて柔軟なので、体がすらりとしてしなやかな女性のイメージを導くモチーフとして詩経で用いられている。また、一般に漢詩では柔らかいが粘り強いイメージから、夫婦の強い愛情の象徴に使われる。

[字源] 「甫(*puag)」の原形は「屮(草の芽)+田」を合わせて、田んぼに苗が生えている図形。これによって「ぴっしりと平らにくっつく」というイメージを示す記号とする。「甫(音・イメージ記号)+水(限定符号)」を合わせた「浦(*p'ag)」は、水とぴったりくっついた陸地、つまり水辺や岸辺を表した。この語源を利

用して、「浦（音・イメージ記号）＋艸（限定符号）」を合わせて、水辺に生える草を暗示させた。

㊙ 甲 金 〔甫〕 篆 〔浦〕 篆 〔蒲〕

【別名】蒲草・香蒲・甘蒲・蒲剣・睢蒲・醮石

【文献】詩経・陳風・沢陂「彼沢之陂、有蒲与荷（彼の沢の陂に、蒲と荷有り）」、荀子・不苟「柔従若蒲葦（柔従なること蒲葦の若し）」、古楽府・焦仲卿妻（楽府詩集73）「妾当作蒲葦、蒲葦紉如糸（妾は当に蒲葦と作るべし、蒲葦紉なること糸の如し）」

蒲葵

㊅ホ−キ ㊇びろう

【語源】上古漢語は*buag-giuər、中古漢語はbo-giui（→呉音ブ−ギ、漢音ホ−キ）である。ヤシ科の常緑高木*Livistona chinensis*（ビロウ）を意味する。中国南部の原産。高さは二〇メートルに達する。葉はシュロ（棕櫚）の葉に似、掌状に広がり、先端は垂れ下がる。葉柄に逆さの刺がある。昔、葉で扇を作り、これを蒲葵扇と称した。語源は葉の質の柔らかさを蒲になぞらえ、日差しを遮る扇にしたので葵［フユアオイ］になぞらえたのであろう。葵の葉は日の方向を向く（と考えられた）ので、蒲葵扇をかざした時のように根元に陰ができる。だから蒲と葵を結んで、ビロウという植物の名とした。和名のビロウは檳榔と混同されてそれが訛ったという説、あるいは、棕櫚の別名である栟櫚が訛ったという説がある。

【字源】「蒲」については前項、「葵」については該項参照。

【別名】扇葉葵

【文献】晋書・謝安伝「安問其帰資、答曰、有蒲葵扇五万、安乃取其中者捉之、京師士庶競市、価増数倍（安、其の帰資を問ふ。答へて曰く、蒲葵扇五万有りと。安乃ち其の中の者を取りて之を捉ふ。京師の士庶競ひて市ふ。価増すこと数倍）」、南方草木状「蒲葵如棕櫚、而柔薄、可為葵笠（蒲葵は棕櫚の如くして柔薄なり。葵笠と為すべし）」

蒲公英

㊅ホ−コウ−エイ ㊇たんぽぽ

【語源】中古漢語はbo-kung-ɪʌng（→漢音ホ−コウ−エイ）

である。キク科タンポポ属の多年草 ***Taraxacum mongolicum***（モウコタンポポ）を意味する。中国東北部や朝鮮に分布するタンポポの種類で、高さは一〇～二五センチ。白い乳液を含む。葉はぎざぎざがあり、叢生する。春、茎の先に黄色い花が咲く。昔は葉を食用にした。中国医学（本草）では汁や根を薬用とする。唐代の文献に登場し、始めの表記は鳧公英（ふこうえい）であった。鳧［マガモ］の嘴は黄色を帯びるので、花の色をそれになぞらえたと思われる。和名のタンポポの語源については諸説がある。柳田国男によれば、鼓草という異名もあるように、鼓の幼児語に由来するという。漢語の別名にも白鼓釘や孛孛丁（bo-bo-ding）があるのは、偶然だろうか。

［字源］「几（しゅ）」はカモが飛ぶ姿を抽象的符号で示した図形で、それに鳥を加えた鳧（ふ）（中古漢語はbu）でカモを表す。「公（*kung）」の字源については松の項参照。鳧に公を添えて、カモの愛称とする。また「央（*·iang）」は「大（手足を広げて立つ人）＋冂（枠を示す符号）」を合わせて、頭と胴の真ん中に位置する首を押さえつける情景を暗示する図形である。これによって「中心がくぼむ」というイメージのほかに、「中心でくっきりと分かれる」というイメージを示す記号とする。「央（音・イメージ記号）＋艸（限定符号）」を合わせて、植物体の中で、特にくっきりと際立つ部分、つまり「はな」を暗示させた。鳧公と英を結んで、カモの嘴のように黄色い花をもつ草という意味合いの複合語を作った。のち鳧の音と似た蒲に替えて、蒲公英となった。

金　篆　〔鳧〕
甲　金　篆　〔央〕
篆　〔英〕

［別名］ 鳧公英・蒲公草・蒲公罌・僕公罌・蒲公丁・大丁草・白鼓釘・孛孛丁・孛孛丁菜・地丁花・黄花地丁・黄花郎・金簪花・狗乳草・鵓鴣英

［文献］ 千金要方77「以鳧公英草摘取根茎、白汁塗之（鳧公英草を以て根茎を摘取し、白汁もて之に塗る）」、外台秘要方29「取蒲公英茎葉断之、取白汁（蒲公英の茎葉を取りて之を断ち、白汁を取る）」

【蒡】 10

音 ボウ
訓 —

【語源】牛蒡の語形で用いる。中古漢語は ngɪəu-pang（→呉音グ-ハウ、漢音ギウ-ハウ）である。キク科の二年草 *Arctium lappa*（ゴボウ）を意味する。茎の高さは一〜一・五メートル。葉はハート形で大きく、根元で叢生する。根は肉質で紡錘形をなし、一メートルほどになる。夏、紫紅色の花が咲く。果実は長楕円形で、先端に刺がある。中国医学（本草）では果実を悪実と称し、薬用とする。また食用として栽培された。語源は宋の戴侗が「其の実の芒能く物に粘る。又鼠粘と名づくるなり」（六書故）という通り、果実が物に粘着するので、旁の「そばにつく」のイメージを取り、牛のわきにくっつく草という意味合いで名づけられたのであろう。

【字源】「牛（*ngɪog）」はウシを描いた図形（牽牛花の項参照）。「方（*pɪang）」は左右に柄の張り出た鋤を描いた図形で、「左右に張り出す」というイメージがある。「凡」は船の帆の図形。「方（音・イメージ記号）＋凡（イメージ補助記号）」を合わせた「旁（*bang）」は、帆のように左右に張り広がる様子を暗示する。傍（左右に張り出したその両側）はこのイメージに基づく。旁は傍と同じ意味にもなり、また、「物のそばに寄り添う」という意味を派生する。「旁（音・イメージ記号）＋艸（限定符号）」を合わせて、刺が物のわきにくっついて離れない草を暗示させた。牛という具体物を冠して、牛蒡という複合語にした。これは鼠を用いて鼠粘と称したのと発想が似ている。

㊙甲　㊙金　㊙篆　〔方〕

㊙甲　㊙金　㊙篆　〔旁〕

【別名】鼠粘・便牽牛・大力子・蝙蝠刺・夜叉頭

【文献】千金要方68「取牛蒡根、熟擣和（牛蒡の根を取り、熟して擣きて和す）」、夢粱録18「菜之品…冬瓜・瓠子・山薬・牛蒡」

【蓮】10　㊀音レン　訓はす

【語源】上古漢語は*lān、中古漢語は len（→呉音・漢音レン）である。ハス科の多年草 *Nelumbo nucifera*（ハス）を意味する。水中に生える。地下茎は横に這い、多くの節ができる。節と節の間は肥大化する。根茎の先に大きな葉が丁型に水面に出る。夏、淡紅色または白色の花を開く。蜂の巣状の花托に多くの種子が入っている。古代から栽培され、食用・薬用とされた。

ハスは各部分を表す漢字がある。ハスの通称は荷であった。その茎は茄、葉は蕸（か）、根の細い部分は蔤（みつ）、根の肥大した部分は藕（ぐう）、花は菡萏（かんたん）、実は蓮、根の内部は薏（よく）という。果実（花托）は上部が平らな逆円錐形で、小さな孔が点々と連なり、そこに種子ができるので、連と同源の語で呼ぶ。のち蓮がハスの意味に拡大された。和名はハチスが古語で、花托が蜂の巣に似ることから名がついた。

古代中国では一つの茎に二つの花を生じるハスは並蒂蓮、双頭蓮などと呼ばれ、瑞祥のシンボルとされた。世界の調和だけでなく、夫婦の和合、男女の愛情を表すことがある。また漢詩では蓮は憐と音が通じるので、愛の象徴に使われる。吉祥図では連と音を通わせ、蓮と笙を組み合わせた連生貴子（子宝が次々と生まれる意を寓する）などの図案が考案され、調度などの装飾とされる。

[字源]「連（*lian）」は「車（イメージ記号）＋辵（限定符号）」を合わせて、人や家畜の力で車を引っ張って行くように、ずるずるとつながる様子を暗示させる図形。「連（音・イメージ記号）＋艸（限定符号）」を合わせて、花托に無数の小さな孔が連なる植物を暗示させた。

(篆)〔連〕　(篆)〔蓮〕

[別名] 荷・芙蕖・芙蓉

[文献] 淮南子・本経訓「樹蓮菱以食鱉魚（蓮と菱を樹ゑて以て鱉魚を食（やしな）ふ）」、宋書・符瑞志「元嘉十六年己丑、華林池、双蓮同幹（元嘉十六年己丑、華林池にて、双蓮幹（みき）を同じくす）」、南史・斉本紀「鑿金為蓮華以帖地、令潘妃行其上曰、此歩歩生蓮華（金を鑿ちて蓮華を為（つく）りて以て地に帖り、潘妃をして其の上を行かしめて曰く、此れ歩歩蓮華を生ずるなりと）」

睡蓮

(音) スイ-レン　(訓) —

[語源] 中古漢語は ʒuĕ-len（→漢音スイ-レン）である。スイレン科スイレン属の多年生水草 ***Nymphaea tetragona***（ヒツジグサ）を意味する。秋、白色の花が咲く。葉はハート形で、水面に浮かぶ。午後に開き、夕方に閉じる。語源は夜には花が水中に沈むと考えられ、また葉

がハスに似るので、睡蓮の名がついた。午（昼の十二時）に開き、子（夜の十二時）に閉じるとされて、子午蓮という異名がある。和名のヒツジグサ（未草）は未の刻（午後二時）に開花するとされたことによる。なお日本では睡蓮をスイレン属の総称として用いる。多数の品種があり、観賞用に植えられる。

【字源】「𠂹（すい）（*dhiuar）」は華の項でも述べたように、草木の枝葉が垂れ下がる図形である。「𠂹（音・イメージ記号）＋土（イメージ補助記号）」を合わせた「垂（*dhiuar）」は、「上から下に垂れ下がる」というイメージを示す記号とする。「垂（音・イメージ記号）＋目（限定符号）」を合わせて、まぶたが垂れて眠ることを暗示させた。「蓮」の字源は前項参照。「睡」に「蓮」を添えた複合語でもって、水中に入って眠ると空想された植物を表した。

篆（𠂹）　篆（垂）　篆（睡）

【別名】子午蓮・睡蓮菜・茈碧花

【文献】北戸録3（唐・段公路）「睡蓮、葉如荇而大、沈於水面…其花布葉数重、不房而蘂、凡五種色、当夏昼開夜縮、入水底、昼復出也（睡蓮、葉は荇［アサザ］の如くして大、水面に沈む…其の花、葉を布くこと数重、房ならずして蘂なり。凡そ五種の色、夏に昼に当たりて開き、夜に縮み、水底に入り、昼復た出づるなり）」

木蓮

音 モクレン　訓 いたび

【語源】上古漢語は*muk-lān、中古漢語はmuk-len（→呉音モク-レン、漢音ボク-レン）である。四つの意味がある。第一は、クワ科のつる性木本である薜茘［オオイタビ］の別名。日本では新撰字鏡などで木蓮子をイタビと読ませている。現在はイタビカズラ（崖石榴）という。薜茘の項参照。

第二は、唐代の詩人たちが木芙蓉［フヨウ］の別名として用いた。芙蓉の項参照。

第三は、木蘭の別名とする。木蘭［モクレン］と木蓮は音が転じたものという。しかしこれは第四の木蓮と混同したとする説もある。日本では木蘭の別名という考え方を取り、木蘭のことをモクレンという。木蘭の項参照。

第四は、唐の酉陽雑俎や白楽天の詩に出る木蓮を現代中国でモクレン科の*Manglietia fordiana*に同定している。高さは二〇メートルに達する。樹皮は灰色で、葉は披針形。初夏に玉蘭［ハクモクレン］に似た白い花が咲く。香気がある。中国の西南・東南部に分布する。

【字源】「木」と「蓮」の各項参照。

【別名】①(オオイタビ)薜茘 ②(フヨウ)木芙蓉 ③(モクレン)木蘭 ④(モクレンの類)黄心樹・広心樹

【文献】①梁元帝・屋名詩(漢魏六朝百三家集84)「木蓮恨花晩(木蓮花の晩きを恨む)」 ②全芳備祖集・前集2「唐人謂木芙蓉為木蓮(唐人木芙蓉を謂ひて木蓮と為す)」 ③花鏡3「木蘭、一名木蓮、一名杜蘭」 ④酉陽雑俎・続集9「木蓮花葉似辛夷、花類蓮、花色相傍、出忠州鳴玉渓、邛州亦有(木蓮花、葉は辛夷に似、花は蓮に類す。花色相傍ふ。忠州の鳴玉渓に出づ。邛州にも亦た有り)」

【蔗】 11 音 シャ・ショ 訓 ——

【語源】多くは甘蔗の語形で使われる。上古漢語は*kam-tiăg、中古漢語は**kam-tʃiă**(→呉音・漢音カム-シャ)である。イネ科サトウキビ属(*Saccharum*属)の多年草の総称。また特に***S. sinense***(チクシャ、中国名中国竹蔗)を指す。インドから中国南部に産するサトウキビの種類である。茎は円柱形で、高さが四メートルに達する。竹に似、節がある。葉は広くて長い。春、糸状の長い毛のある穂を出す。甘い汁を煮詰めて砂糖を製する。また茎を嚼んで生の汁を飲むこともできる。語源は汁を多く含むので、庶の「多く集まる」のイメージを取る。和名のチクシャはもともと中国の蜀(四川省)に産したという竹蔗を音読みにしたもの。本草綱目によると竹蔗は味にこくがあり、専ら砂糖造りに用いられた。ほかの品種に西蔗、荻蔗、崑崙蔗があった。

「漸く佳境に入る」という佳境は蔗境ともいい、サトウキビの根元に行くほどだんだん甘みが増すことにちなんだ故事成語である(下記文献参照)。

【字源】「庶」は「广+芖」に分析できる。「廿」は「革」(頭つきの獣の毛皮)や「堇」(革を乾かす形)の上の部分で、獣の頭を示す符号である。「廿+火」を合わせた「芖」は、獣から採った脂肪を燃やす図形で、「光」

と同じ。「广（いえ）＋芡（光）」を合わせた「庶（*thiag）」は、家の中に光を取り込む情景を設定した図形。これにより「多く集まる」というイメージを示す記号とする。「庶（音・イメージ記号）＋艸（限定符号）」を合わせて、茎の中に多くの汁が含まれた植物を暗示させた。別名に都蔗や諸蔗があるが、都も諸も「多く集まる」というイメージがある。また蔗の代わりに柘も使われるが、「石」は「中身が詰まる」というイメージを示す記号である（柘の項参照）。本来は蔗だけでサトウキビを表すことができたが、のちに「甘」を冠して複合語にした。「甘」の字源については「柑」の項参照。

㊎芡〔芡〕 ㊞庶〔庶〕 ㊞蔗〔蔗〕

［別名］ 干蔗・竿蔗・諸蔗・藷蔗・都蔗・甘柘・諸柘・盈丈

［文献］ 史記・司馬相如伝「諸蔗猼且」、晋書・顧愷之伝「愷之毎食甘蔗、自尾至本、人或怪之、云、漸入佳境（愷之、甘蔗を食ふ毎に、尾より本に至る。人或いは之を怪しむ。云ふ、漸く佳境に入ると）」

【蓴】

11 ㊥ジュン ㊞ぬなわ

［語源］ 上古漢語は*dhiuən、中古漢語はʒiuĕn（→呉音ジュン、漢音シュン）である。スイレン科の多年生水草*Brasenia schreberi*（ジュンサイ、中国名蓴菜）を意味する。茎は細く、長さは一メートルほどになる。根茎は泥の中を横に這う。葉はほぼ円形で、水面に浮かぶ。夏、暗紅色の小さな花が咲く。若い葉は食用になる。語源は葉の円い形を捉えて、専の「まるい」というイメージを用いた。日本の古名はヌナワであった。本草和名や和名抄で奴奈波（ヌナハ）の訓がある。語源は茎や葉が粘滑なので、滑之葉に由来するという。しかしやがて漢名蓴菜の音読みを使用するようになった。

故郷のジュンサイの料理を思い出して官職を辞したという晋の張翰の故事から、「蓴羹鱸膾」は懐郷のモチーフとして漢詩などで使われる（下記文献参照）。

［字源］「叀（せん）（*tiuan）」は紡錘のおもりを描いた図形で、くるくる回りながら糸を縒る道具である。「叀（音・イメージ記号）＋寸（限定符号）」を合わせた「專（*tiuan）」は、糸を縒り合わせて一本にまとめる様子を暗示させ

る。実現される意味は専門の専、つまり「それだけ一筋に（もっぱら）」であるが、「くるくる回る」というイメージがコアにある。これは「丸い（円い）」というイメージに展開する。團（＝団。まるい）や轉（＝まるく回る）などはこのイメージに基づく。「専（音・イメージ記号）＋艸（限定符号）」を合わせて、葉の円い草を暗示させた。なお蒓と蓴は同音同義である。

（甲）（金）（篆）〔叀〕

（甲）（篆）〔專〕（篆）〔蓴〕

【別名】 蒓・蒓菜・蓴菜・糸蓴・淳菜・水芹・水葵・露葵・緑葵・鳧葵・茆・錦帯・馬蹄草

【文献】 毛詩草木鳥獣虫魚疏（三国呉・陸璣）「茆…江南人謂之蓴、或謂之水葵、諸陂沢水中皆有（茆…江南の人之を蓴と謂ふ。或いは之を水葵と謂ふ。諸陂沢の水中に皆有り）」、晋書・張翰伝「翰因見秋風起、乃思呉中菰菜蓴羹鱸魚膾、曰、人生貴得適志、何能羈宦数千里、以要名爵乎、遂命駕而帰（翰、秋風の起こるを見るに因り、乃ち呉中の菰菜・蓴羹・鱸魚の膾を思ふ。曰く、人生は適志を得るを貴ぶ。何ぞ能く数千里に羈宦し、以て名爵を要めんやと。遂に駕を命じて帰る）」

石蓴

音 セキ-ジュン
訓 あおさ

【語源】 上古漢語は*dhiak-dhiuən、中古漢語は **ʒɪɛk-ʒiuĕn**（→呉音ジャク-ジュン、漢音セキ-ジュン）である。アオサ科の緑藻 *Ulva lactuca*（アオサ、中国名石蒓）を意味する。岩礁に生える。長さは一〇～三〇センチ。体は卵形に近く、縁は波状を呈し、色は黄緑色。乾燥させて食用にする。語源はジュンサイ（蓴菜）になぞらえ、棲息場所を示す石を冠する。和名はアヲソの訛りで、アヲは青、ソは麻、または衣の意であろう。

【字源】 「石」については柘の項、「蓴」については前項参照。

【別名】 石被・紙菜

【文献】 斉民要術6「南越志云、石蓴似紫菜、色青（南越志に云ふ、石蓴は紫菜に似、色は青し）」

蒋→菰（256ページ）
蔘→人参（377ページ）
蓷→茺蔚（221ページ）

【蔦】 11 ㊥チョウ ㊞つた

［語源］ 中国と日本では意味が異なる。中国では上古漢語が*tög、中古漢語がteu（→呉音・漢音テウ）で、ヤドリギ科の常緑低木の総称である。後世は寄生と称されるが、蔦が古語で、詩経に出ている。この木は他の植物に寄生する。その姿を二つの物の合体と見て、漢詩などでは調和や愛の象徴として用いられる。語源について李時珍は「此の物他木に寄生して生ず。鳥の上に立つが如し。故に寄生、寓木、蔦木と曰ふ」（本草綱目）と述べている。寄生木の項参照。

日本では新撰字鏡が蔦にホヨ（ヤドリギの古名）の訓をつけている。正しい同定があったにもかかわらず、室町時代の下学集あたりからツタと誤読し、現在に至っている。ツタはブドウ科のつる性木本*Parthenocissus tricuspidata*（ツタ、中国名爬山虎）である。吸盤のついた巻きひげで他物に絡みつく。葉は広卵形。秋に紅葉する。中国医学では地錦といい、生薬に用いる。ツタはつるがよじ登る姿から、ツタフ（伝）の語根に由来する。

［字源］「鳥（*tög）」は尾の長いとりを描いた図形。「鳥（音・イメージ記号）＋艸（限定符号）」を合わせて、鳥が木に宿るように、他の木に宿る植物を表した。広雅では檮になっている。

㊙ ㊎ ［鳥］ ㊧ ［蔦］ ㊧ ［檮］

［別名］ ①（ヤドリギ）寄生・寄生樹・寄生草・寓木 ②（ツタ）地錦・地噤

［文献］ ①詩経・小雅・頍弁「蔦与女蘿、施于松上（蔦と女蘿、松上に施る）」、毛詩草木鳥獣虫魚疏（三国呉・陸璣）「蔦一名寄生、葉似当盧、子如覆盆子、赤黒甜美（蔦は一名寄生。葉は当盧に似、子は覆盆子の如し。赤黒にして甜美なり）」

【蓬】 11 ㊥ホウ ㊞よもぎ

［語源］ 上古漢語は*bung、中古漢語はbung（→呉音ブ、漢音ホウ）である。古典によく出る植物で、二つの意味がある。一つはキク科ムカシヨモギ属の二年草*Erigeron acer*（エゾムカシヨモギ、中国名飛蓬）に当て

られる。河原の砂地などに生える。茎は直立し、高さは五〜六〇センチ。大きな葉が叢生する。全体に剛毛が多い。茎の先に円錐形の花序ができる。花期になると葉は枯れる。中国では北方に多く分布する。語源は葉の叢生する姿を捉えて、逢の「⋀⋀型に盛り上がる」というイメージに基づく命名であろう。和名のエゾは蝦夷、ムカシヨモギ（昔蓬）はヨモギに似るがヨモギではないという意を寓したものという。

日本では和名抄が蓬をヨモギと読んでから、キク科ヨモギ属の多年草 ***Artemisia princeps***（ヨモギ、中国名魁蒿）に当られている。本来は誤用であるが、中国でも説文解字に「蓬は蒿なり」とあり、両者はしばしば混同された。蒿［カワラニンジン］には邪気を払う効力があると信じられ、破魔矢を蒿矢というが、蓬矢という語もある。また日本では端午の節句に軒にヨモギを挿す風習があった。ヨモギの語源については艾の項参照。

もう一つはアカザ科の一年草 ***Agriophyllum squarrosum***（中国名沙蓬）に当てられる。中国北部の砂漠地帯に生える。高さは二〇〜五〇センチ。細い枝が密生する。種子は食べられる。また油を採る。中国医学（本草）では種子を東廧子と呼び薬用とする。

中国の古典では、蓬は秋に枯れ、風に吹かれると、根元から折れ、散乱して飛ぶ植物とされて、さすらう旅人や乱れた髪の比喩に用いられ、転蓬や飛蓬の語がある。この蓬は一般にムカシヨモギとされているが、沙蓬も含む可能性がある。

［字源］「丰（ほう）（*p'iung）」は稲などの穂先が尖って出る図形で、「先端が∧型をなす」「（とがって）∧型に盛り上がる」というイメージを示す記号になる。これは「⋀⋀型をなす」というイメージにも展開する。「丰（音・イメージ記号）＋夊（足の動作とかかわる限定符号）」を合わせた「夆（*bung）」は、双方から歩いてきた足が⋀⋀の形に出会う様子を暗示する。それに限定符号の辵を添えた「逢（*bung）」は出会うことを表すが、「⋀⋀型をなす」というイメージがコアにある。「逢（音・イメージ記号）＋艸（限定符号）」を合わせて、葉が叢生して⋀⋀型に盛り上がる草を暗示させた。

甲　金　篆　〔丰〕

（金）（篆）〔夆〕

（金）（篆）〔逢〕

（甲）（篆）〔蓬〕

【別名】①（ムカシヨモギ）飛蓬・流草　②（沙蓬）東廧・東牆・沙米・登粟

【文献】①詩経・衛風・伯兮「首如飛蓬（首は飛蓬の如し）」、荀子・勧学「蓬生麻中、不扶而直（蓬、麻中に生へ、扶けずして直し）」、商君書・禁使「飛蓬遇飄風而行千里、乗風之勢也（飛蓬、飄風に遇ひて千里を行くは、風の勢ひに乗ずるなり）」、史記・老子伝「君子得其時則駕、不得其時則蓬累而行（君子其の時を得れば則ち駕し、其の時を得ざれば則ち蓬累して行く）」　②斉民要術10「広志曰、東牆色青黒、粒如葵、子似蓬草、十一月熟、出幽涼并烏丸地（広志に曰く、東牆は色青黒、粒葵の如く、子蓬草に似たり。十一月熟す。幽涼并びに烏丸の地に出づ）」、駱賓王・辺城落日（全唐詩79）「万里逐沙蓬（万里沙蓬を逐ふ）」

蔓菁→蕪菁（306ページ）

【蓼】11

（音）リョウ　（訓）たで

【語源】上古漢語は*lɔg、中古漢語はleu（→呉音・漢音レウ）である。タデ科タデ属（*Polygonum*属）の草本植物の総称であるが、普通は***P. hydropiper***（ヤナギタデ、別名ホンタデ、マタデ、中国名水蓼）を指すことが多い。水辺に生える。茎は直立、または下部が地に伏せる。高さは二〇～八〇センチ。節は膨れて大きく、根にひげがある。葉はヤナギの葉に似る。秋に頂上に細長い花穂ができる。葉は味が非常に辛く、古代中国では調味料に用いた。中国医学（本草）では種子を薬用にする。語源について李時珍は「蓼の類皆高揚す。故に字は翏（りょう）に従ふ。音は料、高く飛ぶ貌（かたち）なり」という。この植物の体形を鳥の飛ぶ姿に見立てたというものである。一説では熮（りょう）（激烈辛辣の意）に通じ、辛い味の植物なので蓼という（夏緯瑛）。和名のタデはタダレが語源で、舌を爛れさせるほど辛いことに由来するという。熮は「ただれる」の意味があるので、漢語の発想と似ている。しかし筆者は李時珍の説を取りたい。

【字源】「㐱（しん）」は「人＋彡（髪）」を合わせて、びっしり生えた髪や毛を暗示する図形。鳥の場合は羽毛である。「羽（鳥のはね）＋㐱（羽毛）」を合わせた「翏（leu）」は、鳥が頭を上に、尾を下にして飛び上がる場面を設定した図形である。説文解字に「翏は高飛なり」とある。これはヒバリが上空に飛び上がる様子を捉えた図形と考えられる。ヒバリを天鷚という。この語源を利用して、葉や花穂が上を向いて鳥が飛び立つような姿をしたタデ類を、「翏（音・イメージ記号）＋艸（限定符号）」を合わせた蓼によって表象した。

㊎　㊕〔翏〕　㊕〔蓼〕

【別名】 沢蓼・虞蓼・辣蓼

【文献】 詩経・周頌・小毖「未堪家多難、予又集于蓼（未だ家の難多きに堪へず、予又蓼を集む）」、礼記・内則「膾…秋用蓼（膾は…秋には蓼を用ゐる）」、楚辞・七諫「蓼虫不知徙于葵菜（蓼虫は葵菜に徙るを知らず）」

木天蓼 ㊅モク-テン-リョウ ㊁またたび

【語源】 中古漢語は **muk-t'en-leu**（→呉音モク-テン-レウ、漢音ボク-テン-レウ）である。マタタビ科のつる性木本 ***Actinidia polygama***（マタタビ、中国名葛棗獼猴桃）を意味する。高さは五メートルほど。梅に似た白い花が咲く。花期になると枝先の葉が白くなる。果実は長楕円形で先端が尖る。中国医学（本草）では虫瘤ができた果実を木天蓼と称し、薬用とする。猫が果実をかじると酔ったようになり、猫の好物と考えられた。これが「猫に木天蓼」という諺の由来。語源について李時珍は「其の樹高くして味辛く蓼の如し。故に名づく」と述べる。和名の語源について貝原益軒は、二種の実が生るので、またつ実→マタタビになったという。一説では、古名は「わたたび」で、わるただれから来ている。「わ」はワサビのワ、「ただれ」はタデのことで、味が辛いことにちなんだ命名という。

【字源】 「木」については該項、「天」については満天星の項、「蓼」は前項参照。天蓼はオオケタデの別名でもある（葒の項参照）。大形のタデの一種である。茎が長く伸びるつる性の植物で、味がタデのように辛いところから、「木」と「天蓼」を組み合わせた。

【別名】 天蓼・藤天蓼・天蓼木

【文献】 新修本草「木天蓼味辛温、有小毒、主癥結、積

聚、風労虚冷（木天蓼は、味は辛にして温、小毒有り。癥結、積聚、風労虚冷を主る）」

【蕓薹】12 音ウンーダイ・ウンータイ 訓あぶらな

[語源] 上古漢語は*fiuen-dəg、中古漢語はfiuən-dəi（→呉音ウンーダイ、漢音ウンータイ）である。アブラナ科の一年草または二年草 *Brassica campestris* var. *oleifera*（アブラナ、中国名油菜）を意味する。中国原産の野菜で、長江以南で栽培される。茎は円柱形で、高さは一メートルほど。葉は大きく、琴の形を呈する。春に黄色の花（いわゆる菜の花）が咲く。中国医学（本草）では種子を蕓薹子と呼び薬用とする。また種子から油（いわゆる菜種油）を採るので、油菜（ゆさい）の別名がある。和名も同趣旨である。蕓薹の語源について李時珍は「此の菜、薹［花茎］を起こし易く、其の薹を採るを須（ま）ちて食す。則ち分枝必ず多し。故に蕓薹と名づく」と説く。

本草和名や和名抄では蕓薹に乎知（ヲチ）の訓がある。これが古名であったが、江戸時代から油菜（あぶらな）に代わった。

[字源]「云（*fiuən）」については芸（うん）の項でも述べたように、雲気が盛んに立ちこめる様子を描いた図形。「（気のようなものが）もやもやと漂う」というイメージを示し、雲の原字である。「雲（*fiuən）」はそのイメージからさらに「盛んに群がる（集まる）」というイメージにも展開しうる。次に「之（*tiəg）」は足の図形（芝の項参照）。「まっすぐ進む」というイメージから単に「まっすぐ」のイメージにもなる。「高」は高い建物の図形（蒿の項参照）。「至」は矢が的に届く様子を描いた図形で、「これ以上は行けない所」というイメージがある。「之（音・イメージ記号）＋至（イメージ補助記号）＋高（限定符号）」を合わせた「臺（*dəg）」は、物見をするために山の際に立てたまっすぐ高い建物（うてな）を表す。「臺」には「高くまっすぐ」というイメージがある。「薹（音・イメージ記号）＋艸（限定符号）」を合わせて、まっすぐ伸びる花茎（いわゆる蕗の薹などの「とう」）を表す。「雲（音・イメージ記号）＋艸（限定符号）」を合わせた蕓と薹を結んで二音節の複合語とし、菜の花が一面に群がるように咲く薹（花茎）をもつ草を寓意した。なお千金要方などでは芸薹と書く。

㊙甲 ㊙篆〔云〕 ㊙篆〔雲〕

㊙金 ㊙篆〔之〕 ㊙篆〔臺〕

[別名] 薹菜・薹芥・蕓薹菜・油菜・春菜・胡菜・寒菜

[文献] 斉民要術3「蕓薹一畝種法、与蕪菁同、既生亦不鋤之、十月収（蕓薹一畝種うる法は、蕪菁と同じ。既に生じて亦た之を鋤かず。十月に収む）」

【蕎】12 音キョウ 訓そば（蕎麦）

[語源] 上古漢語は*gɪɔg、中古漢語はgɪɛu（→呉音ゲウ、漢音ケウ）である。蕎は爾雅に出ていて、晋の郭璞の注によれば大戟のことである。大戟とはトウダイグサ科トウダイグサ属の多年草 ***Euphorbia pekinensis***（タカトウダイ、中国名大戟）で、茎は細長く直立し、高さは八〇センチに達する。有毒だが、乾燥した根を大戟と呼び薬用にする。この根の形が戟（ほこの一種）に似るので大戟の名がある。蕎は細長い茎がまっすぐ高く伸びる姿を捉えて、喬の「たかい」のイメージによる命名である。

蕎麦は蕎に麦を添えた複合語で、ソバ科の一年草 ***Fagopyrum esculentum***（ソバ）を意味する。茎は円筒形で、高さは四〇～一一〇センチ。葉は三角形。花は小さな房状をなし色が白い。果実は三つの稜がある。中央アジアの原産で、南北朝時代の中国に初めて登場する。薬用のほか、麺を製した。語源はタカトウダイの果実にも三稜のあるのが似ており、また麺にして食べることから、蕎と麦を組み合わせたもの。日本へは中国、朝鮮を経て十世紀ごろ伝わった。古名はソバムギ。ソバは稜の意。名付け方は漢名と同趣旨である。

[字源]「高（*kɔg）」は高い建物の図形（蒿の項参照）。「夭」は頭を傾げた人の図形。「高（音・イメージ記号）＋夭（イメージ補助記号）」を合わせた「喬（*gɪɔg）」は、「高くて上が曲がる」というイメージを示すが、「高く上がる」というイメージにもなる。「喬（音・イメージ記号）＋艸（限定符号）」を合わせて、茎が細くて高く伸びる草（タカトウダイ）を表した。のち蕎に麦を添えて、ソバを意味する二音節語を作った。「麦」については該項参照。

㊙金 ㊙篆〔高〕 ㊙篆〔喬〕

[別名] ①（タカトウダイ）大戟・邛鉅・下馬仙　②（ソバ）莜麦・烏麦・花蕎・浄腸草

[文献] ①爾雅・釈草「蕎、邛鉅」――郭璞注「今薬草大戟也」　②斉民要術・雑説「先耕蕎麦地、次耕余地（先づ蕎麦の地を耕し、次に余地を耕す）」、食療本草「蕎麦味甘平無毒、実腸胃、益気力、久食動風、令人頭眩、和猪肉食之、患熱風、脱人眉鬚（蕎麦は、味は甘にして平、毒無し。腸胃を実たし、気力を益す。久しく食すれば風を動かし、人をして頭眩せしむ。猪肉に和して之を食へば、熱風を患ひ、人の眉鬚を脱す）」

【蕨】 12 音 ケツ 訓 わらび

[語源] 上古漢語は*kıuăt、中古漢語はkıuʌt（→呉音コチ、漢音ケツ）である。イノモトソウ科のシダ植物 ***Pteridium aquilinum* var. *latiusculum***（ワラビ）を意味する。森の草地に自生する。高さは一メートルほど。根茎は長く地下を這う。葉は羽状で多い。若芽は反り返って拳のような形になる。これを食用とする。語源は厥の「曲がってはねあげる」というイメージで名付けられた。小児の拳に似ているところから、拳菜の異名がある。和名のワラビの語源も発想が似ており、小児の手に見立てて、童手振り→ワラビとなったといわれる。漢名の別名に鼈（＝虌）がある。これは葉の形をスッポンの脚に見立てたものである。

[字源] 「屰（ぎゃく）（*ngıăk）」は「大」を逆さにした図形で、「逆方向に行く」というイメージを示す。「屰（音・イメージ記号）＋欠（限定符号）」を合わせた「欮（けつ）（*kıuăt）」は、体内の気が逆方向に行く様子を暗示し、瘚（気が逆上する病気）の原字。「欮（音・イメージ記号）＋厂（石を示すイメージ補助記号）」を合わせた「厥（*kıuăt）」は、弓から石をはね上げる様子を暗示させる。「反対方向にはね上げる」というイメージは「巻いたものが（元に戻ろうと）ぴんと反対方向にはねる」というイメージにもつながる。蹶起の蹶（足をくぼみにひっかけて跳ねる）は同源の語である。この語源を利用して、「厥（音・イメージ記号）＋艸（限定符号）」を合わせて、ゼンマイのようにぴんと跳ねる新芽のできる草を暗示させた。

甲

金

篆

〔屰〕

篆〔欮〕 篆〔厥〕 篆〔蕨〕

[**別名**] 拳菜・蕨手・蕨拳・紫蕨・虌・鼈脚・竜葵菜

[**文献**] 詩経・召南・草虫「陟彼南山、言采其蕨（彼の南山に陟（のぼ）り、ここに其の蕨を采る）」、食療本草「蕨…消陽事、縮玉茎、多食令人髪落、鼻塞、目暗（蕨は…陽事を消し、玉茎を縮む。多食すれば人の髪を落とし、鼻を塞ぎ、目を暗くならしむ）」、埤雅18（宋・陸佃）「蕨…状如大雀拳足、又如其足之蹶也、故謂之蕨（蕨…状は大雀［ダチョウ］の拳足の如し。又其の足の蹶するが如きなり。故に之を蕨と謂ふ）」

蕣→槿 （117ページ）

【蕈】 12 音ジン 訓きのこ

[**語源**] 上古漢語は*dziəm、中古漢語はdziəm（→呉音ジム、漢音シム）である。担子菌（キノコ）類の通称である。キノコを表す普通の漢字は菌であるが、地に生えるものを菌といい、木に生えるものを蕈と呼んで区別するという。蕈は古くは説文解字に見える。近代以前の文献には香蕈、松蕈などの用例がある。現代中国では前者を*Lentinus edodes*（シイタケ）、後者を*Armillaria matsutake*（マツタケ）に同定している。語源について李時珍は「蕈は覃に従ふ。覃は延なり。蕈の味は雋永なり。覃延の意有り」（本草綱目）と述べている。キノコの語源などについては菌の項参照。

[**字源**] 李時珍は味覚説で解釈した。今、これに従うことにする。「覃（*dəm）」の上部は酒を入れる器の形、下部は「厚」の略体。二つの記号を合わせて、下の方へ分厚くなった器を暗示させる図形である。これによって「深い」「深く入る」というイメージを示す記号とする。潭（深い淵）、罈（深い甕）にはこのコアがある。「覃（音・イメージ記号）＋艸（限定符号）」を合わせて、味や香りが深く入っておいしい植物を暗示させた。

金    篆 〔覃〕 篆 〔蕈〕

[**別名**] 菌

[**文献**] 爾雅・釈草「中馗、菌」――郭璞注「地蕈也」、諸病源候論26（隋・巣元方）「凡園圃所種之菜、本無毒、但蕈菌等物、皆是草木変化所生、出於樹者為蕈、生於

地者為菌（凡そ園圃に種うる所の菜は、もと毒無し。ただ蕈菌等の物は、皆是れ草木の変化して生ずる所なり。樹に出づる者を蕈と為し、地に生ずる者を菌と為す）」

【蕁】 12 音 ジン 訓 いらくさ（蕁麻）

［語源］ 蕁は本来タンと読み、紅藻の一種フノリ（海蘿）を意味した。宋代あたりから䕭の代わりに蕁を使うようになった。䕭麻は中古漢語が dziɛm-mă（呉音ゼム－メ、漢音セム－バ）で、イラクサ科イラクサ属（*Urtica* 属）の植物の総称である。中国で普通に見られるのは *U. cannabina*（アサノハイラクサ、中国名麻葉蕁麻、別名焮麻）で、茎の高さは一五〇センチほど。蟻酸を含む刺があり、触れると蜂や蠍に刺されたような痛みが走る。そのため螫麻、蝎子草の異名がある。燖麻とも書かれ、やがて蕁麻の表記になった。蕁麻疹（アレルギー性の皮膚病の一つ）はこれに由来する語である。語源は燖（熱がじわじわと入って温める）と同源で、「じわじわと深く入る」というイメージに基づく。和名のイラクサ（刺草）は刺を意味する古語のイラに草をつけたもの。苛々のイラとも同源である。

［字源］ 䕭が本字。「燅」は「熱の略体＋炎」を合わせて、火熱を加えて温める様子を暗示する図形。燖（あたためる）の原字である。「じわじわと熱が浸透していく」というイメージから、「だんだんと奥深く入りこむ」というイメージに展開する。「䕭（音・イメージ記号）＋艸（限定符号）」を合わせて、毛に触れると毒がじわじわと入り込んで痛みを催させる草を暗示させた。のち䕭を尋に替えて蕁とした。「尋」は「ヨ（＝又）＋工」と「寸（＝又）＋口」に分析できる。「ヨ（＝又）＋工」は左の字、「寸（＝又）＋口」は右の字で、「左＋右」を合わせたのが「尋」である。左右の手を広げて長さを求める様子を暗示する。これによって、だんだんと様子を探っていく（たずねる）という意味をもつ *diəm を表記する。この意味のコアには「じわじわと奥深く探る」というイメージがあり、「じわじわと深く入り込む」というイメージにも展開する。䕭と蕁は造形の意匠が同じである。

篆 （燅）　篆 （尋）　篆 （蕁）

［別名］ 䕭麻・毛䕭・燖麻・螫麻・蠚麻・蝎子草

【文献】 杜甫・除草（全唐詩220）「原注、去蕁草也、蕁音潛、一云即燖麻（原注、蕁草を去るなり。蕁の音は潛。一に云ふ、即ち燖麻なり）」、本草図経「蕁麻生江寧府山野中、村民云、療蛇毒、然有大毒、人誤服之、吐利不止（蕁麻は江寧府の山野の中に生ず。村民云ふ、蛇毒を療すと。然れども大毒有り。人誤りて之を服すれば、吐利止まず）」

【蕪菁】12 音ブ-セイ 訓かぶ・かぶら

【語源】 上古漢語は*muag-tsieng、中古漢語はmu-tsieng（→呉音ム-シヤウ、漢音ブ-セイ）である。アブラナ科アブラナ属の二年草*Brassica campestris* var. *glabra*（カブ、カブラ、中国名蕪菁、蔓菁）を意味する。茎は直立し、高さは九〇センチほどになる。葉は緑色。塊根は球形や長楕円形で、食用になる。春に黄色の花が咲く。春の七草の一つ。語源は青の「青々として清々しい」のイメージで「菁」と命名し、それに「はびこる」の意味をもつ「蕪」や「蔓」を冠して、二音節の複合語とし、繁殖力の強さを表したものであろう。和名のカブは株（根茎の意）で、これに接尾語のラをつけてカブラとなった。

カブ（カブラ）はヨーロッパの原産といわれるが、すでに詩経に葑（ほう）の名で登場する。その邶風・谷風に「葑を采り菲を采るに、下体を以てする無かれ」とあり、カブやダイコンの根を食用とすることを踏まえて、下半身だけに目をくれるな、つまり性欲だけを問題にするなと、つれない男に対し風刺する文句である。葑が別の意味（マコモの根）になったため、漢代あたりから蕪菁や蔓菁の語に代わった。

【字源】 まず「菁」について。「生（*sïeng）」は「屮（草）＋土」を合わせて、草の芽が地上に生え出る図形（半夏生の項参照）。「（発生したばかりで）汚れがなく清々しい」というイメージがある。「丼」は「井」の中に点を入れて、井戸に水のある様子を暗示し、「澄み切っている」というイメージを示す。「生（音・イメージ記号）＋丼（イメージ補助記号）」を合わせた「青（*ts'eng）」は、「汚れがなく澄み切っている」というイメージを示す記号になる。実現される意味は清々しく澄み切った感じの色の名「あお」である。「青（音・イメージ記号）＋艸（限定符号）」を合わせて、葉が青々と澄み切った色に茂る草を表した。菁一字だけでカブの意に用いた例が周礼や呂氏春秋にある。

のち菁に蕪や蔓を冠して蕪菁、蔓菁の複合語とする。「無（*muag）」は神前で舞具を両手に持って舞う人を描いた図形（無花果の項参照）。「ないものを求める」というイメージがあり、「ない」「見えない」というイメージに展開する。「無（音・イメージ記号）＋艸（限定符号）」を合わせて、草が生い茂って地面を覆って見えない（つまり草がはびこる）様子を暗示する。また、「曼（*muan）」は「冃（上から覆い被せる符号）＋目＋又（手）」を合わせて、目の前にベールを被せる場面を設定する図形。「広く（どこまでも）覆い被せる」というイメージを示す記号になる。「曼（音・イメージ記号）＋艸（限定符号）」を合わせて、草がどこまでも延び広がる（はびこる）ことを表す。蔓延の蔓はこの意味。「蕪」または「蔓」と「菁」を結んで、よく繁殖し、青々と清らかな色をした草の名、カブを表した。［補説］和名抄では蕪菁・蔓菁をカブラと読ませているが、後世では蕪の一字でカブ、カブラと読む。しかしこれは国訓である。

篆〔生〕　篆〔青〕　篆〔菁〕
篆〔蕪〕
金　篆〔曼〕　篆〔蔓〕

［別名］ 葑・蔓菁・芴菁・四時菜・諸葛菜・鶏毛菜・台菜・大芥・九英菘

［文献］ 後漢書・桓帝紀「郡国種蕪菁以助人食（郡国蕪菁を種ゑて以て人の食を助く）」、斉民要術3「崔寔曰、…七月可種蕪菁（崔寔曰く、…七月蕪菁を種うべし）」、名医別録「蕪菁子、主明目（蕪菁子は明目を主る）」

【薤】13　音 カイ　訓 おおみら・らっきょう

［語源］ 上古漢語は*ɦăg、中古漢語はɦʌi（→呉音ゲ、漢音カイ）である。ユリ科ネギ属の多年草 *Allium chinense*（ラッキョウ）を意味する。中国の原産。葉は細長い半円柱の五角形をなし、中空である。長楕円形の鱗茎ができる。独特の臭気がある。秋に紫色の花が咲く。中国では鱗茎を薤白といい、薬用また食用とする。語源は不明。和名のラッキョウは辣韮の音転とする説があ

るが、はっきりしない。辣韮は漢名ではなく和製漢字表記である。むしろ薤の別名である蕌に辣（味がからい意）を添えてラッキョウと称したのではあるまいか。和訓の「おおみら」はラッキョウの古名で、ミラはニラのこと。

漢代、葬式の歌を薤露といった。ラッキョウに置いた露が乾きやすいと歌った内容から、薤は人生のはかなさの象徴となった（下記文献参照）。

[字源] 説文解字に出る韰が本字。「叡」は「𣦼+貝」から成る。「𣦼」は「歺（ほね）+又（手）」を合わせて、骨を削る様子を暗示する図形。したがって「叡」は堅い貝殻を削る様子を暗示する図形。「叡（音・イメージ記号）+韭（ニラにかかわる限定符号）」を合わせて、葉が細く削られたような形をした、ニラの種類の植物を表した。韰が略されて䪥の字体となり、それから草冠をつけた薤の字体に変わった。別名の蕌は「白」を三つ重ねて、鱗茎の形を象る。キョウ（ケウ）という言葉は皓・皎（いずれも、白い意）と同源という（夏緯瑛）。

(金)　(篆)〔叡〕　(篆)〔韰〕

[別名] 蕌頭・莜子・火葱・菜芝・鴻薈

[文献] 礼記・内則「膏用薤（膏には薤を用ゐる）」、霊枢・五味「五菜、葵甘、韭酸、藿鹹、薤苦、葱辛」、古今注「薤露蒿里並喪歌也、出田横門人、横自殺門人、傷之、為之悲歌言、人命如薤上之露、易晞滅也（薤露・蒿里は並びに喪歌なり。田横［漢代の壮士］の門人に出づ。横自ら門人を殺す。之を傷み、之が為に悲歌して言ふ、人命は薤上の露の如し、晞きて滅し易きなりと）」

【薑】 13

(音)キョウ　(訓)しょうが・はじかみ

[語源] 上古漢語は*kiang、中古漢語は**kiang**（→呉音カウ・漢音キヤウ）である。ショウガ科の多年草*Zingiber officinale*（ショウガ）を意味する。西南アジアの原産だが、中国では論語に見えるほど古くから栽培された。高さは六〇～七〇センチ。根茎は不規則な塊状をなす。その色は黄色で、芳香と辛みがある。葉鞘は茎を抱く。夏に黄緑色の花が咲く。根茎を調味料に用いる。中国医学（本草）では生の根茎を生薑、乾燥させた根茎を乾薑といい、薬用とする。薑の語源は根がいくつかの塊をなして区切れた形をした姿を捉えて、畺の「区切

る」というイメージによって名づけられた。和名のショウガ（生薑）は生薬名の生薑の呉音シヤウカウが訛ってシャウガとなった。和訓の「はじかみ」は本来椒につけられた訓である。味の辛いのが共通なので、ショウガのことをクレノハジカミ、つまり呉（中国）の椒（ハジカミ）と呼び、のちにただハジカミとなった。ハジカミの語源については椒の項参照。

[字源]「畺（*kiang）」は田と田の間に線を引いた情景を暗示する図形。「くっきりと区切り目をつける」というイメージを示す記号となる。疆（さかい）にはこのコアイメージがある。また境も同源である。「畺（音・イメージ記号）+艸（限定符号）」を合わせて、根茎が数個の塊に区切れている植物を暗示させた。⿱艹疆は異体字。［補注］現代中国では薑の簡体字を姜とする。日本では生姜ではなく生薑と書くべきである。

甲　金　篆（畺）　篆（⿱艹疆）

[文献] 論語・郷党「不撤薑食、不多食（薑を撤せずして食ふも、多くは食はず）」、呂氏春秋・本味「和之美者陽樸之薑（和の美なる者は陽樸の薑）」、史記・貨殖伝「千畦薑韭、此其人皆与千戸侯等（千畦の薑・韭は、此れ其の人皆千戸侯と等し）」

【薊】

13　音 ケイ　訓 あざみ

[語源] 上古漢語は*kei、中古漢語kei（→呉音ケ、漢音ケイ）である。キク科アザミ属（*Cirsium*属）の多年生植物の総称。特に*C. japonicum*（ノアザミ、中国名大薊）を指す。路傍や荒地に生える。茎は円柱形で直立し、高さは一〜一・五メートル。白い柔毛が密生する。葉は羽状で、縁がぎざぎざに裂け、先端は硬い刺になる。初夏、紫紅色の花が咲く。中国医学では根を薬用にする。なお大薊のほかに、小薊（*Breea segetum*、アレチアザミ）もあわせて薬用とする。語源について李時珍は「薊は猶髻（けい）のごとし。其の花、髻の如きなり」と述べ、花の形が髻に似るからという。最近の説では、戟（げき）や棘（きょく）と音が近く、刺が多いことによるとする（夏緯瑛）。和名の語源はアザ（痣）ミ（身）で、刺で皮膚に傷をつけられることによる命名であろう。一説では、アザ自体がトゲの意味ともいわれる。

[**字源**] 説文解字は魝を声符（音記号）としている。魝(けい)の音で、「魚を治める」の意味だというが、奇字である。むしろ「艸」と「魚」と「刀」の三つを組み合わせたと考えて不都合はない。「魚」は骨がのどに刺さるものだし、「刀」は体を刺すものである。よって「魚（イメージ記号）＋刀（イメージ記号）＋艸（限定符号）」を合わせて、体を傷つける鋭い刺をもつ草を暗示させた。

（篆）

[**別名**] 虎薊・馬薊・刺薊・山牛蒡・野紅花・鶏項草・千針草

[**文献**] 爾雅・釈草「楊枹薊」——郭璞注「似薊而肥大、今呼之馬薊（薊に似て肥大なり。今之を馬薊と呼ぶ）」、名医別録「大小薊根、味甘温、主養精保血。大薊主治女子赤白沃、安胎、止吐血、衄鼻、令人肥健（大・小薊の根は、味は甘にして温。精を養ひ血を保つを主る。大薊は、主治は女子赤白沃、胎を安んじ、吐血、衄鼻を止む。人をして肥健ならしむ）」

【蕺】 13 音 シュウ 訓 どくだみ

[**語源**] 上古漢語は*tsïəp、中古漢語はtsïəp（→呉音シフ、漢音ソフ）である。ドクダミ科の多年草*Houttuynia cordata*（ドクダミ）を意味する。高さは一五～五〇センチ。葉はハート形。地下茎は横走する。初夏、白い花を開く。全体に特異な臭気がある。古代中国では茹でて菹（漬け物）にして食べた。そこから別名を蒩・葅という。中国医学（本草）では魚腥草と称し、生薬に用いる。語源については、戢に収蔵の意味があり、地下茎を塩に漬けて蓄蔵したので蕺菜の名がついたという説（夏緯瑛）がある。和名の語源は毒痛み、毒矯(た)み、毒止めなどに由来するというが、どちらがよいか決めがたい。日本では十薬の別名があり、馬に食わせると十の効果があるからとされているが、中国で重薬の別名もあるから、それに由来するのであろう。

　浙江省の紹興に蕺山という山がある。春秋時代、呉に敗れた越王勾践がここに隠れ、ドクダミを嘗めたので、その名がついたという伝説がある。臥薪嘗胆の故事で越王勾践が嘗めるのは苦い胆であるが、悪臭のあるドクダミだったという別伝があった。

[**字源**] 「咠（*tsïəp）」は「口＋耳」を合わせて、耳に

口を寄せてささやく様子を暗示する図形。「（多くのものを一所に）寄せ集める」というイメージを示す記号になる。「咠（音・イメージ記号）＋戈（限定符号）」を合わせた「戢（*tsiəp）」は、戦をやめるために、武器を一所に寄せ集める様子を暗示する。草などを集めて屋根をふくことを葺という。編輯の輯（あつめる）もこれと同源である。ドクダミは多くの細かい花が集まって、花心に立ち、全体が一つの花のように見えるので、「戢（音・イメージ記号）＋艸（限定符号）」を合わせた図形によって表象した。

(篆)〔咠〕　(篆)〔戢〕

【別名】蕺菜・葅・葅菜・菹子・魚腥草・魚鯹草・臭菜

【文献】広雅・釈草「葅、蕺也」、張衡・南都賦（文選4）「若其園圃則有蓼蕺（其の園圃の若きは則ち蓼・蕺有り）」、斉民要術9「蕺葅法、蕺去毛、土黒悪者不洗、暫経沸湯、即出（蕺葅法。蕺は毛を去り、土の黒く悪しき者は洗はず。暫く湯を沸かすを経て、即ち出だす）」、名医別録「蕺味辛微温、主治蠷螋溺瘡、多食令人気喘（蕺は、味は辛にして微温。主治は蠷螋［ハサミムシ］の溺瘡。多食すれば人をして気喘がしむ）」

薔薇→315ページ

【薄】13　㊍ハク　㊋すすき

【語源】和訓の「すすき」は古くは群がり生える草の総称であった。これは説文解字に「薄は林薄なり」とあり、木には林といい、草には薄というとする訓詁を踏まえた、日本的用法である。やがて特定の植物の名、すなわちススキに限定して用いるようになった。ススキは群生する植物だからである。ススキの語源などについては芒の項参照。

【字源】「甫」は蒲の項で述べたように、田んぼに苗がびっしり生える情景を描いた図形。「ぴったりくっつく」というイメージを示す記号となる。ぴったりくっつくと、上下の間隔が限りなく近づくから、「薄い」、また「平ら」というイメージにも展開する。「くっつく」「薄い」「平ら」は一連の連合するイメージと考えてよい。「甫（音・イメージ記号）＋寸（限定符号）」を合わせた「尃」は、平らに敷き広げる様子を暗示する。

「尃（音・イメージ記号）＋水（限定符号）」を合わせた「溥」は、水がうすく平らに広がる様子を暗示する。「溥（音・イメージ記号）＋艸（限定符号）」を合わせて、草がすきまなくびっしりくっついて生える様子を暗示させた。薄は草の叢生する所の意味であるが、日本ではびっしり密生するススキの特長から、ススキの漢字表記として薄を用いる。

金　篆〔尃〕
篆〔溥〕　篆〔薄〕

[**別名**] 芒

【薄荷】13

音 ハッ-カ　訓 —

[**語源**] 上古漢語は*bak-ɦar、中古漢語はbak-ɦa（→呉音バク-ガ、漢音ハク-カ）である。シソ科の多年草 ***Mentha arvensis***（ハッカ）を意味する。茎は四角柱で、柔毛が密生する。高さは一〇～八〇センチ。葉は卵形で先が尖る。秋に紫色や紅色の花が咲く。独特の香味があり、薄荷油や薄荷脳（メントール）を採る。ペパーミント（西洋薄荷）はこの仲間である。中国医学（本草）では葉や全草を生薬に用いる。語源については、薄は馞（ぼっ）や馛（ばっ）の音転、荷は藿（かく）の音転で、香菜の意とする説（夏緯瑛）がある。

宋代、薄荷で作った菓子が露店で販売されていた（夢粱録）。また、日本に「猫に木天蓼」という諺があり、マタタビが猫を酔わせるとされるが、中国では薄荷が猫を酔わせるとした。

[**字源**] 漢の揚雄の甘泉賦で茇葀（ばっかつ）（文選では茇括）、広雅で菝括（ばっかつ）の名で登場する。ほかに勃荷、蕃荷、蔢蕳・菝蕳などの表記がある。茇・菝は馛と同源、葀・括は活と同源であろう。「犮（*buat）」は「犬」に「ノ」の印をつけて、犬が後ろ足を跳ね上げる様子を暗示する図形。「勢いよくぱっと出る」というイメージがある。馛（香気が発散するさま）にはこのコアがある。また「氒（*kuǎt）」はY型の彫刻刀を描いた図形。「氒（音・イメージ記号）＋口（穴を示すイメージ補助記号）」を合わせた「𠯑（*kuǎt）」（「舌」はその変形）は、「穴を開けてスムーズに通す」というイメージを示す記号となる。活（水が勢いよく通って流れる→勢いがよい・生き生きしている）・闊（ゆったりと開いて広い）などにはこ

のコアがある。「犮（音・イメージ記号）＋艸（限定符号）」と「舌（音・イメージ記号）＋艸（限定符号）」を結んで、*buat-kuatという畳韻の二音節語を表記し、香気が勢いよく発散する草を暗示させた。のちさまざまな表記が生まれたが、唐代あたりから薄荷を当て字とし、最終的にはこれが定着した。

（篆）〔犮〕　（甲）（金）（篆）〔𠯑〕　（金）（篆）〔舌〕

【別名】 茇葀・蕃荷菜・薄苛・鶏蘇・酔猫・夜息花

【文献】 新修本草「薄荷…主賊風傷寒発汗、悪気心、腹脹満、霍乱、宿食不消、下気（薄荷は…賊風傷寒発汗、悪気心、腹脹満、霍乱、宿食不消、下気を主る）」

【薇】 13　㊅ビ　㊈ぜんまい

［語源］ 中国と日本では意味が異なる。中国では上古漢語が*muər、中古漢語がmuəi（→呉音ミ、漢音ビ）で、マメ科ソラマメ属の一年草 *Vicia sativa*（オオカラスノエンドウ、中国名大巣菜）を意味する。高さは二五～五〇センチ。葉は羽状をなす。葉の軸の先に巻き鬚があり、他物に絡みついてよじ登る。夏、紅紫色の花が咲く。莢はほぼ扁平で、熟すと黒褐色になる。若い果実は食用になる。語源について李時珍は宋・王安石の字説を引いて、「微賤の食する所なり。因りて之を薇と謂ふ」と述べている。和名はエンドウ（豌豆）にノ（野）、その上にカラス（烏）、その上にオオ（大）を次々に冠したもの。カラスはスズメと反対に、大きい意を添える接頭語である。豌豆については該項参照。

オオカラスノエンドウは欧州・西アジアの原産といわれるが、詩経に薇の名で登場する。ただし同定には問題がある。毛伝や史記索隠などでは蕨［ワラビ］に同じとした。しかし宋の鄭樵は薇を小巣菜または大巣菜とし、明の李時珍は薇を大巣菜、翹揺を小巣菜に同定した。現代中国でもこれを襲う。小巣菜は ***V. hirsuta***（スズメノエンドウ、中国名硬毛果野豌豆）で、オオカラスノエンドウと似ているが、比較的丈が低く、莢に硬い毛がある。

日本では新撰字鏡などが薇をワラビと読んだが、のち専らゼンマイ科のシダ植物 ***Osmunda japonica***（ゼンマイ、中国名紫萁）に用いるようになった。葉はワラビと似ている。若芽は先端がくるくると巻く。これを食用とする。語源は若芽が古銭の形に巻くところから銭巻の意。

殷が周に滅ぼされた際、殷の属国の王子兄弟（伯夷と叔斉）が周に抵抗して、山に隠れ、薇を食べて餓死したという有名な逸話がある（下記文献参照）。この薇は始めはワラビとされていた。日本ではその意を汲んでゼンマイと理解した。しかし薇はワラビやゼンマイではなく、カラスノエンドウやスズメノエンドウであった。

【字源】 詩経の薇は大巣菜と小巣菜の両方を含んでいた可能性がある。つる草を摘む行為は恋愛詩のモチーフとして常用されている。薇の語源はつる草が他の物に寄りかかって生える姿を弱々しいというイメージで捉えたと思われる。「微」の真ん中は「長」（細長い毛をなびかせる人の形）が変わったもの（萇楚の項参照）。「長（イメージ記号）＋攵（限定符号）」を合わせた「敚（*muər）」は、髪の毛のように細くて見えにくい様子を暗示する図形。「敚（音・イメージ記号）＋彳（限定符号）」を合わせた「微（*muər）」は、人に見られないようにこっそりと行く様子を暗示させる。微には「かすか、小さい」というイメージがある。「微（音・イメージ記号）＋艸（限定符号）」を合わせて、葉や茎が小さくて弱々しい感じを与えるつる草を暗示させた。

㊙甲　㊎金　篆（敚）　篆（微）　篆（薇）

【別名】 ①（オオカラスノエンドウ）大巣菜・垂水・野豌豆　②（ゼンマイ）紫萁

【文献】 ①詩経・召南・草虫「陟彼南山、言采其薇（彼の南山に陟（のぼ）り、ここに其の薇を采る）」、楚辞・天問「驚女采薇、鹿何祐（驚女薇を采る、鹿何ぞ祐くる）」、史記・伯夷伝「隠於首陽山、采薇而食之、及餓且死、作歌、其辞曰、登彼西山兮、采其薇矣、以暴易暴兮、不知其非矣、神農虞夏忽焉没兮、我安適帰矣、于嗟徂兮、命之衰矣（首陽山に隠れて、薇を采りて之を食ふ。餓ゑて且（まさ）に死せんとするに及び、歌を作り、其の辞に曰く、彼の西山に登り、其の薇を采る。暴を以て暴に易へ、其の非を知らず。神農虞夏忽焉として没す。我安（いず）くにか適帰せん。ああ徂（ゆ）かん。命の衰へたるかな）」

薔薇　㊥音 ショウービ　㊥訓 ばら

[語源] 上古漢語は*dziang-muər、中古漢語は dziang-muər（→呉音ザウーミ、漢音シヤウービ）である。バラ科バラ属の落葉低木 *Rosa multiflora*（ノイバラ、中国名多花薔薇、別名野薔薇）を意味する。路傍や山野に自生する。高さは二メートルほど。かぎ形の刺がある。時にはつる状になり、他物に絡む。夏の末、白い花が咲く。果実は球形で赤く熟す。これを中国医学（本草）では営実と称し、生薬に入れる。また、広義ではバラ属の総称とする。語源について李時珍は「此の草の蔓、柔靡にして牆（かき）に依りて生ず。故に牆蘼と名づく」と述べる。和名ノイバラ（野薔薇・野茨）のイバラは刺のある小木のことで、イ（接頭語）ハリ（針・刺）から来ているという。イバラのイが落ちて、バラという一般名称となった。

[字源] 墻薇が古い表記である。墻は牆と同じ。「爿（しょう）（*ts'iang）」はベッドを描いた図形で、「細長い」というイメージを示す記号である。「嗇（しょく）」は「來（ムギの形）＋亩（倉の形）」を合わせて、穀物を倉に取り込む様子を暗示する図形。倉が穀物を取り囲むというイメージがあるので、逆に倉を塀で取り囲むというイメージを作り出すために、「爿（音・イメージ記号）＋嗇（イメージ補助記号）」を合わせた牆を作った。これによって、倉を含むいろいろな建物の周辺を取り囲む細長い塀（かき）を表象した。墻は爿を土偏に替えて意味領域を明示した異体字。ノイバラは半つる性の植物で、垣根に絡みつき、また、他物に寄りかかる弱々しいイメージが薇［オオカラスノエンドウ］と似ているので、墻（＝牆）と薇を結んで墻薇という複合語で表した。のち墻の略体である「嗇」に草冠をつけて整形した。薇の字源については前項参照。

㊥甲 
㊥金 
㊥篆 〔嗇〕

㊥金 
㊥篆 〔牆〕

㊥篆 〔薔〕

㊥篆 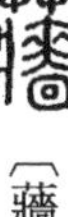〔蘠〕

[別名] 墻薇・墻麻・薔蘼・蘠蘼・牛棘・牛勒・山棘・

刺花

【文献】漢・王褒・燕歌行（楽府詩集32）「薔薇花開百重葉（薔薇の花開く百重の葉）」、晋・陶潜・問来使（陶淵明集2）「薔薇葉已抽（薔薇の葉已に抽く）」

薜茘↓241ページ

【薏苡】13 音ヨクーイ 訓はとむぎ

[語源] 上古漢語は*·iək-diag、中古漢語は·iək-yiei（↓呉音オクーイ、漢音ヨクーイ）である。イネ科の草本*Coix lachryma-jobi*（ジュズダマ）を意味する。またその変種である**var.** ***ma-yuen***（ハトムギ、中国名川穀）を含む。東南アジアの原産。前者は高さが一〜一・五メートル。葉は線形で先が尖る。果実は壺形一〇個の節がある。葉は線形で先が尖る。果実は壺形の堅い苞の中に入っている。中国医学では仁（胚）を薏苡仁といい薬用とする。また食用になり、回回米の異名がある。後者は殻が前者ほど堅くない。語源について、薏はハスの胚のことで、堅い殻に入っている姿が似ているから薏を取り、また苡は子や人の意味があるので、薏苡（薏苡仁）と名づけられたという説（夏緯瑛）がある。和名は古語がツシダマであった。薏苡子を新撰字鏡ではタマヅシと読み、本草和名ではツシダマと読む。果実を数珠に用いたことに因み、数珠玉の意である。ハトムギ（鳩麦）は鳩が食うムギの意味で、明治以後の名といわれる。

後漢の時代、ベトナムに出征した将軍の馬援が土地特産のジュズダマを車に満載して帰還すると、馬援を妬む人が、真珠を賄賂にもらったと天子に讒言したという。ここから「薏苡明珠」（無実なのに収賄の嫌疑を受けること）という故事成語が生まれた。

[字源] 薏は蓄が本字。「啻（よく）」は「言（ことば）＋中」を合わせて、ことばが口の中にこもる様子を暗示する図形。「啻（音・イメージ記号）＋心（限定符号）」を合わせた意（よく）は、思いが胸の中にこもる様子を示す。のち字体が薏に変わった。音・意も図形的意匠がそれと似ている。「音」は「言」の「口」の中に点を入れた図形で、口の中に声を含む様子を暗示する図形。はっきりした意味をもたない「おと」を音という。「中に入れてふさぐ」というのが「音」のコアイメージである。「音（イメージ記号）＋心（限定符号）」を合わせた「意

（*·iəg）」は、心の中に思いがこもる様子を暗示する。ここには「中にいっぱいこもる」というイメージがある。「意（音・イメージ記号）＋艸（限定符号）」を合わせて、ハスの種子の中に入っている胚芽を表した。爾雅に「荷［ハス］…その根は藕、その中は的、的の中は薏」とある。

次に「以」はもともと「㠯」と同じだが、楷書の「以」は「厶（＝㠯。鋤の形）＋人」を合わせて、道具を用いて作業をする様子を暗示する図形。「働きかけて何かをし始める」というイメージがあり、始（兆しが起こりはじめる）や胚胎の胎（子どもができる）などと同源である。妊娠に効果があるとされた芣苢［オオバコ］の苢と苡は同じである。夏王朝を建国した禹は、母がジュズダマを呑んで生まれたという伝説があり、オオバコとジュズダマは懐胎と縁のある植物であった。そこで、堅い殻の中に胚芽のいっぱいあるハスと、堅い殻の中に珠のような種子の入ったジュズダマの類似性から「薏」を取り、また懐胎の効用をもつという信仰から芣苢の苢（＝苡）を取り、二つを合わせて二音節語を作って、ジュズダマを表した。

㊮〔啇〕　㊎　㊙甲　㊎

㊮〔蔐〕　㊮〔音〕　㊮〔意〕　㊮〔㠯・以〕　㊮〔苢・苡〕

［別名］薏米・薏珠子・回回米・菩提珠

［文献］呉越春秋・越王無余外伝（漢・趙煜）「嬉於砥山得薏苡而呑之、意若為人所感、因而妊孕、剖脅而産高密（嬉、砥山に於いて薏苡を得て之を呑む。意に人の感ずる所と為るが若し。因りて妊孕し、脅を剖きて高密［禹］を産む）」、後漢書・馬援伝「南方薏苡実大、援欲以為種、軍還、載之一車、時人以為南土珍怪、権貴皆望之（南方の薏苡は実大なり。援、以て種と為さんと欲す。軍還り、之を一車に載す。時人以て南土の珍怪と為す。権貴皆之を望む）」

【蕗】 13　㊥ロ　㊞ふき

［語源］中国と日本では意味が異なる。中国では上古漢語が*g̊lag、中古漢語がlo（→呉音ル、漢音ロ）で、甘

草［カンゾウ］の別名である。名医別録に出ている。カンゾウは味が甘く蜜甘の別名もある。同様の趣旨から、甘露の露を利用して蕗が作られたのであろう。

日本ではキク科の多年草 ***Petasites japonicus***（フキ、中国名蜂斗菜）を指す。山野に自生する。葉は円い腎臓形で、三〇センチにもなる。早春、花茎を出す。これを蕗の薹（ふきのとう）という。蕗の薹と葉柄は食用になる。古名はフフキ。広い葉を傘の代用として被り物にするところから、フキフキ（葺き葺き）→フフキ→フキになったという。

［字源］「各（*kak）」は「夊（下向きの足）＋口（石）」を合わせて、歩いてきた足が堅いものにぶつかって止まる様子を暗示する図形。「各」のグループでKの音をもつ語では「つかえて止まる」、Lの音をもつ語では「二点間を連ねる」というコアイメージがある。「各（音・イメージ記号）＋足（限定符号）」を合わせた「路（*glag）」は、A点からB点に連ねる「みち」を表す。ここから「点々と（次々に）連なる」というイメージに展開する。「路（音・イメージ記号）＋雨（限定符号）」を合わせた露は、点々と連なる水の玉、「つゆ」を表した。「露」の略体の「路」に草冠を添えた蕗は、甘露のように甘い草、つまりカンゾウを表す。蕗は[illegible]とも書かれる。

日本では蕗を新撰字鏡や和名抄でフフキ、類聚名義抄でフキと読ませている。この訓は誤読とは考えにくい。というのは名医別録などで甘草の別名としているからである。フキは雨露を避ける傘の代用になるので、フキの漢字表記として「露」の略体の「路」に草冠を添えた蕗を新作したのであるまいか。なおフキには苳の漢字表記もある。苳は中国では全くマイナーな字で、一部の辞書に草の名とあるだけで、フキではない。苳はフキの漢名とされる款冬の冬に草冠をつけた和製漢字であろう。筆者は蕗も苳も半国字と見る。

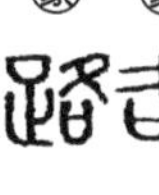

甲 金 篆〔各〕 篆〔路〕

［別名］①（カンゾウ）甘草・蕗草 ②（フキ）蜂斗菜・蛇頭草（フキの異表記）苳・款冬・菜蕗

［文献］①急就篇4「甘艸」――唐・顔師古注「甘艸一名蜜艸、一名蕗」

【藷】14 音ショ 訓いも・とろろ（藷蕷）

[語源] 藷蕷の語形で使われる。上古漢語は*dhiag-diag、中古漢語はʒio-yio（→呉音ジョ-ヨ、漢音ショ-ヨ）である。ヤマノイモ科ヤマノイモ属のつる性草本*Dioscorea opposita*（ナガイモ）を意味する。中国の原産。茎は細長くつる状をなし、ひげ根が出る。根茎は肥厚し、円柱形を呈する。夏、乳白色の花穂が垂れ下がる。根茎をすり下ろしたのがとろろ（藷蕷）である。中国医学（本草）では生薬に用いる。葉腋に生じる珠芽を零余子（むかご）といい、これも薬用とする。語源は儲餘とも書かれるように、蓄えて余りがあるという意味の名付けで、根茎が肥厚した姿を捉えたものである。この語を表記するために、者の「多く集まる」のイメージと、「予」の「たっぷりとゆとりがある」のイメージを組み合わせて、畳韻の二音節語にした。和名のナガイモ（長芋・長薯）は長い芋（塊根）にちなむ。イモの語源については芋の項参照。

古代中国では藷蕷は手で植えると根茎が手の形に似、鍬などの道具で植えるとその物の形に似ると考えられた。なお唐の皇帝の代宗の諱が豫であったので、これと同音になるのを避けて、藷蕷を藷薬に変え、また、宋の皇帝の英宗の諱が曙であったので、再び藷薬を山薬に変え、ついにこれが通り名になった。

[字源]「者（*tiăg）」は楮の項でも述べた通り、こんろの上で薪を燃やす図形で、「多くの物を集める」「一点に集中する」というイメージを示す。諸（多くの、もろもろ）・儲（物を多く集める→たくわえる）・都（多くの人が集まる「みやこ」）などは同源のグループ。「者（音・イメージ記号）＋网（イメージ補助記号）」を合わせた「署（*dhiag）」は、網を適当な場所に配置するように、人員をそれぞれの場に集めて置く様子を暗示させる。ここにも「多くの物を集める」というコアがある。次に「予（*diag）」は機織りの杼（ひ）という道具を描いた図形。これは縦糸の間を横に移動するので、「横に延びる」というイメージがあり、「空間的にゆとりができる」というイメージに展開する。「時間的にゆとりができる」というイメージにもなる。これが予定の予。「予（音・イメージ記号）＋頁（イメージ補助記号）」を合わせた「預（*diag）」は、時間的なゆとりをとって頭数（人

員）を備えておく様子を暗示させる。実現される意味は予（あらかじめ）と同じである。ここにも「ゆとりがある」というイメージがコアにある。「署（音・イメージ記号）＋艸（限定符号）」と「預（音・イメージ記号）＋艸（限定符号）」を結んで、中身がたっぷり集まって厚くなり、十分に長い幅のある根茎のできる植物を暗示させた。表記は諸薁とも書く。諸には「多く集まる」というイメージがあり、預と與は通用する（「あずかる」の意味で、関与と関預は同じ）。

㊎　篆〔者〕　篆〔署〕

篆〔予〕　篆〔預〕

［別名］ 儲余［＝餘］・諸薁・署預・薯予［＝豫］・薯芋・土藷・土薯・山藷・山薯・山芋・山薬

［文献］ 神農本草経「薯蕷味甘平、主治傷中、補虚羸、除寒熱邪気、補中、益気力、長肌肉、久服耳目聡明、軽身、不飢、延年（薯蕷は、味は甘く平。中を傷るを治するを主る。虚羸を補ひ、寒熱邪気を除き、中を補ひ、気力を益し、肌肉を長ず。久服すれば耳目聡明、身を軽くし、飢ゑず、年を延ばす）」

馬鈴薯

㊟ バーレイーショ
㊞ ―

［語源］ ナス科ナス属の多年草 *Solanum tuberosum*（ジャガイモ）を意味する。茎は三角形で、高さが五〇～九〇センチ。白色や淡い紫色の花が咲く。果実は球形。地下に楕円形の塊茎が鈴なりに生じる。南米の原産で、塊茎を食用とする。江戸初期、オランダ船がジャカトラ（現在のインドネシアのジャカルタ）を経由して伝えたとされて、ジャガタライモと称され、訛ってジャガイモとなった。

漢字表記の馬鈴薯は松村任三によると松渓県志に出るという。しかし牧野富太郎は「ジャガイモに陽芋、洋芋、馬鈴薯を当てることがあるが、これは全く別の植物」だと言っている。ただし別とは何なのかはっきりしない。陽芋は植物名実図考に出ており、番薯［サツマイモ］に似るとあるから、ジャガイモである可能性はある。なお夏緯瑛は馬鈴薯の語源について、塊茎が騎馬の頸に懸ける鈴に似ているからで、馬兜鈴［ウマノスズクサ］と同趣旨だという。

［字源］ 「令」は「亼（集まる印）＋卩（ひざまずく人）」

を合わせて、神や君主の前で人々がかしこまってお告げや指図を聞く情景を設定した図形。心を澄まして拝聴するイメージから、「清らかに澄んで汚れがない」というイメージに展開する。「令（音・イメージ記号）＋金（限定符号）」を合わせて、清らかな音声を発する「すず」を表した。「馬」については馬酔木の項、「薯」については前項参照。

甲　金　篆　〔令〕
金　篆　〔鈴〕

[別名] 洋芋・陽芋・山薬蛋

【薺】14　音セイ　訓なずな

[語源] 上古漢語は*dzer、中古漢語は dzei（→呉音ザイ、漢音セイ）である。アブラナ科の二年草 ***Capsella bursa-pastoris***（ナズナ、中国名薺菜）を意味する。茎は直立し、高さが三〇～四〇センチ。根生葉はロゼット状に叢生する。春、白い十字花が咲く。果実は逆三角形で、小さな種子を多数含む。語源について李時珍は「薺は生じて済済たり。故に之を薺と謂ふ」と述べる。ほかに「斉」に細砕の意があり、小さい草で、葉が細かく裂けるので、薺と名づけたという説（夏緯瑛）もある。和名はナデナ（撫で菜）が語源で、撫でて愛する草の意味という。別名にペンペングサがある。果実が三味線の撥に似ていることにちなむ。面白いことに、中国の古典では薺を音楽の名前に用いた例がある。中国人も弦楽器の撥との類似性を見たのであろう。

[字源]「齊（*dzer）」の原形は同じような三つのものが並ぶ図形。篆文では「二」（並ぶ印）を添えてある。「同じようなものが等しく並ぶ、そろう」というイメージを示す記号である。多士済済の済（多くのものがそろい並ぶさま）、剤（同じ分量に切りそろえた薬剤）、精進潔斎の斎（身の回りを整える）などは同源のグループ。「齊（音・イメージ記号）＋艸（限定符号）」を合わせて、茎から小花が両側に多数並びそろって生じる草を暗示させた。

甲　金　篆　〔齊〕
篆　〔薺〕

[別名] 護生草・甘菜・雪菜・浄腸草

[文献] 詩経・邶風・谷風「誰謂荼苦、其甘如薺（誰か謂ふ荼は苦しと、其の甘きこと薺の如し）」、名医別録「薺味甘温無毒、主利肝気、和中（薺は、味甘にして温、毒無し。肝気を利し、中を和するを主る）」

【藤】 15 ㊅トウ ㊕ふじ

[語源] 上古漢語は*dəng、中古漢語はdəng（→呉音ドウ、漢音トウ）である。他物によじ登り巻きつく植物（藤本類）を広く「～藤」と名づける。単独で用いる藤は特にマメ科フジ属の落葉木本 *Wisteria sinensis*（シナフジ、中国名紫藤）を指すことが多い。茎は長く伸び、他物に絡み、老いると木質化する。葉は披針形。春に青紫色の花が咲く。莢は扁平で長く、種子が一～三粒入っている。花と種子は食用になる。語源は広雅疏証（清・王念孫）に「藤の言は縢なり」とあるように、縢（よじり合わせた紐）と同源である。

日本では和名抄で藤を布知（フヂ）と訓じる。日本特産の *W. floribunda*（フジ、別名ノダフジ、中国名多花紫藤）を指す。春、紫色の多数の花が垂れ下がる。つるから採った繊維を布の原料にする。フジ（フヂ）の語源はフ（綜）ウチ（打）で、織るとき綜を打つ作業に由来するという。

[字源]「灷（*dhiəng）」は「送」の旁と同じで、「午（杵の形）＋廾（両手）」を合わせて、杵を両手で持ち上げる図形。これによって「上に持ち上げる」というイメージを示す記号とする。「灷（音・イメージ記号）＋舟（限定符号）」を合わせた「朕（*diəm）」は、舟が浮力で水上に浮き上がる様子を暗示する。「朕（音・イメージ記号）＋水（限定符号）」を合わせた「滕（*dəng）」は、水が上にわき上がる様子を暗示する。朕も滕も「上に上がる」というのがコアイメージである。勝（人の上に上がる→しのぐ・かつ・まさる）や騰（高く上がる）などは同源のグループ。「縢（音・イメージ記号）＋艸（限定符号）」を合わせて、つるが他の木に絡みついてよじ登っていく植物を表した。

㊎  ㊣ 〔朕〕 ㊣ 〔縢〕

[別名]（シナフジ）紫藤・朱藤・葛藤・虎藤・豆藤・招豆藤

[文献] 南方草木状「紫藤葉細長、茎如竹、根極堅、実

重重有皮、花白、子黒、置酒中歴二三年亦不腐敗、其茎截置煙炱中、経時成紫、香可以降神（紫藤、葉は細く長し。茎は竹の如し。根は極めて堅し。実は重重皮有り。花白く、子黒し。酒中に置けば二三年を歴て亦た腐敗せず。其の茎截りて煙炱の中に置けば、時を経て紫と成り、香以て神を降すべし）」

【藍】 15　㊥ラン　㊗あい

[語源] 上古漢語は***glam**、中古漢語は**lam**（→呉音・漢音ラム）である。タデ科タデ属の一年草***Polygonum tinctorium***（アイ、別名タデアイ、中国名蓼藍）を意味する。茎は円柱形で、節がある。高さは五〇～八〇センチ。細いひげ根が多数出る。葉は長楕円形で、干すと藍色になる。秋、紅色の花が咲く。果実には三つの稜がある。中国医学では果実を薬用とする。葉からは藍靛（インディゴ）を製する。インドシナ原産だが、詩経の時代にすでに栽培されていた。語源について宋の陸佃や羅願は、昔植物ではただアイだけ禁令があった（礼記に見える）ので、監視の監に従い藍と称したというが、確かではない。染料を採る工程から出た語と思われる。和名のアイ（アヰ）は青（アヲ）と同源といわれる。

[字源]「監（*klăm）」は「臣（目玉の形）＋人＋一＋皿（さら）」を合わせて、器に盛った水で自分の姿を映して見る情景を設定した図形。鑑の原字であるが、監の実現される意味は「上からよく見定める」ということである。一定の範囲の中をよく見張ることから、「一定の枠の中に収める」というイメージに展開する。檻（動物などを入れる「おり」）、籃（物を収納する「かご」）などは同源のグループ。「監（音・イメージ記号）＋艸（限定符号）」を合わせて、葉を容器などの中に入れて浸し、染料の原料を採る植物を暗示させた。

〔監〕

〔藍〕

[別名] 蓼藍・青秧

[文献] 詩経・小雅・采緑「終朝采藍、不盈一襜（終朝藍を采れど、一襜に盈たず）」、荀子・勧学「青出之於藍、而青於藍（青は之を藍より出だし、而も藍よりも青し）」、礼記・月令「仲夏之月…令民毋艾藍以染（仲夏の月…

民をして藍を艾か［刈］りて以て染むことなからしむ）」

甘藍 [音]カン-ラン [訓]——

[語源] 中古漢語は **kam-lam**（→呉音・漢音カム-ラム）である。アブラナ科アブラナ属の二年草 ***Brassica oleracea* var. *capitata***（キャベツ）を意味する。高さは三〇～九〇センチ。葉は大きくて厚く、重なって球のようになる。花は淡黄色。果実は円錐形で角がある。原産地は地中海沿岸。語源は味が甘く、葉の色が藍に近いことによる。和名のキャベツは英語 **cabbage** の訛り。

甘藍の名が初めて現れるのは本草拾遺（唐・陳蔵器）だが、中国では千金要方（唐・孫思邈）の藍菜を甘藍と同じとする。そうすると初唐（七世紀）までには中国に伝わっていたことになる。ただし牧野富太郎は甘藍をキャベツに当てるのは誤りで、**var. *acephala***（ハボタン）だとした。

[字源]「甘」については柑の項、「藍」については前項参照。

[別名] 巻心菜・包菜

[文献] 本草拾遺「甘藍、平、補骨髄、利五臓六腑、利関節、通経絡中結気、明耳目、健人、少睡、益心力、壮筋骨。此者是西土藍、葉闊、可食（甘藍は平にして、骨髄を補ひ、五臓六腑を利し、関節を利す。経絡中の結気を通ず。耳目を明らかにし、人を健やかにし、睡り少なく、心力を益し、筋骨を壮にす。此の者は是れ西土藍なり。葉闊く、食すべし）」

泊夫藍 [音]キ-フ-ラン [訓]（さふらん）

[語源] 近世漢語は **ki-fu-lam**（現代音は **ji-fu-lan**）である。アヤメ科の多年草 ***Crocus sativus***（サフラン、中国名番紅花）を意味する。球形の地下茎が生じ、そこから線形の葉が出る。秋、花茎の先端に紅色の花が咲く。香気があり、香辛料や調味料に利用される。欧州南部の原産で、中国へは元代にチベット方面から入ったという。そのため番紅花、蔵紅花（番も蔵もチベットの意）の別名がある。泊夫藍はアラビア語 **zafaran** の音写。ラウファーは泊は咱（**za**）の誤写だという。しかし泊が明の頃には現代音の **ji** に近くなっていたとすれば、**za** を近似的に泊で写したとも考えられる。

【字源】外来語の音写。ベニバナ（紅花、別名紅藍）の類と考えられたので、ran に藍の字を当てた。撒法郎とも音写される。本草綱目などでは撒法即となっているが、即は郎の誤写である。

【別名】咱夫藍・咱夫蘭・撒法郎・撒馥蘭・番紅花・蔵紅花

【文献】本草綱目15「番紅花、釈名：泊夫藍、撒法即」

【藜】15 音レイ 訓あかざ

【語源】上古漢語は*ler、中古漢語はlei（→呉音ライ、漢音レイ）アカザ科の一年草 *Chenopodium album*（アカザ）を意味する。中国の原産。茎は直立し、高さは一～二メートル。葉は菱形で、縁にぎざぎざがある。夏から秋に黄緑色の小花が群がり咲く。若葉は食用になる。老いた茎で杖を作る。語源は種子が黒いことから、黎（黒い意）と同源であろう。和名の語源は若葉の色が赤いので、アカアサ（赤麻）が訛ったといわれる。あるいは若葉の基部が赤いところから、赤座の意味とも考えられる。新撰字鏡は藜の訓を阿加座と表記する。古代中国では粗末な食べ物の代表に扱われる。孔子一行が旅先で困窮した際、アカザを食べて飢えをしのいだという有名な逸話がある。また野山にはびこるたちの悪い雑草とされ、鳳凰の棲まない悪草のイメージが強い。

【字源】黎は「黍」と「㓅」の組み合わせで、重複した「禾」を一つ省いた形である。さらに㓅は犂の一部を取ったもので、結局、植物の黍（キビ）と農具の犂（すき）を合わせた図形になっている。キビの品種には赤、白、黄などいろいろあるが、黒いキビもある。すきは主に鉄製で、これも浅黒い色が多い。この二つの物のイメージを合わせて、黎の図形を作り、黒い色を意味する*lerを表記する視覚記号とした。「黎（音・イメージ記号）＋艸（限定符号）」を合わせて、黒い種子の生る草を表した。

篆〔黎〕　篆〔藜〕

【別名】莱・鶴頂草・臙脂菜

【文献】荘子・譲王「孔子窮於陳蔡之間、七日不火食、藜羹不糝、顔色甚憊（孔子、陳蔡の間に窮す。七日火食せず。藜羹糝（さん）せず。顔色甚だ憊（つか）る）」

【蘊】16 音ウン 訓もずく（海蘊）

[語源] 海蘊の語形で使われる。中古漢語は hai-ʔuən（→呉音・漢音カイ-ウン）である。モズク科の褐藻 *Nemacystus decipiens*（モズク）を意味する。糸状の体は円柱形で、中空である。褐色を帯び、粘りけがある。食用になる。語源について李時珍は「縕は乱糸なり。其の葉之に似る。故に名づく」と述べる。和名の語源はホンダワラにくっついて生じるので、「藻付く」の意味だという。日本では海雲の表記もある。雲は蘊の当て字であろう。

[字源]「囚」は人を檻に囲う様子を暗示する図形で、「中に入れ込む」というイメージがある。「囚（イメージ記号）＋皿（限定符号）」を合わせた「𥁕（*.uən）」は、皿の中に熱気がこもる様子を暗示する（榲桲の項参照）。「𥁕（音・イメージ記号）＋糸（限定符号）」を合わせた「縕（*.uən）」は、衣の中に入れ込んで暖かくする麻の糸くずを表した。綿入れの衣服を縕袍という。「縕（音・イメージ記号）＋艸（限定符号）」を合わせて、乱れて糸状を呈する植物を暗示させた。「海」については海棠の項参照。

篆 𥁕〔𥁕〕 篆 縕〔縕〕

[別名]（モズクの異表記）水雲・海雲

[文献] 本草拾遺（唐・陳蔵器）「海蘊生大海中、細葉如馬尾、似海藻而短也（海蘊は大海中に生ず。細葉馬尾の如し。海藻に似て短きなり）」

【藿】16 音カク 訓いかりそう（淫羊藿）

[語源] 淫羊藿の語形で、上古漢語が *diəm-gi̯aŋ-huak、中古漢語が yiəm-yiang-huak（→呉音・漢音イム-ヤウ-クワク）である。メギ科の多年草 *Epimedium grandiflorum*（イカリソウ）を意味する。茎は円柱形で、高さは三〇〜四〇センチ。根茎は堅く、ひげが多い。葉は卵形で、縁に刺状の毛がある。果実は紡錘形で、熟すと二つに裂ける。花の形が船の碇に似ているので、和名をイカリソウ（碇草）という。漢名の淫羊藿については、羊がこの草を食べて百回交尾したという伝説めいた語源説がある。そのため中国医学（本草）ではインポテンツなどを治す強精薬として用いられる。

【字源】「壬（てい）」は人が背伸びしてまっすぐ立つ図形で、「まっすぐ伸びる」というイメージがある。「壬（イメージ記号）＋爪（限定符号）」を合わせた「㸒（いん）（*diəm）」は、まっすぐ手を伸ばして探り求める様子を暗示する。深く探りを入れることから、「深入りする」というイメージに展開する。「㸒（音・イメージ記号）＋水（限定符号）」を合わせて、深く水につかることを表した。男女関係に深く入り浸るという意味も派生し、この場合は婬と書くことが多い。「羊」はヒツジの姿を描いた図形。「淫」と「羊」を結んで、みだらなことをする羊という意味を与える。元来羊は多淫の動物というイメージがある。

次に「藿（かく）」は靃が本字。「雔」は雙や讎に含まれ、並ぶ鳥、あるいは向かい合う鳥の姿である。「雔（イメージ記号）＋雨（イメージ補助記号）」を合わせた靃（＝霍）は、雨をはねるようにしてはばたく様子を暗示させる図形。これによって、ぱっと勢いよく飛ぶさまや、急に出てくる（現れる）さまなどの意味に使われる。「霍（音・イメージ記号）＋艸（限定符号）」を合わせて、勢いよく伸び出てくる草の若い芽や苗を表した。豆などの葉という意味も派生する。淫羊と藿を結んで、その葉を食うと羊を多淫にする効果のあるという草を表した。

篆〔㸒〕　篆〔淫〕

甲　金　篆〔羊〕

篆〔靃〕　篆〔藿〕

【別名】剛前・仙霊脾・仙霊毗・千両金・放杖草

【文献】本草経集注「服此使人好為陰陽、西川北部有淫羊、一日百遍合、蓋食藿所致、故名淫羊藿（此を服すれば人をして陰陽を為すを好ましむ。西川の北部に淫羊有り。一日百遍合す。蓋し藿を食ふの致す所なり。故に淫羊藿と名づく）」

【藷】16　音ショ　訓さつまいも（甘藷）

【語源】藷には四つの意味がある。第一は、藷蕷の語形で使われ、薯蕷［ナガイモ］の別名である。音も全く同じ。詳しくは薯蕷の項参照。

第二は上古漢語が*tiag、中古漢語がtʃio（→呉音・

漢音ショ）で、甘蔗［サトウキビ］の別名である。説文解字に「藷は藷蔗なり」とあり、藷だけでもサトウキビを意味する。詳しくは蔗の項参照。

第三は、甘藷の語形で使われ、上古漢語が*kam-dhiag、中古漢語が**kam-ʒio**（→呉音カム－ジョ、漢音カム－ショ）である。ヤマノイモ科ヤマノイモ属のつる性草本 *Dioscorea esculenta*（トゲイモ）を意味する。茎は細い円柱形で、五メートルほどになる。葉は円心形。葉柄の基部に刺がある。塊根は球形で白く、甘みがある。インドシナの原産で、晋代の文献に初出する。語源は藷藇［ナガイモ］の仲間で、塊根が甘いので、甘藷と名づけられた。

第四は、番藷の語形で使われる。近世漢語は**fan-ʃiu**で、ヒルガオ科のつる性草本 *Ipomoea batatas*（サツマイモ）を意味する。茎は地上を這う。塊根は白色、紅色、紫色など多彩。熱帯アメリカの原産で、明代の文献に登場する。語源は塊根が甘藷［トゲイモ］のように大きくなり、外国から渡来したので、番（外国の意）を添えて番藷と名づけられた。日本では甘藷の方をサツマイモと読んでいる。語源は伝播のルートに従って、唐芋、琉球芋、薩摩芋という諸名がある。

【字源】「者」は「多くの物が集まる」というイメージを示す記号で、「諸」「署」のコアにもこれがある（薯の項参照）。中身の詰まった根茎のできるナガイモを薯蕷とも藷藇とも書く。またサトウキビを甘蔗といったが、諸蔗・都蔗の別名がある。諸も都も「多く集まる」というイメージをもつ語である。そこで「諸（音・イメージ記号）＋艸（限定符号）」を合わせて、甘い汁の充実した茎をもつサトウキビを表した。なお「甘」については柑の項、「番」については番茄の項参照。

篆〔諸〕　篆〔藷〕

【別名】①（ナガイモ）薯蕷　②（サトウキビ）蔗・甘蔗　③（トゲイモ）甘薯・甘藷・山薯　④（サツマイモ）番薯・朱薯・紅薯・白薯・紅山薬・地瓜・土瓜

【文献】①山海経・中山経「升山…其草多藷藇蕙（升山…其の草藷藇と蕙多し）」　②張衡・南都賦（文選4）「若其園圃則有蓼蕺蘘荷藷蔗（其の園圃の若きは則ち蓼・蕺・蘘荷・藷蔗有り）」　③南方草木状「甘藷蓋薯蕷之類、或曰芋之類、根葉亦如芋、実如拳、有大如甌者、

皮紫而肉白、蒸鬻食之、味如薯蕷（甘藷は蓋し薯蕷の類、或いは曰く芋の類。根葉も亦た芋の如し。実は拳の如し。大なること甌の如き者有り。皮紫にして肉白し。蒸鬻して之を食ふ。味は薯蕷の如し）」④農政全書「藷有二種、其一名山藷、閩広故有之、其一名番藷、則土人伝云、近年有人在海外得此種、海外人亦禁、不令出境、此人取藷藤、絞入汲水縄中、遂得渡海、因此分種移植、略通閩広之境也（藷に二種有り。其の一は山藷と名づく。閩・広もとより之れ有り。其の一は番藷と名づく。則ち土人伝へて云ふ、近年人有り、海外に在りて此の種を得たり。海外の人亦た禁じ、境を出ださしめず。此の人一藷の藤を取り、絞りて汲水縄の中に入れ、遂に海を渡るを得たり。此に因りて種を分かちて移植し、ほぼ閩・広の境に通ずるなり）」

【蘇】16 音ソ 訓――

[語源] 上古漢語は*sag、中古漢語はso（→呉音ス、漢音ソ）である。シソ科の一年草 ***Perilla frutescens***（シソ、中国名紫蘇、別名皺紫蘇）を意味する。茎は四角形で、高さは三〇～一〇〇センチ。葉は卵円形で紫色を呈し、縁にぎざぎざがある。特有の香気があり、若葉を調味料に用い、また食用にする。中国医学（本草）では葉・茎・種子を薬用とする。語源について李時珍は、「蘇は穌に従ひ、音は酥、舒暢なり。蘇の性舒暢にして、気を行らし血を和す。故に之を蘇と謂ふ」と述べる。白蘇（荏の別名）と区別して、紫を冠して一般に紫蘇と称する。

[字源] 李時珍は薬効で語源を説いているが、形態から命名されたと考えられる。シソの葉には皺がある。いくつも筋が通っているというイメージがある。このイメージを示す記号が「穌」である。魚は骨や筋が通っているものだから、そのイメージを表すことができる。「魚（イメージ記号）＋禾（限定符号）」を合わせた「穌（*sag）」は、稲を植える際、雑草を取って、すきまを開け、通りをよくする様子を暗示させる図形である。「穌（音・イメージ記号）＋艸（限定符号）」を合わせて、葉にいくつも筋が通って皺になった草を暗示させる。蘇にはシソの意味のほかに、雑草を取るという意味がある。また、詰まった息を通す→よみがえる（蘇生の蘇）という意味を派生する。

金 篆〔穌〕

金 篆〔蘇〕

【別名】紫蘇・赤蘇・桂荏

【文献】山海経・中山経「有草焉、其状如蘇（草有り。其の状は蘇の如し）」、名医別録「蘇味辛温、主下気、除寒中、子尤良（蘇は、味は辛にして温。気を下し、寒中を除くを主る。子は尤も良し）」

蘇鉄 音 ソ-テツ 訓 —

【語源】ソテツ科の常緑低木あるいは高木 ***Cycas revoluta***（ソテツ）を意味する。高さは二～三メートル。葉は羽状につき、茎の頂上で横に広がる。赤い種子が多数生る。中国南方から沖縄・奄美に自生する。中国では、枯れかけると焼いた鉄を差し込むと元気になるといわれるところから鉄樹と呼び、葉が鳳凰の尾に似ているというので、鳳尾蕉と称した。和漢三才図会によると、鉄を与えると蘇生するところから日本人は蘇鉄と呼んだという。蘇鉄は和製語らしい。しかし現代の中国でも使われている。

【字源】鉄の旧字は鐵。「壬（てい）（*t'ieng）」は背伸びしてまっすぐ立つ人の図形で、「まっすぐ」というイメージがある。「壬（音・イメージ記号）＋口（限定符号）」を合わせた「呈（*dieng）」は、まっすぐ（ストレートに）言い表すこと、また、まっすぐ物を差し出すことを暗示する。「𢦏」は「从（二人）＋戈（刃物）」を合わせて、断ち切ることを示す記号である。「呈（音・イメージ記号）＋𢦏（イメージ補助記号）」を合わせた「𢧜（*diet）」は、まっすぐ貫き通すほどよく切れる様子を暗示する。「𢧜（音・イメージ記号）＋金（限定符号）」を合わせた鐵（*t'et）は、よく切れる武器になる金属を表した。「蘇」については前項参照。

甲 篆〔壬〕 篆〔呈〕

篆〔𢧜〕 篆〔鐵〕

【別名】鉄樹・鳳尾蕉・番蕉

白蘇→荏（223ページ）

【蘇枋】16 音ソーホウ　訓（すおう）

[語源] 上古漢語は*sag-piang、中古漢語はso-piang（→呉音スーハウ、漢音ソーハウ）である。マメ科ジャケツイバラ属の常緑小高木 *Caesalpinia sappan*（スオウ、中国名蘇木）を意味する。高さは五～一〇メートル。幹に小さな刺がある。葉は羽状に並ぶ。黄色の花が咲く。果実は莢状で先が尖る。心材を蘇方木といい、赤色の染料を採るほか、生薬に用いる。インドやマレー半島の原産で、日本へは中国から伝わった。語源はマレー語の **supang** の音写。スオウは蘇枋の呉音スハウの訛りで、蘇芳は日本の表記である。

[字源] 六朝時代に中国に渡来し、外来語を音写して蘇枋・蘇方と書いた。

[別名] 蘇方・蘇木

[文献] 南方草木状「蘇枋樹類槐花、黒子、出九真、南人以染絳、漬以大庾之水、則色愈深（蘇枋樹は槐花に類す。黒き子。九真に出づ。南人以て絳を染む。漬くるに大庾の水を以てすれば、則ち色愈よ深し）」、新修本章「蘇方木味甘鹹平無毒（蘇方木は味は甘鹹にして平、毒無し）」

【藻】16 音ソウ　訓も

[語源] 上古漢語は*tsog、中古漢語はtsau（→呉音・漢音サウ）である。現在は広く藻類に用いられるが、古代では水中に生じる草を総称して藻といった。特にマツモ科の多年生水草 *Ceratophyllum demersum*（マツモ、中国名金魚藻）に当てられる。茎は細長く、沼や池に沈んで生える水草で、緑色を呈する。四〇センチほど。秋に小さな花が咲く。魚や豚の餌に利用される。語源について陸佃は、「藻は水草の文有る者なり。水の下に出でて水の上に出づる能はず。其の字澡に従ふは、自ら潔なること澡の如きを言ふなり」（埤雅）と述べる。和名抄では藻にモとモハの訓が出ている。モハは藻葉で、茂き葉（繁茂する葉）の意味だという。マツモ（松藻）は枝が松の葉に似ていることによる。

古代人の語源意識では藻は澡（あらう）と同源で、水に洗われて清潔であるというイメージがあった。そのため藻は服装の文様に描かれ、祭祀の供物にも用いられた。また水草であるところから、火災除けのシンボルとされ、建築物に描かれた。

【字源】「喿（*sog）」は「品（口が三つ集まる形）＋木」を合わせて、木の上で鳥が口々に騒ぐ様子を暗示させる図形。音を出してせわしなく動くというイメージがある一方、表面に浮かび出るというイメージもある。前者のイメージは操（手先を動かして操る）・噪（音を出して騒がしい）など、後者のイメージは燥（水蒸気が出て乾く）などに反映している。「喿（音・イメージ記号）＋水（限定符号）」を合わせた「澡（*tsog）」は、表面に浮かぶ汚れをかすめ取ることを表す。これも「浮かび上がる」というイメージがコアにある。「澡（音・イメージ記号）＋艸（限定符号）」を合わせて、水中に生えて、葉が水面に浮かび出ようとする草を暗示させた。

（金）　（篆）〔喿〕

（篆）〔澡〕　（篆）〔藻〕

【別名】（マツモ）金魚藻・聚藻・細草

【文献】詩経・召南・采蘋「于以采藻（ここに以て藻を采る）」、毛詩草木鳥獣虫魚疏（三国呉・陸璣）「藻水草也、生水底、有二種、其一種葉如鶏蘇、茎大如箸、長四五尺、其一種茎大如釵股、葉如蓬蒿、謂之聚藻、扶風人謂之藻、聚為発声也（藻は水草なり。水底に生ず。二種有り。其の一種、葉は鶏蘇の如く、茎は大なること箸の如し。長さ四五尺。其の一種、茎は大なること釵股の如く、葉は蓬蒿の如し。之を聚藻と謂ふ。扶風の人之を藻と謂ふ。聚は発声と為すなり）」

海藻　音カイ-ソウ　訓——

【語源】上古漢語は*mag-tsog、中古漢語はhai-tsau（↓呉音・漢音カイ-サウ）である。海中に生じる藻類の総称。ノリ（海苔）、フノリ（海蘿）、アオサ（石蓴）、マクリ（海人草）、ミル（海松）、モズク（海蘊）、イギス（海髪）、ワカメ（裙帯菜）、コンブ（昆布）など、多くの種類がある。海藻の語は神農本草経や食療本草などに載っていて、中国医学（本草）では特にヒジキに当てることがある（鹿尾菜の項参照）。

【字源】「海」については海棠の項、「藻」については前項参照。

【別名】落首

【文献】神農本草経「海藻味苦寒、主治癭瘤気、頸下核、

破散結気、癰腫、癥瘕、堅気、腹中上下鳴、下十二水腫（海藻は、味は苦にして寒。主治は癭瘤気・頸下核・結気を破散す・癰腫・癥瘕・気を堅くす・腹中上下鳴る・十二水腫を下す）」

馬尾藻　㊅バービーソウ　㊂ほんだわら

[語源] 中古漢語は**mă-muəi-tsau**（↓漢音バービーサウ）である。ホンダワラ科の*Sargassum*属（ホンダワラ属）などいくつかの海藻の総称。その中のホンダワラ（*S. fulvellum*）は葉・茎・根を持ち、木の形をしている。長さが三メートルに達する。岩礁に生えるが、流れ藻となることもある。漢名は唐代の文献に初出。茎を馬の尾に見立てたものらしい。和名の語源は俵状の気胞があるところから、穂俵→ホンダワラとなった。正月にホンダワラを乾燥させたものを鏡餅に飾る習慣がある。日本では神馬藻（じんめそう）の異名がある。

[字源] 「馬」については馬酔木、「尾」については鹿尾菜の項参照。

[文献] 本草拾遺（唐・陳蔵器）「馬尾藻生浅水、如短馬尾、細黒色、用之当浸去鹹（馬尾藻は浅水に生ず。短き馬の尾の如く、細くして黒色。之を用（もっ）て当（まさ）に浸して鹹を去るべし）」

【蘋】16　㊅ヒン　㊂——

[語源] 上古漢語は***bien**、中古漢語は**biĕn**（↓呉音ビン、漢音ヒン）である。デンジソウ科の多年生水草*Marsilea quadrifolia*（デンジソウ）を意味する。水田や池など浅い所に生える。根茎は針金状で、泥の中を横に這う。四つの小葉から成る葉が茎から直立し、水面の上に出る。古代では食用にされた。語源について李時珍は「蘋はもと薲に作る。左伝に、蘋蘩薀藻の菜、鬼神に薦むべく、王公に羞（すす）むべし。則ち薲は之を賓するの義有り。故に字は賓に従ふ」と述べる。祭祀のときに賓客にすすめるから薲というと解した。水辺に生えるから濱（＝浜）と同源とする説もある。葉の形から田字草、十字草の別名がある。日本では葉がカタバミに似ているところから、別名をカタバミモという。

詩経や礼記では蘋は祭祀の供物に用いられている。漢の鄭玄は「蘋の言は賓なり、藻の言は澡なり」と述べ、蘋は従順、藻は清潔の象徴で、結婚前の女性が宗廟に供えて、妻としての徳を修める意味があるという。

【字源】 頻はもともと瀕と同字で、意味で頻繁の頻（しきりに）と瀕死の瀕（せまる）に使い分ける。「歩」は足の形である「止」と、その反対向きの形を合わせて、左右の足を交互に踏み出す様子を描いた図形。「歩＋水」を合わせた「渉」は水を歩いて行くことを表す。「頁」は人の頭を強調する図形で、頭部や人体と関係があることを示す記号である。「渉＋頁」を合わせた「瀕（＝頻。*bien）」は、人が川の浅い所を歩いて行く情景を設定した図形。陸地とほど遠くない所を行くことから、「すれすれに近づく」というイメージを示す記号になる。時間的間隔が近い（間を置かない）事態を意味するのが頻繁の頻、時間が差し迫るのを意味するのが瀕死の瀕である。「頻（音・イメージ記号）＋艸（限定符号）」を合わせて、水の浅い所に生え、水面すれすれに葉を出す草を暗示させた。蘋は異体字で、「賓」も「近く寄る」「側に接する」というイメージがある。賓の字源については檳榔の項参照。

金 　篆 　〔頻・瀕〕

【別名】 田字草・十字草・四葉草・芣菜・破銅銭

【文献】 詩経・召南・采蘋「于以采蘋、于南澗浜（ここに以て蘋を采る、南澗の浜に）」、楚辞・九歌「鳥何萃兮蘋中（鳥何ぞ蘋の中に萃まる）」

【蘋果】 16　音 ヒン-カ　訓 ——

【語源】 蘋婆果の略語。蘋婆はもとは頻婆と書き、上古漢語が ***bien-buar**、中古漢語が **biĕn-bua**（→呉音ビン-バ、漢音ヒン-ハ）である。バラ科の落葉高木 ***Malus pumila***（リンゴ、別名セイヨウリンゴ、中国名苹果・蘋果）を意味する。高さは一五メートルほど。若い枝や芽には柔毛がある。葉は楕円形で、縁に鋸歯がある。春に淡紅色の花が咲く。果実はほぼ円形。ヨーロッパの原産で、中国へは六朝～唐代に登場する。在来のリンゴである柰（だい）「イヌリンゴ」や林檎「ワリンゴ」と区別して、梵語の **bimbara** または **bimba** を音写して頻婆、頻波、頻婆羅などと表記した。日本では林檎をこの果樹に用いているが、本来は誤用である。

【字源】 外来語を音写して頻婆、草冠をつけて蘋婆、それに果を添えて蘋婆果、婆を略して蘋果となった。

「果」の字源については無花果の項参照。［補注］現代中国では苹（ping）果と書くが、本来の表記は蘋（pin）果である。

［別名］ 文林果

［文献］ 群芳譜「蘋果出北地燕趙者尤佳、接用林檎体、樹身聳直、葉青似林檎而大、果如梨而円滑（蘋果は北地燕趙に出づる者尤も佳し。林檎の体に接用す。樹身聳直す。葉は青く林檎に似て大、果は梨の如くして円滑なり）」

【蘭】16　音 ラン　訓 ――

［語源］ 上古漢語は*lan、中古漢語はlan（→呉音・漢音ラン）である。二つの意味がある。一つは詩経に出る蕑（かん）と同じで、キク科ヒヨドリバナ属の多年草*Eupatorium japonicum*（フジバカマ、中国名蘭草）を指す。茎は直立し、高さは二メートルになる。根茎は横に這う。葉はもむと香気がある。夏から秋にかけて、頂上に紫色の小花を多数つける。湿地に自生、また栽培される。語源について陸佃は「蘭艸を蘭と為す。蘭は不祥を闌す。故に古へ防を為すに之を刈る。一名は蕑。蓋し蘭は以て之を闌し、蕑は以て之を間す。其の義一なり」（埤雅）という。和名のフジバカマ（藤袴）は花の色が藤に似、花の形が袴に似ることから命名された。

古代中国ではフジバカマは不祥を払うシンボルであった。また虫除けのためにフジバカマを衣服や書物に挟んだ。詩経では陰暦三月三日に川のほとりでフジバカマを摘んで、男女が愛のしるしとして贈り合う風俗が歌われている。

もう一つの意味はラン科植物である*Cymbidium*属（シュンラン属）の総称である。中国に産する主な種類に*C. goeringii*（シュンラン、中国名春蘭）、*C. ensifolium*（スルガラン、中国名建蘭、別名秋蘭）、*C. pumilum*（キンリョウヘン、中国名夏蘭）、*C. faberi*（イッケイキュウカ、中国名蕙蘭）などがある。シュンランは早春に緑色を帯びた花が咲く。ランが観賞されるようになったのはフジバカマよりは後であろうが、古典では同じ蘭の名で現れるため、どの植物に当たるか判然としない場合が多い。ランは特に香気の高さが愛好され、梅・菊・竹とともに四君子と称されて、高潔・優美の象徴となった。

［字源］ 「柬（*kăn）」は楝の項でも述べたが、「柬（た

ば）＋八（二つに分ける印）」を合わせて、良いものと悪いものを選り分ける様子を暗示する図形。「柬（音・イメージ記号）＋門（限定符号）」を合わせた「闌（*lan）」は、出入りをチェックする門前の柵を表す。ここに「（枠を設けて）遮り止める」というイメージがある。欄（はみ出ないように遮り止める木の枠）はこのコアイメージをもつ。「闌（音・イメージ記号）＋艸（限定符号）」を合わせて、邪悪なものを遮り止める効果があると信じられた草を暗示させた。フジバカマが本来の意味だが、香気があるところから、ラン科植物にも援用されるようになった。

なお「間」は「門＋月」を合わせて、門のすきまから月が見える図形をこしらえることによって、「二つに分けるすきま」「分けて隔てる」というイメージをもつ*kănを表記する。邪気を二つに払い分けて退けてくれる草を「間（音・イメージ記号）＋艸（限定符号）」を合わせた蕑で表象する。図形的意匠は蘭と同じである。

金　篆〔柬〕

篆〔闌〕　篆〔蘭〕　金　篆〔間〕

【別名】①（フジバカマ）蕑・蘭草・佩蘭・女蘭・香草・水香・都梁香　②（ラン）蘭花・幽蘭・幽客・芳友・静友・媚世・香祖・祖香・第一香

【文献】①詩経・鄭風・溱洧「士与女、方秉蕑兮（士と女、方に蕑を秉る）」、易経・繫辞伝上「同心之言、其臭如蘭（同心の言は、其の臭蘭の如し）」、春秋穀梁伝・昭公8「艾蘭以為防（蘭を艾りて以て防と為す）」　②春秋左氏伝・宣公3「以蘭有国香、人服、媚之如是（蘭に国香有るを以て、人服すれば、之を媚すること是の如し）」、荀子・宥坐「夫芷蘭生於深林、非以無人而不芳（それ芷蘭は深林に生ずるも、人無きを以て芳しからざるに非ず）」、楚辞・九歌「春蘭兮秋菊、長無絶兮終古（春蘭と秋菊、長く終古に絶ゆる無し）」

玉蘭　音 ギョク-ラン　訓 ―

【語源】中世漢語はiu-lanである。モクレン科モクレン

属の落葉高木 ***Magnolia heptapeta***（ハクモクレン）を意味する。高さは一五メートルに達する。葉はシモクレン（木蘭）と似ている。早春、葉より先に乳白色の花が咲く。芳香がある。花弁は食用になる。古くは木蘭との区別がなく、五代〜宋の頃に玉蘭の名が登場する。花の色を玉の色になぞらえて玉蘭と称したのであろう。日本ではハクモクレン（白木蓮）と呼んだので、本来のモクレンをシモクレン（紫木蓮）と呼び分ける。

【字源】「玉」は宝石を連ねた装飾品を描いた図形。一般に美しい石、「たま」を意味する*nguk をこの視覚記号で表記する。「蘭」については前項参照。

（甲）　（金）　（篆）　〔玉〕

【別名】 玉樹・玉蘭花・白玉蘭・応春花・玉堂春

【文献】 武衍・宮詞（宋百家詩存31）「梨花風動玉蘭香（梨花風動きて玉蘭香し）」、群芳譜（明・王象晋）「玉蘭、九弁、色白微碧、香味似蘭、故名（玉蘭は九弁、色白く微かに碧。香味蘭に似る。故に名づく）」

木蘭

（音）モク-ラン　（訓）（もくれん）

【語源】 上古漢語は*muk-lan、中古漢語はmuk-lan（→呉音モク-ラン、漢音ボク-ラン）である。モクレン科の落葉低木 ***Magnolia quinquepeta***（シモクレン、モクレン）を意味する。高さは三〜四メートル。樹皮は灰白色。葉は倒卵形で緑色を帯びる。早春、葉より先に赤紫色の花が咲く。微香がある。中国医学（本草）では前項の玉蘭を含めて辛夷と称し、生薬に用いる。語源について李時珍は「其の香、蘭に似、其の花、蓮に似る。故に名づく」といい、木蘭は木蓮と同じと見ている。現在の中国ではモクレン科の ***Manglietia fordiana*** に同定している（木蓮の項参照）。しかし日本では木蓮は木蘭の別名とする説に従い、木蘭に対してモクレンの名を当てる。シモクレン（紫木蓮）はハクモクレン（白木蓮）に対してつけられた名である。

【字源】「木」と「蘭」については該項参照。

【別名】 林蘭・杜蘭・桂蘭・紫玉蘭

【文献】 韓非子・外儲説左上「楚人有売其珠於鄭者、為木蘭之櫃（楚人に其の珠を鄭に売る者有り。木蘭の櫃を為る）」、楚辞・離騒「朝搴阰之木蘭兮（朝に阰の木蘭を搴る）」

【藺】16 ㊀リン ㊁い・いぐさ

[語源] 上古漢語は*lien、中古漢語はliĕn（→呉音・漢音リン）である。イグサ科の多年草*Juncus effusus* var. *decipiens*（イグサ、中国名灯心草）を意味する。湿地に生える。茎は細い円筒形で、高さは三五～一〇〇センチ。根茎は横に這い、ひげ根が多い。葉は退化し、夏に淡緑色の花が茎から出る。茎で筵を作った。また髄を油をともす芯にしたので、灯心草の異名がある。日本では畳表の材料とする。語源は蹂躙の躙と同源で、筵にして踏みしめる草という意味の命名であろう。中国では藺は一部の古辞書にあるだけだが、日本では和名抄などが「ゐ」と読んだ。これは正しい同定だったようである。「ゐ」の語源は「席にして居る」草の意味で、居と同源だという（大槻文彦）。

[字源] 「閵（りん）」という奇字を音符（音記号）としている。鳥の名という説もあるが、草の藺を表象するために作られた字であろう。「門」は「門」が略された形で、「二」や「二」は上または下の古文である。門の上に上がる、あるいは、門を下にするという意匠でもって、「何かの上になる」または「何かが下になる」というイメージを示す。それと「隹（とり）」を合わせた「閵」は、鳥を捕まえて下敷きにする様子を暗示する図形である。漢書・司馬相如伝に載せられた上林賦に「藺玄鶴」（史記では轔、六臣注文選では躪）とあり、閵はこの藺の原字で、鳥を踏んづけて下敷きにすることを意味している。閵は後世の蹂躙の躙とも同じである。したがって「閵（音・イメージ記号）＋艸（限定符号）」を合わせた藺は、踏みしめて下敷きにする筵の原料になる草を表象した。

㊇（門） ㊈（藺）

㊇（閵） ㊇（藺）

[別名] 灯心草・虎鬚草・灯草・碧玉草

[文献] 爾雅・釈草「莞、藺、今南越人采以為席（莞は藺なり。今南越の人采りて以て席と為す）」、説文解字1「藺莞属、可為席（藺は莞の属。席と為すべし）」、開宝本草「灯心草生江南沢地、叢生、茎円細而長直、人将為席（灯心草は江南の沢地に生ず。叢生す。茎は円く細くして長直なり。人将（もっ）て席と為す）」

【蘆】 16 ㊊ロ ㊔あし・よし

[語源] 上古漢語は*hlag、中古漢語は lo（→呉音ル、漢音ロ）である。イネ科の多年草 ***Phragmites communis***（ヨシ、アシ、中国名蘆葦）を意味する。湿地に群生する。茎は円柱形をなし、中空で節がある。高さは二〜五メートル。長い地下茎が横に這う。葉は線形で二列に並ぶ。夏から秋にかけて紫色の小花が咲く。茎で筵や簾を作る。若芽は蘆筍といい、食べられる。中国医学（本草）では地下茎を蘆根といい、薬用にする。語源は盧の「まるい」というイメージによって名づけられた。和名のアシについては、水が浅い所に生えるからアサ（浅）→アシになったという説のほかに諸説がある。アシが悪しに通じるためヨシ（良し）と呼びかえ、これが標準和名になっている。

中国には出世魚のような観念はないが、アシだけ特別で、成長段階によって名が変わる。初生のアシを蒹といい、ついで萑（かん）→葭（か）→蘆となり、最も成長した段階のアシを葦という。古代中国ではアシは邪悪なものを退ける呪力があると信じられ、正月にアシで編んだ縄を門戸にかけた。また、宇宙開闢のときに起こった大洪水を大母神女媧がアシの灰で止めたという古代神話がある。

[字源] 「盧（*hlag）」は櫨の項でも述べたように、丸い形の壺を表し、「まるい」というイメージを示す記号となる。「盧（音・イメージ記号）＋艸（限定符号）」を合わせて、円柱形で中空の茎をもつ草を暗示した。造形的意匠は葦と似ている。

㊇ 蘆

[別名] 葦・葭・萑・蒹・葭蘆・烏蓲・蕭寒君・仮節侯

[文献] 大戴礼記・夏小正「葦未秀為蘆（葦の未だ秀でざるを蘆と為す）」、淮南子・覧冥訓「積蘆灰以止淫水（蘆の灰を積みて以て淫水を止む）」、論衡・謝短篇「挂蘆索於戸上、画虎於門闌（蘆索を戸上に挂け、虎を門闌に画く）」

【蘆薈】 16 ㊊ロ－ワイ・ロ－カイ ㊔アロエ

[語源] もとは盧会と書き、中世漢語は lu-huai であった。後に蘆薈と書き、中世漢語は lu-uai となった。こ

れはマレー語の**aluwa**、またはアラビア語の**alua**の音写である。ユリ科の多肉植物*Aloe*属（アロエ属）の総称で、中国では特に*A. vera* var. *chinensis*（中国名、斑紋蘆薈）に当てられる。葉は根元から叢生する。縁に刺状のぎざぎざがある。夏から秋に、黄色や紫の斑点のある花が咲く。観賞用に植えられるほか、民間療法で液汁が利用される。中国医学（本草）では葉を生薬に用いる。アフリカからアラビアにかけて分布し、中国へは唐・宋の頃に入ってきた。

[字源] 外来語を音写して盧會［＝会］と書き、のち草冠で整形して蘆薈と表記された。薈はワイの音が正しく、カイは百姓読みである。訥会、奴会の表記もあった。閩南語（中国南部の方言の一つ）では訥（nuo）や奴（nu）の**n**音が**l**音に発音される。

[別名] 盧会・油葱・象胆・象鼻草・鬼丹

[文献] 諸蕃志（宋・趙汝适）「蘆薈出大食奴発国、草属也、其状如鱟尾、土人採而以玉器搗研熬而成膏、置諸皮袋中、名曰蘆薈（蘆薈は大食奴発国に出づ。草の属なり。其の状は鱟［カブトガニ］の尾の如し。土人採りて玉器を以て搗き研ぎ、熬りて膏と成し、これを皮袋の中に置き、名づけて蘆薈と曰ふ）」

蘆菔→**蘿蔔**（347ページ）

【蘡薁】

17 音 エイ-イク 訓 えびづる

[語源] 上古漢語は***·ĭĕng-ıok**、中古漢語は**·iɛng-ıuk**（→呉音ヤウ-ヲク、漢音エイ-ヰク）である。ブドウ科ブドウ属のつる性木本*Vitis ficifolia* var. *lobata*（エビヅル）を意味する。枝は細長く、稜がある。巻きひげで他の木に絡みつく。果実は黒く熟し食べられる。語源はつるの特徴に着目して、嬰の「巻きつく」のイメージと、奥の「深く探りを入れる」のイメージを組み合わせ、二音節語に仕立てたもの。ただし薁だけの用例もある。和名は古くはエビカズラ（葡萄葛）といった。赤褐色の葉をエビ（蝦）の色になぞらえたもので、えび色はこれに由来する。

[字源]「嬰（*·ĭeng）」は桜の項でも述べた通り、首に巻くネックレスを表し、「物の回りにまといつく」というイメージを示す記号となる。「奥（*·ıok）」は「宀（覆い）+釆（米をばらまく形）+廾（両手）」を合わせて、

手を米櫃の中に入れて米粒を探る場面を設定した図形である。これによって「奥深い」という意味をもつ*·iokを表記するが、「深く探り進める」というイメージを表しうる。「嬰（音・イメージ記号）＋艸（限定符号）」と「奥（音・イメージ記号）＋艸（限定符号）」を結び、*·ieng-iokという双声の二音節語を作り、つるが他の物を探るように伸びて巻きつく植物を表象した。

篆〔奥〕　篆〔薁〕

【別名】 薁・燕薁・嬰舌・山葡萄・野葡萄・木竜

【文献】 詩経・豳風・七月「六月食鬱及薁（六月鬱及び薁を食ふ）」、山海経・中山経「白華黒実、沢如蘡薁（白き華にして黒き実、沢なること蘡薁の如し）」

【蘘荷】 17 音ジョウ-カ 訓みょうが

【語源】 上古漢語は*niang-ɦar、中古漢語はniang-ɦa（→呉音ニヤウ-ガ、漢音ジヤウ-カ）である。ショウガ科ショウガ属の多年草 ***Zingiber mioga***（ミョウガ）を意味する。林の下などの陰所に生える。高さは六〇～九〇センチ。根茎は円柱形で、横に這い、肥厚する。葉は長楕円形。夏、根茎から苞に包まれた花穂が出、淡黄色の花が咲く。特有の香気がある。花穂と若芽は食用になる。語源について蘘は釀と同源で、若芽を醸して蔬菜にするからこの名がついたという説（夏緯瑛）があるが、これでは荷がはっきりしない。和名抄では蘘荷に米加（メカ）の訓がある。芽が芳しいから芽香の意味という。これが訛ってメガ、さらにメウガ、ミョウガとなった。ついに漢字表記も茗荷に変わった。茗荷は日本でしか使わない当て字である。

【字源】 「𤕦」の原形は人が土を耕す場面を描いた図形。のち「吅（二つ並べる符号）＋爻（二つ交える符号）＋田の畝の形」を合わせた図形に変わった。田を鋤き返して肥料などを混ぜて、土を柔らかくする様子を暗示させ、「中に物を入れて柔らかくする」「中に割り込ませる」というイメージを示す記号とする。「𤕦（音・イメージ記号）＋衣（限定符号）」を合わせた「襄（*niang）」は、衣の中に綿などを詰め込んで柔らかくする様子を暗示させ、これも同様のイメージを示す記号になる。壌（柔らかく肥えた土）、醸（酵母を入れて柔らかくし、発酵させて酒を造る）、孃（体の柔らかい若い娘）、穰（種子が穂の中に詰まってふくれる→みのる）などは同源のグループ。次に「何（*ɦar）」は荷の項でも述べた通り、「⊐形に曲がる」というイメージがあり、葉が丁形に茎に乗ったハスを荷という。ミョウガは食用になる花穂は苞に包まれてふっくらとして柔らかく、また、地下に這う根茎に⊥形に乗って生じるので、二つのイメージを組み合わせ、「襄（音・イメージ記号）＋艸（限定符号）」と「何（音・イメージ記号）＋艸（限定符号）」を結んだ蘘荷によって表象した。

㊎ 

㊞ 

〔𤕦〕

㊎ 

㊞ 

〔襄〕

㊞ 

〔蘘〕

[別名] 蓴苴・苴蓴・葍蒩・覆葅・猼且・嘉草・陽藿

[文献] 史記・司馬相如伝「茈薑蘘荷」、三国志・魏志・倭人伝「有薑橘椒蘘荷、不知以為滋味（薑・橘・椒・蘘荷有れども、以て滋味と為すを知らず）」

【蘚】 17 ㊥セン ㊬こけ

[語源] 上古漢語は*sian、中古漢語はsiɛn（→呉音・漢音セン）である。コケ植物は主に苔類と蘚類があり、蘚苔類（中国では苔蘚類）と総称される。蘚類にはミズゴケ、ギンゴケ、スギゴケなどがある。しかし古代では苔との厳密な区別はなかったようである。コケ植物は陰湿な所、岩の上、古木などに付着して生じる。語源について戴侗は「苔の浅駁なる者を蘚と曰ふ。猶人の疥癬のごとし」（六書故）と述べる。岩などの上にまだら模様が点々と目立つ植物という意味に解したのであろう。藤堂明保は鮮少の鮮（ばらばらで小さい）、疥癬の癬（皮膚に小さい点をばらまいたようにできる病気）と同源と見ている。和名の語源については苔の項参照。

[字源] 魚と羊は食肉の代表的なものである。この二つを組み合わせて調理する場面を設定したのが「鮮」である。すなわち切り立ての生々しい魚肉という図形的意匠を作り出し、「（切ったばかりで）生き生きしている」ことを意味する*sianを表記する。切ったばかりの生木という意匠でもって「新（あたらしい）」を作る手法と似ている。また、切り立てというイメージから、丸ごと一つのものがいくつかに分かれているというイ

メージに展開する。この二次的意匠によって、「分かれてばらばらになっている」というイメージ（実現される意味は「少ない」）をもつ*sianを表記する。二つは同音異義だが、イメージのつながりから、同じ図形を使うのである。「鮮（音・イメージ記号）＋艸（限定符号）」を合わせて、岩などに点々と模様をつけたように生じる植物を暗示した。

㊎ 𩺰 ㊌ 鮮 〔鮮〕

[別名] 苔

[文献] 広志（晋・郭義恭）（初学記27）「空室無人行、則生苔蘚、或青或紫、一名円蘚、一名緑銭（空室人行無ければ、則ち苔蘚を生ず。或いは青、或いは紫。一名円蘚、一名緑銭）」

【蘩】 17 ㊌ハン ㊋──

[語源] 上古漢語は*bıuăn、中古漢語はbıuʌn（→呉音ボン、漢音ハン）である。キク科ヨモギ属の二年草*Artemisia sieversiana*（ハイイロヨモギ、中国名大籽蒿）を意味する。川辺や草地に生える。高さは五〇～一五〇センチ。茎・葉に白い綿毛が密生する。秋、黄緑色の花序が生じ、黄褐色の果実が生る。古代では食用になり、祭祀の供物に用いられた。また養蚕にも利用された。蘩の汁を注ぐと蚕種を生じやすくするというれた（農政全書）。語源は「繁衍し易い」から蘩と名づけられた（本草綱目）。ヨモギの語源については蓬の項参照。

[字源] 「毎（*muəg）」は梅の項で述べた通り、母が子を生むように草がどんどん生まれる様子を暗示する図形で、「次々に増える」というイメージがある。「毎（音・イメージ記号）＋攵（限定符号）」を合わせた「敏（*mıĕn）」は、手の動作が次々に繰り出される様子を暗示する（実現される意味は「すばしこい」）。「毎（音・イメージ記号）＋糸（限定符号）」を合わせた緐（はん）は、糸をたくさん集めて垂らした馬の房飾りを表した。「たくさん増える」という意味を派生し、やがて字体は「緐（*bıuăn）」に変わった。「緐（音・イメージ記号）＋糸（限定符号）」を合わせた「繁（音・イメージ記号）＋艸（限定符号）」を合わせて、生命力が強くてどんどん増える草を表した。あるいは、蚕がこれを食べてどんどん増える草と解することもできる。

(甲)　(金)　(篆)〔敏〕
(篆)〔緐〕　(篆)〔蘩〕

【別名】 白蒿・皤蒿・由胡・旁勃

【文献】 詩経・召南・采蘩「于以采蘩、于沼于沚（ここに以て蘩を采る、沼に沚に）」、真誥4（梁・陶弘景）「蘩葩盛厳氷、未肯懼白雪（蘩葩は厳氷に盛んに、未だ肯へて白雪を懼れず）」

蘩蔞　(音)ハンール　(訓)はこべ

【語源】 上古漢語は*bıuăn-lug、中古漢語はbıuʌn-lu（→呉音ボンール、漢音ハンール）である。ナデシコ科ハコベ属の一年草 ***Stellaria media***（コハコベ、中国名繁縷）を意味する。道端などに生える。茎は円柱形で軟らかい。茎の下部は地面を這う。茎の中に一本の糸（維管束）がある。春から夏にかけて白い小花をつける。種子は黒褐色で丸い。古代中国では食用に栽培された。また歯薬として使われた。語源について李時珍は「此の草、茎蔓甚だ繁く、中に一縷有り、故に名づく」と述べる。和名は古くはホコベラまたはハクベラであった。語源は葉配りの意味とする説や、袴を佩いた姿に見立てて佩片といったとする説（吉田金彦）がある。

【字源】 もとは蘩蔞と書いた。「毌」は紐を通して貫く形で、「繁」については前項参照。「中」は真ん中に縦棒を突き通す形。「毌（イメージ記号）＋中（イメージ記号）＋女（限定符号）」を合わせた「婁（*lug）」は、女の奴隷を紐で通して引っ張る様子を暗示させる。これによって「数珠つなぎにする」「次々に連なる」というイメージを示す記号とする。「婁（音・イメージ記号）＋糸（限定符号）」を合わせた「縷（*lug）」は、細長く連なる糸を表す。「蘩（音・イメージ記号）＋艸（限定符号）」と「縷（音・イメージ記号）＋艸（限定符号）」を結んで二音節語を作り、茎から枝が繁く分かれ出、茎の中に細長い糸状のものが入っている植物を表象した。のち蘩蔞、繁縷とも書く。

(篆)〔婁〕　(篆)〔縷〕

【別名】 繁縷・蔜・滋草・鵞腸菜

【文献】 名医別録「蘩蔞味酸平無毒、主治積年悪瘡不愈、五月五日日中採、乾、用之当燔（蘩蔞は、味は酸にし

て平、毒無し。積年悪瘡の愈えざるを治するを主る。五月五日、日中に採り、乾かし、之を用(もっ)て当(まさ)に燔(や)くべし)」

【蘞】17　音レン　訓やぶがらし（烏蘞苺）

[語源] 上古漢語は*g̊liam、中古漢語はlıɛm（→呉音・漢音レム）である。ブドウ科のつる性草本*Cayratia japonica*（ヤブガラシ、中国名烏蘞苺）を意味する。地下茎は横に這う。茎は紫色を帯び、巻きひげがあり、他の木に絡みついて蔓延する。夏、黄緑色の小花が出る。果実は黒く熟する。語源は斂の「引き締める」のイメージに基づく。和名は生長力が強く、他の木に巻きついて枯らすほどであるところから、藪枯らしの意味である。詩経では他の草木に絡みつく植物は一般に結合や調和の象徴となっている。ヤブガラシは恋愛詩で求愛のモチーフに使われる。

[字源] 「僉(せん)（*ts'iam）」は「亼（集める印）＋吅（二つの物）＋从（二人の人）」を合わせて、多くの物を一か所に集める様子を暗示する図形。これによって「一か所に引き締める」というイメージを示す記号とする。「僉（音・イメージ記号）＋攴（限定符号）」を合わせた「斂（*g̊liam）」は、引き締めることを表す。収斂の斂はこの意味である。「斂（音・イメージ記号）＋艸（限定符号）」を合わせて、つるが他の木の強力に巻きつき引き締める草を暗示した。

篆〔僉〕　篆〔斂〕　篆〔蘞〕

[別名] 竜尾・虎葛・赤葛・烏蘞草・烏蘞苺・五葉苺・五爪竜

[文献] 詩経・唐風・葛生「葛生蒙楚、蘞蔓于野（葛は生じて楚を蒙(おお)ひ、蘞は野に蔓(は)ふ）」

【蘿】19　音ラ　訓――

[語源] 単に蘿というときはつる性植物の総称であり、またそのつるのことをいう。狭義では女蘿の語形で使われ、上古漢語が*nag-lar、中古漢語がnıo-la（→呉音ニョ-ラ・漢音ヂョ-ラ）で、サルオガセ科サルオガセ属（*Usnea*属）の地衣類の総称。松などの針葉樹の幹や枝に着いて生える。糸状の枝が垂れ下がり、長さが一メートルあまりになる。色は灰緑色。語源は羅の「長く連なる」というイメージによる。和名のサルオ

ガセは猿の麻桛の意で、麻桛(おがせ)は麻の糸を巻きつける道具のことで、これになぞらえた名である。

詩経では他の木に寄生する蔦［ヤドリギ］や菟糸［ネナシカズラ］とともに結合・和合の象徴とする。後世の漢詩では愛情のモチーフとして使われ、「菟糸、女蘿に附く」は常套句である。

［字源］「网」は×形に糸を編んだ「あみ」の図形である。「网＋糸（いと）＋隹（とり）」を合わせて、鳥を捕らえる網を暗示させる図形。網は糸を次々につなげているので、「ずるずると長く連なる」という意味を派生する。「羅（音・イメージ記号）＋艸（限定符号）」を合わせて、ずるずると伸びていく草木の「つる」、また、糸状に長く連なって垂れ下がる植物（サルオガセ）を表した。後者は「女」を添えて二音節語とした。「女」は手を前で組んでひざまずいた女性を描いた図形で、「弱い」「柔らかい」というイメージがある（女郎花の項参照）。

甲　篆〔羅〕　篆〔蘿〕

［別名］（サルオガセ）女蘿・松蘿・松膏・松腴・松蔦・藤蘿・松上寄生

［文献］詩経・小雅・頍弁「蔦与女蘿、施于松柏（蔦と女蘿、松柏に施(うつ)る）」、楚辞・九歌「被薜荔兮帯女蘿（薜荔を被り女蘿を帯ぶ）」

蘿藦

音 ラーマ　訓 ががいも

［語源］上古漢語は***lar-muar**、中古漢語は**la-mua**（→呉音ラーマ、漢音ラーバ）である。ガガイモ科のつる性草本 ***Metaplexis japonica***（ガガイモ）を意味する。茎はつる状をなし、二メートルほどに伸び、他物に絡んで上る。茎を切ると白い汁が出る。葉はハート形。夏、白色の花が咲く。果実は角に似、先端が尖る。種子には多数の白い絹毛がついている。中国医学（本草）では種子を蘿藦子といい、生薬に用いる。古代中国では食用に栽培された。和名の古語はカガミで、種子を胡麻に見立て、ゴマミ（胡麻実）がカガミに訛り、さらにカガミイモ→ガガイモになったという。

詩経では芄蘭(がんらん)の名で恋愛詩に出ており、まだ恋を知らず、弱々しく頼りない風情の少年をガガイモに喩えている。

【字源】 蘿藦は畳韻の二音節語だが、表記にはイメージが込められている。「蘿」は前項で述べた通りつるを意味する。「麻」は該項にもあるように、「摩りもむ」というイメージがあるが、このイメージは「（もみほぐして）柔らかくする」というイメージに展開する。糜爛の糜（かゆ）や風靡の靡（なびく）にはこのイメージがある。つる性の草で、茎が柔らかく弱々しいので、蘿摩・蘿藦と書く。

篆　〔摩〕

【別名】 芄蘭・雚・苦丸・雀瓢・白環藤

【文献】 詩経・衛風・芄蘭「芄蘭之支、童子佩觿（芄蘭の支、童子觿を佩ぶ）」、毛詩草木鳥獣虫魚疏（三国呉・陸璣）「芄蘭一名蘿摩、幽州謂之雀瓢、柔弱恒愛于地、有所依縁則起（芄蘭は一名蘿摩。幽州之を雀瓢と謂ふ。柔弱にして恒に地を愛し、依縁する所有れば則ち起つ）」

【蘿蔔】 19 音 ラーフク 訓 すずしろ

【語源】 上古漢語は*lar-bək、中古漢語はla-bək（↓呉音ラーボク、漢音ラーホク）である。アブラナ科の一、二年草 *Raphanus sativus*（ダイコン）を意味する。高さは一メートルほど。葉は叢生し、琴の形を呈し、縁に切れ込みがある。根は肥大化する。白色や紫色の花が咲く。中国の原産とも、コーカサスの原産ともいわれる。もし中国原産もあったならば詩経の菲が在来の種であろう。しかし漢代以後、爾雅に蘆萉、方言に蘆菔、斉民要術に蘿蔔の語が現れる。これらは西欧語系の**raphus**、**raphane**などに由来するという説がある（牧野富太郎）。シルクロードを通じて西洋の品種が入ってきた可能性はあるが、確実ではない。

和名は古くはオオネ（オホネ）で、この漢字表記である大根を音読みにしてダイコンとなった。スズシロは大根の別名で、清白菜の意味という。春の七草に入れられる。

【字源】 ラテン語の**rapa**や**raphus**を蘆萉と音写したとも考えられるが、保留としたい。むしろ漢字のイメージから語源・字源を解釈できる。「盧」は蘆の項で述べたように、「まるい」というイメージがある。「肥」の右側は「妃」の右側と同じで、「配」を略したもの。「配」は「酉（酒つぼ）＋卩（ひざまずく人）」を合わせて、酒つぼの側につく情景を暗示する図形で、「寄り添いくっつく」というイメージを示す。寄り添う夫や妻を配偶という。「肥」は「配（音・イメージ記号）の略体＋肉（限定符号）」を合わせた図形でもって、体に肉がくっついて太ることを表した。「盧（音・イメージ記号）＋艸（限定符号）」と「肥（音・イメージ記号）＋艸（限定符号）」を結んで、根茎が丸く太った植物という意味合いをもたせた蘆萉という二音節語を作り、ダイコンを表象した。蘆萉はやがて蘆菔に変わる。「𠬝（ふく）」は人の背中に手をつける様子を示す図形で、「くっつく」というイメージがある。「𠬝（音・イメージ記号）＋舟（限定符号）」を合わせた服は、舟の両側につけた板を暗示し、これも「くっつく」というイメージを示す記号になる。のち蘿蔔の表記が定着する。「畐（ふく）」は腹の膨れたとっくりを描いた図形で、「ふくれる」というイメージがあり、そこから「いっぱい満ちる」「すきまなくくっつく」というイメージにも展開する。以上のように、萉―菔―蔔は図形的意匠が似ている。

㊎篆〔肥〕　篆〔萉〕

甲　金　篆〔𠬝〕

篆〔菔〕

甲　金　篆〔畐〕

篆〔蔔〕

【別名】蘆萉・蘆菔・萊菔・蘿瓟・温菘・秦菘・土酥

【文献】爾雅・釈草「葖、蘆萉」――郭璞注「萉宜為菔、蘆菔蕪菁属、紫花大根、俗呼雹葖（萉は宜しく菔と為すべし。蘆菔は蕪菁の属。紫花にして大根。俗に雹葖と呼ぶ）」、後漢書・劉盆子伝「掘庭中蘆菔根、捕池魚而食之（庭中の蘆菔の根を掘り、池魚を捕へて之を食す）」、斉民要術・雑説「四月種蘿蔔及葵（四月蘿蔔及び葵を種う）」、本草経集注（名医別録「蕪菁及蘆菔」）「蘆菔是今温菘、其根可食、葉不中啖（蘆菔は是れ今の温菘なり。其の根食ふべし。葉は啖ふに中らず）」

豆の部（まめ・まめへん）

【豆】 0 音 トウ・ズ 訓 まめ

［語源］ 上古漢語は*dug、中古漢語はdəu（→呉音ヅ、漢音トウ）である。マメ科の植物の総称だが、特にダイズ（大豆）、アズキ（小豆）、エンドウ（豌豆）、ソラマメ（蚕豆）など食用となるマメ類を指す。そのほか「～豆」のつく漢名に、刀豆（*Canavalia gladiata*、ナタマメ［鉈豆］）、菜豆（*Phaseolus vulgaris*、インゲンマメ［隠元豆］）、藊豆（*Lablab purpurea*、フジマメ［藤豆・鵲豆］）、紅豆（*Abrus precatorius*、トウアズキ［唐小豆］）、緑豆（*Vigna radiate*、リョクトウ）などがある。

［字源］ 頭が丸く、高い脚のついた食物を盛る器を描いた図形。「たかつき」という器が最初の意味である。頭が丸くて首の上に立つ姿がマメの果実と似ているので、マメを同じ語形、同じ図形で表す。たかつき→まめは類似性の比喩に基づく転義現象と考えてよい。「丁型や⊥型にじっと立つ」というイメージを示し、頭・痘・逗・豎（＝竪。じっと立つ）などの音・イメージ記号に使われる。登・豊にはイメージ補助記号として含まれる。またマメ類の意味領域に関係があることを示す限定符号として、豌・豇などを構成する。

甲　金　篆

［文献］ 戦国策・韓「民之所食、大抵豆飯藿羹（民の食する所は、大抵豆飯・藿羹（かくこう）なり）」、曹植・七歩詩「煮豆燃豆萁、豆在釜中泣、本是同根生、相煎何太急（豆を煮て豆萁を燃やす、豆は釜中に在りて泣く、本是れ同根より生ず、相煎ること何ぞ太だ急なる）」

蚕豆 音 サン-トウ 訓 そらまめ

［語源］ 近世漢語はts'am-təu である。マメ科の一、二年草*Vicia faba*（ソラマメ）を意味する。高さは三〇～一八〇センチ。茎は四角形で中空で、稜がある。早春、白色や紫色を帯びた花が咲く。莢は長円形で、初めは直立し、熟すると垂れ下がる。地中海沿岸の原産で、宋代に仏豆の名で初めて登場する。語源は莢を蚕に見立てたもの。和名は莢が空に向かって直立することか

らソラマメ（空豆）と名づけられた。

［字源］ 蚕の旧字体は蠶と書く。「先（＊tsïəm）」はかんざしを描いた図形。それを二つ並べたのが「兟」。髪に挿すものだから「すきまに潜り込む」というイメージがある。「兟（音・イメージ記号）＋曰（限定符号）」を合わせた「朁（＊ts'əm）」も同様のイメージを示す。「朁（音・イメージ記号）＋䖵（限定符号）」を合わせて、桑の葉に潜り込んで貪り食う虫を表した。「豆」については前項参照。

篆 先（先）　篆 兟（兟）

篆 朁（朁）　篆 蠶（蠶）

［別名］ 仏豆・寒豆・羅漢豆

［文献］ 益部方物略記（宋・宋祁）「仏豆、豆粒甚大而堅、農夫不甚種、唯圃中蒔以為利、以塩漬食之、小児所嗜（仏豆は、豆粒甚だ大にして堅し。農夫甚だしくは種ゑず。唯圃中に蒔きて以て利と為す。塩を以て漬けて之を食す。小児の嗜む所なり）」、本草綱目24「蚕豆…豆莢状如老蚕、故名、王禎農書謂其蚕時始熟、故名、亦通（蚕豆は…豆莢の状老蚕の如し。故に名づく。王禎農書に、其の蚕時に始めて熟す、故に名づくと謂ふ。亦た通ず）」

小豆

音 ショウーズ　訓 あずき

［語源］ 上古漢語は＊siog-dug、中古漢語はsiɛu-dəu（→呉音セウーヅ、漢音セウートウ）である。マメ科サザゲ属の一年草 *Vigna angularis*（アズキ、中国名赤豆）を意味する。中国の原産。茎は直立し、高さは三〇～九〇センチ。夏、黄色い蝶形の花が咲く。莢は細長い円筒形で、暗赤色の種子が一〇個ほど入っている。アズキを意味する語はもとは荅（とう）であるが、種子が比較的小さいので、大豆と対比した形で小豆と称されるようになった。中国医学（本草）では *Phaseolus calcaratus*（ツルアズキ、中国名赤小豆）を含めて赤小豆といい、生薬に用いる。和名のアズキはアカツブ（赤粒）にキ（草を表す接尾語）がついたものがアヅキに訛ったといわれる。

中国神話の神である共工氏に不才子がいて、冬至に死んで疫鬼（疫病神）になったが、小豆を恐れたので、冬至に小豆粥を作って邪気を払う風習が起こったという（本草綱目）。日本の節分の豆まきはこれと関係があるかもしれない。

[字源] 単音節語は荅（*təp）であった。「合」は「亼（ふた）+口（容器）」を合わせて、蓋が容器にぴったり合う様子を暗示する図形。「合（イメージ記号）+艸（限定符号）」合わせて、莢に種子がびっしり入った果実の生る植物を暗示した。莢の果実をもつのはアズキとは限らないが、特にアズキを意味する*təpの視覚記号とする。ちなみに、問いという枠に、答えという中身をぴったり合わせること（つまり「こたえる」という行為）も*təpといい、草冠を竹冠に替えて「答」という視覚記号が生まれた。

のち小豆の複合語となる。「小」は三つの小さな点が散らばる様子を示す象徴的符号である。これによって「ちいさい」という意味をもつ*siəgを表記する。「豆」については該項参照。

㊙甲  ㊙金  ㊙篆  〔合〕

㊙篆 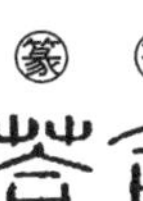 〔荅〕

㊙甲 ㊙金 ㊙篆 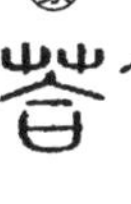 〔小〕

[別名] 荅・赤豆・赤小豆

[文献] 広雅・釈草「小豆、荅也」、後漢書・華佗伝「若妻病、賜小豆四十斛（若し妻病ならば、小豆四十斛を賜はん）」、素問・蔵気法時論「心色赤、宜食酸、小豆犬肉李韭皆酸（心の色は赤、酸を食ふに宜し。小豆・犬肉・李・韭は皆酸なり）」、荊楚歳時記「正月旦呑鶏子赤豆各七枚、辟瘟気（正月の旦に鶏子・赤豆各七枚を呑み、瘟気を辟く）」

巴豆　㊥ハーズ　㊥—

[語源] 上古漢語は*păg-dug、中古漢語はpă-dəu（→呉音へ-ヅ、漢音ハ-トウ）である。トウダイグサ科の常緑小高木 *Croton tiglium*（ハズ）を意味する。中国南部からインド、マレーシアに分布する。高さは六～一〇メートル。葉は長卵形で先が尖る。夏、小さな花をつけた花序が枝先に直立する。有毒植物で、種子を薬用とする。古代では殺人に利用した例がある。巴から産出したというので巴豆の名がついた。

[字源]「巴」は芭蕉の項でも述べたが、ある種の爬虫類を描いた図形である。古代中国では周辺の異民族を

野蛮視して、虫などに縁のある語で呼んだ。巴や蜀はその例。巴蜀の地は現在の四川省に当たる。

[別名] 巴菽・剛子・老陽子

[文献] 論衡・言毒篇「草木之中、有巴豆野葛、食之湊懣、頗多殺人（草木の中に、巴豆・野葛有り。之を食へば湊懣（そうもん）し、頗る人を殺すこと多し）」

大豆→菽 （261ページ）

【豇】 3 [音]コウ [訓]ささげ（豇豆）

[語源] 中古漢語は**kɔng**（→呉音コウ、漢音カウ）である。普通は豇豆の語形で、マメ科の一年草***Vigna unguiculata***（ササゲ、中国名豇豆）を意味する。茎はつる状をなすものもある。淡紫色の花が咲く。莢は細長い円筒形で垂れ下がる。若い莢は上に反り返って物を捧げる形を呈するので、和名をササゲという。また、先が角になっているので和製漢字表記を大角豆とする。

　ササゲはアフリカの原産で、中国では三国時代（三世紀）に䜶䝄（こうそう）の名で登場するが、豇豆の名はやっと遼代（十世紀）に現れる。李時珍は語源について「此の豆、紅色多きに居る。莢は必ず双生す。故に豇、䜶䝄の名有り」と述べる。豇は紅と関係があると見ている（絳も赤の意）。ただし色は実際と合っていないが、莢が双生するというのは正しい。

[字源] 「夅（こう）」は「夂」（下向きの足）とその反対形を重ねて、上から下ってくる様子を暗示させる。降の原字である。「雙」は「雔（二つ並ぶ鳥）＋又（て）」を合わせて、二羽の鳥を手で持つ場面を設定する図形で、「対になる」というイメージを示す。「夅（音・イメージ記号）＋豆（限定符号）」と「雙（音・イメージ記号）＋豆（限定符号）」を結んで、莢が二つ並んで生じて、上から下に垂れ下がるマメを暗示した。

　次に「工（*kung）」は二線の間を縦線が突き通る様子を示す象徴的符号で、「突き通す」というイメージを示す記号となる（紅花の項参照）。「工（音・イメージ記号）＋豆（限定符号）」を合わせて、莢が筒形に突き通った形をしたマメを暗示させた。

[篆]  〔夅〕　[篆]  〔雙〕

[別名] 䜶䝄・江豆・長豆・角豆（ササゲの異表記）大

角豆

[文献] 竜龕手鑑「豇、豇豆也」、本草綱目24「豇豆開花結莢、必両両並垂、有習坎之義（豇豆、花を開き莢を結ぶに、必ず両両並び垂る。習坎の義有り）」

【豌】 8 ㊥エン ㊞——

[語源] 上古漢語は*·uan、中古漢語は·uan（→呉音・漢音ワン）である。普通は豌豆の語形で使われる。マメ科のつる性草本 ***Pisum sativum***（エンドウ、中国名豌豆）を意味する。茎は一～二メートルほどに伸び、巻きひげがある。葉は耳状をなす。春、白色あるいは紫色の花が咲く。莢は長楕円形で、丸い種子が二～一〇個入っている。地中海沿岸の原産で、漢・魏の頃に中国に伝わった。四民月令（漢・崔寔）に蜱豆の名で出ている。豌豆の名は広雅（三国魏・張揖）に初出。語源について李時珍は「其の苗、柔弱宛宛たり。故に豌豆の名を得たり」と述べている。

[字源] 「夗（えん）（*·ıuăn）」は「夕（よる）＋卩（かがむ人）」を合わせて、夜に背を曲げて寝る様子を暗示する。「夗（音・イメージ記号）＋宀（限定符号）」を合わせた「宛（*·ıuăn）」も同様の図形的意匠をもち、「丸く曲がる」というイメージを示す記号となる（菀の項参照）。女性が体をくねくねと曲げるありさまを婉という。同様に「宛（音・イメージ記号）＋豆（限定符号）」を合わせて、くねくねと曲がった巻きひげをもつマメを表した。

[別名] 安豆・畚豆・畢豆・留豆・蜱豆・蹓豆・小寒豆・青斑豆・回回豆・回鶻豆

[文献] 外台秘要方3「其瘡形如豌豆、亦名豌豆瘡（其の瘡の形は豌豆の如し。亦た豌豆瘡と名づく）」、五代会要25「大小麦豌豆、六月十日起徴、九月納足（大小麦・豌豆、六月十日より徴を起こし、九月に納め足る）」

野豌豆 ㊥ヤ-エン-ドウ ㊞——

[語源] 近世漢語は ie-uan-tau である。明の頃に出現する語で、大巣菜と小巣菜を含むといわれる。前者はマメ科ソラマメ属のオオカラスノエンドウ（*Vicia sativa*、中国名大巣菜）で、古名は薇という。詳しくは薇の項参照。後者はスズメノエンドウ（*V. hirsuta*、中国名硬毛果野豌豆）で、前者と似ているが全体的に形が小さい。日本ではカラスで大きい意を添え、スズメで小さい意

を添えて、烏野豌豆、雀野豌豆という名がついた。いずれもエンドウに似た莢と巻きひげがある。

[字源]「予（*diag）」は機織りに使う杼という道具を描いた図形（杼の項参照）。この道具は縦糸の間を横に移動していくので、「横に伸びる」というイメージを示す記号になる。「予（音・イメージ記号）＋里（限定符号）」を合わせて、里（町や村）から横に伸びた空間、つまり野原を表した。序（母屋から両脇に伸びた建物）は同源の語である。「豌」については前項、「豆」については該項参照。

㊙ 〔予〕 篆 〔予〕 篆 〔野〕

[別名]（オオカラスノエンドウ）薇・大巣菜（スズメノエンドウ）野蚕豆・小巣菜

[文献] 救荒本草6（明・朱橚）「野豌豆生田野中、苗初就地、拖秧而生、後分生茎、又苗長二尺余、葉似胡豆葉稍大（野豌豆は田野の中に生ず。苗は初め地に就き、秧を拖きて生ず。後分かれて茎を生ず。又苗長きこと二尺余。葉は胡豆の葉に似て稍大なり）」

韭の部（にら・にらへん）

【韭】0 音 キュウ 訓 にら

[語源] 上古漢語は*kıog、中古漢語はkıəu（→呉音ク、漢音キウ）である。ユリ科ネギ属の多年草*Allium tuberosum*（ニラ）を意味する。高さは二〇～四五センチ。根茎は横に這い、ひげ根が多い。葉は扁平で細長い。夏から秋にかけて葉から花茎が出て、白い小花をつける。特有の臭気がある。東アジアの原産で、中国では古代から栽培され、食用・薬用にされた。語源については説文解字に「一たび種［＝種］うれば久しく生くる者なり。故に之を韭と謂ふ」とある。久と同源で、長い生命を保つ植物と見ているようである。和名は古語がカミラまたはコミラで、それがミラとなり、ニラに訛ったといわれる。カミラはカブラ（株・頭）の転という説がある（吉田金彦）。ほかの説では、ミラは朝鮮語 pʼil（蒜）と同源、カミラのカは香で、臭気のある草の意味という（大野晋）。

【字源】「韭」はニラが地上に葉を出した姿を描いた図形である。限定符号として韱（山韭）や韰（＝薤。ラッキョウ）などを構成する。「韮」は異体字。

㊥ 韭

【別名】韭菜・草鍾乳・起陽草・長生韭

【文献】詩経・豳風・七月「献羔祭韭（羔を献じ韭を祭る）」、荘子・徐無鬼「居山林、食芧栗、厭葱韭（山林に居りて、芧栗を食ひ、葱韭に厭く）」、霊枢・五味「肝病者、宜食麻犬肉李韭（肝病む者は、宜しく麻・犬肉・李・韭を食ふべし）」、斉民要術3「諺曰、韭者懶人菜、以其不須歳植也、声類曰、韭者久長也、一種永生（諺に曰く、韭なる者は人を懶らしむる菜なりと。其の歳に植うるを須たざるを以てなり。声類に曰く、韭なる者は久長なり。一たび種うれば永く生く）」

剌韭→薤（307ページ）

韰→薤（307ページ）

麥の部（むぎ・むぎへん）

【麦】0 ㊥バク ㊦むぎ

【語源】上古漢語は*mlŭək、中古漢語はmuɛk（→呉音ミャク、漢音バク）である。主にイネ科の植物 *Hordeum vulgare*（オオムギ、中国名大麦）と *Triticum aestivum*（コムギ、中国名小麦）を併せ称する。二つはよく似ている。茎の高さは六〇～一〇〇センチ。葉は披針形で長い。茎の先端に穂ができ、春に結実する。オオムギは飯や酒造の用途のほか、わらで帽子を作る。コムギは麵食のほか、編み物や造紙にも用いられた。ムギを表す「來」や「麥」は殷代の甲骨文字に見えるが、大小の区別は戦国時代からである。李時珍によれば、「來」はコムギを指し、オオムギはコムギより苗や粒が大きいので大麦、牟麦（牟は大の意）の称があるという（本草綱目）。語源について説文解字では「麦は芒穀なり。秋に穜［＝種］ゑて厚く薶［＝埋］む。故に麦と謂ふ」とあり、薶と同源と見ているが、確かではない。和名のムギの語源については、朝鮮語の mil（麦）と同源とする説（大野晋）、麰の上古漢語音 miog に由来するという説（藤堂明保）などがある。

オオムギは中央アジアの原産、コムギは地中海沿岸の原産といわれ、新石器時代には各地に伝播した。中国に最初に入ってきたものがオオムギであったか、コムギであったかは不明だが、中国人は神話の形で伝えている。詩経の生民篇では、周民族の始祖である后稷がムギを含む作物を初めて栽培したとある。説文解字の「來」の項では、「周の受くる所の瑞麦、来麰なり。一来二縫。芒束の形に象る。天の来らす所なり。故に行来の来と為す」とあり、天の神がもたらしためでたい穀物という信仰を伝えている。藤堂明保によれば来と麦は上古漢語が ml~ という複子音をもつ同系語で、m が消えた語形が来となり、l が消えた語形が麦となったという。甲骨文字で来にムギと「くる」という二つの意味があるのは、もともと同じ語を同じ形に表記したからである。

詩経では麦は恋愛詩のモチーフに使われている。これは食物の共感覚メタファーとして性愛を表現するものである。ムギが食料とされたことが背景にある。なお説文解字にいう瑞麦（一つの茎に二つ以上の穂ができる現象）は、天子が優れた政治を行う時に現れる奇跡として歴史書に頻出する。

[字源]「來」（*mləg）はムギを描いた図形。必ずしも説文解字のいうような瑞麦ではないが、上代の中国人は神がもたらした作物という信仰があったらしい。そのため「來」は「（遠くから）もたらす」という意味を派生し、「（空間的、時間的に）やってくる」という意味で使われるようになった。「來」は後世の賚（らい）（もたらす、たまう）に反映している。一方、遠くからやってきたムギを表すために、「來（ムギ）＋夂（足の形で、足の動作を示す記号）」を合わせた「麥」が作られた。殷代の甲骨文字においても、来と麦は同じ語源とする意識があったと推測される。なお「麥」はムギと関係のある限定符号として麩・麪・麴・麯などを構成する。

〔來〕 甲  金  篆 

〔麥〕 甲  金  篆 

【別名】（ムギ）来牟・麰麳・首種　（オオムギ）牟麦・麳　（コムギ）麳

【文献】 詩経・周頌・思文「思文后稷…貽我来牟（文ある后稷…我に来牟を貽（おく）る）」、詩経・鄘風・桑中「爰采麦矣（ここに麦を采る）」、春秋・荘公7「秋大水、無麦苗（秋に大水あり、麦の苗無し）」、大戴礼記・夏小正「麦者五穀之先見者（麦は五穀の先づ見はるる者なり）」、呂氏春秋・任地「孟夏之昔、殺三華、而穫大麦（孟夏の昔［終わり］、三華を殺して、大麦を穫たり）」、後漢書・張堪伝「百姓歌曰、桑無附枝、麦穂両岐（百姓歌ひて曰く、桑に附枝無く、麦穂両岐す）」、旧五代史・梁書・太祖紀「進瑞麦、麦一茎三穂（瑞麦を進む。麦は一茎に三穂）」、名医別録「大麦…為五穀長（大麦は…五穀の長為（た）り）」

瞿麦　㊥クーバク　㊞なでしこ

【語源】 上古漢語は*guag-mlυăk、中古漢語はguo-mυεk（→呉音グーミャク、漢音クーバク）である。ナデシコ科ナデシコ属の多年草 *Dianthus superbus*（エゾカワラナデシコ）を意味する。高さは一メートルほど。茎は叢生し、上部で二またに分かれる。夏、枝の頂上に淡紅色または白色の花が咲く。花弁は五つで、先が細かく裂けて糸状になる。語源について李時珍は陸佃の説を引いて、「両旁に生ずる、之を瞿と謂ふ。此の麦の穂旁生する故なり」と述べ、実が麦に似ているから瞿麦の名がついたとする。初生の苗が麦の苗に似ているからという説（夏緯瑛）もある。

日本では変種である **var. *longicalycinus***（ナデシコ、カワラナデシコ）に当てる。形態は前者と似ている。高さは五〇センチほど。セキチク（石竹）をカラナデシコ（唐撫子）ともいうのに対し、ナデシコをヤマトナデシコ（大和撫子）ともいい、秋の七草の一つに数えられる。和名は子供を撫でるように可愛がるという意をこめてナデシコ（撫子）と命名された。日本では専ら観賞用だが、中国では薬用とする。

【字源】「瞿」は「䀠（目二つ）＋隹（とり）」を合わせて、鳥が左に右に見回す様子を暗示する図形。「左右に分ける」というイメージを示す記号とする。衢（四方に分かれる道）や恐懼の懼（心が裂けるような気持ち→おそれる）は同源である。「瞿」と「麦」を結んで複合語を作り、茎が二またに分かれ、苗が麦に似た草を表した。

[篆]  〔䀠〕 [篆]  〔瞿〕

[別名] 蘧麦・巨句麦・大菊・地麺

[文献] 斉民要術2「種瞿麦法、以伏為時、畝収十石（瞿麦を種うる法。伏せるを以て時と為す。畝収は十石）」、神農本草経「瞿麦味苦辛寒、主治関格諸癃結、小便不通、出刺、決癰腫、明目去瞖、破胎堕子、下閉血（瞿麦は、味は苦・辛にして寒。主治は関格諸癃結、小便不通。刺を出だし、癰腫を決し、目を明らかにし瞖を去り、胎を破りて子を堕し、閉血を下す）」、金匱要略「小便不利者有水気、其人若渇、用栝楼瞿麦丸主之（小便不利なる者は水気有り。其の人渇するが若し。栝楼瞿麦丸を用て之を主る）」

蕎麦→蕎（302ページ）

麻の部（あさ・あさへん）

【麻】 0 [音]マ [訓]あさ

[語源] 上古漢語は*mǎg、中古漢語はmǎ（→呉音メ、漢音バ）である。アサ科の一年草 *Cannabis sativa*（アサ、タイマ、中国名大麻）を意味する。茎は四角形で、直立し、高さは一〜三メートルほど。葉は緑色で、細い毛がある。初夏、花が咲く。果実は卵形で、堅い殻をかぶる。中央アジアの原産で、詩経の時代にはすでに栽培されており、食料や衣料の用途になった。語源は繊維を加工する工程に基づく命名と考えられる。すなわち茎から皮を剥ぎ取り、揉みほぐして柔らかくするところから、靡（きめ細かく柔らかい）などと同源である。爾雅義疏（清・郝懿行）に「麻の言は靡なり」とある。和名は古くはソであった。アサから採る繊維をヲといい、それにサ（接頭語）を冠してサヲ→ソとなった。さらに色が青いところから、ソにアヲをつけてアヲソ→アサとなった。

後漢の頃には雌雄異株であることが知られており、雄のアサを枲(し)といい、雌のアサを苴(しょ)といった。アサに麻酔性があることも知られており、後漢の医師華佗は麻沸散という麻酔剤を製して外科手術を行った（下記文献参照）。

【字源】 説文解字に「麻は、人の治むる所、屋下に在り」と字形を説明している。「朩」はアサの茎を剥ぎ取る様子を示す図形で、これを二つ並べたのが「𣏟」。それに「广（屋根）」を添えて、屋根の下でアサの皮を剥いで繊維を採る場面を設定する図形が「麻」（麻は常用漢字の字体）である。柔らかく揉みほぐすことから、「こすって揉む」というイメージにも展開する。音・イメージ記号として、摩（こする）、磨（こすってみがく）、靡（柔らかい）、糜（米をすりつぶして柔らかくしたもの→かゆ）などを構成する。

篆〔朩〕　篆〔𣏟〕

金　篆〔麻〕

【別名】 枲・苴・大麻・火麻・黄麻・漢麻

【文献】 詩経・陳風・東門之池「東門之池、可以漚麻（東門の池、以て麻を漚(ひた)すべし）」、論語・子罕「麻冕礼也（麻冕は礼なり）」、墨子・天志「麻糸以為民衣食之財（麻糸は以て民の衣食の財と為す）」、後漢書・華佗伝「針薬所不能及者、乃令先以酒服麻沸散、既酔無所覚、因刳破腹背、抽割積聚（針薬の及ぶ能はざる所の者は、乃ち先づ酒を以て麻沸散を服せしめ、既に酔ひて覚むる所無し。因りて腹背を刳破し、積聚を抽割す）」、呉普本草（太平御覧995）「麻子…葉上有毒、食之殺人（麻子は…葉の上に毒有り。之を食へば人を殺す）」、神農本草経「麻蕡味辛平、主治五労七傷、利五蔵下血寒気、多食令人見鬼狂走、久服通神明、軽身、一名麻勃（麻蕡［アサの花］は、味は辛にして平。主治は五労七傷。五蔵下血寒気を利す。多食すれば人をして鬼を見、狂走せしむ。久服すれば神明に通じ、身を軽くす。一名麻勃）」——陶弘景集注「術家合人参服之、令逆知未来事（術家は人参と合して之を服す。未来の事を逆知せしむ）」

亜麻

音 アーマ　訓 ——

【語源】 近世漢語は ia-ma である。アマ科の一年草 ***Linum***

usitatissimum（アマ）を意味する。茎は直立し、高さは二五〜九〇センチ。枝の先に緑色または白色の花が多数咲く。茎の皮から強靱な繊維が採れる。これを原料とする織物がリネンである。また種子から油を採る。中近東の原産で、古代エジプトで栽培されたといわれるが、中国では宋代に初めて登場する。語源は用途が麻に準じるから亜を冠したのであろう。

[字源]「亞」は地面を掘り下げた建物の基礎を描いた図形。上から下に押さえつけるというイメージがあり、いつまでも下にあって上に出られないというイメージに展開する。従って「第二番目、次の位、準じる」という意味をもつ**＊·ăg**という言葉をこの視覚記号によって表記する。アマは麻よりは格が下と考えられたので、亜麻の名がつけられたと思われる。「麻」の字源については前項参照。

㊙甲  金  篆  〔亞〕

[別名] 鴉麻

[文献] 本草図経（宋・蘇頌）「亜麻子…苗葉倶青、花白色、八月上旬采其実用。又名鴉麻、治大風疾（亜麻子…苗と葉は倶に青し。花は白色。八月上旬其の実を采りて用ゐる。又鴉麻と名づく。大風疾を治す）」

胡麻

㊖ゴーマ　㊙——

[語源] 上古漢語は**＊ɦag-măg**、中古漢語は**ɦo-mă**（→呉音ゴ-メ、漢音コ-バ）である。ゴマ科の一年草***Sesamum indicum***（ゴマ、中国名芝麻）を意味する。茎は四角形で直立する。高さは一メートルほど。毛が密生する。紫紅色や白色の筒型の花が咲く。果実は長く稜がある。熟すと多数の種子がはじけ出る。種子から油を採る。また食用・薬用になる。アフリカが原産地で、漢代に胡麻の名が登場する。胡麻の語源について李時珍は「漢使張騫始めて大宛より油麻の種を得て来る。故に胡麻と名づく。以て中国の大麻と別つなり」という。胡は中央アジア方面から渡来したことを示している。現在の中国では芝麻という。これは別名の脂麻の脂をめでたそうな芝（瑞草とされたマンネンタケ）に替えたものである。

胡麻は中国医学（本草）では不老長生の効能があるとされ、仙人の食べ物としても有名で、いろいろな説話に登場する。
[字源]「胡」については胡桃の項、「麻」については該項参照。
[別名] 脂麻・油麻・烏麻・方茎・巨勝・狗虱・夢神・霊麻・通明麻
[文献] 釈名・釈飲食「胡餅…言以胡麻著上也（胡餅は…胡麻を以て上に著するを言ふなり）」、神農本草経「胡麻味甘平、主治傷中、虚羸、補五内、益気力、長肌肉、塡髄脳、久服軽身、不老（胡麻は、味は甘にして平。主治は傷中、虚羸。五内を補ひ、気力を益し、肌肉を長じ、髄脳を塡む。久服すれば身を軽くし、老いず）」、抱朴子・仙薬「巨勝一名胡麻、餌服之、不老、耐風湿、補衰老也（巨勝は一名胡麻。之を餌服すれば、老いず、風湿に耐へ、衰老を補ふなり）」、神仙伝10「魯女生者、長楽人也、服胡麻、餌朮、絶穀八十余年、甚少壮（魯女生なる者は、長楽の人なり。胡麻を服し、朮を餌（くら）ひ、穀を絶つこと八十余年。甚だ少壮なり）」、晋書・殷仲堪伝「城内大飢、以胡麻為廩（城内大いに飢ゑ、胡麻を以て廩と為す）」

蓖麻　㊥ヒーマ　㊦―

[語源] 中古漢語は**pei-mă**（→呉音ハイーメ、漢音ヘイーバ）である。トウダイグサ科の一年草 ***Ricinus communis***（トウゴマ）を意味する。茎は円形で中空、高さは二～三メートル。葉は掌状で大きい。果実は球形で刺が多い。熟すと種子がはじけ出る。中国医学（本草）では種子を蓖麻子といい薬用とする。また種子から蓖麻子油を採る。インド、ブラジルの原産で、中国では唐代の文献に初めて出る。語源は種子に斑紋があり、これが螕（だに）（＝蜱）に似ており、また葉が麻に似ているから蓖麻の名がついたという。和名は古くはカラエ（唐荏）といった。荏は荏胡麻（えごま）ともいうので、のち唐胡麻（とうごま）と称される。
[字源]「囟」は赤ちゃんの頭蓋骨にあるおどり（泉門）の形で、「くっついて合わさる」というイメージがある。「比（*pier）」は二人が並ぶ形で、「二つがくっつく」というイメージがある。「比（音イメージ記号）＋囟（イメージ補助記号）」を合わせた「毘（*bier）」は二つがくっつくというイメージを示す記号になる。「毘（音・イメージ記号）＋虫（限定符号）」を合わせた螕は、皮膚にくっついて血を吸う虫（ダニ）を暗示させた。この語

源を利用して、限定符号を草冠に替えた萞を作り、「萞」と「麻」を結んだ複合語でもって、ダニに似た種子と、麻に似た葉をもつ草を表した。

甲  金  篆 〔比〕 篆 〔皀〕

［別名］ 萆麻

［文献］ 新修本草「萞麻子味甘辛平、有小毒、主水症、水研二十枚服之、吐悪沫。〔注〕此人間所種者、葉似大麻葉而甚大、其子如蜱、又名萆麻（萞麻子は、味は甘・辛にして平、小毒有り。水症を主る。水もて二十枚を研ぎ之を服すれば、悪沫を吐く。〔注〕此れ人間に種うる所の者。葉は大麻の葉に似て甚だ大なり。其の子は蜱の如し。又萆麻と名づく）」

茼麻→茼（207ページ）
蕁麻→蕁（305ページ）
苧麻→苧（210ページ）

黍の部（きび・きびへん）

【黍】 0 音ショ 訓きび

［語源］ 上古漢語は*thiag、中古漢語はʃio（→呉音・漢音ショ）である。イネ科の一年草 ***Panicum miliaceum***（キビ）を意味する。高さは六〇～一二〇センチ。稈は中空で節がある。毛が密生する。花穂は熟すと垂れ下がる。種子の色は白色、黄色、褐色。粘るものと粘らないものがあり、前者を黍（モチキビ）、後者を稷（ウルキビ）といって区別する。種子は食用や酒造に利用される。黍の語源について説文解字では「大暑を以て穜［＝種］う。故に之を黍と謂ふ」とあり、暑と同源と見ている。和名の語源は実が黄色を帯びることから、キミ（黄実）→キビとなった。

キビは中央アジアの原産で、中国での栽培の歴史は非常に古い。七千年前の新石器時代の遺跡から黍（モチキビ）の炭化した種子が発見されたという（郭郛、山海経注証）。詩経では黍・稷のほかに、秬や秠（いずれもクロキビ）が出ている。詩経の恋愛詩では食物や食事の比喩となり、性愛表現のモチーフに使われる。

【字源】 黍は「禾＋水」を合わせた図形である。水分を含み粘り気をもつ穀類であることを暗示する。図形に語源は反映されていないが、*thiagという言葉は庶や諸と同源で、たっぷり充実するというイメージをもつと思われる。たっぷり甘みを含んだサトウキビを蔗といい、充実してふくれた根茎をもつヤマノイモを藷というのと語形が近い。説文解字などは暑と同源としたが、実は暑という語も「たっぷり集まる」というコアメージをもつ。なお「黍」はイメージ補助記号として香・黎などに含まれる。限定符号としては黏［＝粘］・黐（もち）などを構成する。

㊙甲　金 　篆 

【別名】 黍子・火穀

【文献】 詩経・王風・黍離「彼黍離離、彼稷之苗（彼の黍離離たり、彼の稷の苗）」、論語・微子「殺鶏為黍而食之（鶏を殺し、黍を為りて、之に食はしむ）」、山海経・東山経「其祀用一牡羊、米用黍（其の祀り一牡羊を用ゐる。米には黍を用ゐる）」、韓非子・外儲説左上「夫黍者五穀之長也」、国語・晋語「諺曰、黍稷無成、不能為栄、黍不為黍、不能蕃廡、稷不為稷、不能蕃殖（諺に曰く、黍稷成る無ければ、栄を為す能はず。黍、黍と為らざれば、蕃廡する能はず。稷、稷と為らざれば、蕃殖する能はず）」、氾勝之書（斉民要術2）「黍者暑也、種者必待暑（黍は暑なり。種うる者必ず暑を待つ）」、名医別録「黍米味甘温無毒、主益気、補中、多熱令人煩（黍米は味甘く温、毒無し。気を益し、中を補ひ、熱多くして、人をして煩ならしむるを主る）」

玉蜀黍

㊅ギョク－ショク－ショ　㊆とうもろこし

【語源】 近世漢語はiu-ʃiu-ʃiuである。イネ科の一年草*Zea mays*（トウモロコシ）を意味する。茎は太く、節の間に髄がある。高さは一〜四メートル。葉は線形で広く大きい。果実は円柱形で、たくさんの果粒を含む。中南米の原産で、コロンブスがヨーロッパに伝えたという。中国では明代に登場する。語源は李時珍によれば種が西土から伝わり、苗や葉が蜀黍［モロコシ］に似るからという。玉はおそらく果粒に喩えて、冠されたものであろう。和名はモロコシにトウ（唐）を冠した。モロコシも唐（中国）の意味だから屋上屋を架した命名になっている。

[字源]「玉」については玉蘭の項、「蜀黍」については次項参照。

[別名] 玉米・玉麦・玉蜀秫・玉高粱・御麦・番麦・西番麦

[文献] 本草綱目23「玉蜀黍種出西土、種者亦罕、其苗葉倶似蜀黍而肥矮、亦似薏苡（玉蜀黍の種は西土に出づ。種うる者亦た罕なり。其の苗葉倶に蜀黍に似て肥矮、亦た薏苡に似たり）」、農政全書25「別有一種玉米、或称玉麦、或称玉蜀秫（別に一種玉米有り。或いは玉麦と称し、或いは玉蜀秫と称す）」

蜀黍 [音] ショク-ショ [訓] もろこし

[語源] 上古漢語は*dhiuk-thiag、中古漢語はʒiok-ʃio（→呉音ゾク-ショ、漢音ショク-ショ）である。イネ科の一年草 *Sorghum bicolor*（モロコシ）を意味する。茎は円柱形で髄がある。高さは三～四メートル。穂はほうきの形を呈する。果実は倒卵形、赤褐色で、熟すと穎から出る。高粱［コーリヤン］はその品種の一つで、食用にするほか、高粱酒を造る。熱帯アフリカの原産。古代エチオピアやエジプトで栽培され、インドを経て中国に伝わったという。語源は李時珍によれば、種が始めて蜀から伝わったので蜀黍と呼ばれる。蜀は今の四川省方面である。これは伝播の経由地を示している。和名はモロコシキビ（唐黍）の略称。「もろこし」は諸越の訓読みで、中国を指す古語である。

[字源]「蜀」については蜀葵の項、「黍」については該項参照。

[別名] 蜀秫・蘆穄・蘆粟・荻粱・高粱

[文献] 博物志・物理「荘子云、地三年種蜀黍、其後七年多蛇（荘子に云ふ、地三年蜀黍を種う。其の後七年蛇多し）」、北夢瑣言（宋・孫光憲）「溝内蜀黍稈積以為道（溝内、蜀黍の稈積もりて以て道を為す）」、本草綱目23「蓋此亦黍稷之類、而高大如蘆荻者、故俗有諸名、種始自蜀、故謂之蜀黍（蓋し此れ亦た黍稷の類、而して高大なること蘆荻の如き者なり。故に俗に諸名有り。種始めて蜀自りす。故に之を蜀黍と謂ふ）」

部外 1

【匏】 音ホウ 訓ふくべ

[語源] 上古漢語は*bŏg、中古漢語はbău（→呉音ベウ、漢音ハウ）である。ウリ科ユウガオ属のつる性草本 *Lagenaria siceraria* var. *depressa*（フクベ）を意味する。巻きひげがある。夏、五弁の白い花が咲く。果実は扁球形で、直径が三〇センチ以上もある。ユウガオと似るが、苦くて食用にはならない。古代中国では川を渡るときの浮き輪に用いたので腰舟の異名がある。また笙という楽器の台座に利用された。語源は包の「丸い」というイメージに基づく。和名はフクレ（脹）へ（瓮）の意味で、腹の膨れた甕（かめ）に見立てたものである。

詩経の恋愛詩では婚姻の季節を告げるモチーフとして使われている。それは新郎新婦がフクベの実を二つに割ったさかずき（匏爵という）で酒を酌み交わす合卺（ごうきん）という儀礼と関係がある。

[字源]「夸」はユウガオを意味する瓠の左側だけを取ったもの（瓠の項参照）。「包（*pŏg）」は「勹（取り巻く符号）+巳（胎児の形）」を合わせて、胎児が子宮膜または胞衣で取り巻かれている姿を暗示する図形で、「中の物を周囲から丸く取り巻く」というイメージを示す。これは「中に物を入れて丸くふくらむ」というイメージに展開する。「包（音・イメージ記号）+夸（瓠の意味領域に近いことを示す限定符号）」を合わせて、丸く膨れた果実の生るユウガオの一種を表した。

篆〔包〕　篆〔匏〕

[別名] 匏瓜・腰舟

[文献] 詩経・邶風・匏有苦葉「匏有苦葉、済有深渉（匏に苦き葉有り、済に深き渉し有り）」、儀礼・士昏礼「実四爵合卺（四爵合卺を実す）」——漢・鄭玄注「合卺破匏也（合卺は匏を破るなり）」、論語・陽貨「吾豈匏瓜也哉、焉能繫而不食（吾豈匏瓜ならんや、焉（いづ）くんぞ能く繫（かか）りて食（くら）はざらんや）」

【菫】 音キン 訓——

[語源] 上古漢語は*kɪən、中古漢語はkɪən（→呉音コン、

漢音キン）である。古典では伝写の過程で菫を堇に誤ったケースがある。ただし下記文献のように烏頭の別名として菫を使うこともまれにある（菫の項参照）。

[字源]「堇」は漢・嘆・難などを構成する「𦰩」と「土」を合わせたもの。「𦰩」は「革（動物の毛皮）＋火」を合わせて、革を火であぶって乾かす情景を暗示する図形。それに「土」を加えた「堇」は、乾いた粘土を表している。ここから「水分が尽きる」というイメージへ、さらに「わずか、少し、小さい」というイメージへ展開する。僅（わずか）、饉（食料が少ない）、勤（力を尽くす）などは同源のグループ。それを食うと命が尽きるという毒草、つまりトリカブトのことを堇（正しくは菫）といった。[補説]「𦰩」は独立した字として扱われない。漢・嘆・難などに音・イメージ記号として含まれるだけである。

㊙甲　㊙金　㊙篆

[別名] 烏頭

[文献] 呂氏春秋・勧学「是救病而飲之以堇也（是れ病を救はんとして之に飲ますに堇を以てするなり）」

壺盧→葫蘆（276ページ）

【漆】

㊥音 シツ
㊥訓 うるし

[語源] 上古漢語は*ts'iet、中古漢語はts'ïět（→呉音シチ、漢音シツ）である。ウルシ科の落葉高木 *Rhus verniciflua*（ウルシ、中国名漆樹）を意味する。高さは二〇メートルに達する。樹皮は灰白色で不規則な裂け目がある。葉は羽状に出る。初夏、黄緑色の花が咲く。果実は扁球形で、熟すると枝から垂れ下がる。樹皮を傷つけると液汁が出、黒の塗料になる「うるし」が採れる。語源は膝や節と同源で、「切れ目をつける」というイメージによる命名であろう。一説では津（*tsien、汁の意）の語尾nがtに転じた言葉という（藤堂明保）。和名はウル（潤）シル（汁）がウルシになったといわれる。

[字源]「桼（*ts'iet）」は木に切り込みを入れて、点々と汁を滴らす様子を描いた図形である。ただし図形には語源が反映されていない。膝（*siet）は脛と腿を結ぶ関節部分で、「切れ目」というイメージがある。これは竹の切れ目である「ふし」を意味する節（*tset）ともイメージが似ている。したがって*ts'iet は樹皮に

節のような切れ目を入れて汁を採るという用途によって木の名としたものであろう。「桼」だけでウルシを表記することができたが、樹液を採る木であることを明示するために、限定符号の「水」を添えて「漆」とした。この字は中国の川の名（陝西省にある）と衝突した。

[篆] 〔桼〕　[篆] 〔漆〕

[別名] 漆樹・山漆

[文献] 詩経・唐風・山有枢「山有漆、隰有栗（山に漆有り、隰に栗有り）」、書経・禹貢「厥貢漆糸（その貢は漆と糸）」、山海経・西山経「号山、其木多漆棕（号山、其の木は漆・棕多し）」

【玫瑰】 [音]バイ-カイ [訓]はまなす

[語源] 上古漢語は*muəg-kuər、中古漢語はmuəi-kuəi（→呉音マイ-クヱ、漢音バイ-クワイ）である。バラ科の落葉低木 ***Rosa rugosa***（ハマナス）を意味する。中国の原産。高さは二メートルに達する。枝に鋭い刺がある。葉は楕円形で羽状に出る。夏、紫紅色や白色の花が開き、芳香を放つ。秋に球形の紅色の果実が生る。花から採った油を香料に用いる。花弁を蒸溜した液を玫瑰露といい、茶や酒に入れる。語源は花や実の色が玫瑰という紫紅色の玉と似ていることによるという。和名は果実が梨に似ているところから、浜の梨の意で、ハマナシ→ハマナスになった。

[字源] 本来は玫瑰と書く。*muəg-kuərという畳韻の二音節語を表記したものだが、図形的意匠にはイメージがこめられている。「文（*muən）」は衣の襟元に見える飾り模様を描いた図形で、「細かいあや」というイメージがある。細々とした美しい文様（文字、文化の文もその派生義）というのが実現される意味である。「鬼（*kuər）」は槐の項でも述べた通り、頭の大きな亡霊を描いた図形で、「丸くて大きい」というイメージを示す記号になる。「文（音・イメージ記号）＋玉（限定符号）」と「鬼（音・イメージ記号）＋玉（限定符号）」を結んで、丸くて美しい玉を暗示させた。説文解字に「玫は火斉、玫瑰なり」「瑰は玫瑰なり。一に曰く、圜好」とある。火斉は紫色の人工の石だという。南史・夷貊伝に「火斉は状は雲母の如く、色は紫金の如く光

耀有り」とある。

甲 金 篆〔文〕

篆〔玫〕 篆〔瑰〕

【別名】 徘徊花・刺客・離娘草

【文献】 西京雑記1「楽遊苑自生玫瑰樹、下多苜蓿（楽遊苑に自ら玫瑰樹を生ず。下に苜蓿多し）」、酉陽雑俎・続集9「洛中鬻花木者言、嵩山深処有碧花玫瑰、而今亡矣（洛中花木を鬻ぐ者言ふ、嵩山の深き処に碧花玫瑰有り、而して今は亡しと）」

【紫】

音 シ
訓 むらさき

【語源】 上古漢語は*tsiĕr、中古漢語はtsiĕ（→呉音・漢音シ）である。単名では茈、複合語では茈草・紫草の語形で使われる。ムラサキ科の多年草 ***Lithospermum officinale***（ムラサキ、中国名紫草）を意味する。茎は直立し、九〇センチほどになる。根は円柱形で紫色。白色の花が咲く。硬い毛が密生する。語源は根から紫色の染料を採ることに由来する。和名は群がって花が咲くことから、群咲きが語源という。

紫色は儒教と道教でシンボリズムが異なる。孔子は「紫の朱を奪ふを悪む」（論語・陽貨）と言った。間色である紫が正色である朱の地位を脅かすほど流行しているのを非難した。他方、道教の最高神が天の紫微宮に住まうとされて、道教では紫が最高の色として尊ばれた。

【字源】 「止」は足（foot）を描いた図形。「匕」は化や頃にも含まれ、変な姿勢に傾く人の形。「止＋匕」を合わせた「此（*ts'ïer）」は、足がそろわずつんのめる情景を暗示する図形で、「ちぐはぐでそろわない」というイメージを示す記号になる。「此（音・イメージ記号）＋糸（限定符号）」を合わせて、純粋の色（純色）ではなく、中間色のひとつである青と赤が不ぞろいに混ざった色を表した。本来「紫」は色の名で、草のムラサキは「茈」と書いた。これは爾雅、山海経などに出ている。「此（紫の略体、音・イメージ記号）＋艸（限定符号）」を合わせ、紫の染料を採る草を暗示させる字である。色の名（紫）が先にあり、草の名（茈）が後にできたと考えられる。しかし茈は廃れ、草の名も紫でカバーする。

㊙甲 　㊎ 　篆 〔此〕

篆〔呰〕　篆〔紫〕

【別名】茈草・紫草・紫丹・紫芙・藐

【文献】列仙伝「昌容者常山道人也…能致紫草、売与染家得銭、以遺孤寡（昌容なる者は常山の道人なり…能く紫草を致し、売りて染家に与へ銭を得、以て孤寡に遺る）」、神農本草経「紫草味苦寒、主治心腹邪気、五疸、補中、益気、利九竅、通水道（紫草は、味は苦にして寒。主治は心腹邪気、五疸。中を補ひ、気を益し、九竅を利し、水道を通ず）」

紫雲英

音 シ-ウン-エイ　訓 げんげ・れんげそう

【語源】マメ科ゲンゲ属の一年草 *Astragalus sinicus*（レンゲソウ、別名ゲンゲ、中国名紫雲英）を意味する。高さは一〇〜四〇センチ。枝には毛がある。小さな楕円形の葉が羽状に出る。初夏、紫色または白色の蝶形の花が咲く。緑肥用に栽培された。中国の原産で、江戸時代に日本へ渡来した。日本では花をハスの花になぞらえて蓮華草と呼んだ。

古名は翹揺であった。地面を這って立ち上がる姿を捉えて、「高く上がる」意の翹と、「ゆらゆれる」意の揺を合わせて、畳韻の二音節語に仕立てたものである。紫雲英については小野蘭山は芥子園画伝に出るというが不明。雲英とは五種類ある雲母の一つで、神仙術で不老長生の薬である。紫雲英や碧雲英という語は唐詩などで仙薬として登場する。またボタンの異名に使われる。近世になってレンゲソウを意味する古語の代わりに、紫色の花をこの仙薬になぞらえて紫雲英と呼んだと推測される。なおゲンゲはレンゲソウよりは新しい名前で、牧野富太郎は漢名の翹揺の音読みの訛りとしているが、確かではない。

【字源】「紫」については前項、「雲」については蕓薹菜の項、「英」については蒲公英の項参照。「雲」と「英」を結んだ雲英は青色の勝る雲母を指し、仙薬とされた。抱朴子・仙薬篇に「五色並び具はりて青多き者を雲英と名づく。宜しく春を以て服すべし」とある。

【別名】①（レンゲソウ）翹揺・紅花草・米布袋　②（ボタン）牡丹

【文献】①千金要方35「治瘧無問新久者方…服翹揺汁

（瘧の新久を問ふ無き者を治する方…翹揺の汁を服す）」②元稹・西明寺牡丹（全唐詩411）「花向琉璃地上生、光風炫転紫雲英（花は琉璃に向かひて地上に生ず、光風炫転たり紫雲英）」

紫陽花 ㊥シ-ヨウ-カ ㊦あじさい

[語源] 中古漢語は **tsiĕ-yiang-huă**（→漢音シ-ヤウ-クワ）である。唐の白楽天が名づけた植物で、本体は不明。宋以後の文献によると、月中の桂が杭州の霊隠寺に落ちて育ち、それを招賢寺の僧が移し植えたのが紫陽花だという。広群芳譜ではこの桂を岩桂（モクセイの別名）とする。筆者は月から実を落とした桂というのはゲッケイジュの渡来に関する伝説であろうと推測した（月桂の項参照）。しかし花が紫色のモクセイはなさそうだし、ゲッケイジュは果実は紫色だが、花が黄緑色なので、これがアジサイだとは断定できない。

日本ではユキノシタ科の落葉低木 ***Hydrangea macrophylla***（アジサイ、中国名繡球）に当てたが、おそらく誤用である。高さは一・五メートルほど。葉は大きくて厚い。初夏、球形の大きな花をつける。萼は淡紅色から藍色に変わり、花弁状をなす。アジサイ（もとはアヂサヰ）の語源は、アヅ（集まる）+サヰ（真藍）で、集まった藍色の意味だという（大槻文彦）。

[字源]「紫」については該項参照。「昜（*diang）」は楊の項で述べた通り、日が高く上がる様子を示す図形。「昜（音・イメージ記号）+阜（限定符号）」を合わせて、日光が当たる山の南側を表す。山陽の陽はこの意味である。また「明るい」というイメージがあり、太陽の陽、陽気の陽などの意味を派生する。「紫」と「陽」と「花」を結んで、紫色の明るく派手な花という意味合いで名づけられたのであろう。

㊙甲 ㊎金 ㊗篆 〔陽〕

[別名] ①（ゲッケイジュ?）月桂 ②（アジサイ）繡球・紫繡球・八仙花・粉団・粉団花

[文献] ①白居易・紫陽花（全唐詩443）「招賢寺有山花一樹、無人知名、色紫、気香、芳麗可愛、頗類仙物、因以紫陽花名之（招賢寺に山花一樹有り。人の名を知るもの無し。色は紫、気は香し。芳麗愛すべし。頗る仙物に類す。因りて紫陽花を以て之に名づく）」、南部新書7（宋・銭

易）「杭州霊隠山多桂子、寺僧云、此月中種也、至今中秋望夜往往子墜、寺僧亦拾得、而巌頂崖根復産奇花、気香而色紫、芳麗可愛、人無有知其名者、招賢寺僧取而植之、郡守曰、白楽天尤愛賞、因名曰紫陽花（杭州の霊隠山に桂子多し。寺僧云ふ、此れ月中の種なりと。今に至るまで中秋の望夜往往にして子墜つ。寺僧また拾ひ得たり。而して巌頂の崖根また奇花を産す。気香しくして色紫、芳麗愛すべし。人其の名を知る者有る無し。招賢寺の僧取りて之を植う。郡守曰く、白楽天尤も愛賞す。因りて名づけて紫陽花と曰ふと）」

紫菀→菀（250ページ）

紫蘇→蘇（329ページ）

紫檀→140ページ

紫薇→百日紅（403ページ）

綿→棉（85ページ）

繁縷→蘩蔞（344ページ）

臙脂→紅花（199ページ）

【躑躅】

㊅テキ-チョク
㊞つつじ

［語源］ 上古漢語は*dıek-dıuk、中古漢語はdıɛk-dıok（↓呉音ヂャク-ドク、漢音テキ-チョク）である。二つの意味がある。一つは羊躑躅の語形で使われ、これが最初の意味である。ツツジ科ツツジ属の落葉低木*Rhododendron molle*（シナレンゲツツジ、中国名羊躑躅）を指す。高さは一～二メートル。葉は長楕円形で、縁に剛毛がある。春、漏斗の形をした黄色の花が咲く。有毒植物である。中国医学（本草）では鬧羊花（どうようか）と称し、生薬に用いる。語源は羊が誤飲して死んだという故事から命名された（下記文献参照）。躑躅とはためらって前に進めない意である。

二番目は羊躑躅の躑躅に紅を冠した紅躑躅である。唐詩などでは紅を略して単に躑躅と呼ぶことも多い。これは杜鵑（*R. simsii*　シナヤマツツジ）の別名である。詳しくは杜鵑の項参照。

日本では躑躅をツツジと読み、*Rhododendron*属（ツツジ属、中国名杜鵑属）のうちシャクナゲ類を除いた植物の総称とする。低木または高木で、花の色は紅、紫、白など変化に富む。ヤマツツジ、キリシマツツジ、ミヤマツツジ、ミツバツツジ、レンゲツツジなどがある。ツツジの語源は花冠がほぼ筒型を呈するので、ツツサキ（筒咲き）→ツツジになったといわれる。

[字源] *dıek-dıuk は双声かつ畳韻の二音節語である。前に進もうとして進めないありさまをこのようにいう。これを蹢躅、躑蹢、彳亍（てきちょく）などと表記する。躊躇、跱躇（ちちょ）、踟躕（ちちゅ）（いずれも「ためらう」意）なども同源である。躑は抛擲の擲（まっすぐ放り投げる）、蹢は適（まっすぐ行く）などともつながりがあり、「まっすぐ」のイメージをもつ。躅は蜀の「一所にくっつく」というイメージがコアにある（独活の項参照）。したがって躑躅は「前に向かってまっすぐ進もうとするが、足が地面にくっついて進めない」という図形的意匠をもつ表記になっている。

[別名] ①（シナレンゲツツジ）黄躑躅・黄杜鵑・鬧羊花・驚羊花・羊不食草・老虎花・捜山虎・玉枝・土連翹 ②（シナヤマツツジ）紅躑躅・杜鵑・映山紅・艶山紅

[文献] ①古今注「羊躑躅花黄、羊食之則死、羊見之則躑躅分散、故名羊躑躅（羊躑躅は花は黄なり。羊之を食し則ち死す。羊之を見れば則ち躑躅して分散す。故に羊躑躅と名づく）」 ②張籍・寄李渤（全唐詩386）「五渡渓頭躑躅紅（五たび渓頭を渡り躑躅紅なり）」

【鬱】 音 ウツ 訓 ―

[語源] 上古漢語は*·ıuət、中古漢語は·ıuət（→呉音ウチ、漢音ウツ）である。二つの意味がある。一つは詩経に出る植物で、毛伝に「鬱は棣なり」とある。複弁（八重咲き）のものを棣（てい）（ニワザクラ）というのに対し、単弁のものを鬱（ニワウメ）という。鬱は山海経の楢（ゆう）と同じで、後世では郁李と呼ばれる。鬱・楢・郁は音の転じた語である。詳しくは郁李の項参照。

詩経以後の文献では、鬱は祭祀に用いる鬯（ちょう）という酒に入れる草とされる。これは次項の鬱金と同じである。

[字源] 「鬯」はある種の香草を酒に浸した様子を示す図形。香りづけをした酒、また香りのよい草を鬯という。「鬱」は「臼（両手）＋缶（土器）＋冂（覆い）＋鬯（薬草酒）＋彡（香りが発散する印）」を合わせて、器に香草を浸して、気が抜けないように蓋をする情景を設定する図形。これによってある種の香草を表すが、「気が中にこもる」というイメージがある。「臼」を「林」にかえた「鬱」は、草木がこんもりと茂り、その気が

むんむんとこもるありさまを暗示する。これも、「気が中にこもる」というイメージがある。鬱は馥郁（かんばしいさま）の郁と同源で、香気がこもった植物という意味合いから、ニワウメやウコンを鬱と名づけた。

甲 　金 　篆 〔鬱〕　篆 〔鬯〕　篆 〔鬱〕　篆 〔鬱〕

【別名】①（ニワウメ）栯・郁李　②（ウコン）鬱金

【文献】①詩経・豳風・七月「六月食鬱及薁（六月鬱及び薁を食ふ）」　②周礼・春官・序官「鬱人下士二人」――鄭玄注「鬱鬱金香草、宜以和鬯（鬱は鬱金香草なり、宜しく以て鬯を和すべし）」

鬱金

㊥ウ-コン　㊦――

【語源】上古漢語は*·ɪuət-kɪəm、中古漢語は·ɪuət-kɪəm（→呉音ウチ-コム、漢音ウツ-キム）である。ショウガ科ウコン属の多年草 *Curcuma aromatica*（ハルウコン）を意味する。地下茎は円柱状で、紡錘形の塊根ができる。断面は黄色で香気がある。葉は長楕円形。秋、円柱状の黄色い花穂を出す。香辛料のほか、黄色の染料を採るのに利用する。語源は香気と色の特徴を捉えて、鬱と金を合わせる。日本では *C. domestica*（ウコン、中国名薑黄）に鬱金の表記を用いている。形態も用途も前者と似ている。

ラウファーによれば鬱鬯酒に使われた鬱金は在来の品種で、その後南方から輸入されるようになった香料植物としての鬱金はサフランを含むという。

【字源】「鬱」については前項、「金」については金柑の項参照。

【別名】①（ハルウコン）黄鬱・馬蒁　②（ウコン）薑黄（きょうおう）

【文献】①白虎通「鬯者以百草之香鬱金合而醸之、成為鬯（鬯なる者は百草の香を以て鬱金に合して之を醸し、成して鬯と為る）」

鬱金香

㊥ウ-コン-コウ・ウッ-コン-コウ　㊦――

【語源】上古漢語は*·ɪuət-kɪəm-haŋ、中古漢語は·ɪuət-kɪəm-haŋ（→呉音ウチ-コム-カウ、漢音ウツ-キム-キヤウ）である。古典に出る鬱金香はたいてい香料植物である。最古の用例のある水経注（北魏・酈道元）では、鬱鬯酒に入れるのは今の鬱金香だと述べている。したがってこの鬱金香は前項の鬱金と同じで、ハルウコンか、あるいはラウファーが言うようにサフランのことであろう。下記の別名と文献はこれに当たると考えられる。ただし本草綱目では鬱金と鬱金香を別項に立てており、現代中国では鬱金香を ***Tulipa gesneriana***（チューリップ）に同定している。ユリ科の球根植物で、観賞用に栽培される。チューリップはトルコの原産で、ヨーロッパに伝わったのは十二世紀以後のようで、中国でそれよりもはるかに古くからある鬱金香はチューリップとは考えにくい。牧野富太郎も否定している。鬱金香をチューリップに用いた最初の用例ははっきりしない。

[字源] 鬱金については前項参照、「香」の字源については木香の項参照。

[別名] 鬯草・麝香草・茶矩摩

[文献] 旧唐書・西戎伝「献火斉珠及鬱金香菩提樹（火斉珠及び鬱金香・菩提樹を献ず）」、李白・客中行（全唐詩181）「蘭陵美酒鬱金香、玉椀盛来琥珀光（蘭陵の美酒鬱金香、玉椀盛り来る琥珀の光）」

部外 2

丁香 [音] チョウ-コウ [訓] ——

[語源] 上古漢語は*teng-hiang、中古漢語は teng-hiang（→呉音チヤウ-カウ、漢音テイ-キヤウ）である。フトモモ科フトモモ属の常緑高木 ***Syzygium aromaticum***（チョウジ）を意味する。高さは一〇メートルほどになる。葉は長楕円形。夏、淡紫色の花が咲く。芳香がある。中国医学（本草）では乾燥させた蕾を公丁香といい、生薬に用いる。また香辛料とする。語源は種子の形が丁（釘の象形文字）に似ることによる。また丁子にはおたまじゃくしの意味もある。これも釘に見立てている。和名のチョウジ（丁子）は別名の丁子香の丁子を切り取ったもので、丁字とも書かれる（ただし両方とも漢名にはない）。

古代中国ではチョウジを口臭除けに口に含んだ。チョウジはインドネシアのモルッカ諸島の原産で、後漢の頃に中国に入り、もとは鶏舌香と呼ばれた。漢官儀

（後漢・応劭）に、ある役人が老いのため口臭が生じたので、帝が鶏舌香を与えて口に含ませたという記事が出ている。

【字源】「丁」は甲骨文字では釘の頭、篆文では立った釘の全形を描いた図形で、釘の原字である。「香」については木香の項参照。「丁」と「香」を結んで、種子が釘と似て、香りのよい植物を表した。

(甲)　(金)　(篆)　〔丁〕

【別名】丁子香・公丁香・母丁香・鶏舌香

【文献】斉民要術5「鶏舌香、俗人以其似丁子故為丁子香（鶏舌香は、俗人其の丁子に似たるを以ての故に丁子香と為す）」

万年青

㊥マン‐ネン‐セイ　㊙おもと

【語源】近世漢語は wan-nien-ts'iang である。ユリ科の常緑多年草 *Rohdea japonica*（オモト）を意味する。肥厚した根茎から長くて広い濃緑色の葉が叢生する。葉の長さは一〇～三〇センチ。春から夏にかけて緑白色の小花をつける。語源については三才図会に「万年青は葉芭蕉に似、隆冬も衰へず。其の多寿なるを以ての故に名づく」とある。和名の語源はがさつで大きい株なので、オオモト（大本）→オモトになったという（牧野富太郎）。

近世の中国では婚礼の結納や、出産祝い、棟上げ式などで万年青を用いたといわれる。万年青は瑞祥のシンボルであった。

【字源】「萬（*muăn）」はサソリを描いた図形。蠆［サソリ］に含まれる。サソリは卵胎生で、多くの子を生むので、多数を象徴し、十進法の位の一つ、また数詞の10000を意味する*muănを表記する。また、親しい仲間を*nienといい、ヒトを横向きに描いた「人」という図形で表記する。これは「（人と人がくっつくほど）親しい」というイメージから、「びっしりとくっつく」というイメージに展開する。「人（音・イメージ記号）」＋禾（限定符号）」を合わせたのが「年」で、稲の穂がくっつくようにびっしりみのることを暗示する。作物のみのりの意味から、時間の単位である「とし」の意味を派生した。「青（*ts'eng）」については蕪菁の項で述べたように、「汚れがなく澄み切っている」というコアメージがあり、澄み切って汚れのない感じの色の名、つまり「あお」を表す。以上三つの記号を利用し、いつまでも青々としている草という意味合いをもつ万年青が生まれた。

(甲) (金) (篆)〔萬〕
(甲) (金) (篆)〔年〕
(金) (篆)〔青〕

【別名】 藎・千年潤・斬蛇剣

【文献】 通雅28「金陵人行納聘礼…用万年青草吉祥草相詡為吉慶之兆（金陵の人納聘の礼を行ふに…万年青草・吉祥草を用て相詡りて吉慶の兆を為す）」

万両

(音) マン-リョウ
(訓) ——

【語源】 ヤブコウジ科ヤブコウジ属の常緑低木 ***Ardisia crenata***（マンリョウ、中国名朱砂根）を意味する。茎は直立し、高さは一・五メートルほど。葉は楕円形で、先が尖る。夏、白い花が咲く。果実は赤く熟して垂れ下がる。同属のカラタチバナ（*A. crispa*）と似ている。カラタチバナの漢名を百両金という。それよりも美しくて値打ちがあるという意をこめて、万両という和製漢字表記が生まれた。

【字源】「万」については前項参照。「兩（***liang**）」は左右におもりのついたはかりを描いた図形である。「一対をなすもの」という意味のほかに、重さの単位に使われる。古代中国では一両は約一六グラムである。百両は一キロ程度だが、万両は一〇〇キロ以上で、誇張した金額になる。

(金) (篆)〔兩〕

【別名】 朱砂根・平地木・地楊梅

五加

(音) ゴ-カ
(訓) うこぎ

【語源】 上古漢語は***ngag-kăr**、中古漢語は**ngo-kă**（→呉音ゴ-ケ、漢音ゴ-カ）である。ウコギ科ウコギ属の落葉低木 ***Acanthopanax gracilistylus***（ウコギ）を意味する。中国の原産。高さは二～三メートル。刺のあるものとないものがある。葉は五つの小葉からなり、掌の形をなす。夏、黄緑色の花が咲く。中国医学（本草）では皮を五加皮といい、生薬に用いる。語源について李時珍は「此の薬、五葉を以て交加する者良し。故に五加と名づく」と述べる。和名は五加の中世漢語音 **u-kia** に木をつけてウコギと訛ったものであろう。

[字源]「五」の原形は「×」の象徴的符号で、これの上下に線を加えたのが「五」の図形である。数を指で1から10まで数えるとき、5が折り返しの交点に当たる。ここに「交わる」というイメージがあるので、「×」の符号で5を表象する。「加」は茄の項でも述べた通り、「力（腕を筋張らせる形）+口（くち）」を合わせて、腕力に口（つまり言葉）を加えて、相手の上に出ようとする様子を暗示する図形。これにより「相手の上に出る（しのぐ）」ことを加という。また「物の上に乗せる（くわえる）」というイメージにも展開する。「五」と「加」を結んで複合語とし、五枚の葉の乗った植物を暗示させる。

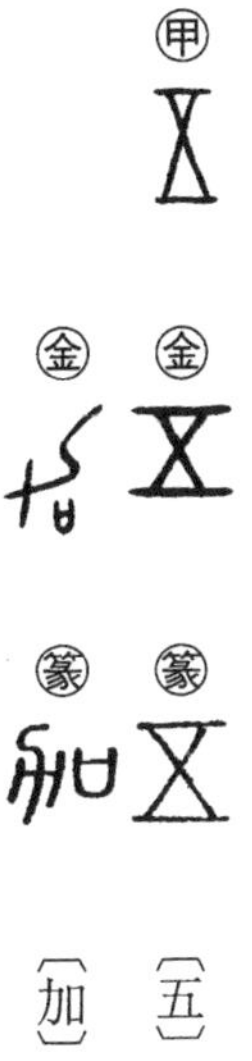

[別名] 五花・五佳・五茄・木骨・白刺・豺漆・豺節・金塩

[文献] 神農本草経「五加皮味辛温、主治心腹疝気、腹痛、益気、治躄（五加皮は、味は辛にして温。主治は心腹疝気、腹痛。気を益し、躄を治す）」、金楼子「語曰、寧得一把五茄、不用金玉一車（語に曰く、寧ろ一把の五茄を得るも、金玉一車を用ゐず）」

人参

[音] ニンジン　[訓] ―

[語源] 中国と日本では指す対象が違う。中国では、上古漢語が ***nien-sïəm**、中古漢語が **niĕn-ṣïəm**（→呉音ニンーシム、漢音ジンーシム）で、ウコギ科トチバニンジン属の多年草 *Panax ginseng*（チョウセンニンジン）を意味する。高さは六〇センチに達する。根は肉質で、ひげ根が多い。年数を重ねて次第に肥大化し、二股に分岐したものを霊体と称する。初夏、黄緑色の小さな花が咲く。中国や朝鮮の深山に自生するが、現在は栽培もされる。古来薬用として名高い。語源について李時珍は「人蓡は年深く、浸漸して長成する者なり。根は人形の如く、神有り。故に之を人蓡と謂ふ」と述べる。

日本ではセリ科の一、二年草 *Daucus carota*（ニンジン、中国名胡蘿蔔）を指す。根から長い葉が出る。根は太く赤い。ヨーロッパから西アジア方面の原産。江戸時代、日本に入ると、人参をこの植物に当て、薬用の人参はチョウセンニンジン（またはコウライニンジン）と称するようになった。なお中国への伝来と命名の由来については、本草綱目に「元の時に始めて胡地より来る。気味微かに蘿蔔に似る。故に名づく」とある。

【字源】本来は人蓡と書く。「人」はヒトを横向きに描いた図形。「㝱」は「宀（いえ）＋帚（ほうき）＋又（手）」を合わせて、家の中で箒を手にして掃き進める様子を暗示する図形。だんだんと隅々まで掃いていくことから、「じわじわと深く入っていく」というイメージを示す記号になる。「㝱（音・イメージ記号）＋水（限定符号）」を合わせた「濅（＝浸。*siəm）」は、水がじわじわと深く入り込む様子を暗示する。他人の領域に深く入っていくことを意味する侵は同源である。「濅（音・イメージ記号）＋艸（限定符号）」を合わせた蓡に「人」を冠して、年がたつとともに、だんだんと根が地中に深く入っていき、人間の形に似てくる草を表した。人蓡が簡略化されて人葠となり、当て字で人参と書かれ、そこからまた人蔘とも書かれる。

甲 金 篆 〔人〕

甲 金 篆 〔濅・浸〕

篆 〔蓡〕

【別名】①（チョウセンニンジン）仁参・血参・土精・地精・神草・鬼蓋・人銜・三椏・五葉 ②（ニンジン）胡蘿蔔・胡蘆菔

【文献】①説文解字1「蓡、人蓡、薬草、出上党（蓡は人蓡、薬草なり。上党に出づ）」、傷寒論「桂枝人参湯方」、神農本草経「人参味甘微寒、主補五蔵、安精神、定魂魄、止驚悸、除邪気、明目、開心益智、久服軽身、延年（人参は、味は甘にして微寒。五蔵を補ひ、精神を安んじ、魂魄を定め、驚悸を止め、邪気を除き、目を明らかにし、心を開き智を益すを主る。久服すれば身を軽くし、年を延ばす）」

仙人掌 音セン-ニン-ショウ 訓さぼてん

【語源】近世漢語は sien-rıən-tʃıaŋ である。サボテン科ウチワサボテン属の多肉植物 *Opuntia dillenii*（センニンサボテン）を意味する。高さは二～三メートル。茎は関節状にくびれる。円柱形に近く、緑色を呈する。先端にこぶ状の突起がある。曲がった毛が密生し、鋭い刺がある。花は黄色。アメリカの原産。

仙人掌という語は漢代、天から降ってくると信じられた甘露（瑞祥の一つ）を受け止めるために作られた銅製の器のことで、仙人の掌に見立てたものである。動物の名としてはカメノテの異名にもなっている。明の頃にサボテンが伝わると、仙人の掌に見立てる前例をそのまま用いて、仙人掌を右のセンニンサボテンの名とした。日本へ伝わったのは元禄期で、トウナツと呼び、覇王樹の表記が用いられた。その後、サボテンとなり、仙人掌の表記が定着した。サボテンの語源は新村出によると、汁で汚れを取るのに用いたので、シャボン（石鹸）に手を添えてシャボンテ→サボテンになったという。

［字源］ 仙の本字は僊。「䙴」は仙人の魂が死体を抜け出てふわふわ上がる様子を示す図形（瓢・鳳仙花の項参照）。これに人偏を添えたのが「僊」で、術によって不老長生を得た人を表す。仙はその俗字で、山に住む人を暗示させる。仙人に天仙（空を飛べる仙人）、地仙（深山に住む仙人）、尸解仙（死体から再生する仙人）の三種類がある。「人」については人参の項参照。

次に「尚（*dhiang）」は「向（空気の通る孔）＋八（左右に分かれ出る符号）」を合わせて、空気が空中に抜け出ていく様子を暗示する図形。「高く上がる」というイメージと「平らに広がる」というイメージがある。後者を利用して、「尚（音・イメージ記号）＋手（限定符号）」を合わせて、平らに広がる手のひらを表した。

金　篆〔尚〕　篆〔掌〕

［別名］ 覇王樹・神仙掌・観音掌・竜舌・老鴉舌

［文献］ 花鏡5「仙人掌出自閩粤、非草非木…土中突発一片、与手掌無異（仙人掌は閩・粤より出づ。草に非ず、木に非ず…土中一片を突発し、手掌と異なる無し）」

何首烏

音 カーシューウ　訓 つるどくだみ

［語源］ 中古漢語は **ɦa-ʃɪəu-·o**（→呉音ガーシューウ、漢音カーシウーヲ）である。タデ科タデ属の多年草 *Polygonum*

multiflorum（ツルドクダミ）を意味する。茎は中空で、根は細長い。根茎は太くなり、褐色を帯びる。つるで他物に巻きつく。秋に黄白色の花が咲く。中国医学（本草）では根茎を薬用とする。和名のツルドクダミは、茎がつる性で、葉がドクダミに似ることからついた名である。

漢名については有名な民間語源説話がある。唐の李翺の何首烏録（李文公集18）によると、何首烏という人は五〇歳を超えて子がなかったが、野原で一株の草がつるを伸ばして他の草に絡みつくのを見て不思議に思い、採取して飲んだところ、持病が治り、髪も黒くなって若返り、更に性欲が盛んになって多くの子をもうけた。ここからその草に何首烏という名がついたという。しかし首は頭、烏は黒い意なので、何首烏という語から逆に説話が生まれた可能性もある。それはともかく説話の力は絶大で、何首烏は回春薬、強壮剤の名声を得た。

［字源］「何（*ɦar）」は「型に荷物を担ぐ様子を示す図形（荷の項参照）。ただし「になう」は荷に譲り、「なに・なんぞ」という疑問詞を「何」で表す。次に「首（*thiog）」は髪の生えている頭を描いた図形。「くび」ではなく「こうべ（あたま）」の意味である。「烏」は鳥の上部から一点を省いた形で、黒くて目がはっきりしない様子を示して、カラスを意味する*agを表記する。「何」と「首」と「烏」を結んで、「どうして頭が黒いか」という意味を作り出して、頭髪が黒くなるという草の名とした。

(甲)　(金)　(古)　(篆)〔首〕

(金)　(篆)〔烏〕

［別名］交藤・交茎・夜合・地精・赤葛・九真藤・紅内消・陳知白・馬肝石

［文献］日華子本草（証類本草11）「何首烏…久服令人有子、治腹蔵宿疾、一切冷気及腸風、此薬有雌雄、雄者苗葉黄白、雌者赤黄色、凡修合薬須雌雄相合吃、有験、其薬本草無名、因何首烏見藤夜交、便即采食有功、因以采人為名耳（何首烏…久服すれば人をして子有らしめ、腹蔵の宿疾、一切の冷気及び腸風を治す。此の薬雌雄有り。雄なる者は苗の葉黄白、雌なる者は赤黄色。凡そ合薬を修むるに雌雄を須ちて相合して吃すれば験有り。其の薬本草

に名無し。何首烏、藤の夜交はるを見て、便ち即ち采りて食ひて功有り。因りて以て人に采りて名と為すのみ)」

千両　㊅センｰリョウ　㊀—

【語源】 センリョウ科の常緑低木 ***Sarcandra glabra***（センリョウ、中国名草珊瑚）を意味する。高さは一メートルほどになる。葉は楕円形で、縁にぎざぎざがある。花は黄緑色。果実は球形で、熟すると赤くなる。マンリョウ（万両）と似ており、名もそれに対応してつけられたという。値打ちが万よりは下るという意味合いであろう。和製漢字表記である。マンリョウとともに、正月などの縁起物に用いられる。

【字源】「千（*ts'en）」は「人＋一」を合わせた図形である。「人（*nien）」はもともと集まる仲間を表す語で、「びっしり密着する」というイメージがある（万年青の項参照）。そこで「人」を集合の単位として用い、「一」をつけた図形によって、１０００人の集団を暗示させた。「両」については万両の項参照。

㊙甲　㊙金　㊙篆　〔千〕

【別名】 草珊瑚

半夏　㊅ハンｰゲ　㊀—

【語源】 上古漢語は*puan-ɦăg、中古漢語はpuan-ɦă（↓呉音ハンｰゲ、漢音ハンｰカ）である。サトイモ科の多年草 ***Pinellia ternata***（カラスビシャク）を意味する。高さは一五〜三〇センチ。地下に球形の塊茎ができる。葉は三つの小葉から成る。初夏に開花する。中国医学（本草）では乾燥させた塊茎を生薬に用いる。語源について唐の顔師古は「半夏は五月に苗始めて生じ、夏の半ばに居る。故に名と為すなり」（急就篇の注）と述べている。和名のカラスビシャク（烏柄杓）は仏炎苞が柄杓に似ることによる。

【字源】「半」は「牛＋八（二つに分ける符号）」を合わせて、牛を解体する場面を設定した図形。「二つに分け離す」「分けた片方」というイメージを示す。「夏」は衣冠を被った大きな人を描いた図形（榎の項参照）。「大きく被さる」というイメージがある。季節の「なつ」は草木の枝葉が大きく被さるので、イメージの共通性から「なつ」を*ɦăgと呼び、同じ「夏」という視覚記号を用いる。「半」と「夏」を結んで、春に苗が生え、夏の半ばに盛んになる草との意を寓し、カラスビシャクを表した。

[金]  [篆]  〔半〕

【別名】 地文・水玉・守田・和姑・蠍子草

【文献】 礼記・月令「仲夏之月…半夏生、木菫栄（仲夏の月…半夏生じ、木菫栄く）」、金匱要略「嘔而腸鳴、心下痞者、半夏瀉心湯主之（嘔きて腸鳴り、心下痞する者は、半夏瀉心湯之を主る）」

半夏生 [音]ハン-ゲ-ショウ [訓]——

【語源】 ドクダミ科の多年草 ***Saururus chinensis***（ハンゲショウ、中国名三白草）を意味する。高さは三〇～九〇センチ。地下茎は横に這い、ひげ根がある。葉は長楕円形。夏に開花し、花序の下の葉が白くなる。半夏生は和製表記で、半夏生の頃に開花することに因む。漢名は葉が白くなる特徴を捉えて三白草という。

半夏生とは中国では七十二候の一つ。七十二候とは二十四気にそれぞれ三つの自然現象を配したもので、例えば夏至には鹿角解、蜩始鳴、半夏生の三つが配当され、一年を七十二の時候に分ける。半夏生は半夏［カラスビシャク］が生じる頃で、夏至から一一日目に当たる。

【字源】 半夏については前項参照。「生（*sïeng）」は「屮（草の芽）＋土」を合わせて、地上に草が芽を出す様子を暗示する図形である。「汚れがなく清々しい」というのがコアイメージで、「はえる」「いきる」「いきいきしている」などが実現される意味である。

[甲]  [金]  [篆]  〔生〕

【別名】 三白草

南天 [音]ナン-テン [訓]——

【語源】 中国では南天竹の語形で、近世漢語は **nam-t'ien-tʃu** であるが、日本では竹を抜かしてナンテン（南天）という。メギ科の常緑低木 ***Nandina domestica***（ナンテン、中国名南天竹）を意味する。高さは約二メートル。葉は楕円形で、冬には紅葉する。春から夏にかけて白い花が咲く。果実は球形で、秋に赤く熟する。日本では縁起物に使われる。中国では昔、火災除けになるとされ、庭に植えられた。語源は藍田竹が訛って南天竹になったという。節があるのが竹に似、実の色が碧なので、玉の名産地である藍田に因んで名づけられたという（下記文献参照）。

[字源]「南」については楠、「天」については満天星、「竹」については該項参照。

[別名] 藍田竹・藍天竹・闌天竹・天竹

[文献] 竹譜（元・李衎）「藍田竹在処有之、人家喜栽花圃中、木身、上生小枝、葉葉相対而頗類竹、春花穂生、色白微紅、結子如豌豆…世伝以為、子碧如玉、取藍田種玉之義、故名（藍田竹は在処に之れ有り。人家喜んで花圃中に栽う。木身なり。上に小枝を生ず。葉葉相対し、頗る竹に類す。春、花穂生じ、色は白く微紅。子を結び豌豆の如く、正碧色…世伝に以為らく、子碧なること玉の如し。藍田種玉の義に取る。故に名づく）」

合歓

㊥ゴウ-カン　㊙ねむ・ねむのき

[語源] 上古漢語は*ɦəp-huan、中古漢語は ɦəp-huan（→呉音ゴフ-クワン、漢音カフ-クワン）である。マメ科の常緑高木 ***Albizia julibrissin***（ネムノキ）を意味する。高さは一〇メートル以上になる。幹は灰黒色で、稜がある。葉は羽状をなし、夜間に閉じる。夏、淡紅色の花が咲く。中国医学（本草）では樹皮を薬用とする。語源は葉が対を成して夜間に合わさることから、男女の合体を連想し、合昏（結婚の意）と称した。これが訛って合歓となった。合歓木ともいう。和名はこの現象を睡眠に見立てて、眠りの木↓ネムノキとなった。

古代中国では男女の和合の象徴とされた。この木の葉を刺繍した扇を合歓扇、布団を合歓被といい、婚礼などに用いられた。

[字源]「合」は「亼（ふた）+口（器）」を合わせて、蓋が容器にぴったり合う様子を暗示する図形（小豆の項参照）。「民（*miĕn）」は目を針で刺す図形で、「見えない」というイメージを示す。「氏（民の変形。音・イメージ記号）+日（限定符号）」を合わせた昏（*muən）は、暗くなって見えない時間を表した。黄昏のほかに婚姻（男女が夜に結ばれることから）の意味にも使われる。「合」と「昏」を組み合わせて、男女が結合することを表す。合昏が合歓に転じ、歓楽のイメージに変わっ

た。歓の旧字体は歡である。「雚（*kuan）」はコウノトリを描いた図形で、鸛の原字である。コウノトリは雌雄がそろって子を育てる習性があり、また、生涯カップルを変えないので、「雚」は「そろう」というイメージを示す記号になる。「雚（音・イメージ記号）＋欠（限定符号）」を合わせて、口々に声をそろえてはしゃぐ様子を暗示する。喜びの声をわっと一斉に上げるという意味を*huanといい、この視覚記号で表記する。

㊙甲 ㊙金〔合〕 ㊙篆〔合〕
㊙金 ㊙篆〔昏〕〔民〕 ㊙篆〔昏〕
㊙甲 ㊙金 ㊙篆〔雚〕 ㊙篆〔歡〕

【別名】 合昏・夜合・黄昏・合棔・萌葛・青裳・青堂・馬纓花・烏頼樹

【文献】 嵇康・養生論（漢魏六朝百三家集35）「合歡蠲忿（合歓は忿りを蠲（のぞ）く）」、周処風土記（太平御覧958）「夜合葉晨舒而暮合、一名合昏（夜合は葉晨に舒（の）びて暮れに合す。一名は合昏）」

土筆 ㊥ドーヒッ ㊙つくし

【語源】 トクサ科トクサ属の多年草 *Equisetum arvense*（中国名問荊）の栄養茎をスギナといい、胞子茎をツクシという。胞子茎が枯れた後に栄養茎が生じる。ツクシは早春に出、先端に胞子嚢ができる。これが食用になる。古くはツクヅクシといい、ツクは突く、つまり先が突出することにちなむ。土筆は中国で絵画道具の名で、筆の頭を白い土で包んで絵を描き起こす際に使うものである。ツクシの頭がこれに似ているので、日本でツクシの漢字表記に借用した。ちなみにスギナ（杉菜）は葉がスギに似ていることによる。

【字源】 「土」は盛り上げた土を描いた図形（杜の項参照）。「聿」は筆を手で立てて持つ形（葎の項参照）。「聿（イメージ記号）＋竹（限定符号）」を合わせた「筆」は、「ふで」を表した。土筆はもとは筆記用具の一つであった。

㊙甲 ㊙篆〔聿〕 ㊙篆〔筆〕

【別名】 問荊・接続草

地衣
㊥チーイ
㊚――

[語源] 中古漢語はdii-ıəi（→漢音チーイ）である。菌類と藻類の共生体を地衣類という。松蘿（サルオガセ）、石蕊（ハナゴケ）、地茶（ムシゴケ）、石耳（イワタケ）などがある。古代では定義があいまいで、コケ植物などの仲間とされた。生える場所によって、地衣のほかに、垣衣、昔邪、烏韭、屋游などさまざまな名称があった。地衣は岩などに生じるものを衣になぞらえた語。ただし絨毯の類を地衣というので、これに見立てたとも考えられる。

[字源]「地」については地楡の項参照。「衣」は前の衿を合わせ、裾を垂らした着物を描いた図形である。「地」と「衣」を結んで、地上に敷く衣という意味を表す。

㊙　㊎　㊇　〔衣〕

[文献] 外台秘要方21「崔氏療雀目方、七月七日九月九日取地衣草、浄洗陰乾、末之、酒和服（崔氏療雀目方：七月七日と九月九日に地衣草を取り、浄洗し、陰に乾かし、之を末にして、酒に和して服す）」

地楡→100ページ

冬青
㊥トウーセイ
㊚もちのき

[語源] 上古漢語は*tong-ts'eng、中古漢語はtong-ts'eng（→漢音トウ-セイ）である。モチノキ科モチノキ属の常緑高木*Ilex chinensis*（ナナミノキ、別名ナナメノキ）を意味する。高さは一二メートルほど。樹皮は灰色。葉は長楕円形で先が尖る。夏、淡紫色の四弁花が咲く。果実は球形で、赤く熟する。長江以南に分布する。中国医学（本草）では果実と樹皮を薬用とする。語源について本草拾遺に「冬月青翠、故に冬青と名づく」とある。和名の由来は七実の木（美しい実をつける木の意）だという説がある（図説花の樹の大事典）。

日本では*I. integra*（モチノキ）に当てるが、誤用である。樹皮から鳥黐を作るので、モチノキ（黐の木）という名がついた。

[字源]「冬」については冬瓜の項、「青」については万年青の項参照。

[別名]（ナナミノキ）凍冬・凍冬樹・万年枝

[文献] 南方草木状「榕樹…葉如木麻、実如冬青（榕樹

は…葉は木麻の如く、実は冬青の如し)」、入蜀記4(宋・陸游)「亭前冬青及柏、皆百余年(亭前の冬青及び柏は、皆百余年なり)」

天南星 音 テン-ナン-ショウ 訓 —

[語源] 中古漢語は**t'en-nəm-seng**(→呉音テン-ナム-シヤウ、漢音テン-ダム-セイ)である。サトイモ科***Arisaema***属(テンナンショウ属)の総称。虎掌(***A. thunbergii***、ナンゴクウラシマソウ)、鬼蒟蒻(***A. japonicum***、マムシグサ)などがある。東アジアに分布する多年草で、森林の中に生える。地下に球形の塊茎ができる。葉は掌状をなす。茎の先に緑色の仏炎苞が出る。中国医学(本草)では乾燥した塊茎を薬用とする。語源について李時珍は「南星は根円白にして、形、老人星の状の如きに因りて、故に南星と名づく」と述べる。

[字源]「天」については満天星の項、「南」については楠の項参照。「生(***siëng**)」は「屮(草の芽)+土」を合わせて、地上に草が芽を出す様子を暗示する図形で、「汚れがなく清々しい」「清らかに澄み切る」というイメージを示す記号になる(半夏生の項参照)。「晶」は三つの星を描いた図形。「生(音・イメージ記号)+晶(限定符号)」を合わせて、清らかに澄んだ光を放つ「ほし」を表した。南星は南箕と同じで、形が箕(み)に似た星の名である。

甲 　金 　篆 　〔星〕

[別名] 南星・虎掌・虎膏・半夏精・鬼蒟蒻

[文献] 本草拾遺「天南星主金瘡傷折瘀血、取根砕、傅傷処(天南星は金瘡・傷折・瘀血を主る。根を取り、砕きて、傷の処に傅(つ)く)」

女貞 音 ジョ-テイ 訓 ねずみもち

[語源] 上古漢語は***nıag-tıeng**、中古漢語は**nıo-tıɛng**(→呉音ニョ-チヤウ、漢音ジョ-テイ)である。モクセイ科イボタノキ属の常緑高木***Ligustrum lucidum***(トウネズミモチ)を意味する。高さは一〇メートルほどになる。葉は緑色で光沢がある。初夏、白色の花が咲く。果実は長楕円形で黒く、皺がある。白臘が採れる。中国医学(本草)では果実を女貞子といい生薬に用いる。語源について唐の顔師古は、「女貞樹は冬夏常に青し。

未だ嘗て凋落せず。節操有るが若し。故に以て名づく」（漢書の注）という。女貞はその名が貞節に由来するので、節操、特に女性の貞節の象徴とされた。

日本ではネズミモチ（*L. japonicum*）に当てることがある。その果実を和女貞子といい、やはり薬用とする。和名のネズミモチ（鼠黐）は果実が鼠の糞に似、葉がモチノキ（黐の木）に似ることに由来する。

[字源]「女」については女郎花の項参照。「貞」の金文は下部が鼎になっている。「鼎（てい）（*teng）」は三本の脚をもつかなえを描いた図形。「安定してまっすぐ立つ」というイメージから、「まっすぐ」「まっすぐ当たる」というイメージを表すことができる。「卜」は亀の甲羅を焼いて占うときに現れるひび割れの図形で、「うらない」を意味する。「鼎（音・イメージ記号）＋卜（限定符号）」を合わせた貞は、神意が正しく当たるように占いによって伺う様子を暗示する。偵察の偵（ひそかに様子を探る）は同源である。「貞」は「占って問う」という意味のほかに、「まっすぐで正しい」という意味が実現される。「女」と「貞」を結んで、女性の操が正しいという意味合いを作り、これによって寒い冬も瑞々しい葉を保つ木（トウネズミモチ）の名とした。

[甲]　[金]　[篆]　〔貞〕

[別名] 貞木・楨木・女楨・女青・臘樹

[文献] 山海経・東山経「東二百里曰太山、上多金玉楨木（東二百里を太山と曰ふ。上に金玉・楨木多し）」、史記・司馬相如伝「予［＝豫］章・女貞」

女菀→251ページ

女郎花→193ページ

山薬→薯（319ページ）

巻耳

[音]ケン-ジ　[訓]おなもみ

[語源] 上古漢語は*kiuan-niag、中古漢語はkiuɛn-niei（→呉音クヱン-ニ、漢音クヱン-ジ）である。キク科の一年草 ***Xanthium strumarium***（オナモミ、中国名蒼耳）を意味する。高さは三〇～六〇センチ。短い毛に覆われる。葉はハート形で、縁に切れ込みがある。夏に開花する。紡錘形の果実はかぎ状の刺が多く、動物にくっついて運搬される。中国医学（本草）では種子を蒼耳

子といい薬用とする。語源は果実の形が耳璫（イヤリング）に似ていることに由来する。別名の葈耳は葉が枲（アサ）に似るからという。和名は雄ナモミで、雌ナモミ（豨薟）に対する。ナモミは生揉みの意味で、蛇に噛まれたときにこの草の汁を揉んでつけたのにちなむという。

詩経ではオナモミを摘む行為が恋愛詩のモチーフとして使われている。オナモミは刺を羊にひっかけて遠くに運ばれるので羊負来の異名がある。オナモミ摘みの表現は、ある女性が遠くに行って帰らぬ恋人のイメージを目の前にありありと思い浮かべる効果がある。恋人を思うことをテーマとすることから常思菜という異名が生まれた。

【字源】 巻が旧字体で、この上部は「龹」の変形。「釆（手のひらに握った米をばらまく形）＋廾（両手）」を合わせた「龹（*kuan）」は、「丸くまるめる」というイメージを示す記号である。拳（握りこぶし）にコアイメージが生きている。「㔾（＝卩）」はひざまずいて体をかがめる人の形で、これも「丸くまるめる」というイメージがある。「龹（音・イメージ記号）＋㔾（イメージ補助記号）」を合わせた巻は、丸くまくことを表す。「耳」については木耳の項参照。「巻」は円形でなくても、「曲がる」というイメージがあるので、「巻」と「耳」を結んで、かぎ状をなす刺を持ち、形が耳飾りに似た果実の生るオナモミを表す名とした。

篆 〔龹〕　篆 〔巻〕

【別名】 蒼耳・葈耳・苓耳・耳璫草・常思菜・羊負来・鼠粘子・猪耳・道人頭

【文献】 詩経・周南・巻耳「采采巻耳、不盈頃筐、嗟我懐人、寘彼周行（巻耳を采り采る、頃筐に盈たず、ああ我人を懐ひて、彼の周行に寘く）」、毛詩草木鳥獣虫魚疏「巻耳一名枲耳、一名胡枲、一名苓耳…四月中生子、正如婦人耳中璫、今或謂之耳璫草（巻耳は一名枲耳、一名胡枲、一名苓耳…四月中子を生ず。正に婦人の耳中璫の如し。今或いは之を耳璫草と謂ふ）」、本草経集注（神農本草経「葈耳実」）「此常思菜、俗人皆食之、以葉覆麦作黄衣者、一名羊負来、昔中国無此、言従外国逐羊、毛中来（此れ常思菜、俗人皆之を食ふ。葉を以て麦を覆ひ黄衣と作す者なり。一名は羊負来。昔中国に此れ無し。

外国より羊を逐ひ、毛中に来ると言ふ）」

忍冬　㊔ニンードウ　㊖すいかずら

【語源】上古漢語は*nien-tong、中古漢語は niĕn-tong（→呉音ニンートウ、漢音ジンートウ）である。スイカズラ科の半常緑低木 *Lonicera japonica*（スイカズラ）を意味する。茎はつる状をなして長く伸び、他物に絡む。葉は卵形で柔毛がある。夏に開花する。果実は球形で黒く熟する。花は最初は白く、後に黄色に変わるので、花蕾を中国医学（本草）では金銀花と称し、生薬に用いる。語源について陶弘景は「冬を凌ぎて凋まず。故に忍冬と名づく」と述べる。和名の由来は、花の中に蜜があり、これを吸うときの唇の形に花冠が似ているのでスイカズラ（吸い葛）といった（牧野富太郎）。

【字源】「刃（*nien）」は「刀」に「丶」の符号をつけて、刀の「やいば」を暗示する図形である。刃は鍛えられて丈夫なので、「粘り強い」というイメージを示す記号になる。靭（しなやかで粘り強い）にコアイメージが生きている。「刃（音・イメージ記号）＋心（限定符号）」を合わせて、粘り強くじっと我慢することを表した。忍耐の忍はこれだが、残忍の忍も「ひどいことにじっと耐えられる」という意味で、コアイメージは共通である。「冬」については冬瓜の項参照。「忍」と「冬」を結んで、冬にもじっと耐えて葉が残っているというスイカズラの特徴を捉えて、名とした。荵冬とも書く。

㊙甲　㊙篆〔刃〕

㊙篆〔忍〕　㊙篆〔荵〕

【別名】金銀花・金銀藤・鴛鴦藤・鷺鷥藤・蜜桶藤・老翁鬚・金釵股・通霊草

【文献】名医別録「忍冬味甘温無毒、主治寒熱身腫、久服軽身、長年益寿（忍冬は、味は甘にして温、毒無し。主治は寒熱身腫。久服すれば身を軽くし、年を長くし寿を益す）」、蘇沈良方7「初色白、数日変黄、毎黄白相間、故一名金銀花（初め色白し。数日黄に変ず。毎に黄白相間す。故に一名金銀花）」

慈姑　㊔ジーコ　㊖くわい

【語源】中古漢語は dziei-ko（→呉音ジーク、漢音シーコ）である。オモダカ科オモダカ属の多年草 *Sagittaria trifolia*

（クワイ、別名シログワイ）を意味する。中国の原産で、水田で栽培される水草である。葉は三角形を呈し、戟（古代中国の武器の一つ）に似る。花茎は一メートルほどに伸びて、白色の花が咲く。匍匐茎は泥の中に入り、大きな円い塊茎ができる。塊茎に芽が出て、これから繁殖する。塊茎は食用になる。語源について李時珍は「慈姑は一根、歳ごとに十二子を生ず。慈姑の諸子を乳するが如し。故に以て之に名づく」と述べる。和名のクワイの由来について牧野富太郎は、藺（い）に似て、塊茎を食用とするので、クハヰ（食える藺の意）だとした。葉が農具の鍬に似ているのでクハイモ（鍬芋）→クワヰになったという説もある。漢名にも剪刀（裁ちばさみ）に見立てた剪刀草という別名がある。

[字源]「茲（*dziag）」は「屮（草の芽）二つ＋幺（蚕の糸）二つ」を合わせて、草が芽を出し、蚕が糸を吐いて、次々に増殖する様子を暗示させる図形。「生み殖やす」というイメージを示す記号になり、滋（草木が繁殖する）は同源である。「茲（音・イメージ記号）＋心（限定符号）」を合わせて、母が子を生み、大切にかわいがって育てることを表す。母の子を愛する心が慈愛の慈である。「姑」は夫の母のこと。字源については菇の項参照。「慈」と「姑」を結んで、親の塊茎から次々に側子が繁殖するクワイの特徴を捉えて名とした。

[別名] 慈菰・茨菰・茈菇・藉姑・葃姑・水芋・水慈菰・剪刀草・槎丫草・燕尾草

[文献] 白居易・履道池上作（全唐詩451）「渠荒新葉長慈姑（渠荒れて新葉、慈姑を長ず）」、物類相感志「葃実一名慈姑、其苗直而葉三角側鋭、若種之於水田、一株十二実、若年歳之有閏、則生十三子、今人家池塘、処処有之（葃実は一名慈姑。其の苗は直にして、葉は三角側鋭なり。若し之を水田に種うれば、一株十二実。若し年歳の閏有らば、則ち十三子を生ず。今人家の池塘、処処之れ有り）」

敗醬→女郎花（193ページ）

昆布

[音] コンブ
[訓] ——

【語源】 上古漢語は*kuən-pag、中古漢語はkuən-po（呉音コンーフ、漢音コンーホ）である。古くはコンブ科の褐藻 *Laminaria japonica*（マコンブ）や *Ecklonia kurome*（クロメ）を指した。現在の中国では前者を海帯、後者を昆布と呼ぶ。海中の岩に付着して生じ、帯状に長く伸びる。色は前者は褐色、後者は黒褐色。ともに食用になる。昆布の語源はアイヌ語の**kombu**だというのが日本の通説だが、疑問である。六世紀以前の名医別録にすでに昆布の名が出ており、さらにこれは紀元前後の爾雅の綸に由来するという説が、古くから中国にある。膃肭臍の膃肭はアイヌ語に由来するようだが、これは唐の頃の北方貿易から入ってきたもので、昆布とは事情が異なる。したがって昆布は綸布が訛った語という李時珍らの説が妥当であろう。

【字源】「侖」は「亼（集める符号）＋冊（文字を書く木や竹の札）」を合わせて、書物を作るために札を集めて並べる場面を設定した図形。「筋が通るように順序よく並べる」というイメージを示す記号となる。「侖（音・イメージ記号）＋糸（限定符号）」を合わせて、絹糸をきちんと縒り合わせて作った紐を表した。綸はluĕn（呉音・漢音リン）のほかに、kuʌn（呉音クェン、漢音クワン）の読みがあった。諸葛亮が愛用した青い綬（組紐の帯）で作った帽子を綸巾（別名諸葛巾）という。この綬と似た海藻が綸であり、綸布である。「布」は「父＋巾」から成る。「父（*pɪuag）」は石斧を手に持つ図形で、斧（刃の部分が広がった「おの」）の原字ともいえる。そこから「平らに広がる」というイメージを示す記号になる。「父（音・イメージ記号）＋巾（限定符号）」を合わせて、平らに伸び広がる「ぬの」を表した。組紐や平らな布と似た海藻を綸布と名づけ、音が転じて昆布という表記に変わった。

甲　篆〔侖〕　金　金　篆〔綸〕　篆〔父〕　篆〔布〕

【別名】（コンブ）綸布・海帯　（クロメ）黒菜・鵝掌菜

【文献】 名医別録「昆布味鹹寒無毒、主治十二種水腫、癭瘤聚結気、瘻瘡、生東海（昆布は、味は鹹にして寒、毒無し。主治は十二種の水腫、癭瘤聚結気、瘻瘡。東海に生ず)」、本草綱目19「呉普本草、綸布一名昆布、則爾雅所謂綸似綸、東海有之者、即昆布也、綸音関、青糸綬也、訛而為昆耳（呉普本草に、綸布は一名昆布なりと。則ち爾雅の所謂綸、綸に似、東海之れ有る者は、即ち昆布なり。綸の音は関、青糸綬なり。訛りて昆と為るのみ）」

映日果→無花果（198ページ）

款冬

[音] カン-トウ
[訓] ふき・やまぶき

[語源] 中国と日本では意味が異なる。中国では上古漢語が***k'uan-tong**、中古漢語が**k'uan-tong**（→呉音・漢音クワン-トウ）で、キク科の多年草*Tussilago farfara*（カントウ）を指す。高さは一〇～二五センチ。葉はハート形で、白い毛がある。冬、花茎が出て、黄色の花をつける。中国医学（本草）では花蕾を款冬花といい薬用とする。語源は冬に開花するので冬を款ぶという意味合いで名づけられた。

日本では葉が似ているところからフキに誤用された。詳しくは蕗の項参照。また、ヤマブキと読むがこれも誤用である。棣棠［ヤマブキ］と混同したものであろう。

[字源] 款の左側は「柰」の変形である。「柰」は該項で述べたように、中国原産のリンゴの一種を表す図形。これは生食された。「柰（リンゴ）＋欠（ひざまずく人）」を合わせて、お客に菓子を出す場面を設定した図形によって、心からうち解けて喜ぶという意味をもつ***k'uan**を表記する。「冬」については冬瓜の項参照。厳冬にも健気に花を咲かせる植物を款冬（冬を喜ぶ）と命名した。

[篆]  〔款〕

[別名] ①（カントウ）款凍・款東・顆凍・氏冬・鑽凍・菟奚 ②（フキの異表記）蕗・苳 ③（ヤマブキ）棣棠

[文献] ①董仲舒・雨雹対（漢魏六朝百三家集3）「款冬花於厳寒（款冬は厳寒に花さく）」、抱朴子・広譬「凝氷惨慄而不能凋款冬之華（凝氷惨慄なれども款冬の華を凋ます能はず）」

水仙

[音] スイ-セン
[訓] ——

[語源] 中世漢語は**ṣuai-sien**である。ヒガンバナ科ス

イセン属の多年草 ***Narcissus tazetta* var. *chinensis***（ニホンズイセン）を意味する。球形の鱗茎から線形の葉が出る。長さは三〇〜四五センチ。冬、花茎が出て白い花をつける。中央に杯状の突起がある。花は芳香があり、香油を採る。地中海沿岸の原産で、中国へはシルクロードを経て伝わったらしい。六朝時代の呼び名は雅蒜であったといわれるが、確証はない。唐代の酉陽雑俎には捺祇（なぎ）の名で登場する。これは中世ペルシア語の **nargi** の音写といわれる（ラウファー）。おそらくギリシア語の **Narkissos** につながるものであろう。唐以前に実物は伝わっていたが、唐代に言葉と伝説（ナルキソスが水に映る自分の姿に恋してスイセンに化したというギリシア神話）が伝わり、捺祇という語が現れたが、やがて水仙の名に代わったと推定される。その由来は、水中に亡骸を棄てられた伍子胥（ごししょ）や、入水して死んだ屈原が水仙（水中の仙人）になったという伝説があり、これとナルキッソスの話が結びついたものであろう。宋代の詩文には花の名としての水仙が出現する。

[字源]「水」は川に水が流れる様子を描いた図形。「仙」については鳳仙花の項参照。水仙とは水の中に住む仙人の意味で、入死（水葬、溺死）した伍子胥・屈原・李白などをいう。また馮夷（ひょうい）（河伯）がスイセン八石を服用して水仙になったという伝説もある。

㊙甲　㊎金　㊕篆　〔水〕

[別名] 雅蒜・捺祇・天葱・女史花・金盞銀台・玉蕊花・栗玉花・黄玉花

[文献] 酉陽雑俎18「捺祇出払林国、苗長三四尺、根大如鴨卵、葉似蒜、葉中心抽条、茎端有花、六出紅白色、花心黄赤、不結子、其草冬生夏死、与薺麦相類、取其花、圧以為油、塗身、除風気、払林国王及国内貴人皆用之（捺祇は払林国に出づ。苗は長さ三四尺、根は大なること鴨卵の如し。葉は蒜に似、葉の中心に条を抽く。茎の端に花有り、紅白色を六出す。花心は黄赤、子を結ばず。其の草冬に生じ夏に死す。薺・麦と相類す。其の花を取り、圧して以て油と為し、身に塗り、風気を除く。払林国王及び国内の貴人皆之を用ゐる）」

決明　㊅ケツ-メイ　㊋えびすぐさ

[語源] 上古漢語は*kuāt-mıăng、中古漢語は kuet-mıʌng

（→呉音クヱチ−ミヤウ、漢音クヱツ−メイ）である。マメ科カワラケツメイ属の一年草 *Cassia tora*（エビスグサ）を意味する。茎は直立し、高さは一メートルほど。葉は羽状に生じる。夏から秋にかけて黄色の花が咲く。莢は扁平で弓形に湾曲し、菱形の種子を多数含む。中国医学（本草）では種子を決明子といい、生薬に用いる。語源は眼病に効くとされることに由来する。和名のエビスグサは本草和名に決明の訓として出ており、平安の頃に中国から渡来したのであろう。夷草の漢字表記はそれ以後にできたもので、夷は外国の意味である。

[字源]「夬（*kuǎd）」は「コ」と「｜」と「又（手の形）」を合わせて、手の指をコ形にして縦に引っ張る様子を暗示させる図形。これによって、弓の弦を引くのに用いる凵形の道具、「ゆがけ」を表す。コ形や凵形を呈することから、「えぐりとる」というイメージ、さらに「切って二つに分ける」というイメージに展開する。「夬（音・イメージ記号）＋水（限定符号）」を合わせて、川の堤を凵形に切って水を外に流す様子を暗示する。決壊の決（切り開く）はこの意味である。「明」は「日＋月」と「囧＋月」の二形がある。日と月は明るい天体の代表なので、この二つを合わせて、「あかるい」というイメージを示す。「囧」は明かり取りの窓の形。これと「月」を合わせて、月の光が暗い所を明るくする様子を暗示させる図形でもって、「あかるい」というイメージを示す。「決」と「明」を結んで、眼病を治して明を切り開く効果のあるという植物の名とした。

篆〔夬〕

篆〔決〕

甲 金 古 篆〔明〕

[別名] 英明・英光・薢茩・草決明・羊明・羊角

[文献] 神農本草経「決明子味鹹平、主治青盲、目淫膚、赤白膜、眼赤痛涙出、久服益精光、軽身（決明子は、味は鹹にして平。主治は青盲、目の淫膚、赤白の膜、眼赤く痛み涙出づ。久服すれば精光を益し、身を軽くす）」、白居易・眼病（全唐詩447）「案上謾鋪竜樹論、盒中虚撚決明丸、人間方薬応無益、争得金篦試刮看（案上謾に鋪く竜樹論、盒中虚しく撚る決明丸、人間の方薬応に益無かるべし、いかでか得ん金篦もて試みに刮り看んことを）」

沈香　音ジン-コウ　訓 ——

【語源】上古漢語は*dıəm-hıaŋ、中古漢語はdıəm-hıaŋ（→呉音ヂム-カウ、漢音チム-キヤウ）である。ジンチョウゲ科の常緑高木 *Aquilaria agallocha*（ジンコウ）を意味する。インドから東南アジアに分布する。高さは三〇メートルほど。葉は楕円形で光沢がある。春、白い花が咲く。心材から香料を採る。中国医学（本草）では樹脂を含む幹や根を薬用とする。語源は香木で、水に沈む性質があることによる。

【字源】「冘（*dıəm）」は人の首の部分に⊣型の枷をはめて下に押し下げる様子を暗示する図形。「冘（音・イメージ記号）＋水（限定符号）」を合わせて、水中に深く下がっていく、つまり「しずむ」ことを表した。「香」については木香の項参照。「沈」と「香」を結んで、水に沈む性質のある香木の名とする。

篆〔冘〕　篆〔沈〕

【別名】沈水香・蜜香

【文献】南方草木状「交趾有蜜香樹、榦似柜柳、其花白而繁、其葉如橘、取香伐之、経年其根榦枝節各有別色、木心与節堅黒、沈水者為沈香（交趾に蜜香樹有り。榦は柜柳に似、其の花白くして繁し。其の葉は橘の如し。香を取るに之を伐る。年を経て、其の根幹枝節各別色有り。木心と節堅く黒く、水に沈む者を沈香と為す）」

沢瀉　音タク-シャ　訓おもだか

【語源】上古漢語は*dăk-siăg、中古漢語はdʌk-siă（→呉音ヂヤク-サ、漢音タク-シャ）である。オモダカ科ヘラオモダカ属の多年草 *Alisma plantago-aquatica*（サジオモダカ）を意味する。沼沢に生える。高さは五〇〜一〇〇センチ。球形の塊茎が生じ、ひげ根が多い。葉は楕円形。夏、白い花が咲く。中国医学（本草）では塊茎を薬用とする。語源について李時珍は「水を去るを瀉と曰ふ。沢水の瀉（そそ）ぐが如し」と述べている。行水（水をめぐらす）や利水（水をスムーズに通す）の効能があることによる命名と見たものである。詩経（魏風・汾沮洳）では藚（しょく）の名で登場し、恋愛詩で恋愛の場を造形する摘草モチーフに使われている。

日本では同科の *Sagittaria trifolia*（オモダカ、中国名野慈姑）に当てる。水田や池沼に生える。葉はクワイ（慈姑）と似て、やじり形である。和名は人の顔と似た模様をもつ葉が水面に高く出るから、オモダカ（面高）と名づけられたという（前川文夫）。

【字源】沢の旧字体は澤である。「睪（*diak）」は「目＋幸（手錠の形）」を合わせて、手錠をはめられた人を見る様子を暗示する図形。これは容疑者を面通しして犯人を探し出す場面を設定したものである。ABC…と続くものを一つ一つチェックしていくことから、「（一定の間隔を置いて）点々と引き続く」というイメージを示す記号になる。驛（＝駅。ABC…とつながる宿場、ステーション）にはこのコアイメージがはっきり出ている。「睪（音・イメージ記号）＋水（限定符号）」を合わせて、水たまりが点々と続く場所、つまり「さわ」を表した。次に「舃（*siak）」はカササギを描いた図形。古代中国ではカササギはあちこちに移動していく鳥で、それが現れた所に幸運がもたらされると信じられた。「舃」は「ある場所から他の場所に移っていく」というイメージを示す記号になる。寫（＝写。別の場所にうつす）はこのイメージでできている。「寫（音・イメージ記号）＋水（限定符号）」を合わせて、水が別のところに流れていくことを表した。内部のものを除いてさっと外部に流すという意味に用いる。一瀉千里の瀉（さっとそそぐ）はこれ。「沢」と「瀉」を結んで、沢に生えて、水などの体内物質を流し出す効能のあるとされる草の名とした。

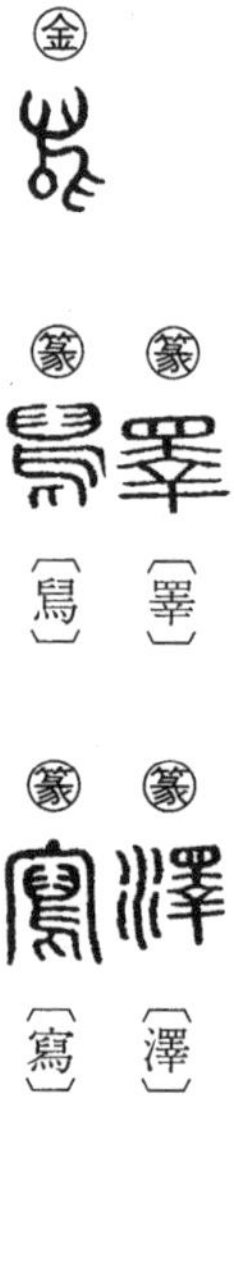

[金] [篆]（睪） [篆]（澤） [篆]（舃） [篆]（寫）

【別名】（サジオモダカ）沢蕮・水舃・水瀉・及瀉・鵲瀉・沢芝・芒芋・牛唇・禹孫

【文献】毛詩草木鳥獣虫魚疏（三国呉・陸璣）「藚今沢蕮也、其葉如車前草大、其味亦相似、徐州広陵人食之（藚は今の沢蕮なり。其の葉車前草の如く大なり。其の味も亦た相似たり。徐州・広陵の人之を食す）」、傷寒論「大病差後従腰已下有水気者、牡蠣沢瀉散主之（大病差ゆる後腰より已下水気有る者は、牡蠣沢瀉散之を主る）」

満天星

[音]マン-テン-セイ [訓]どうだんつつじ

【語源】中国と日本では意味が異なる。中国では近世漢語が **muon-t'ien-siang** で、群芳譜にキクの品種の名として出ている。一本の茎に数千の枝が出るという。現代ではカスミソウ（中国名は糸石竹）の別名になっている（中国花経）。また中国医学ではミズゴケ（中国名は泥炭蘚）を満天星と称している。

日本ではツツジ科の落葉低木 ***Enkianthus perulatus***（ドウダンツツジ、中国名白花吊鐘花）を指す。高さは一～三メートル。春、壺状の白い花が垂れ下がる。山地に自生するが、観賞用に栽培もされる。和名の由来はトウダイツツジ（灯台躑躅）の訛り。灯台の一つに結び灯台があり、鼎のような三本脚で油皿を支える。壺状の花の下垂する姿がこの灯台に似ていることによる命名である。ツツジについては躑躅の項参照。満天星は花を満天の星にたとえたもので、和製漢字表記である。

【字源】満の旧字体は滿。「㒼（***muan**）」は「廿（革の略体）＋巾（布）＋从（左右対称の形）」を合わせて、敷物の革を左右バランスよく敷き詰める様子を暗示する図形である。「㒼（音・イメージ記号）＋水（限定符号）」を合わせて、水が器に平均して行き渡る様子を暗示させる。これによって「（どこにも欠け目がなく）いっぱいになる」という意味を実現する。「天」は「大」（手足を大きく広げて立つ人の形）の上に「一」の符号をつけた図形で、頭のてっぺんの上に広がる空間を暗示させる。「星」については天南星の項参照。「満＋天＋星」のセットで、空いっぱいの星の意味を表している。中国でも日本でも、ある植物をこれになぞらえて名とした。

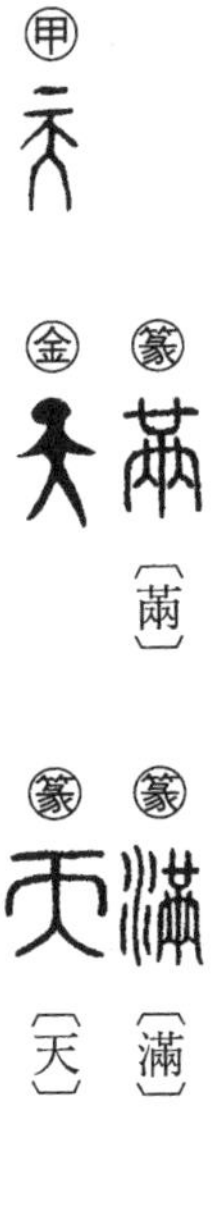
[篆]（㒼）　[篆]（滿）
[甲]　[金]　[篆]（天）

烏頭

[音]ウーズ　[訓]とりかぶと

【語源】上古漢語は ***·ag-dug**、中古漢語は **·o-dəu**（→呉音ウーズ、漢音ヲートウ）である。キンポウゲ科の多年草 ***Aconitum carmichaeli***（トリカブト）を意味する。中国の原産。茎は直立し、高さは六〇～一二〇センチ。葉の輪郭は五角形をなす。秋に烏帽子状の花穂が出る。花弁は青紫色。根に毒があり、古代中国では殺人に使われた。中国医学（本草）では主根（母根）を烏頭、側根（子根）を附子といい、ともに薬用とする。烏頭の語源について陶弘景は「春時茎初めて生じ、脳の形有り、烏鳥の頭に似る。故に之を烏頭と謂ふ」と述べている（本草経集注）。和名のトリカブトは花の萼の形を、舞楽で用いる鳥兜（鳥の頭を模した冠）に見立てる。

【字源】「烏」については何首烏の項参照。「豆」（*dug）」は頭が丸く、高い脚のついた食物を盛る器（すなわち「たかつき」）を描いた図形である（豆の項参照）。「丅型や丄型にじっと立つ」というイメージを示す記号になる。「豆（音・イメージ記号）＋頁（限定符号）」を合わせて、胴体の上に丅型に立つ「あたま」を表した。「烏」と「頭」を結んで、烏［カラス］の頭に似た花序の生じる植物の名とした。

篆 〔頭〕

【別名】烏喙・附子・天雄・鶏毒・奚毒・金鴉

【文献】史記・蘇秦伝「飢人所以飢而不食烏喙者、為其愈充腹而与餓死同患也（飢人の飢ゑて烏喙を食はざる所以の者は、其の愈（いよいよ）腹を充すも餓死と患ひを同じくするが為なり）」、金匱要略「烏頭湯方、亦治脚気疼痛不可屈伸（烏頭湯方、亦た脚気疼痛して屈伸すべからざるを治す）」

無花果→198ページ

無患子 音ムーカンーシ 訓むくろじ

【語源】上古漢語は*muag-fuăn-tsiəg、中古漢語はmɪu-fuăn-tsiei（→呉音ムーグヱンーシ、漢音ブークワンーシ）である。ムクロジ科の落葉高木 *Sapindus mukorossi*（ムクロジ）を意味する。高さは二五メートルに達する。葉は楕円形で先が尖る。夏、淡緑色の小花が咲く。球形の果実が生る。種子は球形で黒い。昔、果皮を石鹼に、種子を数珠に用いた。中国医学（本草）では種子を無患子といい薬用とする。語源は焼くと香しくて悪気を避ける効能があるといわれることから無患（患いがない意）という。同様の趣旨の民間語源説もある（下記文献参照）。和名は無患子の呉音読みの訛りであろう。木欒子（モクレニシ→ムクロジ）と木患子（モクゲンジ）を取り違えたという説もある。

【字源】「無」については無花果の項、「子」については柑子の項参照。「串（*kuăn）」は二つの枠の中を縦線が貫く様子を暗示する図形で、「貫き通す」というイメージを示す記号になる。「串（音・イメージ記号）＋心（限定符号）」を合わせて、心を突き刺す様子を暗示する。これによって「うれえる」という意味の*ɦuănを表記する。心がうれえることから、体がわずらうことへ転義する。「無」と「患」を結んで、病気を無くするという意味合いをこめて、木の名とした。「子」を添えた無患子は本来はその木の種子のことである。

[篆]  〔患〕

【別名】槵・桓・無患・木患子・噤婁・肥珠子・油珠子・拾櫨木・盧鬼木・鬼見愁

【文献】古今注「拾櫨木一名無患者、昔有神巫名曰宝眊、能符、劾百鬼、得鬼則以此為棒殺人、世人相伝以此木為衆鬼所畏、競取為器、用以却厭邪鬼、故号曰無患也（拾櫨木一名無患なる者は、昔神巫有り、名を宝眊と曰ふ。符を能くし、百鬼を劾す。鬼を得れば則ち此を以て棒を為り、人を殺す。世人相伝へて、此の木を以て衆鬼の畏るる所と為す。競ひ取りて器と為し、用ゐて以て邪鬼を却厭す。故に号して無患と曰ふなり）」

牛膝　[音]ゴーシツ　[訓]いのこずち

【語源】上古漢語は*ngɪog-siet、中古漢語はngɪəu-siĕt（→呉音グーシチ、漢音ギウーシツ）である。ヒユ科イノコズチ属の多年草 ***Achyranthes bidentata***（イノコズチの一種）を意味する。高さは三〇～一〇〇センチ。茎は四角形で、膨れた節がある。夏から秋にかけて、花穂が出て、緑色の小花をつける。果実には刺があり衣類などにつく。語源について陶弘景は「其の茎に節有り、牛の膝に似る。故に以て名と為す」と述べている。

日本では ***A. japonica***（イノコズチ、中国名少毛牛膝）に当てる。前者と似ている。和名の由来は豕槌（いのこづち）の意味で、ブタの膝頭にたとえたという。

【字源】「牛」については牽牛花の項参照。膝は厀が本字である。「桼（*ts'iet）」は漆の項でも述べたが、木に切れ込みを入れて、うるしを採る様子を描いた図形で、「切れ目をつける」というイメージがある。「卩」はひざまずく人を描いた図形。「桼（音・イメージ記号）

＋卩（イメージ補助記号）」を合わせて、上腿部と下腿部の間で切れ目をつくる「ひざ」を表した。節（ふし）は同源の語である。のち「卩」を限定符号の「月（＝肉）」に替えて「膝」と書いた。

[篆]  〔厀〕

[別名] 牛茎・百倍・山莧菜・対節菜

[文献] 神農本草経「牛膝味苦、主治寒湿痿痺、四肢拘攣、膝痛不可屈伸、逐血気、傷熱火爛、堕胎、久服軽身、耐老（牛膝、味は苦なり。主治は寒湿痿痺・四肢拘攣・膝痛み屈伸すべからざる・血気を逐ふ・傷熱火爛・堕胎。久服すれば身を軽くし、老に耐ふ）」

牡丹 [音] ボータン [訓] ―

[語源] 上古漢語は*mog-tan、中古漢語はməu-tan（→呉音ムータン、漢音ボウ-タン）である。キンポウゲ科の落葉低木 *Paeonia suffruticosa*（ボタン）を意味する。中国の原産。高さは一〜一・五メートル。根茎は肥厚し、枝は短い。初夏、大型の花を開く。色は白、紅、紫など。中国医学（本草）では皮を薬用とする。観賞用にも栽培された。語源について李時珍は「牡丹は色丹なる者を以て上と為す。子を結ぶと雖も根の上に苗を生ず。故に之を牡丹と謂ふ」と述べている。山田孝雄はギリシア語botaneの音写としたが、無理であろう。

　牡丹の語は神農本草経や呉普本草、広雅など、漢魏の文献に薬用植物として出るが、その後唐代まで現れない。芍薬と混同されたふしがある。その間は木芍薬と称されたりしたが、これが牡丹と同じだとわかり、以後牡丹の名が復活したと考えられる。唐宋の頃は牡丹の花が観賞され、芍薬を押さえて花王の称を獲得するほど、人気が高まった。

[字源]「牡」の右側は「士」の変形で、男性性器を描いた図形である。これは女性性器の象形文字である「匕」に対する。「牡」と「牝」は対応関係にある。「士（イメージ記号）＋牛（限定符号）」を合わせて、獣の「おす」を表した。*mogという語は冒と同源で、「突き犯す」というコアイメージをもつ。「丹」は井桁の中に点を入れて、鉱物を採掘する場面を設定した図形。これによって硫化水銀を意味する*tanを表記する。色の赤い鉱物なので、「あか」の意味を派生する。赤色

の男性的で大きな花が咲く木を「牡」と「丹」を結んで名としたと推測される。雄紅の異名もある。

[甲] [金] [篆] 〔士〕
[甲] [金] [篆] 〔牡〕
[甲] [金] [篆] 〔丹〕

［別名］ 鹿韭・鼠姑・木芍薬・雄紅・花王・百花王・富貴花・洛陽花・醍醐花・紫雲英・百両金・国色天香

［文献］ 神農本草経「牡丹味辛寒、主治寒熱、中風、瘈瘲、痙、驚癇、邪気（牡丹は、味は辛にして寒。主治は寒熱、中風、瘈瘲、痙、驚癇、邪気）」、唐国史補（唐・李肇）「京城貴遊尚牡丹三十余年矣。毎春莫車馬若狂、以不躭玩為恥（京城の貴遊牡丹を尚ぶこと三十余年。毎春莫［＝暮］れ車馬狂ふが若し。躭玩せざるを以て恥と為す）」、開元天宝遺事4（五代・王仁裕）「時楊国忠因貴妃専寵、上賜以木芍薬数本（時に楊国忠、貴妃の専寵に因り、上、賜ふに木芍薬数本を以てす）」

独活

[音]ドッカツ　[訓]うど

［語源］ 中国と日本では意味が異なる。中国では上古漢語が*duk-ɦuat、中古漢語が**duk-ɦuat**（→呉音ドクグワチ、漢音トククワツ）で、セリ科の多年草*Heracleum hemsleyanum*（ハナウド属の一種）を意味する。茎は円筒形で中空、高さが一～一・五メートル。根は紡錘形をなす。花序は傘の形をして、白い小花が多数群がって咲く。特有の香気がある。中国医学（本草）では同科の*Angelica pubescens*（シシウド、中国名毛当帰）なども独活と称し、生薬に用いる。語源については名医別録に「一名独揺草。此の草、風を得て揺れず、風無くして自ら動く」とあり、また陶弘景は「其の一茎は直上す。風の為に揺れず。故に独活と名づく」と述べている（本草経集注）。

日本ではウコギ科タラノキ属の多年草*Aralia cordata*（ウド、中国名食用楤木）を指す。高さは二メートルほどになる。夏、傘形の花序ができる。花弁は白色または黄色。若芽は食用になるが、生長すると茎が太くなり食べられない。これが「独活の大木」の由来。中国医学では土当帰と称し、薬用とする。新撰字鏡などで独活にウドの訓をつけてから誤用されてきた。ウドの古名はツチタラで、土の中にある芽を食用とするので土楤の意。同じ趣旨からウヅ（埋）ト（処）→ウドとなった。

[字源] 独の旧字体は獨。「蜀（*dhiuk）」はイモムシ（蠋）を描いた図形で、葉に取り付いて食う虫なので、「一所にくっついて離れない」というイメージを示す記号になる（蜀葵の項参照）。犬は人間に忠実な動物で、番犬の役目もする。したがって「蜀（音・イメージ記号）＋犬（イメージ補助記号）」を合わせた「獨」は、犬が一つの場所に貼りついて離れない様子を暗示させる図形である。これによって「ただ一つだけ」を意味する*dukという語を表記する。次に「舌」は「した」ではなく「昏（かつ）」の変形で、「穴を開けてスムーズに通す」というイメージを示す記号になる（薄荷の項参照）。「昏（音・イメージ記号）＋水（限定符号）」を合わせて、水が勢いよくスムーズに通っていく様子を暗示する。勢いがよい→生き生きしている→いきる（生活）へと転義した。「独」と「活」を結んで、一本立ちの細い茎に大きな頭（花）を載せた姿を、健気に生きていると感じて、ハナウドの名としたと思われる。そこから、風があっても揺れず、風がなくても自分で揺れる草というイメージが生まれ、独揺草の別名が生まれた。

㊎　㊞〔蜀〕　㊞〔獨〕

㊙甲　㊎　㊞〔𠯑〕

㊎　㊞〔昏〕　㊞〔活〕

[別名] ①（ハナウド）独揺草・長生草・大活・独滑・胡王使者　②（ウド）土当帰

[文献] ①列仙伝「山図者隴西人也…教令服地黄当帰羌活独活苦参、散服之一歳而不嗜食、病愈身軽（山図なる者は隴西の人なり…教へて地黄・当帰・羌活・独活・苦参を服せしむ。之を散服すること一歳。嗜食せず、病愈え身軽し）」

白菜→菘（263ページ）

百合　㊕ヒャク-ゴウ　㊗ゆり

[語源] 上古漢語は*păk-ɦap、中古漢語はpɐk-ɦap（→呉音ヒャク-ゴフ、漢音ハク-カフ）である。ユリ科ユリ

属の多年草 ***Lilium brownii***（ハカタユリ）を意味する。茎は円柱形で、高さは六〇～一〇〇センチ。鱗茎はハスの花のように開いている。茎の頂上に乳白色の六弁花が咲く。中国医学（本草）では乾燥させた鱗茎を薬用とする。語源について宋の羅願は「大なる者は椀の如し。数十片相累なり、状は白蓮花の如し。故に百合と名づく。百片合成するを言ふなり」（爾雅翼）と述べる。

古代中国では合が和合の合と通じるので、和合・調和の象徴として、祝い事で贈り物とされた。また吉祥図では百合の百の意味を取ってめでたい図案を構成する。

日本では ***Lilium*** 属（ユリ属）の総称とする。ヒメユリ（山丹）、オニユリ（巻丹）、ヤマユリ、テッポウユリなどがある。ユリの語源は揺りで、茎が高くて風に揺れることからの命名といわれている。

[字源]「白（*băk）」はクヌギなどのドングリを描いた図形で、柏や櫟に含まれている。ドングリはたくさん生るものであるから、多数の象徴とすることができる。これを数詞の表記に利用するが、甲骨文字などでは色の名と区別するため字形を少し変えてある。「白（音・イメージ記号）＋一」を合わせて、十進法における数の単位の一つ、また数詞の１００を表した。「合」については小豆・合歓の項参照。「百」と「合」を結んで、鱗茎の小片がたくさん重なり合って、蓮華状をなす植物、すなわちユリの名とする。

㊙甲　㊙金　㊙篆　〔百〕

[別名] 重邁・重箱・摩羅・強瞿・強仇・中庭・中逢花・蒜脳藷

[文献] 神農本草経「百合味甘平、主治邪気腹脹、心痛、利大小便、補中、益気（百合は、味は甘く平。主治は邪気腹脹、心痛。大小便を利し、中を補ひ、気を益す）」、化書（南唐・譚峭）「山蚯化為百合（山蚯化して百合と為る）」

百日紅

㊥ヒャクージツーコウ　㊙さるすべり

[語源] 近世漢語は **po-riai-hong** である。ミソハギ科の落葉小高木 ***Lagerstroemia indica***（サルスベリ、中国名紫薇）を意味する。高さは七メートルほどになる。幹は

つるつるしている。葉は楕円形。夏、紅紫色などの花が開く。中国南部の原産で、唐代に紫薇の名で詩文に登場する。宋代では、花期が五月から九月まで続くところから百日紅の名が生まれた。和名は樹皮が剥げて滑らかなため木登りのうまい猿も落ちると洒落てサルスベリ（猿滑り）の名がついた。これは紫薇の別名の一つである猴郎達樹の命名の由来と似ている。酉陽雑俎（唐・段成式）に「紫薇花、北人は呼びて猴郎達樹と為す。其の皮無く、猿、捷つ能はざるを謂ふなり」とある。また怕痒樹の別名がある。幹を爪で掻くと枝葉が揺れ動いてまるで痒がっているようだから、この名がついたという。

[字源]「百」については前項、「紅」については紅花の項、「日」については向日葵の項参照。太陽から「日にち」の意味を派生する。「百＋日＋紅」のセットで、百日の間花が紅色に咲き続ける植物という意味合いを作って、その名とする。

[別名] 紫薇・猴郎達樹・怕痒樹・不耐痒樹・満堂紅・猴刺脱・紫綬花・丁香花・宮様花

[文献] 韻語陽秋（宋・葛立方）「爪其本則枝葉倶動、俗謂之不耐癢花、自五月開至九月尚爛漫、俗又謂之百日紅（其の本を爪すれば則ち枝葉倶に動く。俗に之を不耐癢花と謂ふ。五月より開き九月に至るまで尚爛漫たり。俗に又之を百日紅と謂ふ）」

皂莢

音 ソウ-キョウ　訓 さいかち

[語源] 上古漢語は*dzog-kāp、中古漢語は**dzau-kep**（→呉音ザウ-ケフ、漢音サウ-ケフ）である。マメ科サイカチ属の落葉高木*Gleditsia sinensis*（トウサイカチ）を意味する。高さは三〇メートルに達する。枝に太い刺がある。葉は羽状。春、黄白色の花が咲く。莢は刀状で平たく、紫黒色を呈する。多数の種子を含む。煮汁を洗濯に用いる。中国医学（本草）では種子を皂莢子、刺を皂角刺と称し薬用とする。語源は果実の色が黒いことによる。日本では*G. japonica*（サイカチ、中国名山皂莢）に当てる。木の特徴も効用も前者と似ている。和名のサイカチは皂角子の音読みから、サウカクシ→サイカイシ→サイカチになったという（大槻文彦）。

[字源] 皂は正しくは皁と書く。「皁」は「白」と対をなす。「白」は柏の項で述べた通り、ドングリを描い

た図形。それに対し「皁」は殻斗のついたドングリの図形である。「白」が色の「しろ」に用いられたのに対し、「皁」は「くろ」に用いる。それは殻斗から黒の染料を採ったからである（草の項参照）。次に「夾（*kăp）」は「両側から挟む」というイメージを示す記号である（夾竹桃の項参照）。「夾（音・イメージ記号）＋艸（限定符号）」を合わせて、種子を挟んだ形をしたマメ科植物の外皮、つまり「さや」を表した。「皁」と「莢」を結んで、黒色の莢をもつ植物の名とする。

㊇ 〔莢〕

［別名］ 梍・皂角・皂角子・大皂角・大皂莢・長皂莢・鶏栖子・烏犀・懸刀・羖羊角

［文献］ 神仙伝6「樊夫人者劉綱之妻也…県庁側先有大皂莢樹、綱昇樹数丈、力能飛挙（樊夫人なる者は劉綱の妻なり…県庁の側らに先に大皂莢樹有り。綱、樹に昇ること数丈。力めて能く飛挙す）」、歴代名画記3（唐・張彦遠）「古画必有積年塵埃、須用皂莢清水数宿漬之（古画必ず積年の塵埃有り。須らく皂莢清水を用て数宿之を漬く）」

素馨

㊥ソーケイ　㊒——

［語源］ 近世漢語はsu-hiangである。モクセイ科ソケイ属の常緑低木*Jasminum grandiflorum*（オオバナソケイ）を意味する。枝は垂れ下がり、稜がある。葉は羽状。春、白い花が咲き、香気が強い。一般にジャスミンと呼ばれる。日本ではソケイ（*J. officinale*、中国名素方花）に当てるが、前者は花が大きいのが特徴。語源は花が白くて芳しいことによる。民間語源説では、五代の劉隠に素馨という侍女がいたが、彼女を葬った墓から花が生じ、いつまでも香りがあったということから、その名がついたとされる。

素馨はインドの原産で、晋代にイラン方面から中国に入ってきたようである。初めはペルシア語yāsaminまたはアラビア語yasminを耶悉茗と音写したが（ラウファー）、唐代には野悉蜜となり、宋代に素馨という漢語が生まれた。

［字源］ 「素」の上部は「𠂹（すい）」の変形である。「𠂹」は枝葉が垂れ下がる図形で、垂の原字（睡蓮の項参照）。「𠂹（イメージ記号）＋糸（限定符号）」を合わせて、蚕の

繭から垂れ下がる絹糸を暗示させる。生地のままの絹糸という意味から、白色の意味を派生する。「殸（*k'eng）」は磬（けい）という打楽器を叩く様子を描いた図形で、聲（=声）に含まれている。この楽器の音色は澄んだ音声なので、「清らかに澄む」というイメージを示す記号になる。聴覚的イメージを嗅覚的イメージに替えて、「殸（音・イメージ記号）+香（限定符号）」を合わせて、良い香りがすることを表す。「素」と「馨」を結んで、花が白色で香気の良い植物の名とする。

(篆)〔素〕　(篆)〔馨〕　(籀)〔殸〕　(甲)

【別名】素馨花・耶悉茗・野悉蜜・玉芙蓉

【文献】能改斎漫録15（宋・呉曾）「素馨花本名耶悉茗花…花潔白、南人極重之、以白而香、故易其名（素馨花はもと耶悉茗花と名づく…花は潔白なり。南人極めて之を重んず。白くして香しきを以て、故に其の名を易ふ）」、天中記53（明・陳耀文）「其花旧名耶悉茗、因生於素馨塚上、故名（其の花、旧名は耶悉茗。素馨の塚の上に生ずるに因りて、故に名づく）」

細辛　(音)サイシン　(訓)—

【語源】上古漢語は*ser-sien、中古漢語はsei-siĕn（→呉音サイ-シン、漢音セイ-シン）である。ウマノスズクサ科フタバアオイ属の多年草*Asarum sieboldii*（ウスバサイシン）を意味する。根茎は細長く、芳香がある。葉はハート形。地面に近く、紫色の花が咲く。中国医学（本草）では根を薬用とする。語源については本草図経に「其の根細くして味極めて辛し。故に之に名づけて細辛と曰ふ」とある。

【字源】細の右側は「囟（しん）」の変形である。「囟（*sien）」は赤ん坊の頭蓋骨にあるひよめき（泉門）を描いた図形（瓢・蓖麻の項参照）。泉門は頭蓋骨の完全には閉じていないすきまであり、ひくひくと動いて軟らかい部分なので、「すきまが小さく細い」「軟らかい」「ふわふわして軽い」などのイメージをもつ。「囟（音・イメージ記号）+糸（イメージ補助記号）」を合わせて、シルクのように細い様子を暗示させる。次に「辛」は鋭い刃物を描いた図形である（梓の項参照）。鋭くて肌身を刺すというイメージから、心臓を刺すように「つらい」

という心理的なイメージと、舌を刺すように「からい」という味覚的なイメージが生まれる。「細」と「辛」を結んで、根が細く味が辛い植物の名とする。

古  篆   〔囟〕 篆  〔細〕

甲  金  篆  〔辛〕

【別名】 小辛・少辛・細条

【文献】 傷寒論「少陽病始得之反発熱脈沈者、麻黄附子細辛湯主之（少陽病、始め之を発熱に反し脈沈むに得る者は、麻黄附子細辛湯之を主る）」

羊歯　音ヨウ-シ　訓しだ

【語源】 上古漢語は***ɡi̯ang-ti̯əɡ**、中古漢語は**yiang-tʃʻiei**（→呉音・漢音ヤウ-シ）である。シダ植物の総称であるが、特にオシダ科の多年草*Dryopteris crassirhizoma*（オシダ、中国名粗茎鱗毛蕨）を指す。高さは五〇～一〇〇センチ。葉はぎざぎざのある多数の小葉から成る。地下に太くて堅い塊茎が生じる。別名を綿馬（めんま）という。中国医学（本草）では貫衆と称し（ただし貫衆はオシダ以外も含む）、塊根を薬用とする。これを日本では綿馬根という。オシダは大形のシダなので雄羊歯の意。シダは「しだれる」（長く垂れ下がる意）のシダと同源という。

羊歯の名は爾雅に出ているだけで、歴史上姿を消したが、日本では平安時代にシダに当てられている。近代になってから中国でも使い出したが、現在の中国では羊歯植物を蕨類植物と改めている。

【字源】「羊」については淫羊藿の項参照。歯の旧字体は齒。「齒」の原形は甲骨文字などにあるように「は」を描いた図形。これに音・イメージ記号の「止（*ti̯əɡ）」を添えたのが「齒」である。「止」は足（foot）を描いた図形で、足は進む働きもあれば止まる働きもある。後者のイメージを実現させたのが停止の止である。「齒」にもこのイメージが用いられる。歯は物を呑み込む前に一旦止めて噛むのが働きだからである。羊歯は文字通りヒツジの歯の意味だが、小葉がたくさん連なっている姿をしたオシダをヒツジの歯に見立てる。

甲  古  篆   〔齒〕

【別名】（オシダ）綿馬・綿馬羊歯・東綿馬・日本綿馬

（シダの異表記）歯朶

[文献] 爾雅・釈草「縣馬、羊歯」——郭璞注「草細葉、葉羅生而毛有似羊歯、今江東呼為雁歯、繅者以取繭緒（草は細き葉。葉は羅生して毛羊歯に似たる有り。今江東呼びて雁歯と為す。繅［=繰］る者以て繭の緒を取る）」

羊蹄 ㊃ヨウ-テイ ㊈ぎしぎし

[語源] 上古漢語は*ɡiang-deg、中古漢語はyiang-dei（→呉音ヤウ-ダイ、漢音ヤウ-テイ）である。タデ科の多年草 ***Rumex japonicus***（ギシギシ）を意味する。茎は直立し、高さは一メートルほど。根茎は太くて黄色。葉は長楕円形で、縁は波状をなす。春、花穂が出て、淡緑色の小花をつける。酸味が強いが食用になる。古代中国では禿頭の治療薬とした。語源について李時珍は「羊蹄は根を以て名づく。牛舌は葉の形を以てす」と述べる。和名の古語は単にシであった。根茎に酸味があるのでスノネ（酸の根）→シノネ→シとなったという（前川文夫）。現在の名は、根茎が黄色なのでシにキをつけてキシ、それを重ねてキシキシ→ギシギシになった。

詩経では蓫（ちく）の名で出ており、恋愛の場を造形する摘草モチーフの一つ使われている。

[字源]「羊」については淫羊藿の項参照。「帝（*teg）」は三本の線を中央で締めくくった様子を示す象徴的符号である。これによって「一つにまとめて締めくくる」というイメージを示す記号となる。締（締めくくる）にコアイメージがはっきり現れている。「帝（音・イメージ記号）＋足（限定符号）」を合わせて、爪が分かれないで一つに合わさった牛・馬・羊などの「ひづめ」を表した。羊蹄はヒツジのひづめ（または足）の意味で、ギシギシの根茎の形をヒツジの足に見立てる。

㊙  ㊎  ㊞  ［帝］

[別名] 蓫・蓄・禿菜・悪菜・牛蘈・牛舌菜・敗毒菜・水黄芹・鬼目・東方宿・連虫陸

[文献] 毛詩草木鳥獣虫魚疏（三国呉・陸璣）「蓫牛蘈、揚州人謂之羊蹄、似蘆服而茎赤、可瀹為茹、滑而美也、多啖令下気（蓫は牛蘈なり。揚州の人之を羊蹄と謂ふ。蘆服に似て茎赤し。瀹（に）て茹と為すべし。滑にして美なり。多く啖へば気を下さしむ）」

翹揺→紫雲英（369ページ）

胡頽子 [音]コータイーシ [訓]ぐみ

[語源] 上古漢語は*ɦag-duər-tsiəg、中古漢語はɦo-duəi-tsiei（→呉音ゴーダイーシ、漢音コータイーシ）である。グミ科グミ属の常緑低木 *Elaeagnus pungens*（ナワシログミ）を意味する。高さは四メートルほど。枝に刺がある。葉は楕円形で厚く、縁は波状をなす。晩秋、銀白色の花が開き、垂れ下がる。果実は翌年の夏赤く熟し食用になる。語源ははっきりしないが、葉に鱗片が生じた後脱落することにちなんで命名されたか。グミの和訓は本草和名に始まる。現在の日本ではグミ科グミ属の総称とする。茱萸とも書くが、本来は誤用である。グミの語源はグイミの訛りで、グイは刺の意、ミは実の意である。ナワシログミは苗代を作る頃に実が熟することにちなむ。

[字源]「胡」は胡桃の項で述べた通り、垂れて顎に被さる肉の意味から、顎を覆う鬚（ひげ）の意味を派生する。「禾」は実って垂れ下がる稲穂を描いた図形。丸い実のことから「丸い」というイメージを表すことができる。「禾（イメージ記号）＋人（限定符号）」を合わせた「禿（*t'uk）」は、毛がなくて丸い頭をむきだしにした様子を暗示させる。「禿（音・イメージ記号）＋頁（イメージ補助記号）」を合わせて、頭から毛が抜けてなくなるように、物が崩れ落ちる様子を暗示させる。「子」については柑子の項参照。「胡＋頽＋子」を結合して、葉に生じた鱗片（ひげになぞらえる）がやがて抜け落ちる植物の名とする。「子」は愛称の接尾語である。

[篆]  〔禿〕

[別名] 蒲頽子・盧都子・半含春・雀児酥（グミの異表記）茱萸

[文献] 本草経集注（神農本草経「山茱萸」）「赤色、似胡頽子（赤色、胡頽子に似る）」

落花生 [音]ラッーカーセイ [訓]——

[語源] 近世漢語はlau-hua-ṣəngである。マメ科の一年草 *Arachis hypogaea*（ラッカセイ）を意味する。茎は直立または匍匐する。長い毛がある。花は黄色。受粉した後、子房の柄が伸びて地に至り、地中に潜って莢を

生じる。落花生の語源はここにある。子実（ピーナッツ）を食用とする。南米が原産地。落花生の語は明代に登場する。日本へは江戸時代に中国を経由して渡来した。そのためナンキンマメ（南京豆）の別名がある。

【字源】「各（*kak）」は「夂（下向きの足）＋口（石）」を合わせて、足が石にぶつかって止まる情景を暗示する図形。A点からやってきた足がB点でつかえて止まるということから、「固いものにぶつかる（つかえる）」というイメージと、「AとBの間につながりをつける（つらなる）」というイメージを示す記号になる。語頭にK音をもつ語は前者のイメージ、L音をもつ語は後者のイメージが利用される。「各（音・イメージ記号）＋水（限定符号）」を合わせた洛（*lak）は、水滴が連なる様子を暗示する。「洛（音・イメージ記号）＋艸（限定符号）」を合わせて、木の葉が線状に連なるようにして落ちる様子を暗示する。ABC…という点をつなげると線状になる。これが「おちる」のイメージを作る。「花」については該項参照。「生」については半夏生の項参照。「落＋花＋生」を結合して、花が地に落ちて実が生じると考えられた植物の名とする。広群芳譜に「花落ちて即ち生ず。之に名づけて落花生と曰ふ」とある。

甲　金　篆〔各〕

篆〔洛〕　篆〔落〕

【別名】番豆・土豆・地豆・落地生・及地果・長生果・土露子

【文献】物理小識6「番豆一名落花生、土露子、二三月種之、一畦不過数子、行枝如瓮菜虎耳藤、横枝取土圧之、藤上開花、花糸落土成実、冬後掘土取之、殻有紋、豆黄白色、炒熟甘香似松子（番豆は一名落花生・土露子。二三月之を種う。一畦数子に過ぎず。行枝は瓮菜・虎耳藤の如し。横枝は土を取りて之を圧す。藤上開花す。花糸土に落ちて実を成す。冬の後土を掘りて之を取る。殻に紋有り。豆は黄白色。炒り熟すれば甘く香り松子に似る）」

虎杖

㊅コージョウ　㊇いたどり

【語源】上古漢語は*hag-diang、中古漢語は**ho-diang**（→呉音クージヤウ、漢音コーチヤウ）である。タデ科タデ属の多年草 ***Polygonum cuspidatum***（イタドリ）を意味する。高さは一メートルあまり。茎は中空の円柱形で、赤色や紫色の斑点がある。地下茎は横に這い、節がある。小さな白い花が咲く。中国医学（本草）では根を薬用とする。語源について李時珍は「杖は其の茎を言ひ、虎は其の斑を言ふなり」と述べる。和名は痛み止めに使われたので、イタミ（痛み）トリ（取り）が語源だという。

[字源] 「虎」はトラの全形を描いた図形（虎耳草の項参照）。「丈（*diaŋ）」は「十＋又（て）」を合わせて、手の指を広げて計る尺の十倍の長さを暗示させる図形。丈は尺より長い長さの単位なので、「長い」というイメージを示す記号になる。長・暢（長く伸びる）などと同源である。「丈（音・イメージ記号）＋木（限定符号）」を合わせて、長い木の棒、「つえ」を表した。イタドリは茎が木質状で太くて杖のようで、また赤色などの斑点が虎の文様のようなので、「虎」と「杖」を結んで、その名とした。

篆〔丈〕　篆〔杖〕

[別名] 苦杖・酸杖・斑杖・大虫杖

[文献] 爾雅・釈草「蒤、虎杖」――郭璞注「似紅草而麄大、有細刺、可以染赤（紅草に似て麄〔＝粗〕大、細刺有り。以て赤を染むべし）」、名医別録「虎杖根微温、主通利月水、破留血癥結（虎杖根は微温。月水を通利し、留血癥結を破るを主る）」

貝母

音 バイ-モ　訓 ――

[語源] 上古漢語は*puad-muəg、中古漢語はpuai-məu（→呉音ハイ-モ、漢音ハイ-ボウ）である。ユリ科の多年草 ***Fritillaria thunbergii***（バイモ）を意味する。茎は円柱形で、高さは五〇～八〇センチ。葉は線形で、先端に巻きひげがある。春、黄緑色の花が咲く。花は鐘状で、垂れ下がる。網目模様があるので、日本でアミガサユリ（編笠百合）の別名がある。貝母の語源について郭璞は根が貝に似るからといい、陶弘景は「形、貝子を聚むるに似たり。故に貝母と名づく」（本草経集注）と述べる。中国医学では鱗茎を薬用とする。

詩経では蝱（ぼう）の名で登場する。メランコリーを治す効果があるとされるところから、摘草モチーフに使われ、憂いを晴らすという意味がこめられる。

[字源]「貝」は割れ目のある貝、または、殻が二つに分かれた二枚貝を描いた図形。バイモの鱗茎は凹みがあって貝に似ている。「母」は古語の莔（ぼう）（*mǎng）や蝱（ぼう）（*mǎng）の音が訛ったものであろう。これに「貝」を冠して二音節語にしたと考えられる。

甲　金　篆　〔貝〕

[別名] 蝱・莔・黄蝱・勤母・空草・苦花・薬実

[文献] 詩経・鄘風・載馳「陟彼阿丘、言采其蝱（彼の阿丘に陟（のぼ）り、ここに其の蝱を采る）」——毛伝「蝱貝母也、升至偏高之丘、采其蝱者、将以療疾（蝱は貝母なり。升りて偏高の丘に至りて、其の蝱を采る者は、将に以て疾を療さんとす）」

射干

音 ヤーカン　訓 ひおうぎ・しゃが

[語源] 上古漢語は*diăg-kan、中古漢語は**yiă-kan**（→呉音・漢音ヤーカン）である。アヤメ科の多年草***Belamcanda chinensis***（ヒオウギ）を意味する。中国の原産。高さは五〇～一二〇センチ。根茎は黄色で、ひげ根が多い。剣のような葉が扇状に開く。花は黄色の地に紅色の斑点がある。秋、黒い種子ができ、これを「ぬばたま」または「うばたま」という。射干の語源について陶弘景は「射人の竿を執る者に似る」（本草経集注）と述べる。和名のヒオウギ（檜扇）は葉の形を宮廷人が使用した儀礼用の扇の一種である檜扇になぞらえたものである。

日本では射干を「しゃが」と読む。これはアヤメ科の***Iris japonica***（シャガ、中国名蝴蝶花）である。しかし誤用。詳しくは蝴蝶花の項参照。

[字源]「射」の左側は弓に矢をつがえた形、右側の「寸」は手の形である。したがって「射」全体が矢を発射する情景を写した図形と考えてよい。「干」は先端が二股になった棒（武器の一つ）を描いた図形。「長い棒」というイメージがあり、竿はこれから生まれた。「射」と「干」を結んで、長く伸びた花茎を、弓取りの武士がもつ長い棒に見立てて、その植物の名とする。

[補注] 射の音は語源通りならシャでいいはずだが、夜（ヤ）の音で読む伝統がある。

甲 　金　篆　〔射〕

甲　金　篆　〔干〕

【別名】①（ヒオウギ）夜干・烏扇・烏蒲・烏翣・烏吹・草薑・鬼扇・鳳翼　②（シャガの異表記）蝴蝶花・著莪

【文献】①荀子・勧学「西方有木焉、名曰射干、茎長四寸、生於高山之上、而臨百仞之淵（西方に木有り。名を射干と曰ふ。茎の長さは四寸。高山の上に生じ、百仞の淵に臨む）」

車前→芣苢（204ページ）

辛夷　音シン-イ　訓こぶし

【語源】中国と日本では意味が異なる。中国では上古漢語が***sien-dier**、中古漢語が**siĕn-yii**（→呉音・漢音シン-イ）で、モクレン科モクレン属の落葉低木*Magnolia quinquepeta*（シモクレン）を指す。標準名は木蘭であるが、中国医学（本草）では辛夷と称される。詳しくは木蘭の項参照。辛夷の語源について李時珍は「夷は荑なり。其の苞、初生は荑の如くして味辛きなり」と述べる。音が転じて辛雉・新雉・辛矧ともいう。また蕾が筆の頭と似ているので木筆の別名がある。

日本では同科の*M. praecocissima*（コブシ、中国名日本辛夷）を指す。高さは二〇メートルほどになる。早春、葉より先に香りのよい白花が咲く。コブシの語源は、蕾の形が子供の拳に似、噛むと辛いので、コブシハジカミ→コブシになったという。

【字源】「辛」については細辛の項参照。「夷」は「大（大の字型に立つ人の形）+弓（つる状のものが巻く形）」を合わせて、人の背丈がだんだん低くなる様子を暗示させる図形である。これによって丈の大きい夏（中華の人）に対して、背の低い外国の「えびす」を表した。本来は差別用語である。「夷」は「丈が低い」というイメージを示す記号になる。出たばかりでまだ伸びきらない若芽を荑（音はテイまたはイ）という。特にチガヤの花穂であるツバナを指す。この語源を利用して、「辛」と「荑」を結んで、ツバナのような蕾が出て、その味が辛い植物の名とする。

金　篆　〔夷〕

【別名】①（シモクレン）木蘭・林蘭・杜蘭・辛雉・新雉・

辛⿰夷刂・新⿰夷刂・留夷・留荑・木筆・木筆花・迎春・望春・侯桃・房木　②（コブシの異表記）木筆

[文献]　①楚辞・九章「辛夷車兮結桂旗（辛夷の車に桂旗を結ぶ）」

迷迭香

㊥メイ-テツ-コウ　㊞まんねんろう

[語源]　上古漢語は*mer-det-hiaŋ、中古漢語はmei-det-hiaŋ（→呉音マイ-デチ-カウ、漢音ベイ-テツ-キヤウ）である。シソ科の常緑小低木*Rosmarinus officinalis*（マンネンロウ）を意味する。高さは一～二メートル。枝は灰白色で弱い。葉は線形で、裏に綿毛が密生する。夏、紫紅色の唇形の花が咲く。全体に香気がある。葉や花から香料を採る。一般にローズマリーと呼ばれるが、和名のマンネンロウの語源ははっきりしない。筆者はラテン語の**Ros-marinus**（海の露の意）がひっくり返ってマリヌスロース↓マンネンロウになったと推定したい。

地中海沿岸の原産で、漢魏の頃、シルクロードを通って大秦国（ローマ帝国）から中国に伝わった。始めは香料に使われたが、唐代あたりから生薬に入れられた。明の方以智は迷迭の語源について「今の撒馬児罕は即ち漢の罽賓なり。渇石・迭里迷諸城有り。此に因りて名づくるか」（通雅）と述べている。明史にサマルカンド近くの迭里迷という地名が出ている。これが迭迷となり、ひっくり返って迷迭となったか（迷迭香を迭迷香と記す文献もある）。

[字源]　迷迭は外来語の音写と考えられるが、確かなことはわからない。

[文献]　曹丕・迷迭香賦（漢魏六朝百三家集24）「余種迷迭于中庭、嘉其揚条吐香、馥有令芳（余迷迭を中庭に種う。其の条を揚げ香を吐き、馥として令芳有るを嘉（よみ）す）」

連翹

㊥レン-ギョウ　㊞――

[語源]　上古漢語は*lian-giog、中古漢語はlıɛn-giɛu（→呉音レン-ゲウ、漢音レン-ケウ）である。モクセイ科の落葉低木*Forsythia suspensa*（レンギョウ）を意味する。中国の原産。高さは二～四メートル。枝はまっすぐ伸びるか、または先端がやや垂れ下がる。枝は四稜形で、節があり、その間は中空になっている。早春、葉より先に鮮黄色の花が咲く。果実は熟すと裂ける。種子に

は翹がある。語源については本草衍義に「今ただ其の子を用ゐる。之を折れば、其の間片片相比すること翹の如し。応に此を以て名を得べきのみ」とある。種子が多数連なり、翹（鳥の尾の翅）のようなものがある姿を捉えて連翹と名づけられたという。本草和名には連翹にイタチハゼ、イタチグサの訓がある。イタチはイ（接頭語）＋タチ（立ち）で、枝が直上する姿を捉えた命名であろう（イタチは鼬という説もある）。

[字源] 本草衍義の説でよいと思われるが、別の解釈もありうる。爾雅では「連、異翹」とあり、最初は単に連であった。「連」の字源については蓮の項参照。「垚」は「土」を三つ重ねて、「高く積み上げる」というイメージを示す記号。「兀」は「儿」と同じで人体を表す符号。「垚（イメージ記号）＋兀（限定符号）」を合わせた「堯（*ngög）」は、背の高い人を暗示させる。これは「高く上がる」というイメージを示す記号になる。「堯（音・イメージ記号）＋羽（限定符号）」を合わせて、高く上がる鳥の尾の羽を表した。これから「高く上がる」という意味を派生する。「連」と「翹」を結んで、枝に節が連なり、高く上に上がる姿をした植物の名とした。命名の発想は日本のイタチグサと同趣旨である。

[篆]  〔垚〕　[甲] 　[篆]  〔堯〕　[篆]  〔翹〕

[別名] 連・連草・旱連子・異翹・大翹・蘭華・折根・軹・三廉

[文献] 神農本草経「連翹味苦平、主治寒熱、鼠瘻、瘰癧、癰腫、悪瘡、癭瘤、結熱、蠱毒（連翹は、味は苦にして平。主治は寒熱、鼠瘻、瘰癧、癰腫、悪瘡、癭瘤、結熱、蠱毒）」

郁子 [音]イク-シ [訓]むべ

[語源] 和名抄に「本草に云ふ、郁子は一名棣と。无倍」とあるが、中国の本草書に郁子は存在しない。狩谷棭斎によると、郁子は郁李の誤り。郁李は庭梅（ニワウメ）のことである。救荒本草に出る野木瓜こそ无倍（ムベ）に同定すべきだという（箋注倭名類聚抄）。このように二重の間違いから郁子という語が生まれたようである。

郁子はアケビ科の常緑つる性木本 ***Stauntonia***

hexaphylla（ムベ、中国名野木瓜）を指す。葉は掌状で、三～七枚の小葉から成る。花は傘形で白色または淡紅色。果実は卵円形で、熟すと紫紅色になる。アケビの実に似るが裂開しない。果肉は白くて甘く、生食できる。昔、果実を朝廷に献上したので、オホニヘ（大贄、貢ぎ物の意）が語源で、オホムベ→オホンベ→ムベ・ウベと転化したという。

［字源］ 郁は郁李の郁であろう。字源については郁李の項参照。

［別名］ 野木瓜

酸漿 音サン-ショウ 訓ほおずき

［語源］ 上古漢語は*suăn-tsiang、中古漢語は suan-tsiang（→呉音サン-サウ、漢音サン-シヤウ）である。ナス科の多年草 ***Physalis alkekengi***（ホオズキ）を意味する。高さは三五～一〇〇センチ。地下茎は横に這う。葉は卵形。夏から秋にかけて白い花が咲く。果実は赤色に熟する。形は灯籠に似、五つの稜がある。語源は味が酸っぱいことによるという（本草綱目）。和名は子供の遊びに由来する。昔、子供がその果実の種子を抜いて、皮を膨らませて遊んだ。その格好が頬を膨らませて指で突くのに似ているところから、頬突き→ホオズキとなった。別の漢字表記に鬼灯があるが、漢名ではない。日本ではお盆などで精霊を迎えるのにこの花を使ったので、鬼灯の和製漢字表記ができたと思われる。漢名の別名に灯籠草があり、これは花の形態から名がつけられた。

［字源］「夋（*tsiuən）」は「允（細くすらりと立つ人）＋夊（足）」を合わせて、人がスマートに立つ様子を暗示する図形。「ひときわ高い」というイメージのほかに、「スマートで細っそりしている」というイメージを示す記号にもなる。「夋（音・イメージ記号）＋酉（限定符号）」を合わせて、飲むと思わず口を細くすぼめてしまうような味のする「す」を表した。「漿」は汁の意味である。字源については酢漿草の項参照。「酸」と「漿」を結んで、酸っぱい汁という意味合いを作り出して、ホオズキの名称とする。酢漿草［カタバミ］と命名の発想が似ている。

篆〔夋〕　篆〔酸〕

[別名] 醋漿・寒漿・苦蒧・苦耽・灯籠草・金灯草・皮弁草・天泡草・王母珠・洛神珠・九古牛・姑娘菜（ホオズキの異表記）鬼灯

[文献] 爾雅・釈草「蒧、寒漿」——郭璞注「今酸漿草、江東呼曰苦蒧（今の酸漿草、江東呼んで苦蒧と曰ふ）」

酸模

音 サンーボ
訓 すいば・すかんぽ

[語源] 上古漢語は*suǎn-mag、中古漢語はsuan-mo（↓呉音サンーモ、漢音サンーボ）である。タデ科ギシギシ属の多年草 *Rumex acetosa*（スイバ）を意味する。茎は円柱形で中空、高さが一メートルほどになる。葉は長円形で、基部は矢の状を呈する。夏、茎の頂上に淡紅色の花序が多数出る。語源は茎と葉に蓚酸が含まれ酸味が強いことから来ている。和名のスイバも酸き葉の意で、同趣旨である。［補説］蓚は蓨（音はチョウ）の異体字で本来は羊蹄［ギシギシ］のことであるが、酸模の別名ともされたので、日本では蓚酸という化学物質名に使われるようになった。

[字源] 李時珍は爾雅の蘋蕪（そんぶ）も、また酸模も、酸母の音転で、味が酸っぱいことに基づく命名という（本草綱目）。「母」は「何かが出てくるおおもと」の意味であろう。「酸」の字源については前項参照。

[別名] 酸母・蘋蕪・山羊蹄・山大黄・当薬・蓚

[文献] 本草経集注（神農本草経「羊蹄」）「又一種極相似而味酸、呼為酸模、根亦治疥也（又一種極めて相似て味酸し。呼びて酸模と為す。根亦た疥を治するなり）」

酸棗→棘（74ページ）

金雀児

音 キンージャクージ
訓 えにしだ

[語源] 近世漢語はkian-tsio-rıである。マメ科の落葉小低木 *Cytisus scoparius*（エニシダ）を意味する。高さは二メートルほど。葉は三枚の小葉から成る。茎は緑色で稜がある。初夏、黄色の蝶形花が垂れ下がって咲く。観賞用に栽培される。ヨーロッパの原産で、宋代の文献に初めて登場する。日本へは中国を経由して十七世紀の江戸時代に渡来したという。語源は花の色を金で表し、花弁の形を飛ぶ雀に見立てる。和名のエニシダはラテン語のGenistaのオランダ語読み、またはスペイン語のhiniestaに由来するといわれる。日本では金

雀枝とも書かれる。

[字源]「金」については金柑の項参照。「小（*sioɡ）」は小さな点が散らばる様子を示す図形（小豆の項参照）。「小（音・イメージ記号）＋隹（限定符号）」を合わせて、小さな鳥を暗示させる。これによってスズメを意味する*tsiokの視覚記号とする。「兒（＝児）」は頭蓋骨がまだ固まっていない小児を描いた図形である。「児」は愛称の接尾語に使われ、スズメを雀児という。花の色が黄色で、花弁の形が雀の飛ぶのに似ている植物を、「金」と「雀児」を結んで表した。

㊙甲 ㊙篆 〔雀〕

㊙甲 ㊙金 ㊙篆 〔兒〕

[別名] 金雀・金雀花・黄雀花・飛来鳳・黄枝条（エニシダの異表記）金雀枝

[文献] 夢粱録2「暮春、是月春光将暮、而花尽開、如牡丹…金雀児笑靨香蘭水仙映山紅等花、種種奇絶（暮春、是の月春光将に暮れんとす。而して花尽く開く。牡丹…金雀児・笑靨・香蘭・水仙・映山紅等の花の如く、種種奇絶なり）」

附子→烏頭（397ページ）

雁来紅

(訓)(音) ガン-ライ-コウ／はげいとう

[語源] 近世漢語は**ian-lai-hong**である。ヒユ科ヒユ属の一年草 ***Amaranthus tricolor***（ハゲイトウ）を意味する。茎は太く直立し、高さは八〇～一五〇センチ。葉は紅色、黄色、紫色など。小さな花が群がって咲く。熱帯アジアの原産。語源については遵生八牋に「雁来紅は雁来りて色嬌紅なるを以てなり」とある。和名のハゲイトウ（葉鶏頭）は葉がケイトウに似ることによる。ケイトウの語源については鶏冠花の項参照。

[字源]「厂（かん）（*han）」は崖を描いた図形で、「┌型をなす」というイメージを示す記号になる。雁（＝鴈）は「厂（音・イメージ記号）＋人（イメージ補助記号）＋隹または鳥（限定符号）」を合わせて、まるで人が行列をなすかのように、かぎ型にきれいに整列して飛ぶ鳥を暗示させた。雁行（斜めに並んだ飛び方）という語はガンのこの習性から来ている。「來（＝来）」については麦の項参照。「紅」については紅花の項参照。「雁＋来＋紅」を結んで、雁が北から南に渡って来る秋に葉が紅

色に色づく植物の名とする。

[篆]  〔鴈〕　[篆]  〔雁〕

【別名】後庭花・老少年・十葉錦

【文献】全芳備祖集・前集27（宋・陳景沂）「記得去年今日到、矮籬花満雁来紅（記し得たり去年の今日到り、矮籬に花満つ雁来紅）」

鳶尾　[音]エン-ビ　[訓]いちはつ

【語源】上古漢語は*diuan-muər、中古漢語はyiuɛn-muəi（→呉音エン-ミ、漢音エン-ビ）である。アヤメ科アヤメ属の多年草*Iris tectorum*（イチハツ）を意味する。中国南部の原産。根茎は横に這い、節が多い。葉は剣状を呈し、二つ交互に並んで生える。花茎は長く伸び、春に蝶形の青紫色の花が咲く。果実は長楕円形で六つの稜がある。中国医学（本草）では根茎を薬用とする。語源は葉の形を鳶(とび)の尾になぞらえる。和名は四月に早く花が開くので、イチ（一）ハツ（初）と名づけられた。

【字源】「弋(よく)（*diək）」は先端が二股になった棒を描いた図形。狩猟工具の「いぐるみ」を弋という。パチンコのような道具で、紐をつけて鳥に発射し、当たるとぐるぐる巻きつける仕掛けである。そこで「弋」は「互い違いに入れ替わる」というイメージや、「ぐるぐる回る」というイメージを示す記号になる。一方「二股（Yの形や×の形）を呈する」というイメージを示すこともできる。トビは形体において尾が二股になっており、また習性においてぐるぐる空中を旋回する鳥である。よって「弋（音・イメージ記号）＋鳥（限定符号）」を合わせてトビを表象する。「尾」は「尸（しり）＋毛」を合わせて、「しっぽ」を暗示する図形である（梶の項参照）。イチハツは剣状の葉が二股に分かれて生え、その姿がトビの尾に似ているので、「鳶」と「尾」を結んで、その名とした。

[金] 　[篆]  〔弋〕

【別名】烏園・扁竹・藍胡蝶（イチハツの異表記）一八

【文献】神農本草経「鳶尾味苦平、主治蠱毒、邪気、鬼疰諸毒、破癥瘕積聚、大水、下三虫（鳶尾は、味は苦にして平。主治は蠱毒・邪気・鬼疰諸毒・癥瘕積聚を破る・大水・三虫を下す）」

竜眼 (音)リュウ-ガン (訓)—

[語源] 上古漢語は*lɪuŋ-ɣǎn、中古漢語はlɪoŋ-ŋʌn（→呉音リュウ-ゲン、漢音リョウ-ガン）である。ムクロジ科の常緑高木*Euphoria longan*（リュウガン）を意味する。高さは一〇メートル以上になる。葉は長楕円形。花は黄白色で小さい。果実は球形で、外部は黄褐色、内部は白色。木の寿命は非常に長い。熱帯アジアの原産で、中国南部で栽培される。中国医学（本草）で果実を竜眼肉と称し、薬用とする。また食用になる。語源について李時珍は「竜眼、竜目は形に象るなり」と述べる。球形の果実を竜の目玉になぞらえたというのであろう。竜卵、燕卵の異名もある。

後漢の頃、南海（中国南部の地）から竜眼と茘枝を朝廷に献上すべく、味を落とさないために飛脚便を設け、人を動員して運搬させたが、そのせいで多くの死者が出たという記録がある（下記文献参照）。

[字源]「龍（=竜）」は空想上の動物であるリュウを描いた図形。「艮（*kən）」は茛の項で述べたように、「いつまでも痕跡が残る」というイメージを示す記号である。本体が枯れてもいつまでも痕を地中に残す植物の「ね」を根という。同じように「艮（音・イメージ記号）+目（限定符号）」を合わせて、頭蓋骨にいつまでも残る目玉を入れる穴を暗示させる。実現される意味は「めだま」である。球形の実が生る植物を、リュウの目玉になぞらえて、「竜」と「眼」を結んでその名とする。

〔龍〕 〔艮〕 〔眼〕

[別名] 竜目・竜卵・燕卵・円眼・比目・木弾・驪珠・鮫涙・茘枝奴

[文献] 後漢書・和殤帝紀「南海献竜眼茘枝、十里一置、五里一候、奔騰阻険、死者継路（南海、竜眼・茘枝を献ず。十里に一置、五里に一候、阻険を奔騰し、死者路に継ぐ）」

竜胆 (音)リュウ-タン (訓)りんどう

[語源] 上古漢語は*lɪuŋ-tam、中古漢語はlɪoŋ-tam（→呉音リュウ-タム、漢音リョウ-タム）である。リンド

ウ科リンドウ属の多年草 ***Gentiana scabra***（トウリンドウ）を意味する。茎は直立し、高さは三五～六〇センチ。多数の根が叢生する。葉は卵形で先が尖る。秋、青紫色の花が咲く。花は鐘形で五るに裂ける。中国医学（本草）では根茎を薬用とする。語源について陶弘景は「状、牛膝に似、味甚だ苦し。故に胆を以て名と為す」（本草経集注）と述べる。一説では葉が竜葵（イヌホオズキ）に似ているからとされる。また竜は竜鬚・鳳尾の類のようにめでたい語を冠したという説（夏緯瑛）もある。日本では特に **var. *buergeri***（リンドウ）を指す。特徴は右とほぼ同じである。和名のリンドウの由来は、竜胆が日本に伝わったときの読み方（呉音読み）が、リウタウ、リムタウ、リンダウなどと訛ったものである。リンドウはほとんど和語化している。

[字源]「龍（＝竜）」については前項参照。胆の旧字体は膽である。「詹（せん）（*tiam）」は「人＋厂（がけ）＋八（分かれて出る符号）＋言（ことば）」を合わせて、高い所から下に向けて言葉を発する情景を設定した図形である。下に届かせるために何度も言葉を重ねて言う様子を暗示する。荘子・斉物論に「小言は詹詹たり」（詰まらない言葉は何度も繰り返す）とあるのはその用例である。ここに「多くのものが重なる」というイメージがあり、また「（上から下に力が加わって）ずっしりと重い」というイメージにも展開する。擔（＝担。重みを受け止めて支える→かつぐ）にはこのコアが含まれている。「詹（音・イメージ記号）＋肉（限定符号）」を合わせて、体のバランスや気力をずっしりと受け止めて支えると考えられた六腑の一つである「きも」（胆嚢）を表象した。中国医学では五臓の一つである肝とペアになり、勇気や決断力をつかさどる器官とされた。素問・霊蘭秘典論に「肝は将軍の官、謀慮出づ。胆は中正の官、決断出づ」とある。「竜」と「胆」を結んで、根に竜のひげになぞらえられるようなひげがあり、また根が胆のように苦い特徴をもった植物の名とした。

（篆）〔詹〕　（篆）〔膽〕

[別名] 竜胆草・草竜胆・陵遊

[文献] 傷寒論「陽毒宜葛根竜胆湯（陽毒は葛根竜胆湯に宜し）」

文　献

引用文献解説

①中国の古典・辞書・本草書

〈周・秦・漢・三国・晋・南北朝〉

詩経　五経の一つ。ＢＣ11～ＢＣ7世紀の詩を諸国から集めた本。特に恋愛詩で多くの動植物が登場し、後世のシンボリズムの源流をなす。

書経　五経の一つ。古代帝王の政治などに関する文章を集める。

易経　五経の一つ。六十四卦による占いの文句を書いた書。

春秋　五経の一つ。周代の魯を中心とする歴史を述べた書。その時期が春秋時代（ＢＣ770～403）。

礼記　五経の一つ。儀礼や制度に関する書。

周礼　国家の組織を構想した書。

論語　孔子の言行を弟子たちがまとめた書。四書の一つ。

孟子　儒家の一人孟子の著。性善説や王道論を説く。四書の一つ。

荀子　儒家の一人荀況の著。孟子と対抗して性悪説を唱える。

老子　道家の一人老子の著。文明に反対し、自然回帰を説く。

荘子　道家の一人荘周の著。存在の根拠を道におく哲学を唱える。

管子　春秋時代の管仲に託して、政治・経済論を展開した書。

墨子　墨家の始祖墨翟の著。博愛、反戦、勤勉の思想を唱える。

商君書　戦国時代、商鞅の著。法家思想による富国強兵策を述べる。

韓非子　戦国末期、韓非の著。法治主義の政治論を唱える。

呂氏春秋　戦国～秦の呂不韋の編。戦国諸子の思想の集大成。

春秋左氏伝　左丘明の著。春秋を物語風に敷衍した書。

春秋穀梁伝　穀梁俶の著。春秋に関する補説。

国語　春秋時代、八つの諸侯国の歴史物語を記した書。

戦国策　遊説家の活躍を述べた書。この時期が戦国時代（ＢＣ403～221）。

山海経　古代の地理書。空想的な所もあるが、多くの動植物が出る。

楚辞　戦国末期の詩人屈原の作品を中心に収めた書。

淮南子　前漢、劉安の編。儒教の国教化に対抗し、道家の思想を説く。

春秋繁露　董仲舒の著。陰陽五行説に基づき、天人相関の思想を説く。

易林　前漢、焦延寿の著。四言詩の体裁で易を象徴的に解釈する。

尚書大伝　伏勝の著といわれる。書経に関連したことを記す。

大戴礼記　戴徳の著。戦国～漢の礼に関する論説を集めたもの。

説苑　劉向の編。春秋～漢初の逸話を集めて、儒教的解釈をする。

史記　前漢、司馬遷の著。五帝～

漢の歴史を記した最初の正史。

爾雅　言葉を意味分類で集めた最古の辞書。植物は釈草と釈木にある。テキストは晋・郭璞の注を付す。

方言　前漢、揚雄の著。地方の語彙を収集した書。

急就篇　前漢、史游の著。物の名などを羅列した初学用の辞書。

説文解字　後漢、許慎の著。漢字を部首別に分類し、字源・語源を説いた最初の字典。

釈名　後漢、劉熙の著。漢字を意味別に分類し、語源を説いた書。

素問　中国医学の原典。鍼灸医学の理論方面を記す。

霊枢　素問とペアをなし、鍼灸医学の技術方面を記す。

傷寒論　後漢、張仲景の著。湯液系の中国医学の古典。

金匱要略　後漢、張仲景の著。傷寒論とともに中国医学の古典。

神農本草経　最古の本草書。上古～後漢の薬物知識を集大成したもの。

名医別録　神農本草経を補い、薬物を追加した本草書。

呉普本草　後漢、華佗の弟子呉普の著した本草書。すでに佚亡し、太平御覧などで引用されている。

四民月令　後漢、崔寔の著。農事や年中行事などを記した歳時記。

漢書　後漢、班固の著。前漢の歴史を記す。二十四史の一つ。

呉越春秋　後漢、趙煜の著。春秋時代の呉越の抗争を記す。

越絶書　後漢、袁康の著。春秋時代の興亡を記す。

論衡　後漢、王充の著。合理主義の視点で俗説・迷信を糾弾する。

風俗通　後漢、応劭の著。社会のさまざまな事例の沿革を述べる。

漢官儀　後漢、応劭の著。漢の官制について記した書。

白虎通　後漢、班固の著。経書の問題などを論じる。

東観漢記　後漢、班固らが当時の百般について論じた書。

昌言　後漢、仲長統の著。古今の政治などを評論した書。

列仙伝　漢の劉向に仮託された仙人物語。後漢の作品。

周易参同契　後漢、魏伯陽の著。煉丹術に関する書。

広雅　三国魏、張揖の著。爾雅の体裁に倣った辞書。

曹子建集　三国魏の詩人曹植の詩文を集めた書。

毛詩草木鳥獣虫魚疏　三国呉、陸璣の著。詩経の動植物の研究書。

列子　魏・晋の頃の道家が老荘思想を継承し展開した書。

三国志　晋、陳寿の著。魏・呉・蜀の歴史を述べる。

博物志　晋、張華の著。広く不思議な事物に関する見聞を集めた書。

風土記　晋、周処の著。江蘇方面の地理や民俗を記した一種の歳時記。

南方草木状　晋、嵇含の著。嶺南地方の草木について記載した植物誌。

広志　晋、郭義恭の著。諸国の地理や産物について記した書。

古今注　晋、崔豹の著。さまざまの名物を考証する。

脈経　晋、王叔和の著。脈について述べた医書。

竹譜　晋、戴凱之の著。七〇余種の竹類を記した書。

抱朴子　東晋、葛洪の著。不老長寿のための方術（神仙術）を説く。

肘後備急方　東晋、葛洪の編とされる医書。

神仙伝　東晋、葛洪の著。神仙術で仙人になった八十四人の物語。

西京雑記　東晋、葛洪の編。前漢の長安にまつわる逸話を集めた書。

華陽国志　東晋、常璩の著。雲南方面の地理や歴史を記す。

捜神記　東晋、干宝の著。志怪小説の一つ。

陶淵明集　東晋、陶潜の詩文を集めた書。

後漢書　六朝宋、范曄の著。後漢の歴史を記した書。

世説新語　六朝宋、劉義慶の著。後漢～東晋の文人の逸話を記す。

異苑　六朝宋、劉敬叔の著。志怪小説の一つ。

述異記　六朝梁、任昉の著。主に自然や動植物の奇妙な話を集めた書。

続斉諧記　六朝梁、呉均の著。志怪小説の一つ。

宋書　六朝梁、沈約の編。南朝宋の歴史を記す。

文選　六朝梁、蕭統の著。周以来の作品を文体別に収録した書。

本草経集注　六朝梁、陶弘景の著。神農本草経と名医別録を合わせて、注釈を施した本草書。

真誥　六朝梁、陶弘景の著。道教に関する論説を収める。

南斉書　六朝梁、蕭子顕の著。南朝斉の歴史を記す。

金楼子　六朝梁、元帝の著。古今の事跡を述べる。

荊楚歳時記　六朝梁、宗懍の著。楚の年中行事などを記した書。

水経注　北魏、酈道元の著。河川について記した書。

斉民要術　北魏、賈思勰の著。農書の一つ。植物の栽培法も記す。

魏書　北斉、魏収の編。北朝の歴史を記す。

〈隋・唐・五代〉

諸病源候論　隋、巣元方の著。病気の症候と治療法を述べた医書。

千金要方　唐、孫思邈の著。病気や処方について記した医書。

外台秘要方　唐・王燾の著。病気に対する処方を述べた医書。

新修本草　唐、蘇敬らが編集した最初の官撰の本草書。

本草拾遺　唐、陳蔵器の著。生薬

の特徴とその効能について述べた書。

食療本草　唐、孟詵の著。動植物の薬効などを記した書。

酉陽雑俎　唐、段成式の著。該博な知識を記した書。植物部門もある。

嶺表録異　唐、劉恂の著。嶺南の物産（動植物を含む）を記した書。

北戸録　唐、段公路の著。中国南部の風土について述べた書。

朝野僉載　唐、張鷟の著。当時の人物の逸話を集めた書。

芸文類聚　唐、欧陽詢らの編。類書（百科全書）の一つ。

初学記　唐、徐堅らの編。類書の一つ。

白孔六帖　唐、白居易らの編。類書の一つ。主に故事成語を載せる。

法苑珠林　唐、釈道世の編。仏教にまつわる逸話や故事を集めた書。

広弘明集　唐、釈道宣の編。仏教関係の論説を収める。

大唐西域記　唐、玄奘の著。西域からインドへの旅行記。

大唐新語　唐、劉粛の著。唐初期の逸話を収める。別名、唐世説。

唐国史補　唐、李肇の著。唐中期の逸事を記す。

茶経　唐、陸羽の著。茶道の古典。

歴代名画記　唐、張彦遠の著。絵画の歴史や画家の伝記。

劉賓客嘉話録　唐・韋絢の著。劉禹錫の言行に関する話柄を収める。

李太白集　唐、李白の詩文集。

白氏長慶集　唐、白居易の詩を集めた書。別名、白氏文集。

晋書　唐、房玄齢らの編。晋の歴史を記す。

南史　李延寿の編。宋・斉・梁・陳の歴史を記す。

梁書　唐、魏徴らの編。梁の歴史を記す。

陳書　唐、姚思廉の編。陳の歴史を記す。

開元天宝遺事　五代、王仁裕の著。唐の開元・天宝年間の逸話を記す。

疑獄集　五代、何凝の著。殺人事件などにまつわる法医学の書。

海薬本草　五代、李珣の著。南海の薬物について記した書。

旧唐書　五代、劉昫らの編。唐の歴史を記す。

竜龕手鑑　五代、行均の著。漢字字典の一つ。宋代に刊行された。

化書　五代、譚峭の著。物のさまざまな変化について説いた書。

〈宋・元・明・清〉

清異録　五代〜宋、陶穀の著。唐・五代の語彙を三七門に分けて解説。

太平御覧　宋、李昉らの編。類書（百科全書）の一つ。

爾雅注疏　宋、邢昺の著。爾雅と郭璞注に対して注釈をつける。

埤雅　宋、陸佃の著。名物学の書。動植物の語源にも言及する。

類篇　宋、司馬光の編。漢字字典

の一つ。三万字余りを収録。

開宝本草　宋、馬志らの編。唐の新修本草を増補する。

図経本草　宋、蘇頌らの編。動植物などの図を付した最初の本草書。

証類本草　宋、唐慎微の編。諸書を博引し、新情報を加えた本草書。

本草衍義　宋、寇宗奭の著。薬効に新解釈をした本草書。

夢渓筆談　宋、沈括の著。幅広い領域（動植物を含む）の研究書。

蘇沈良方　沈括が著したものに、蘇軾が補足したといわれる医書。

益部方物略　宋、宋祁の著。益州（四川省）の物産を記す。

桂海虞衡志　宋、范成大の著。中国西南地区の物産を記した書。

梅譜　宋、范成大の著。

茘枝譜　宋、蔡襄の著。

物類相感志　宋、賛寧の著。物と物の間の神秘的な感応を説いた書。

北夢瑣言　宋、孫光憲の著。唐末～五代の人物の逸話を載せる。

涑水記聞　宋、司馬光の著した随筆集。

資治通鑑　宋、司馬光の著。戦国～五代の編年史。

新唐書　宋、欧陽修らが旧唐書を書き改めた史書。

旧五代史　宋、薛居正らの編。五代の歴史を記す。

新五代史　宋、欧陽修らが旧五代史を書き改めた史書。

五代会要　宋、王溥の著。五代の政治に関する書。

南部新書　宋・銭易の著。唐・五代の故事を記す。

東坡全集　宋、蘇軾（号は東坡）の詩文を集めた書。

楽府詩集　宋、郭茂倩の編。上古～五代の歌謡を収める。

文房四譜　宋、蘇易簡の著。筆・硯・墨・紙について記す。

宣和画譜　著者不詳。北宋末期、名画と画家の伝記を載せた書。

墨荘漫録　北宋～南宋、張邦基の著した随筆集。

通志　南宋、鄭樵の著。唐までの通史。昆虫草木略を含む。

爾雅注　南宋、鄭樵の著。爾雅の注釈書。

爾雅翼　南宋、羅願の著。動植物だけを扱った名物学の書。

六書故　南宋、戴侗の著。六書で漢字を解説する。

全芳備祖集　南宋、陳景沂の著。植物に詩文の用例を添えて記載。

離騒草木疏　南宋・呉仁傑の著。楚辞の離騒に出る草木を考証する。

菌譜　南宋、陳仁玉の著。キノコ類について記した書。

東京夢華録　南宋、孟元老の著。北宋の首都の繁栄を述べた書。

夢粱録　南宋、呉自牧の著。南宋の首都（杭州）の地理・風俗を記す。

嶺外代答　南宋、周去非の著。中

国南部の風土・物産を記す。

諸蕃志　南宋、趙汝适の著。南方諸国の物産を記した書。

演繁露　南宋、程大昌の著。名物・制度などについて述べた書。

入蜀記　南宋、陸游の著。蜀へ旅行した際の風物誌。

剣南詩藁　南宋、陸游の詩を集めた書。

古今事文類聚　南宋、祝穆の編。事項別に詩文を分類した類書。

類説　南宋、曾慥の編。筆記小説を集めた叢書。

韻語陽秋　南宋、葛立方の著。諸家の詩を論評した書。

能改斎漫録　南宋、呉曾の著。事物百般に関する随筆。

渓蛮叢笑　南宋、朱輔の著。辰州地方（河南省）の物産を記した書。

世医得効方　元、危亦林の著。医書の一つ。骨科に特徴がある。

王氏農書　元、王禎の著。農書の一つ。植物の栽培法を含む。

竹譜　元、李衎の著。竹類について記述する。

宋史　元、脱脱らの編。宋の歴史を記す。

説郛　元末明初、陶宗儀の編。随筆・伝記などを収めた叢書。

普済方　明、朱橚の著。病気の処方を集めた書。

救荒本草　明、朱橚の著。飢饉用の植物を記載する。

本草綱目　明、李時珍の著。本草学の集大成。名の由来も言及する。

食物本草　李時珍参訂と題するが、明の姚可成の著。食物用の博物誌。

群芳譜　明、王象晋の著。近世の草木を記載した植物誌。

長物志　明、文震亨の著。生活・文化の物を取り上げた百科全書。

農政全書　明、徐光啓の著。農学を集大成した書。

三才図会　明、王圻の著。図入りで百科項目を説明する。

五雑組　明、謝肇淛の著。自然・社会の現象を考察した随筆。

山堂肆考　明、彭大翼の編。四五門からなる類書。

天中記　明、陳耀文の編。二二目に分類する類書。

正字通　明・張自烈の著。部首分類による漢字字典。

遵生八牋　明、宋濂の著。養生の方法などを説いた書。

通雅　明、方以智の著。百科項目について名物・訓詁を考察した書。

物理小識　明、方以智の著。天体から身体まで物の本体を追究する。

漢魏六朝百三家集　明、張溥の編。漢～隋の文人の作品集を収める。

全唐詩　清、彭定求らの編。唐詩の集大成。

宋百家詩存　清、曹廷棟の編。宋詩を集めた書。

佩文斎詠物詩選　漢～明の詠物詩

を収集した書。

広群芳譜　清、汪灝らの編。王象晋の群芳譜を拡大したもの。

広雅疏証　清、王念孫の著。広雅の注釈書。

爾雅義疏　清、郝懿行の著。爾雅及び郭璞注に注釈を加えた書。

格致鏡原　清、陳元竜の著。百科項目を三〇門に分けて諸書を引く。

花鏡　清、陳淏子の著。花壇書の一種。

植物名実図考　清、呉其濬の編。植物を図示して解説する。

②日本の古辞書・本草書

新撰字鏡　平安の漢和字典。昌泰年間（898～901）に成立。

本草和名　深江輔仁の著した本草書。九一八年に成立。

和名抄　源順の著した漢和辞書。承平年間（931～938）に成立。

類聚名義抄　平安末期に成立した漢和字典。著者不詳。

下学集　室町の国語辞書。一四四四年に成立。著者不詳。

本朝食鑑　江戸、人見必大の著した食物本草の書。語源も説く。

日本釈名　江戸、貝原益軒の著。物名（植物を含む）の語源を説く。

大和本草　貝原益軒が日本産の動植物を記した博物誌。

箋注倭名類聚抄　江戸、狩谷棭斎が和名抄に注釈をつけた書。

和漢三才図会　江戸、寺島良安の著した絵入り百科事典。

本草綱目啓蒙　江戸、小野蘭山の著。江戸本草学の集大成。

物類称呼　江戸、越谷吾山の著。全国の方言を集める。

参考文献

〈中国〉

伊欽恒（校註）花鏡　一九七九年　農業出版社

伊欽恒（詮釈）群芳譜詮釈［増補訂正］一九八五年　農業出版社

王圻［明］三才図会（上・中・下）一九八八年　上海古籍出版社

王承略（点校・解説）毛詩名物図説　二〇〇六年　清華大学出版社

王念孫［清］広雅疏証　一九八三年　中華書局

王力　同源字典　一九八二年　商務印書館

何小顔　花与中国文化　一九九九年　人民出版社

夏緯瑛　植物名釈札記　一九九〇年　農業出版社

華夫（主編）中国古代名物大典（上・下）一九九三年　済南出版社

海軍・田君（注釈）長物志図説　二〇〇四年　山東画報出版社

郭郛　山海経注証　二〇〇四年　中国社会科学出版社

郝懿行［清］ 爾雅義疏（冊二） 一九六二年 台湾中華書局
厳沛（校注） 桂海虞衡志校注 一九八六年 広西人民出版社
古今図書集成 博物彙編・草木典
呉其濬［清］ 植物名実図考（上・下） 一九七四年 世界書局（台湾）
江蘇新医学院（編） 中薬大辞典（上・下） 一九七七年 上海人民出版社
高明（編） 古文字類編 二〇〇四年 中華書局
高明乾（主編） 植物古漢名図考 二〇〇六年 大象出版社
耿烜 詩経中的経済植物 一九七四年 台湾商務印書館
史有為 外来詞――異文化的使者 二〇〇四年 上海辞書出版社
詩経動植物図鑑叢書（上・下） 一九七七年 大化書局（台湾）
辞海・生物分冊 一九七八年 上海辞書出版社
辞海・農業分冊 一九八二年 上海辞書出版社
周武忠・陳筱燕 花与中国文化 一九九九年 中国農業出版社
徐鼎［清］ 毛詩名物図説 二〇〇六年 清華大学出版社
徐仲舒（主編） 漢語大字典［縮印本］ 一九九三年 四川辞書出版社・湖北辞書出版社
舒迎瀾 古代花卉 一九九三年 農業出版社
尚志鈞・尚元勝（輯校） 本草経集注 一九九四年 人民衛生出版社
尚志鈞（輯校） 唐・新修本草 一九八一年 安徽科学技術出版社
尚志鈞・鄭金生・尚元藕・劉大培（校点） 証類本草 一九九三年 華夏出版社
商壁・潘博 嶺表録異校補 一九八八年 広西民族出版社
辛樹幟 中国果樹史研究 一九八三年 農業出版社
生活与博物叢書（上）――花卉果木編・禽魚虫獣編 一九九三年 上海古籍出版社
石雲孫（点校） 爾雅翼 一九九一年 黄山書社
宗福邦・陳世鐃・蕭海波（主編） 故訓匯纂 二〇〇三年 商務印書館
曹元宇（輯註） 本草経 一九八七年 上海科学技術出版社
孫書安 中国博物別名大辞典 二〇〇〇年 北京出版社
孫星衍・孫馮翼［清］（輯） 神農本草経 一九八二年 人民衛生出版社
段玉裁［清］ 説文解字注 一九七〇年 芸文印書館（台湾）
段成式［唐］ 酉陽雑俎 一九八一年 中華書局
中国科学院植物研究所（主編） 中国高等植物図鑑（1～5） 一九八〇年 科学出版社

張鼎（撰） 食療本草 一九八四年 人民衛生出版社
張秉戌・張国臣（主編） 花鳥詩歌鑑賞辞典 一九九〇年 中国旅游出版社
沈利華・銭玉蓮 祥物探幽 一九九四年 東南大学出版社
陳益・普生有・薛淵（主編） 簡明花木詞典 一九九二年 科学技術文献出版社
陳貴廷（主編） 本草綱目通釈（上・下） 一九九二年 学苑出版
陳俊愉・程緒珂（主編） 中国花経 一九九〇年 上海文化出版社
陳大章 詩伝名物集覧 叢書集成初編
陳直（校注） 長物志校注 一九八四年 江蘇学技術出版社
鄭金生・張同君（訳注） 食療本草 一九九三年 上海古積出版社
鄭金生・劉暉楨・王立・張同君（校点） 食物本草 一九九〇年 中国医薬科技出版社
陶桂全等 中国野菜図譜 一九八九年 解放軍出版社
那琦・謝文全（重輯） 名医別録 一九七七年 中国医薬学院中国薬学研究所
潘富俊 詩経植物図鑑 二〇〇一年 猫頭鷹出版社
潘富俊 楚辞植物図鑑 二〇〇二年 猫頭鷹出版社
潘富俊 唐詩植物図鑑 二〇〇一年 猫頭鷹出版社
聞一多 詩経類鈔「聞一多全集4」所収 一九四八年 開明書店
聞銘・周武忠・高永青（主編） 中国花文化辞典 二〇〇〇年 黄山書社
彭慶生・曲令敬 詩詞典故辞典 一九九〇年 書海出版社
姚炳 詩識名解 四庫全書
羅竹鳳（主編） 漢語大詞典「縮印本」（上・中・下） 一九九七年 漢語大詞典出版社
李珍華・周長楫（編撰） 漢字古今音表「修訂本」 一九九九年 中華書局
李圃（主編） 古文字詁林（1～12）「第二版」 二〇〇四年 上海世紀出版集団・上海教育出版社
陸佃 埤雅「五雅」所収 一九七三年 商務印書館
陸文郁 詩草木今釈 一九五七年 天津人民出版社
劉正埮・高名凱・麦永乾・史有為（編） 漢語外来詞典 一九八四年 上海辞書出版社
劉錫誠・王文宝（主編） 中国象徴辞典 一九九一年 天津教育出版社

〈日本〉

江村如圭 詩経名物弁解（「詩経動植物図鑑叢書」所収）
淵在寛 陸氏草木鳥獣虫魚疏図解

（「詩経動植物図鑑叢書」所収）
大槻文彦　大言海［新訂版］　一九六六年　冨山房
大野晋・佐竹昭広・前田金五郎　岩波古語辞典［補訂版］　一九九六年　岩波書店
小野蘭山　本草綱目啓蒙（1〜4）一九九一〜九二年　平凡社
岡元鳳　毛詩品物図攷　一九六七年　広文書局（台湾）
岡西為人　本草概説　一九七七年　創元社
貝原益軒　大和本草（1・2）　一九八〇年　有明書店
加納喜光　詩経（上・下）　一九八二・一九八三年　学習研究社
加納喜光　漢字の成立ち辞典　一九九八年　東京堂出版
加納貴光　全訳用例漢和辞典　二〇〇三年　学習研究社
加納喜光　詩経Ⅰ・恋愛詩と動植物のシンボリズム　二〇〇六年　汲古書院
加納喜光　動植物の漢字がわかる本　二〇〇七年　山海堂
狩谷棭斎　箋注倭名類聚抄　一九二一年　朝陽会
木村康一（代表）　新註校訂国訳本草綱目（4〜9）　一九七三〜七五年　春陽堂
木村陽二郎（監修）　図説草木名彙辞典　一九九一年　柏書房
木村陽二郎（監修）　図説花と樹の大事典　一九九六年　柏書房
菊池秋雄　北支果樹園芸　一九四四年　養賢堂
北村四郎　本草の植物（北村四郎選集2）　一九八五年　保育社
北村四郎　植物文化史（北村四郎選集3）　一九八七年　保育社
近藤春雄　中国学芸大事典　一九七八年　大修館書店
斎藤正二　日本人と植物・動物　一九七九年　雪華社
新村出（編）　広辞苑［第五版］　一九九八年　岩波書店
茅原定　詩経名物集成　一八〇八年　和刻本
寺島良安　和漢三才図会（上・下）　一九七〇年　東京美術
藤堂明保　漢字語源辞典　一九六五年　学燈社
藤堂明保　漢字の話Ⅱ　一九八一年　朝日新聞社
藤堂明保　学研漢和大字典［旧版］　一九九六年　学習研究社
藤堂明保・加納喜光　学研新漢和大字典　二〇〇五年　学習研究社
中村浩　植物名の由来　一九八七年　東京書籍
日本国語大辞典［第二版］（1〜13）　二〇〇〇〜〇一年　小学館
西山武一・熊代幸雄　校訂訳注斉民要術　一九七六年　アジア経済出版会
野崎誠近　吉祥図案解題　一九二八

年　中国土産公司（中国語訳「吉祥図案題解」周進編訳　一九八八年　知識出版社）
万有百科大事典19・植物［簡称ジャポニカ］一九八〇年　小学館
人見必大　本朝食鑑　一九三四年　日本古典全集
堀井令以知　語源大辞典　一九八八年　東京堂出版
堀田満（代表）世界有用植物事典　一九九三年　平凡社
深津正　植物和名の語源探求　二〇〇〇年　八坂書房
松村任三　植物名彙　一八九五年　丸善
前川文夫　日本人と植物　一九七三年　岩波書店
前川文夫　植物の名前の話　一九八二年　八坂書房
牧野富太郎　牧野新日本植物図鑑　一九六七年　北隆館
牧野富太郎　植物一日一題　一九九八年　博品社
山中襄太　国語語源辞典　二〇〇一年　校倉書房
湯浅浩史　花の履歴書　一九八二年　朝日新聞社
吉田金彦　語源辞典・植物編　二〇〇一年　東京堂出版

〈ヨーロッパ〉

E. Bretschneider, *BOTANICON SINICUM——Notes on Chinese Botany from Native and Western Sources* part II. *The Botany of the Chinese Classics*, 1892. part III. *Botanical Investigations into the Materia Medica of the Ancient Chinese*, 1895. Shanghai, Hongkong, Yokohama & Singapore, Kelly & Walsh LTD.
B. Karlgren, *The Book of Odes*, Museum of Far Eastern Antiquities, Stockholm, 1974.
B. Karlgren, *Grammata Serica Recensa*, Museum of Far Eastern Antiquities, Stockholm, 1974.
B. Laufer, *SINO-IRANICA——Chinese Contributions to the History of Civilization in Ancient Iran*, Ch'eng Wen Publishing Company, Taipei, 1978. [reprint]
（邦訳「古代イランの文明史への中国の貢献」杉穎夫訳　二〇〇七年　新風舎）
G.A. Stuart, *Chinese Materia Medica——vegetable kingdom*, Southern Materials Center, INC., Taipei, 1976. [reprint]
A.Waley, *The Book of Songs*, George Allen & Unwin LTD, London, 1969.

ま行

や行

な行

は行

た行

さ行

か行

植物和名索引（五十音順）

あ行

わ行

国字・半国字・和製漢字表記索引（部首順）

［1～4画］

［5～9画］

ま行

た行

*

*

*

*

な行

*

*

は行

さ行

＊

植物漢名索引（五十音順）

●著者略歴

加納喜光（かのう・よしみつ）

1940 年　大阪府生まれ
1971 年　東京大学大学院人文科学研究科修士課程（中国哲学専攻）修了
1979 年　茨城大学人文学部助教授
1985 年　茨城大学人文学部教授
2006 年　茨城大学を定年退職
現在、茨城大学名誉教授

主な著書
『詩経 上・下』（学習研究社、1982）
『中国医学の誕生』（東京大学出版会、1987）
『漢字の博物誌』（大修館書店、1992）
『漢字の成立ち辞典』（東京堂出版、1998）
『学研新漢和大字典』（共編著、2005）
『人名の漢字語源辞典』（東京堂出版、2009）
『常用漢字コアイメージ辞典』（中央公論新社、2012）
『漢字語源語義辞典』（東京堂出版、2014）
『数の漢字の起源辞典』（東京堂出版、2016）
『漢字源・改訂第六版』（共編、学研、2019）
『動物の漢字語源辞典 新装版』（東京堂出版、2021）

植物の漢字語源辞典　新装版

2021年 8 月10日　初版印刷
2021年 8 月20日　初版発行

＊本書は、2008年に小社から刊行した『植物の漢字語源辞典』(四六判)の新装版です。新装に際し、A5判に拡大しています。

著　者　　加納喜光
発行者　　大橋信夫
発行所　　株式会社 東京堂出版
〒101-0051　東京都千代田区神田神保町1-17
電話　03-3233-3741
http://www.tokyodoshuppan.com/

印刷・製本　　中央精版印刷株式会社

ISBN978-4-490-10927-6 C1581

現代副詞用法辞典 新装版

飛田良文
浅田秀子 著

●使い分けに苦労する現代副詞一〇四一語を豊富な用例とともに詳細に解説。

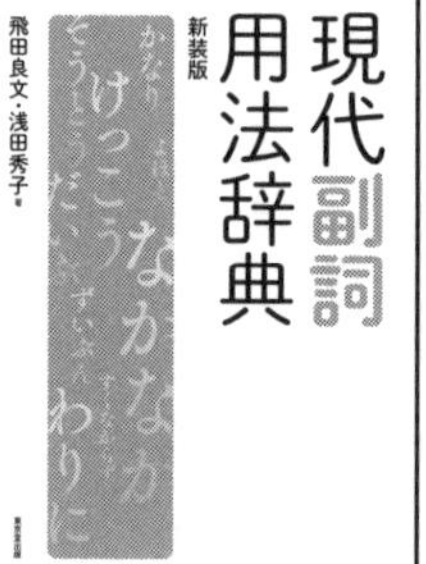

A5判六六〇頁
本体五五〇〇円

現代形容詞用法辞典 新装版

飛田良文
浅田秀子 著

●日本人の「感じ方」を伝える現代形容詞一〇一〇語の違い、使い分けを詳説。

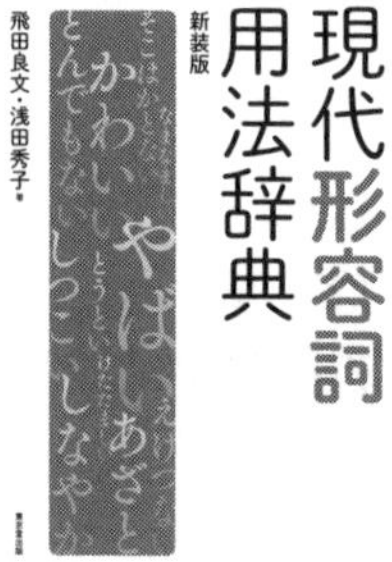

A5判七二〇頁
本体五五〇〇円

現代擬音語擬態語用法辞典 新装版

飛田良文
浅田秀子 著

●音や様子、心情を表現するオノマトペ一〇六四語の微妙な違い、使い分け方。

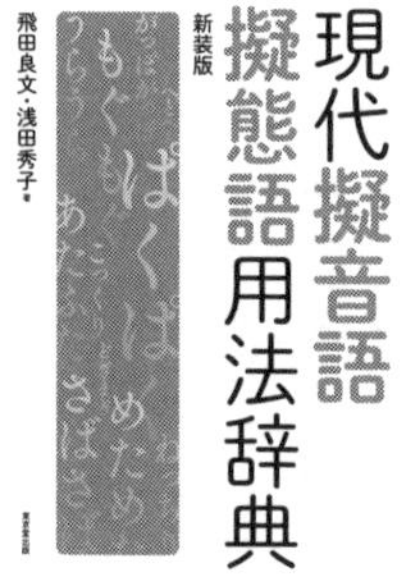

A5判七一六頁
本体五五〇〇円